LA
FUTURE MÉNAGÈRE

LECTURES ET LEÇONS

SUR L'ÉCONOMIE DOMESTIQUE, LA SCIENCE DU MÉNAGE,
L'HYGIÈNE, LES QUALITÉS ET LES CONNAISSANCES NÉCESSAIRES
A UNE MAÎTRESSE DE MAISON

A L'USAGE
des écoles et des pensionnats de demoiselles

PAR

Mlle ERNESTINE WIRTH
AUTEUR DE PLUSIEURS OUVRAGES CLASSIQUES

> La plus utile et la plus honorable science, pour une femme, c'est la science du ménage.
> — MONTAIGNE.

SIXIÈME ÉDITION

PARIS
LIBRAIRIE HACHETTE ET Cie
79, BOULEVARD SAINT-GERMAIN, 79

8° R
10747

LA
FUTURE MÉNAGÈRE

LIBRAIRIE HACHETTE ET Cie

OUVRAGES DU MÊME AUTEUR :

Wirth (Mlle E.) : *Le livre de lecture courante des jeunes filles chrétiennes :*

1re *partie*, à l'usage de la division élémentaire; 15e édition. 1 vol. in-16, cart. — 90 c.

2e *partie*, à l'usage de la division supérieure; 7e édition. 1 vol. in-16, cart. — 1 fr. 40

Wirth (Mlle) et **Bret** Mme) : *Premières leçons d'économie domestique*, tenue du ménage, de la ferme, hygiène, travaux à l'aiguille, coupe et confection; 4e édition. 1 vol. in-16, avec 108 figures, cart. — 1 fr. 20

Coulommiers. — Imp. Paul BRODARD.

LA
FUTURE MÉNAGÈRE

LECTURES ET LEÇONS

SUR L'ÉCONOMIE DOMESTIQUE, LA SCIENCE DU MÉNAGE
L'HYGIÈNE, LES QUALITÉS ET LES CONNAISSANCES NÉCESSAIRES
A UNE MAÎTRESSE DE MAISON

A L'USAGE

des écoles et des pensionnats de demoiselles

PAR

Mlle ERNESTINE WIRTH

AUTEUR DE PLUSIEURS OUVRAGES CLASSIQUES

> La plus utile et la plus honorable
> science pour une femme, c'est la
> science du ménage.
> MONTAIGNE.

SIXIÈME ÉDITION

PARIS
LIBRAIRIE HACHETTE ET Cie
79, BOULEVARD SAINT-GERMAIN, 79

1892

Droits de traduction et de reproduction réservés.

PRÉFACE

S'il est une science dont l'utilité n'ait pas besoin d'être démontrée, c'est assurément l'*économie domestique*. Sans vouloir faire ici de l'érudition, comment ne pas citer des autorités aussi considérables en cette matière que Xénophon, Aristote, Caton, Varron? Comment ne pas évoquer tant de pages charmantes de l'*Économique*, les dialogues aimables et piquants de l'*Économie rurale?* Est-il possible de passer sous silence les conseils si pleins de sagesse de Fénelon et de Rollin, les recommandations sévèrement affectueuses de Mme de Maintenon et, plus près de nous, les leçons judicieuses et pratiques de Mme Campan? Si tant d'illustres écrivains ont cru devoir prendre en main la cause de l'économie domestique et nous transmettre les résultats de leur expérience et de leurs réflexions, il nous semble qu'on serait mal venu de contester l'importance de cette étude.

En fait, on ne la conteste pas, mais on agit absolument comme si cette science n'existait pas; ou plutôt on croit qu'elle s'apprend toute seule, qu'il est inutile d'y consacrer du temps avant d'en avoir besoin, et qu les jours passés à l'école seraient plus fructueusement employés à toute autre chose qu'à étudier les moyens d'user le mieux possible des ressources du ménage. Il en est qui vont jusqu'à prendre la contre-partie de la thèse du bonhomme Chrysale et qui soutiennent que ce serait rabaisser l'éducation que d'y introduire de pareilles matières.

Tout le monde heureusement ne pense pas ainsi, et, c'est parce qu'au contraire, grâce aux réformes opérées depuis quelques années dans l'instruction des filles, un grand mouvement d'opinion s'est manifesté en faveur de cette science, que nous avons résolu de publier ce traité d'économie domestique, par lequel nous avons cherché à répondre à l'attente d'un grand nombre d'institutrices et de mères de famille.

Il existe, en effet, beaucoup de livres de ménage, qui ont paru sous le titre spécial de *Science du ménage*, de *Livre de cuisine*, etc., ouvrages remplis de recettes et d'indications à l'usage des grandes personnes. Ces traités ne sont pas à la portée des élèves; ils ne réunissent, ni pour le fond ni pour la forme, aucune des qualités requises pour les livres de classe. Aussi réclamait-on avec raison, pour cet enseignement, un livre de lecture destiné spécialement aux jeunes filles, un livre qui aidât à faire l'éducation de la future ménagère, tout en la familiarisant avec les connaissances indispensables à une maîtresse de maison. C'est le but que nous nous sommes efforcé d'atteindre.

Nous avons essayé de composer un ouvrage qui permette à l'institutrice de faire avec méthode et gradation un cours d'économie domestique, un ouvrage de lecture qui puisse rester entre les mains des jeunes filles pendant leurs études, et qui ne soit pas oublié plus tard ni dédaigné par elles, mais auquel elles reviendront volontiers pour le consulter comme un ami et un conseiller, lorsqu'elles seront aux prises avec les difficultés et les soucis du ménage.

C'est qu'en effet rien n'est plus délicat, rien n'est plus grave que cette responsabilité qui incombe à toute femme, à un moment donné de son existence. Qu'elle se marie ou qu'elle reste fille, elle aura un jour à s'occuper des affaires du ménage, soit dans son intérieur, soit pour aider des parents âgés, malades ou infirmes, soit enfin pour les remplacer auprès de frères, de sœurs plus jeunes qu'elle. Or il nous paraît qu'on ne saurait trop tôt donner à la jeune fille une éducation qui la rende propre à remplir dignement la noble tâche qui lui incombera un jour. Toutes les jeunes filles, sans distinction aucune, ont besoin d'être préparées à cette destinée par une *éducation du ménage*, si je puis parler ainsi, éducation qui leur fera aimer dès les premières années les occupations domestiques, les mettra à même d'exécuter ou de surveiller les travaux dans la maison paternelle. Cette éducation, dont la petite fille a reçu les premières leçons par l'exemple de sa mère, l'école ou le pensionnat doit la continuer et la diriger dans le même sens, jusqu'à la fin des études.

Tels sont les principes d'après lesquels cet ouvrage a été composé. Quant à la méthode qui a présidé au choix et à la distribution des matières, nous pourrons la résumer en ces termes :

Dans les écoles comme dans les pensionnats, ce n'est pas par la quantité des matières, mais plutôt par un choix judicieux et méthodique qu'un livre de lecture est utile. D'autre part, il est d'une sage pédagogie de faire appel à la fois, pour chaque matière d'enseignement, à toutes les énergies de l'élève, si bien qu'un chapitre d'économie domestique soit en même temps un exercice de langue et une leçon de morale. C'est pourquoi nous avons cherché à ordonner toutes les leçons au triple point de vue du *développement intellectuel et moral*, de l'*utilité pratique* et de l'*étude de la langue*.

L'ouvrage se compose de deux parties distinctes : dans la première, nous avons voulu établir les bases sur lesquelles repose l'économie domestique. Nous y examinons, sous le titre de *Notions préliminaires et d'organisation morale de la maison*, quelles sont les qualités essentielles que réclame la direction du ménage, et par quels ressorts simples et habiles une femme peut assurer dans sa maison le bien-être et le bonheur.

Dans la seconde partie, qui sera la plus étendue de l'ouvrage, nous passons en revue, sous le titre d'*Organisation matérielle et d'administration écono-*

mique de la maison, tout ce qui intéresse directement le gouvernement du ménage, les connaissances usuelles que toute maîtresse de maison doit posséder, les finances du ménage, 1 ; nous y envisageons, en un mot, la direction de la maison sous son côté pratique.

Pour faire de cet ouvrage un véritable livre de lecture, pour joindre l'utile à l'agréable, nous faisons marcher de front la pratique et la théorie, donnant pour suite aux préceptes et aux conseils des lectures qui leur serviront d'application et de commentaire. Afin de faire une large part à l'étude de la langue, nous avons emprunté a ..it que possible nos lectures aux bons écrivains, t nous avons essayé de donner à cet ouvrage un cachet littéraire qui le rattache aux autres branches de l'enseignement.

C'est particulièrement dans ce but que nous avons indiqué, à la fin des divers chapitres, des sujets de composition qui, après la leçon de lecture et les explications données par la maîtresse, pourront servir aux élèves d'exercices de rédaction [1]. Les ouvrages de pédagogie ne recommandent-ils pas de diriger les études du côté de la vie réelle, d'emprunter les sujets de style aux usages de la vie et au milieu dans lequel se meuvent les enfants? Dès lors, l'économie domestique n'est-elle pas appelée à fournir aux jeunes filles la plupart des sujets de rédaction?

1. *Deux cents* sujets de style de cette catégorie sont intercalés dans l'ouvrage. Le corrigé de ces devoirs paraîtra prochainement et formera un volume spécial à l'usage des maîtresses.

Enseignée d'après la méthode que nous venons d'indiquer, l'économie domestique ne manquera pas d'offrir un attrait réel aux jeunes filles, de donner des résultats positifs et durables, si l'on a soin d'apporter à son enseignement une discipline régulière, un zèle soutenu, des leçons bien préparées, bref un dévouement proportionné au but que l'on se propose d'atteindre.

LA FUTURE MÉNAGÈRE

PREMIÈRE PARTIE
NOTIONS PRÉLIMINAIRES

CHAPITRE PREMIER
LA FAMILLE ET LE FOYER DOMESTIQUE

La constitution de la famille, a dit un écrivain célèbre, est simple, comme tout ce qui est sublime; elle ne se compose que de trois choses harmonieusement unies : le père, la mère, les enfants, c'est-à-dire, au point de vue de la société domestique, un roi, un ministre, des sujets. Dans ces trois choses, la Providence a gravé de sa main des caractères qui en font à jamais le modèle de toute société : une autorité indiscutable, un ministère dévoué, une obéissance affectueuse.

La famille ainsi constituée, il est clair que la mère de famille a des droits et des devoirs, comme un ministre responsable, et qu'elle a besoin de qualités, de connaissances nombreuses et spéciales pour exercer son pouvoir avec une légitime autorité.

L'autorité de la mère s'exerce surtout au sein de la famille; le foyer domestique, voilà son domaine.

La femme a été créée pour être la reine du foyer domestique; là, elle est au-dessus de toute concurrence; là, l'homme trouve en elle sa providence, et l'artisan le plus puissant de son bonheur. C'est ce qui a fait dire à Socrate que la mère de famille est comme la mère abeille; là où elle vit est toute la ruche. Qu'elle vienne à s'éloigner, les abeilles se dispersent, les rayons sont brisés, le miel lui-même est sans parfum et sans douceur. C'est là l'image de la vie intérieure au foyer domestique avec une mère de famille vraiment digne de ce nom.

« Le foyer domestique, dit Jules Simon, c'est le lieu où sont réunis et où vivent ensemble les parents et les enfants. C'est le centre de la famille.

« Pour que les mœurs conservent ou alimentent leur pureté et leur énergie, il faut qu'il y ait quelque part un lieu consacré par les joies et les souffrances communes, une humble maison, un grenier, si la fortune n'a pas été clémente, qui soit pour tous les membres de la famille comme une partie plus étroite et plus chère, à laquelle on songe pendant le travail et la peine, et qui reste dans les souvenirs de toute la vie associée à la pensée des êtres aimés qu'on a perdus. Comme il n'y a pas de religion sans temple, il n'y a pas de famille sans l'intimité du foyer domestique.

« L'enfant qui a dormi dans le berceau banal de la crèche, et qui n'a pas été embrassé à la lumière du jour par les deux seuls êtres dans le monde qui l'aiment d'un amour exclusif, n'est pas armé pour les luttes de la vie. Il n'a pas, comme nous, ce fonds de religion tendre et puissante qui nous console à notre insu, qui nous écarte du mal sans que nous ayons la peine de faire un effort, et nous porte vers le bien comme par une secrète analogie de nature. Au jour des cruelles épreuves, quand on croirait que le cœur est desséché à force de dédaigner ou à force de souffrir, tout à coup on se rappelle, comme dans une vision enchantée, ces mille riens qu'on ne pourrait pas raconter et qui font tressaillir; ces pleurs, ces baisers, ce cher sourire, ce grave et doux enseignement murmuré d'une voix si touchante. La source vive de la morale n'est que là : nous pouvons écrire des livres et faire des théories sur le devoir et le sacrifice; mais les véritables professeurs de morale, ce sont les femmes. Ce sont elles qui conseillent doucement le bien, qui récompensent le dévouement par une caresse, qui donnent, quand il le faut, l'exemple du courage et l'exemple plus difficile de la résignation; qui enseignent à leurs enfants le charme des sentiments tendres et les fières et sévères lois de l'homme. Oui, jusque sous le chaume, et dans les mansardes de nos villes, et dans ces caves où ne pénètre jamais le soleil, il n'y a pas une mère qui ne souffle à son enfant l'honneur en même temps que la vie. C'est là, près de cet humble foyer, dans cette communauté de misère, de soucis et de tendresse, que se créent les affections durables, que s'enfantent les simples et énergiques résolutions; c'est là que se trempent les caractères; c'est là aussi que les femmes peuvent être heureuses, en dépit du travail et au milieu des privations. »

EXERCICE DE STYLE. — 1. Définissez les mots suivants : famille, foyer domestique, la vie de famille, la morale, le devoir.

LECTURE.

Image de l'association humaine [1].

Un homme jeune encore, d'aspect sérieux, mais non triste, traînait une petite voiture sur laquelle un orgue était hissé. Sa femme, marchant à côté, tournait la manivelle; un enfant rose et frais, le sourire sur les lèvres, jouait assis sur un siège adapté au-dessus de l'instrument. Ils allaient par la rue, se fiant à la Providence.

L'homme, fort et grave, conduit la vie, un peu au hasard, hélas!

[1]. Les chapitres qui peuvent servir de lectures proprement dites sont imprimés en caractères plus petits.

La femme, par un travail moins rude, charme sa peine.

L'enfant, insouciant, est porté à travers le monde, souriant à sa mère et se réjouissant de l'existence dont il ne connaît pas encore les sévères conditions.

Voilà, dans le plus humble des ménages, une exacte représentation des rôles assignés pour chaque famille à l'homme, à la femme, à l'enfant, dans quelque condition que le sort les ait placés.

Mme d'Agoult.

CHAPITRE II

LA FEMME DE MÉNAGE

Après les fonctions d'épouse et de mère, un autre titre investit la femme d'une réelle royauté : c'est le titre de maîtresse de maison, disons mieux, de femme de ménage.

De la femme de ménage dépendent la prospérité intérieure, la santé des enfants, le bien-être du mari. Elle s'occupe du beau comme du bon, car l'arrangement de sa demeure est comme une œuvre d'art qu'elle crée et renouvelle chaque jour. La bonne femme de ménage a besoin de toutes les qualités féminines : l'ordre, la finesse, la bonté, la vigilance, la douceur. Elle répare les fortunes ébranlées, elle sait transformer l'aisance en richesse, le strict nécessaire en aisance. Elle gouverne enfin, elle gouverne pour sauver, et son empire est plus réel que celui des ministres et des rois. Un roi, si habile qu'il soit, peut-il faire que ce qu'on appelle son royaume demeure à l'abri des intempéries du ciel; que la pluie, la grêle, la guerre ne viennent pas ravager ses routes et ses moissons? Un roi a-t-il quelque autorité sur les âmes? Êtres et choses, tout lui échappe. La femme de ménage, au contraire, tient dans sa main, pour ainsi dire, chacun des habitants qui animent, chacun des objets qui composent son petit empire. Elle exile de sa maison les paroles grossières, les actes violents; elle améliore ses serviteurs comme ses enfants, et nul n'est frappé d'une souffrance qu'elle ne puisse aller à son aide. Par elle, les meubles sont toujours propres, le linge toujours blanc. Son esprit remplit cette demeure, la façonne à son gré, et rien ne manque à ce gouvernement domestique, pas même le charme idéal. Qui de nous, passant le soir dans un village, devant quelques demeures de paysans, et apercevant à travers les vitres le foyer flambant, le couvert mis sur une nappe rude, mais sans tache, et la soupe fumante sur la table, n'a point pensé avec une sorte d'attendrissement, que j'appellerai poétique, à ce pauvre ouvrier, bientôt de retour, qui, après un long jour employé à remuer la terre ou le plâtre, à frissonner sous la pluie, allait rentrer dans cette petite chambre si nette et reposer ses yeux et son cœur fatigués de tant de travaux rebutants. Peut-être ne se rend-il pas bien compte de ce sentiment de bien-être, mais il l'éprouve. L'homme de pensée lui-même, après de longues et arides méditations, ne trouve-t-il pas une sorte de repos, qu'il idéalise, dans la vue des occupations ménagères? La laiterie où le beurre s'arrondit en mottes brillantes et parsemées de gouttes de rosée; la grande cuve où bout le linge; la bassine où cuisent les fruits mêlés de sucre, sont autant d'objets qui calment, qui touchent même d'une sorte d'émotion sereine, comme tout ce qui tient à la nature et à la famille, comme la vue d'une vache qui broute, d'une plaine où se fait la moisson. Les anciens sentaient et exprimaient admirablement cette poésie domestique. L'*Odyssée* ne nous charme jamais davantage que quand elle nous offre, dans Nausicaa[1] et dans Pénélope[2], la

---

1. *Nausicaa*, fille d'Alcinoüs, accueillit Ulysse lors de son naufrage dans l'île des Phéaciens et le conduisit au palais de son père. Nausicaa est un des personnages de l'*Odyssée*. Le passage d'Homère auquel Fénelon a emprunté une charmante description, est celui où le poète grec a mis le plus de grâce, de naturel et de vérité.

2. *Pénélope,* femme d'Ulysse et mère de Télémaque, est célèbre

princesse unie à la femme de ménage, et Xénophon n'a rien écrit de plus exquis que le tableau des joies de la jeune mère de famille. Du reste, ce nom de « mère de famille », qui signifie à la fois épouse, mère, maîtresse de maison, a une autorité si réelle, qu'on le retrouve entouré d'une auréole de respect et d'amour jusqu'au fond des cœurs qui en ont, ce semble, le plus méconnu la sainteté.

Legouvé.

Exercice de style. — 2. Répétez ce que vous savez des travaux de ménage auxquels, d'après l'*Odyssée*, se livraient Nausicaa et Pénélope.

Mission de la femme.

La femme est faite pour la vie de famille, pour le foyer domestique, dont elle est l'âme et l'ornement. L'administration intérieure de la maison, le gouvernement du ménage lui sont dévolus, et c'est là sa gloire comme sa destinée.

La femme a naturellement le goût de cette vie doucement occupée, de ces détails obscurs, mais fructueux. Il se trouve cependant quelques personnes de notre sexe qui méconnaissent leur mission. Elles croient n'être créées que pour le plaisir, passent leur vie dans la parure, dans les bals, les soirées et les distractions, cherchant le bonheur partout, hormis à la place où il se trouve réellement : dans l'accomplissement du devoir, dans l'intérieur de la famille.

D'autres se plaignent de l'humble sort que la société fait à la femme et rêvent pour elle les droits égaux à ceux des hommes. Ces personnes agissent par défaut

par les refus constant qu'elle opposa aux demandes de ceux qui prétendaient à sa main pendant l'absence d'Ulysse, qui dura vingt ans, et par des stratagèmes à l'aide desquels elle les ajournait indéfiniment.

de réflexion, par caprice ou par une grossière ignorance. Que deviendraient, je le demande, non seulement le bonheur public, mais aussi l'intérieur des ménages, si les femmes prenaient part aux votes de nos Assemblées, si elles occupaient les charges publiques ou siégeaient au tribunal?

A la femme sont confiés le bien-être de la famille, la sécurité du mari, l'éducation des enfants, le bonheur de tous : sa tâche n'est-elle pas grande, sublime, suffisante pour son cœur et ses forces?

Comparons d'ailleurs la situation de l'homme avec celle de la femme, nous verrons que nous n'avons rien à envier à nos *maîtres*.

Chargé de pourvoir à l'existence de sa famille pour le présent et pour l'avenir, l'homme est forcé de se livrer à tous les soucis, à tous les tourments de l'ambition. Que de peines il lui faut endurer, que d'humiliantes démarches il lui faut souvent faire avant de parvenir à un emploi, à un grade, qui procure plus d'aisance, plus de bien-être aux siens! Et, lorsqu'il est parvenu à ses fins, il se voit jeté par son devoir dans un tourbillon d'affaires; il est entraîné par des occupations du dehors qui absorbent tous ses moments; il ne goûte pour ainsi dire qu'en passant les jouissances de la famille.

La femme au contraire, n'ayant de fonctions à remplir que dans l'intérieur de sa maison, ne peut être atteinte qu'indirectement par des vues ambitieuses. Ses occupations étant plus douces, plus uniformes, elle est plus portée à conserver la sérénité de son âme et peut ainsi consoler son mari et adoucir pour lui les amertumes de la vie. Elle coule tranquillement ses jours au milieu de sa famille et les signale par mille actes de vertu. Il est vrai qu'ils seront exercés dans l'ombre et le silence; la renommée n'en parlera pas, la postérité n'en gardera aucun souvenir; mais la vertu a-t-elle besoin du grand jour? N'est-ce pas la modestie qui lui donne le plus grand relief, et ne ressemble-t-elle pas à ces fleurs dont l'éclat se conserve mieux dans une favorable obscurité que lorsqu'elles sont exposées aux rayons brûlants du soleil?

Dans les trois conditions de sa vie, la femme peut, comme fille, comme épouse ou comme mère, exercer sur l'homme, et par l'homme sur l'ordre social, une influence qui, pour être souvent invisible, n'en est pas moins grande, incalculable. Le progrès moral des populations, non moins que la prospérité des familles, tient essentiellement à l'éducation des femmes. Il est connu que les mœurs publiques ne peuvent bien se former que par les mœurs de la famille, lesquelles ne peuvent être créées que sous les auspices et par l'intervention de la femme, parce que, destinée à une vie d'intérieur, elle porte par instinct et par devoir son attention et sa vigilance jusque dans les plus petits détails, dans l'ordre moral comme dans l'ordre matériel. Le meilleur, le plus instruit des pères ne peut absolument rien faire pour l'éducation de ses enfants si son épouse ne travaille pas de concert avec lui. C'est la mère qui initie ses enfants à la connaissance et à l'amour de Dieu, qui les familiarise avec les habitudes morales, avec l'esprit d'ordre et de travail, avec les manières polies et modestes dont elle leur donne l'exemple. C'est elle aussi qui, par sa sagacité maternelle, sait profiter de toutes les circonstances pour leur donner des leçons pratiques de sagesse et de prévoyance, entretenir parmi eux la concorde et l'émulation dans l'amour du bien et du travail; c'est d'elle qu'ils reçoivent les premières idées du bien ou du mal, et ces idées, ces principes, cette éducation que le citoyen reçoit de la femme dont il est né, ne s'effaceront jamais.

Parvenu à l'âge mûr, l'homme subit encore l'influence de la femme. Quel enchantement s'empare de l'homme, même le plus raisonnable, lorsqu'il s'unit à une femme par les liens sacrés du mariage! Il devient tout ce que le bon ou le mauvais esprit de celle-ci veut en faire. Son humeur, les nuances de son caractère, le plus ou moins d'ordre dans ses affaires, ses relations, ses liaisons, tout cela dépend presque entièrement du caractère et de l'esprit de sa femme. Et de même dans l'intérieur de la maison. C'est encore la femme qui par sa conduite et ses procédés peut lui rendre le séjour de chez lui délicieux ou insupportable; qui peut diminuer ou augmenter son revenu, puisque c'est elle qui est chargée des soins matériels, de tous les détails qui constituent l'entretien du ménage, et selon qu'elle est économe ou dépensière, laborieuse ou indolente, aimable et bonne ou d'un caractère acariâtre, la femme enrichit ou ruine sa maison, rend sa famille heureuse ou malheureuse. Or, le bonheur de l'État étant intimement lié au bonheur des familles, ce sont donc les femmes qui sont la première cause du bonheur ou du malheur des États.

Oui, notre mission est noble, notre mission est grande, et la femme manquerait à un grand devoir si elle négligeait de s'instruire de tout ce qui peut l'aider dans sa belle tâche.

Exercice de style. — 3. Expliquez cette maxime : « La femme doit être l'âme et l'ornement du foyer domestique. »

LECTURE.

La femme de ménage, trésor de la famille.

Le rôle de la femme peut s'envisager à un autre point de vue plus nouveau et non moins incontestable. La science économique, dont les principes se propagent de nos jours, nous fournit cet aperçu.

L'homme ne manque jamais l'occasion de constater que, grâce à son travail, il est l'agent essentiel de la production. Personne ne le conteste : de là vient sa position prédominante dans le ménage ; en produisant presque tout, il s'imagine aisément qu'il est plus nécessaire que la femme, dont les services n'ont guère été employés dans l'industrie jusqu'ici. Il y a là une erreur grande à combattre.

D'abord, il est un fait : c'est que, grâce à l'association, on diminue les frais généraux. Ainsi, dans le ménage, les frais ordinaires ne sont guère plus considérables pour deux que pour un seul ; le bon sens vulgaire répète cette vérité assez souvent. Comment expliquer ce phénomène d'économie domestique? Il tient à la nature même de l'association conjugale et aux circonstances qu'elle produit.

Tant que l'homme est à marier, il vit au jour le jour, se souciant peu ou point du lendemain. Il dépense presque tout ce qu'il gagne ; il lui arrive même de faire plus : il fait des dettes. Devenu chef de la communauté, il change tout à coup, comme par miracle. De prodigue, dépensier, il devient économe, raisonnable et sage ; ses goûts se transforment, parce qu'il trouve au foyer le bonheur, le calme et la tranquillité qu'il recherchait ; ce n'est plus à prix d'argent qu'il se satisfait, il lui a suffi d'ouvrir son cœur pour y laisser pénétrer la bienfaisante et affectueuse influence de sa femme. Et puis la femme soigne tout : ses habillements, son linge, sa nourriture ; elle trouve moyen de se procurer les choses nécessaires à meilleur marché, grâce à la connaissance qu'elle possède du prix et de la qualité de ce que l'on consomme d'ordinaire. Elle met de l'ordre en tout ; personne ne viendra lui présenter des notes erronées, exagérées, car elle a eu soin de se mettre en règle.

Si parfois le mari retombe dans la dépense, elle saura lui faire observer qu'il convient de songer à l'avenir et d'épargner une pomme pour la soif. Dans le mariage, plus de ces toilettes de réclame, destinées à faire ressortir les qualités physiques : le but est atteint de part et d'autre ; on ne doit plus songer qu'à pouvoir se présenter dignement dans la société, rien de plus, rien de moins. Ce n'est pas tout : le chef de famille est stimulé au travail par le spectacle même de la famille qu'il a ou qu'il voit venir ; ce n'est qu'avec les enfants que l'ambition vient à l'homme, et la préoccupation de l'avenir, dont il est bien autrement soucieux que du sien propre, s'impose à son esprit avec une opiniâtreté qui le détermine aux efforts les plus soutenus. Quel nom donnerons-nous à la femme dans ces circonstances? Nous dirons qu'elle est l'agent le plus efficace de la conservation des choses que le mari a acquises par son travail de production. Ce rôle vaut bien le premier. A quoi sert de produire pour soi seul? C'est de l'égoïsme. A quoi sert de gagner pour dépenser aussitôt? C'est de la folie. A notre avis, c'est la femme qui rend l'homme sage; c'est elle qui l'inspire, le soutient, le modère, l'attache au foyer, lui apprend à aimer, le rend heureux : Dieu l'a créée dans ce but.

Godimus.

Exercice de style. — 4. Développez cette pensée : La femme conserve ce que le mari a gagné.

CHAPITRE III

DE L'ESPRIT DE FAMILLE

« Dans une famille, tous ont en vue l'avantage de tous, parce que tous s'aiment et que tous ont part au bien commun. Il n'est pas un de ses membres qui n'y contribue d'une manière diverse selon sa force, son intelligence et ses aptitudes particulières; l'un fait ceci, l'autre fait cela; mais l'action de chacun profite à tous, et l'action de tous profite à chacun. Qu'on ait peu ou beaucoup, on partage en frères; nulle distinction autour du foyer domestique. On n'y voit point ici la faim à côté de l'abondance. La coupe que Dieu remplit de ses dons passe de main en main, et le vieillard et le petit enfant, celui qui ne peut plus ou ne peut pas encore supporter la fatigue, et celui qui revient des champs le front baigné de sueur, y trempent également leurs lèvres. Leurs joies, leurs souffrances sont communes. Si l'un est infirme, si l'un est malade, si avec l'âge il devient incapable de travail, les autres le nourrissent et le soignent, de sorte qu'en aucun temps il n'est abandonné.

« Père, mère, enfants, frères, sœurs, quoi de plus saint, de plus doux que ces noms [1] ! »

---

[1]. Lamennais.

Toutes les vertus domestiques ont leur source dans l'esprit de famille.

Qu'est-ce donc que « l'esprit de famille » ? C'est la quintessence des relations intimes des parents entre eux ; c'est un génie spécial, inné, indestructible, qui met en mouvement tous les ressorts du cœur et de la raison pour le bien-être de tous ceux qui sont issus du même sang. L'esprit de famille, c'est l'instinct qui nous attache par sentiment et par devoir à ceux qui nous ont introduits parmi les hommes, quel que soit le rang que nous occupions dans le monde. L'esprit de famille, c'est le feu sacré du dévouement, de l'ordre, de l'affection, en un mot de la charité appliquée aux parents qui nous sont chers. L'esprit de famille, c'est une force providentielle agissant dans notre âme comme le soleil sur la nature : c'est le levain miraculeux de notre existence morale.

C'est l'esprit de famille qui fait le bon père, c'est l'esprit de famille qui fait la bonne mère, les bons enfants, les bons parents. En un mot, c'est l'esprit de famille qui fait de la maison paternelle un foyer de bonheur pour l'âme, une source de félicité que l'on ne rencontre nulle part ailleurs ici-bas.

La mère possède au plus haut point l'esprit de famille, ce ressort merveilleux, indéfinissable qui agit toujours et engendre tant de vertus ignorées. C'est la mère également qui fait naître dans son intérieur l'esprit de famille et qui sait l'entretenir parmi les siens. « Le cœur d'une mère est le chef-d'œuvre de la nature, » a dit un écrivain célèbre. Cette belle parole n'a rien d'exagéré pour quiconque a étudié le rôle de la femme parfaite dans la famille.

EXERCICE DE STYLE. — 5. Expliquez cette maxime : « *L'union fait la force,* » et envisagez-la au point de vue de la famille. — 6. Léonie remercie son grand-père des étrennes qu'il lui a envoyées.

LECTURE.

Bonheur domestique.

Tous les jours m'apportaient une lettre nouvelle.
On m'écrivait : « Ami, viens, la saison est belle,
« Ma femme a fait pour toi décorer sa maison,
« Et mon petit Arthur sait bégayer ton nom. »
Je partis, et deux jours d'une route poudreuse
M'amenèrent enfin à la maison heureuse,
A la blanche maison de mes heureux amis.
J'entrai, l'heure sonnait; autour d'un couvert mis,
Dès le seuil j'aperçus, en rond sous la charmille,
Pour le repas du soir la riante famille.
« C'est lui! c'est lui! » — Soudain, et sièges et repas,
On quitte tout, on court, on me presse entre ses bras;
Et puis les questions, les pleurs mêlés de rire;
Et ces mots que toujours on se reprend à dire :
« C'est donc lui! le voilà! le voilà près de nous! »
Moi, je serrais les mains à ces tendres époux,
Et j'appelais Arthur, qui, le doigt dans la bouche,
De loin me regardait d'un œil noir et farouche.

. . . .

Dans le calme, la paix, les bienveillants discours,
Huit jours chez ces amis ont passé, mais courts,
Si légers, que mon âme alors rassérénée
Comme ailleurs un instant eût vu fuir une année.
Là, nul vide rongeur, mais les soins du foyer,
L'ordre, pour chaque jour un travail régulier,
Une table modeste et pourtant bien remplie,
Cette gaieté du cœur qui se livre et s'oublie,
Autour de soi l'aisance, un parfum de santé,
Et toujours et partout la belle propreté;
Le soir, le long des blés cheminer dans la plaine;
Ou dans une carriole une course lointaine;
Enfin, la nuit tombée, un pur et long sommeil,
Et les joyeux bonjours à l'heure du réveil.
Brizeux.

Exercice de style. — 7. Rendez cette poésie en prose.

Vocation de la jeune fille.

Dès les premières années, on remarque une différence notable entre le caractère des petits garçons et celui des petites filles, entre les dispositions naturelles et les occupations préférées des uns et des autres.

Les garçons aiment les chevaux, les attelages, le fouet, le tambour, les jeux bruyants, en un mot tout ce qui remue et fait du bruit. Les petites filles, au contraire, préfèrent les jeux paisibles, ceux qui leur permettent de satisfaire leur penchant pour les travaux du ménage, pour la toilette, la conversation. Un petit garçon ne peut guère s'amuser tout seul, tandis que la petite fille passe des heures entières avec sa poupée, à l'habiller, à la coucher, ou à imiter les travaux du ménage, de la cuisine, les conversations du salon ou les leçons de l'école.

La petite fille, en présence de sa mère et des travaux auxquels cette dernière se livre, se dit : « Je serai comme maman, et je ferai ce qu'elle fait. » Le petit garçon, à la vue des hommes, reconnaît ses modèles et cherche à les imiter. De là mille et mille réflexions qui poussent les petites filles et les petits garçons dans des sens bien différents. Les inclinations douces, les jeux sédentaires et calmes, les tendances aux travaux de la maison, les sollicitudes pour les jeunes enfants, etc., sont l'apanage des petites filles et se décèlent dès les premières années. De même, les jeux bruyants, les exercices du sabre, les goûts du fusil, des chevaux, etc., caractérisent les garçons.

De là vient que les jeux permettent souvent de distinguer la vocation des petites filles ou plutôt les nuances de leur caractère. La petite fille n'a, il est vrai, qu'une vocation possible, celle de la vie domestique, honorée par le travail et les modestes vertus ; mais certaines qualités ou certains défauts, la réflexion ou l'étourderie, la malpropreté ou l'esprit d'ordre percent jusque dans ses jeux. Celle qui éparpille ses jouets et ne prend pas la peine de les remettre en place est une étourdie ou une négligente; celle qui range symétriquement les pièces de sa petite cuisine sur sa table essuyée avec soin et, après un repas simulé de quelques minutes, les replace soigneusement dans leur boîte, en se rappelant leur disposition, celle-là comprend déjà par instinct la science du ménage et se souvient des bons exemples de sa mère jusque dans ses amusements.

En soignant la poupée avec la sollicitude que vous connaissez, en rangeant son trousseau avec tant d'attention, que fait la petite fille, si ce n'est satisfaire le goût qui lui fait deviner sa destinée future? En préparant, à l'aide de ces petits ménages que l'on fait aujourd'hui si charmants, de véritables festins, que vous n'aurez pas manqué de trouver délicieux, que fait-elle, si ce n'est obéir à ce penchant naturel qui lui fait pressentir les occupations qui l'attendront plus tard? C'est l'esprit d'imitation, la force de l'exemple qui poussent la petite fille à imiter les travaux, les occupations et jusqu'aux manières de sa mère.

« J'ai vu une petite fille plisser et repasser les bonnets et les cols de sa poupée, mieux que ceux de sa mère ne l'étaient par sa bonne, et, comme l'enfant était riche, quelqu'un lui demanda niaisement à quoi lui servira son talent de blanchisseuse. — Oh! je suis aussi lingère et couturière, répondit la charmante petite fille, car je fais les robes et les chemises de ma poupée, et même je travaille aux miennes. Maman dit que l'on ne saurait être juste envers les domestiques et les ouvrières si l'on ne sait par sa propre expérience ce que vaut le travail qu'on exige d'eux [1]. »

Cette mère judicieuse et prévoyante avait bien

---

1. Mme Sirey.

raison. Pour arriver au même résultat, il faut faire comme elle : profiter des dispositions naturelles de la petite fille pour lui donner le goût des humbles travaux du ménage, en l'initiant de bonne heure à ces travaux. Ce qu'elle fait pour sa poupée, pour ses jouets, on le lui fait faire pour le ménage, en procédant par gradation, en lui ménageant les occupations selon ses forces. Elle met, par exemple, le couvert pour le repas, elle balaye la chambre et y met tout en ordre; elle range un tiroir, seconde sa mère à la cuisine : elle l'aide à faire le café, le pot-au-feu, les confitures. Si elle est l'aînée, c'est elle qui habille ses petits frères et ses petites sœurs, qui fait leur toilette quotidienne, qui les conduit à l'école, qui tricote leurs bas, qui aide à raccommoder leurs effets. Ces travaux, qui n'auront été pour elle qu'un jeu d'abord, une habitude, lui deviennent chers à mesure qu'elle en comprendra l'importance. Et, lorsqu'elle sera devenue elle-même maîtresse de maison, elle s'en acquittera par goût, par attrait; elle y mettra son plaisir et y trouvera sa récompense.

EXERCICE DE STYLE. — 8. Que doit faire la petite fille afin d'apprendre la science du ménage par l'exemple de sa mère. — 9. Quels sont les amusements favoris de la petite fille qui la préparent aux travaux du ménage ? — 10. Quels sont vos devoirs envers vos frères et sœurs plus jeunes que vous ?

CHAPITRE IV

DE L'ÉCONOMIE DOMESTIQUE

L'*économie domestique*, réduite aux proportions les plus modestes, est l'art de diriger d'une manière économique et régulière les choses du ménage. Pour vous, mesdemoiselles, qui êtes encore jeunes, c'est l'*enseignement* qui apprend aux élèves, futures ménagères ou futures mères de famille, à tenir convenablement une maison, un ménage; à y faire régner l'ordre, la propreté, l'hygiène, le bon goût; à ne faire aucune dépense inutile; à savoir économiser et à tirer le meilleur parti possible des ressources dont on dispose.

Envisagée comme une science, elle embrasse tous les devoirs de la femme dans ses rapports avec l'intérieur de la maison, la famille, le monde. Ainsi comprise, l'*économie domestique* ou *science du ménage* est « l'art de bien employer le *temps*, l'*intelligence* et l'*argent* », c'est-à-dire l'art de faire dans une sage mesure un utile emploi de ce *temps*, qui s'enfuit si vite; de l'*intelligence*, dont la culture exige tant de soin; de l'*argent*, qu'il est si difficile de gagner et plus encore de conserver.

Fénelon entend par soins domestiques « tout ce qui a rapport au gouvernement intérieur d'une maison, tout ce qui regarde les dépenses pour les habits, les équipages, les meubles, la table, l'éducation des enfants, les gages et la nourriture des domestiques.

« On s'accoutume, dit-il, à la prodigalité comme à l'économie ; il est donc indispensable de bien enseigner la valeur et l'emploi de l'argent. Qu'une mère ne craigne pas de rendre sa fille avare ; ce vice n'est pas de ce siècle. Il a généralement fait place à la prodigalité. Les besoins sont si multiples, l'industrie s'est tant évertuée, que, sous mille formes séduisantes, le superflu prend les apparences de la nécessité.

« Renfermez la jeune fille dans les bornes de sa condition, et donnez-lui pour modèles les personnes qui y réussissent le mieux. Formez son esprit pour les choses qu'elle doit faire toute sa vie ; apprenez-lui l'économie d'une maison bourgeoise, les soins qu'il faut avoir pour les revenus de la campagne, pour les rentes et pour les maisons, qui sont les revenus de la ville, ce qui regarde l'éducation des enfants, et enfin le détail des autres occupations d'affaires ou de commerce dans lequel vous prévoyez qu'elle devra entrer quand elle sera mariée. »

La femme, de nos jours, n'est pas appelée seulement à diriger une maison. Son rôle a pris une plus grande importance, et c'est parce que la somme des devoirs qu'elle doit accomplir comme fille, comme épouse et comme mère s'est accrue, qu'elle a besoin d'être préparée par des études fortes et sérieuses.

L'enseignement de l'économie domestique est donc utile aux jeunes personnes. Il leur est même nécessaire à toutes, quelle que soit la position de fortune de leurs parents. Il est bon, sans doute, il est indispensable qu'une jeune fille sache lire, écrire et calculer, qu'elle ait l'intelligence ouverte, le sens moral formé, la tête et le cœur à la bonne place. Mais il est au moins aussi nécessaire qu'elle ait des habitudes d'ordre et de travail, qu'elle connaisse et aime les soins du ménage, choses indispensables, sans lesquelles toute son instruction lui servirait peu.

Rien n'est plus précieux, en effet, et plus aimable

dans une famille, qu'une femme, qu'une jeune fille qui connaît ses devoirs et s'y dévoue; qui dirige tout avec sagesse et maintient tout dans la paix; dont l'esprit attentif et le cœur délicat épargnent aux siens la peine que leur causeraient des abus qu'elle seule peut prévenir et réformer. C'est ainsi qu'une fille s'attire le sourire et la bénédiction de son père, qu'une épouse se rend toujours chère à son époux, qu'une mère obtient le tendre respect de ses fils, qu'une maîtresse de maison acquiert l'estime de ses serviteurs.

Mais, pour parvenir à un tel honneur, il y faut avoir été préparée par une excellente éducation, par une *éducation de ménage*, si je puis parler ainsi, à la maison, à l'école ou au pensionnat. Pour une telle éducation, les paroles ne suffisent pas; la pratique est nécessaire, et cela dès le jeune âge. L'économie domestique donne, à la jeune fille qui l'étudie et la pratique, le relief le plus honorable et le plus heureux. Aussi est-il rare de trouver une jeune personne pour qui cette étude n'ait pas de charme.

« L'économie domestique, dit une femme célèbre [1], offre un faisceau de qualités presque toutes également nécessaires au mérite des femmes : l'ordre, la prévoyance, la propreté, l'amour du travail, la connaissance usuelle et pratique de tout ce qui concerne la science du ménage.

« L'*ordre*, ce sage régulateur des choses, équilibre les dépenses et les recettes, diminue les besoins, augmente les ressources, emploie utilement le temps et la fortune; sans l'ordre, il n'existe ni véritable prospérité, ni solide bonheur.

« La *prévoyance* accepte une privation immédiate pour assurer un résultat heureux, quoique lointain; cette qualité, acquise par l'expérience et la réflexion, est moins naturelle chez les femmes que toutes leurs

---

[1]. Mme Sirey, dans le journal *La mère de famille,* en 1833.

autres vertus, qui ne sont, pour la plupart, que des sentiments bien dirigés, traduits en actions. La prévoyance est néanmoins éminemment maternelle, car elle accomplit, dans l'intérêt de la famille, des sacrifices ignorés et quotidiens, plus méritoires, plus difficiles que des actes de dévouement éclatants, mais accidentels.

« La *propreté*, hygiène salutaire, conservateur universel, ornement dont aucun autre ne saurait se passer, la *propreté* est aussi la plus aimable qualité d'une mère de famille, d'une maîtresse de maison.

« L'*amour du travail* naît des circonstances où l'on a vécu, d'une heureuse disposition de l'âme, de l'habitude, de l'exemple; l'amour du travail est le palladium de la vertu des femmes, et l'on peut toujours supposer qu'une mère de famille laborieuse mérite l'affection et le respect des cœurs honnêtes et de tous les siens. »

De tout ce qui précède, vous pouvez déjà conclure, mesdemoiselles, que l'*économie domestique* a surtout pour objet l'*avenir*, mais qu'elle n'est pas étrangère au *présent*. Pour beaucoup de jeunes filles, la science du ménage semble une science toute matérielle, ne s'étendant pas au delà d'une cuisine ou d'une basse-cour. Elles ignorent que cette science enseigne les qualités et les talents qui apprennent à *amasser*, à *conserver*, à *utiliser*, à *réparer* et à *embellir*, c'est-à-dire tout cet ensemble de vertus qui font le bonheur des familles.

La science du ménage a pour auxiliaires :

Pour amasser, le *travail* et l'*économie;*

Pour conserver, l'*ordre* et la *propreté;*

Pour utiliser, l'*instruction* et les *leçons de l'expérience;*

Pour réparer, l'*industrie* et l'*activité;*

Pour embellir enfin, les *enseignements du bon goût*.

Combien seraient heureuses les familles, si toutes les maîtresses de maison possédaient ces qualités !

Exercice de style. — 11. Lettre à une amie pour lui faire comprendre que l'étude de l'économie domestique est nécessaire à toutes les jeune filles. — 12. Quelles sont les principales qualités nécessaires à une maîtresse de maison?

De l'enseignement de l'économie domestique.

« Il n'est pas nécessaire, dit Rollin, que j'insiste beaucoup sur les avantages du travail des mains par rapport aux personnes du sexe. Cette pratique est devenue assez commune parmi nous, et elle ne peut que leur faire beaucoup d'honneur. Dans ces siècles reculés, qui se ressentaient de l'heureuse simplicité du monde encore jeune, les dames les plus qualifiées s'occupaient à des travaux pénibles qui nous paraîtraient bas et méprisables.

« Sara, dans une maison riche et opulente et avec un très nombreux domestique, préparait de ses mains à manger aux hôtes. On voyait Rebecca et Rachel, dans un âge encore tendre, revenir de la fontaine les épaules chargées de vases pesants remplis d'eau. Chez Alcinoüs, roi des Phéaciens, qui exerçait l'hospitalité avec une magnificence vraiment royale, la jeune princesse Nausicaa, sa fille, ne rougissait point d'aller à la rivière laver elle-même le linge. Le sexe a conservé cette louable coutume du travail des mains dans tous les temps et dans tous les pays. »

L'histoire apprend que, chez les deux plus grands peuples du monde ancien, la vraie école des vertus patriotiques et guerrières, c'était le ménage bien ordonné au sein des occupations de l'agriculture. Rien de plus touchant à lire que la description d'un ménage athénien dans Xénophon [1], et les belles paroles que cet écrivain mit dans la bouche de Socrate dans les dialogues sur l'économie domestique.

Vous connaissez le beau portrait que la Bible trace de la *femme forte*, et vous avez déjà lu les éloges que l'Ancien Testament décerne à la mère de famille et à la maîtresse de maison.

1. L'*Économique* de Xénophon.

Les institutrices les plus distinguées, telles que Mme de Maintenon et Mme Campan, voulaient qu'on enseignât aux jeunes filles non seulement le travail à l'aiguille et d'autres travaux manuels, mais elles recommandaient encore de leur apprendre tous les soins du ménage et les détails de l'économie domestique. Elles voulaient, en un mot, qu'on en fît de bonnes ménagères.

A Saint-Cyr, les élèves pouvaient être employées à l'infirmerie, à la lingerie, à la roberie et secondaient les sœurs converses pour desservir le réfectoire, balayer les dortoirs, nettoyer les classes. C'étaient les plus grandes demoiselles qui aidaient à habiller les plus petites; elles faisaient leurs lits et leur apprenaient tout ce qu'elles devaient savoir.

Dans certaines circonstances, on employait comme exercice et comme récompense toute une classe ou quelques bandes à nettoyer, laver, blanchir l'infirmerie, à ranger le garde-meuble, le réfectoire, à balayer à fond la maison.

« Employez-les, disait Mme de Maintenon, au service de la maison sans scrupule; tout ce que vous leur ferez faire à Saint-Cyr sera toujours peu de chose, en comparaison de ce qu'elles feront ailleurs. Rendez-les ménagères, laborieuses, adroites; elles en seront plus propres à tous les partis qu'elles peuvent prendre. Qu'elles se servent les unes les autres, qu'elles balayent et fassent les lits : elles en seront plus fortes, plus adroites et plus humbles.

« On fera des récompenses de toutes ces fonctions; on ne les accordera qu'aux plus sages. Vous comprendrez aisément que des filles élevées de cette sorte seront d'excellentes maîtresses de maison, d'excellentes mères de famille : elles se formeront en formant les autres. Les maîtresses regarderont de temps en temps le progrès des écolières; il y aura des récompenses pour celles qui apprennent, et tout cela excitera une grande émulation.

« Vous retournerez la plupart, disait-elle, en sortant d'ici, avec un père ou une mère veufs, ou infirmes, ou bizarres, passant bien souvent vos journées à travailler. Il y en aura d'autres, et ce seront les plus heureuses, qui se trouveront dans le fond d'une campagne à vivre en ménagères, à veiller sur les domestiques, voir s'ils s'acquittent bien chacun de leurs fonctions, si le labourage se fait bien, s'ils ont soin des bestiaux, des poules, des dindons, et qui enfin souvent seront obligées de mettre la main à l'œuvre. Si quelqu'un, mes enfants, a besoin de faire un amas de vertus, c'est assurément vous autres, puisque, selon les apparences, vous serez exposées à bien des choses pénibles [1]. »

C'est ainsi qu'elle préparait ses chères élèves à la vie réelle, à leur future destinée.

Dans la maison d'Écouen, Mme Campan formait de bonne heure les élèves aux travaux du ménage. Habiles à tous les genres de couture, elles faisaient elles-mêmes leurs robes et leurs chemises, balayaient leurs classes, servaient à table à tour de rôle, donnaient et recevaient leur linge, écrivaient pour la maison les moindres mémoires de dépenses. La célèbre institutrice regrettait que, de son temps, l'éducation publique ne permît pas d'habituer encore les jeunes filles à de plus simples soins : à couler la lessive, blanchir, repasser, faire des sirops, des confitures. Les essais qu'elle avait faits en ce genre ne donnèrent pas les résultats qu'elle eût désirés.

Mlle de Virieu, qui fut une femme éminente, a écrit sur le sujet qui nous occupe des pages remarquables. « Je crois, dit-elle, qu'il y a moyen d'appliquer les élèves à tour de rôle à quelque ouvrage de la maison, soit au dehors, soit au dedans. Cela les forme au ménage et les rend laborieuses et adroites. Il n'y a aucune d'elles qui n'ait besoin de connaître la théorie et surtout la pratique de l'économie domestique. De bonnes maîtresses

---

1. Conseils aux demoiselles

feraient bien d'entretenir quelquefois leurs élèves de pareilles choses : il y a des livres qui en parlent; on les leur lit, on en raisonne avec elles, ce qui les amuse beaucoup, puis, les jours de congé, on expérimente quelques recettes. Une bonne mère ferait tout cela avec ses filles, et les maîtresses doivent tendre, autant que possible, à occuper leurs enfants de tout ce qui les occuperait près de leurs mères. »

De nos jours, beaucoup d'institutrices et de directrices de pensionnat enseignent l'économie domestique dans leurs établissements, et cela non seulement par la théorie au moyen d'un livre de lecture, mais également par la pratique, en familiarisant les jeunes filles avec tous les détails des soins domestiques. Il n'y a même que la pratique qui puisse donner un véritable charme à ce genre de leçons.

Nous pourrions citer de ces maisons où l'on conduit de temps en temps les grandes élèves à la lingerie, au repassage, etc., afin qu'elles apprennent là, sur place, comment se doit disposer le linge selon ses divers usages; qu'elles voient savonner, plier, repasser, etc.; qu'elles se rendent compte du temps et des soins qu'exigent ces diverses opérations. A titre de récompense, on permet aux plus sages de mettre même la main à l'œuvre.

Dans ces pensionnats, une maîtresse est spécialement chargée du cours d'économie domestique. Elle assiste toujours à ces visites de la lingerie. Elle conduit également les élèves à la cuisine, aux offices, au jardin potager, leur apprend à connaître les provisions nécessaires dans une maison, les moyens de les conserver, l'usage qu'on en fait, les vases et les ustensiles employés, l'entretien qu'ils exigent, la manière de préparer les principaux mets. On leur fait mettre la main à certains détails d'office, dresser des fruits, des desserts, etc.; on leur apprend à connaître les plantes potagères, la raison de chaque chose, la conservation des fruits pendant l'hiver, l'époque des grandes provisions, etc. Au jardin, on leur confie des parterres et des carrés pour cultiver des fleurs destinées aux appartements et des légumes pour le pot-au-feu.

Tous ces travaux donnent lieu, en classe, à des leçons instructives, à des entretiens intéressants, véritables *leçons de choses* qui fournissent des thèmes nombreux à des sujets de composition.

Rien de plus utile à tous les points de vue que ces sortes de leçons pratiques.

EXERCICE DE STYLE. — 13. Mme de Maintenon et l'établissement de Saint-Cyr. — 14. Vous avez aidé, pendant un jour de congé, votre mère dans les travaux du ménage. Vous racontez dans une lettre à votre amie les occupations auxquelles vous vous êtes livrée.

LECTURE.

Antiope, ou modèle d'une jeune maîtresse de maison.

Antiope est douce, simple, sage; ses mains ne méprisent point le travail; elle prévoit de loin : elle pourvoit à tout; elle sait se taire, elle agit tout de suite sans empressement. Elle est à toute heure occupée et ne s'embarrasse jamais, parce qu'elle fait chaque chose à propos. Le bon ordre de la maison de son père est sa gloire; elle en est plus ornée que de sa beauté. Quoiqu'elle ait soin de tout et qu'elle soit chargée de corriger, de refuser, d'épargner (choses qui font haïr presque toutes les femmes), elle s'est rendue aimable à toute la maison. C'est qu'on ne trouve en elle ni passion, ni entêtement, ni légèreté, ni humeur, comme dans les autres femmes : d'un seul regard elle se fait entendre, et l'on craint de lui déplaire. Elle donne des ordres précis; elle n'ordonne que ce qu'on peut exécuter; elle reprend avec bonté, et en reprenant elle encourage. Le cœur de son père se repose sur elle, comme un voyageur abattu par les ardeurs du soleil se repose à l'ombre sur l'herbe tendre. Antiope est un trésor digne d'être recherché dans les terres les plus éloignées.

Son esprit, non plus que son corps, ne se pare jamais de vains ornements; son imagination, quoique vive, est retenue; elle ne parle que pour la nécessité; et, si elle ouvre la bouche, la douce persuasion et les grâces naïves coulent de ses lèvres. Dès qu'elle parle, tout le monde se tait, et elle en rougit. Peu s'en faut qu'elle ne supprime ce qu'elle a voulu dire quand elle s'aperçoit qu'on l'écoute si attentivement. A peine l'avons-nous entendue parler.

Vous souvenez-vous, ô Télémaque, d'un jour que son père la fit venir? Elle parut, les yeux baissés, couverte d'un grand voile, et elle ne parla que pour modérer la colère d'Idoménée, qui voulait faire punir rigoureusement un de ses esclaves. D'abord elle entra dans sa peine, puis elle le calma; enfin elle lui fit entendre ce qui pouvait excuser ce malheureux; et, sans faire sentir au roi qu'il s'était trop emporté, elle lui inspira des sentiments de justice et de compassion. Thétis, quand elle flatte le vieux Nérée, n'apaise pas avec plus de douceur les flots irrités. Ainsi Antiope, sans prendre aucune autorité et sans se prévaloir de ses charmes, maniera un jour le cœur de son époux, comme elle touche maintenant sa lyre quand elle en veut tirer les plus tendres accords.

Ce qui touche en elle, c'est son silence, sa modestie, sa retraite, son travail assidu, son industrie pour les ouvrages de laine et de broderie, son application à conduire toute la maison de son père depuis que sa mère est morte, son mépris des vaines parures, l'oubli et l'ignorance même qui paraît en elle de sa beauté. Quand Idoménée lui ordonne de mener les danses des jeunes Crétoises au son des flûtes, on la prendrait pour la riante Vénus, tant elle est accompagnée de grâce. Enfin, quand on la voit avec une troupe de jeunes filles tenant en sa main une aiguille d'or, on croit que c'est Minerve même qui a pris sur la terre une forme humaine et qui inspire aux hommes les beaux-arts. Elle anime les autres à travailler; elle adoucit le travail et l'ennui par les charmes de sa voix, lorsqu'elle chante toutes les merveilleuses histoires des dieux; elle surpasse la plus exquise peinture par la délicatesse de ses broderies. Heureux l'homme qu'un doux hymen unira avec elle! Il n'aura à craindre que de la perdre et de lui survivre.   FÉNELON.

EXERCICE DE STYLE. — 15. Qu'est-ce que le *Télémaque* de Fénelon? Qui était Antiope, dont parle ce livre? — 16. Quels sont les devoirs que les jeunes filles auront à remplir dans la maison paternelle quand elles auront quitté l'école?

DEUXIÈME PARTIE

ORGANISATION MORALE DE LA MAISON, LES QUALITÉS D'UNE BONNE MAÎTRESSE DE MAISON

CHAPITRE PREMIER

LA PRÉVENANCE

Pour acquérir la douce influence qu'elle peut et qu'elle doit exercer sur les siens et sur le chef de famille en particulier, la maîtresse de maison doit posséder deux qualités indispensables : la prévenance et l'égalité d'humeur. Rien ne rend la femme plus aimable et ne lui offre des moyens plus assurés de répandre autour d'elle le bonheur que la prévenance.

La préoccupation des affaires, les contrariétés rendent quelquefois le chef de famille maussade et grondeur : la femme douce et prévenante feint de ne pas s'en apercevoir, et lui fait le même accueil que s'il était aimable. Ou bien il est d'une susceptibilité extrême, un rien le met hors de lui : la femme évite de le contredire, attend patiemment que le calme revienne ou en hâte le retour par quelque attention délicate. Il est peut-être d'un caractère affectueux, mais il a besoin qu'on aille au-devant de lui, qu'on le prévienne : la ménagère, qui connaît ses goûts, devine ses désirs et ne lui laisse pas le temps de demander ces mille petites choses qui font tant pour le bonheur domestique. Son feu est toujours allumé à temps, sa toilette de chaque jour, de chaque semaine se trouve toujours à point; lorsqu'il rentre le soir transi et fatigué, il trouve ses pantoufles à côté d'un bon feu pétillant, qui le réjouit; a-t-il témoigné une fois quelque préférence pour un mets, il voit reparaître de temps en temps le plat favori, sans que sa femme sollicite pour cela des remercîments, etc., etc. « L'attention aux petites choses est l'économie de la vertu, » disent les Chinois. M. Théry, de son côté, nous apprend qu'il y a un charme infini, pour le père de famille, toujours occupé et désireux de trouver dans son intérieur un délassement qui retrempe ses forces, à se sentir environné de soins qu'il n'a pas eu le temps même de pressentir. Mais il faut du tact chez la bonne ménagère pour ne pas tomber dans l'excès de ce bien, pour ne pas fatiguer celui qui est l'objet de ces prévenances. Pour cela, il faut qu'elle étudie le caractère de son mari et y conforme le sien, qu'elle devine ses goûts et y conforme ses propres goûts et ses propres habitudes.

La prévenance amène le bonheur, la paix dans le ménage; l'égalité d'humeur les conserve.

Égalité d'humeur.

« Le bonheur ou le malheur de l'homme ne dépend pas moins de son humeur que de sa fortune. » Que de personnes, en effet, ont eu leur vie troublée, leurs affections atteintes, leur bonheur détruit, parce qu'ils n'ont pas su réprimer, celle-ci son humeur ombrageuse, celle-là son humeur chagrine et irascible! L'égalité de caractère, cette fille de la douceur, doit être l'apanage de toute maîtresse de maison. On sait que dans un ménage tout ne va pas toujours comme on voudrait; au milieu de tant de détails, il faut bien qu'il s'en rencontre de désagréables. On a affaire quelquefois à un mari difficile, qui ne vous sait pas toujours gré de toute la peine qu'on se donne; de leur côté, les enfants, les domestiques ou les ouvriers occasionnent mille ennuis. Parmi toutes ces contrariétés, la bonne ménagère s'efforcera de garder une humeur égale, qui en allégera le poids; car, si elle se laisse aller au découragement, elle les aggravera en les ressentant d'une manière plus vive.

D'ailleurs une femme doit toujours être souriante, même au prix de luttes intérieures; elle doit présenter aux autres un visage calme et serein, afin de répandre autour d'elle le calme et la joie. On se plaît à nous appeler « cette puissance merveilleuse qui s'appelle la femme ». Oui, mais cette puissance est faite de sourires, d'intonations harmonieuses, de douceur, de grâce. Voilà notre force.

Une femme d'humeur agréable est plus avenante que celle qui fronce toujours les sourcils; on l'aime et on la sert avec empressement; elle possède une arme de plus pour attirer et conserver la paix du ménage.

Le chef de famille a bien assez du fardeau des affaires du dehors à porter, du souci de gagner le pain quotidien des siens, pour qu'on ne lui rende point la maison maussade en le fatiguant des détails, en l'entretenant d'ennuis qu'il ne dépend pas de lui de faire cesser.

Quand il rentre, c'est le sourire aux lèvres qu'on doit le recevoir, c'est une femme empressée qui doit lui souhaiter la bienvenue.

Représentez-vous une maîtresse de maison qui vient d'avoir une altercation avec sa *bonne*. Elle reçoit avec une mine renfrognée son mari, qui rentre fatigué de la journée. Il n'a pas le temps de s'asseoir; il lui faut entendre jusqu'au bout les jérémiades de sa femme; elle ne lui épargne aucun détail de sa querelle. La mauvaise humeur le gagnera, il éclatera en reproches ou se sauvera chez des amis, à l'auberge, au café, chercher au dehors les distractions et le calme qu'il ne peut trouver chez lui.

Si cette ménagère avait su maîtriser son humeur, elle se serait épargné la scène pénible qui vient d'avoir lieu, et n'aurait pas à se reprocher les conséquences qui pourront en résulter.

N'oublions pas de mentionner une troisième chose faite pour rendre un ménage heureux : la confiance réciproque des époux.

Nous avons conseillé à nos futures maîtresses de maison de ne pas entretenir, pour ne pas le fatiguer inutilement, le chef de famille du récit de ces petites misères journalières et multipliées auxquelles toute mère de famille est sujette. Très bien. Mais ne pas le mettre au courant des affaires graves, ne pas vérifier avec lui les dépenses et les recettes du ménage, fruits de ses labeurs, serait un fort mauvais procédé : ce serait manquer les plus belles occasions de resserrer les liens de l'entente, de l'estime réciproque, par conséquent du bonheur conjugal.

Bien des femmes cependant oublient ce précepte. « Les hommes n'ont pas besoin de tout savoir, » disent-elles. Certaines mères vont jusqu'à rendre leurs enfants complices des cachotteries qu'elles font : « Vous ne le direz pas à papa ! » et elles ajoutent, en forme de conclusion et pour s'excuser : « Les hommes n'ont pas besoin de tout savoir... » Et voilà comment on diminue le respect filial, comment on pervertit le sens moral de l'enfant. De deux choses l'une : ou ce que l'on cherche à cacher à son mari est peu de chose, et alors pourquoi en faire un secret ? ou elle est importante, et dans ce cas le devoir de la femme n'est-il pas de l'en instruire ?

C'est souvent l'achat d'un objet de toilette que la femme cherche à cacher. Il y a des dames qui font faire deux mémoires à la couturière ou à la modiste.

Le petit, le faux, est pour être mis sous les yeux du mari; celui qui porte le vrai total est pour elles seules ! Et quelles ruses emploient-elles pour s'acquitter ? Elles font *leurs économies* en cachette ou soldent les ouvrières à l'insu du mari. Parfois les fournisseurs, impatientés, s'adressent à monsieur, et alors a lieu une explication suivie d'une scène plus ou moins violente. Ces manières d'agir sont indignes d'une femme sérieuse, d'une mère de famille, d'une ménagère probe et économe; elle trouve la juste punition de sa mauvaise action dans la perte de l'estime de son mari.

Si par malheur, jeunes amies, quand vous serez à la tête d'une maison, vous vous laissiez entraîner à faire un achat inopportun, à contracter une dette qui vous mît dans l'embarras, au lieu de dissimuler cette faute en achetant à crédit, allez à votre mari, confiez-lui votre embarras en toute simplicité. Touché de votre foi en sa générosité, il vous pardonnera et sera le premier à vous consoler. Ou bien il s'emportera peut-être, il vous reprochera votre imprévoyance; mais essuyer un reproche mérité est, à mon avis, préférable à la perte de son estime, de sa confiance.

EXERCICE DE STYLE. — 17. Expliquez cette maxime : « La qualité la plus essentielle dans une femme est la douceur et l'égalité d'humeur. »

LECTURE.

Avantages de l'égalité d'humeur.

Ma femme était d'abord un peu craintive pour commander, comme une personne accoutumée seulement à obéir à sa mère. Je la voyais un peu lente et portée à la mélancolie. J'y remédiai. Quand j'arrivais à la maison, je lui donnais le bonjour avec un front ouvert et joyeux, pour que ma gaieté lui rendît la sienne et pour que, à la vue de son mari exempt de tristesse, elle ne conservât plus de motif de s'affliger. Puis, je lui disais ce que j'avais entendu dire à un homme sage, mon compère, que, lorsqu'il rentrait tout à coup chez lui, il reconnaissait si sa femme, qui avait l'esprit rebours, était en querelle avec quelqu'un, seulement à sa mine moins joyeuse qu'à l'ordinaire. Je blâmai beaucoup les disputes à la maison ; je lui affirmai que les femmes devraient toujours être d'une humeur aimable dans leur intérieur, d'abord pour ne pas paraître fantasques et querelleuses, comme la commère, ensuite pour plaire davantage à leurs maris. Prends cela pour toi-même, ma femme, ajoutai-je. Quand je rentre à la maison avec quelque pensée triste, comme il arrive souvent à nous autres hommes, parce que nous nous trouvons en relation avec des malveillants, des méchants et des ennemis, quand tu me vois ainsi troublé, tu deviens aussi toute triste et toute maussade. Figure-toi bien que c'est mon affaire beaucoup plus que la tienne. Si donc tu ne peux éprouver aucune peine intérieure qu'à propos des manquements qui arrivent par ta faute, la seule chose qui te convienne, c'est de vivre dans la joie, de te faire obéir et de t'occuper des intérêts de notre famille. Il me déplairait de ne pas te voir gaie, parce que je prendrais cette tristesse pour un aveu que tu as manqué en quelque point.

A. Pandolfini [1].

Douceur. — Modestie.

> La qualité la plus essentielle dans une femme est la douceur et l'égalité de caractère.
> Mme Campan.

La douceur consiste en une humeur égale, qui traite tout le monde avec la même bienveillance, qui supporte avec patience les défauts des autres et qui excuse leurs torts, qui nous fait trouver en tout le côté bon et agréable plutôt que le côté désavantageux. La sérénité, qui répand autour d'elle la joie et le contentement, est encore fille de la douceur, ainsi que la bonté, qui reprend sans aigreur, qui corrige sans passion. La dou-

---

[1]. Cet écrivain du xviiie siècle, natif de Florence, est célèbre par son traité du *Gouvernement de la famille*, qui est à la fois un cours de morale domestique et un manuel de la maîtresse de maison.

ceur ne connaît ni les caprices, ni l'obstination, ni la colère : aussi peut-on l'appeler la source de la paix et du contentement. Mme de Maintenon disait que pour les femmes la douceur est le meilleur moyen d'avoir raison. Marc-Aurèle avait dit avant elle : « La douceur « a toujours raison, car que pourra te faire le plus mé- « chant des hommes, si tu persévères à le traiter « avec douceur? » Plus fait douceur que violence. Heureuse la famille où la douceur règne en souveraine.

Tandis que l'intérieur d'une femme acariâtre et méchante est un véritable enfer, celui de la femme douce et bonne est un vrai paradis, séjour de la paix et du bonheur.

La modestie est la compagne inséparable de la douceur : une femme douce et affable est toujours modeste, et cette précieuse vertu double la valeur de toutes ses autres qualités.

La modestie est l'apanage du mérite; elle découle d'un grand fonds de raison et de bon sens : le vrai mérite est toujours modeste.

La vanité dénote un petit esprit et un jugement étroit. Il n'y a que les sots qui soient vains de leur beauté, de leurs titres, de leurs richesses. Ces femmes, ces jeunes personnes, qui mettent leur gloire dans le luxe et la parure, qui cherchent à éclipser les autres par leur toilette, à briller hors de leur sphère, montrent par là que leur esprit borné n'est susceptible d'aucune occupation sérieuse, que leur cœur est incapable de goûter des jouissances plus douces et plus réelles; au lieu de plaire, elles se rendent ridicules. On hait les orgueilleux; on recherche ceux qui sont modestes.

Une personne modeste parle très peu en compagnie; elle écoute plus qu'elle ne discute, trouve une bonne parole pour pallier les défauts des autres, ne se vante jamais, est réservée dans son langage et sa tenue.

Suivant le désir de Molière :

> Elle a du savoir sans vouloir qu'on le sache,
> Sans citer les auteurs, sans dire de grands mots
> Et clouer de l'esprit à ses moindres propos.

Une personne orgueilleuse babille sans cesse, rapporte tout à elle, amoindrit le mérite des autres pour faire ressortir le sien propre, se fait des ennemis par ses paroles piquantes, sa causticité, se vante sans cesse, se rend insupportable. La vanité rend médisant, égoïste. Bien plus, elle rend ingrat : on a vu des enfants rougir de leurs parents, d'humble condition; mépriser leurs bienfaiteurs, de mœurs simples et rustiques. C'est tout bonnement de la monstruosité.

Il y a une fausse modestie dont il faut se défier : elle consiste à se croire plus humble que les autres, à répéter sans cesse qu'on ne recherche pas les louanges, qu'on n'ambitionne pas les honneurs, etc. C'est de la vanité dissimulée, c'est le comble de l'orgueil.

Devenez bonnes et douces, mes chères lectrices; soyez modestes, et tout le monde vous aimera.

EXERCICE DE STYLE. — 18. Expliquez cette pensée : « La femme modeste ressemble à une violette. »

Sentences.

> Bonnes gens font les bons pays.
> Bon cœur fait le bon caractère.
> Bons comptes font les bons amis.
> Bon fermier fait la bonne terre.
> Bons livres font les bonnes mœurs;
> Bons maîtres, les bons serviteurs.
> Les bons bras font les bonnes lames.
> Le bon goût fait les bons écrits.
> Bons maris font les bonnes femmes;
> Bonnes femmes, les bons maris.
>
> PANARD.

EXERCICE DE STYLE. — 19. Faites le portrait d'une jeune fille modeste.

Présence d'esprit.

Le courage et la présence d'esprit pour se tirer d'une position difficile, ou pour en tirer les autres, sont assurément des qualités nécessaires aux hommes; mais elles ne le sont pas moins aux femmes. Dans combien de circonstances ces dernières ne sont-elles pas appelées à lutter contre le danger, à résister à la douleur pour leur propre compte ou pour aider à secourir, à consoler les autres? Ne faut-il pas souvent qu'elles sachent envisager avec sang-froid et avec fermeté les souffrances de leurs enfants ou d'autres personnes chères, afin de pouvoir y remédier? Elles ont plus particulièrement besoin de cette force et de cette présence d'esprit sans lesquelles on n'est capable de rien, on devient pour autrui un embarras plutôt qu'une aide dans les moments critiques. Il faut que les jeunes filles se persuadent qu'elles auront des épreuves à traverser dans la vie, et qu'elles s'y préparent de bonne heure. C'est leur rendre un immense service que de les habituer dès le bas âge à vaincre les faiblesses puériles, les répugnances ridicules qui font pousser des cris de frayeur à l'aspect d'une araignée, s'évanouir à la vue d'une goutte de sang. On les accoutumera encore à envisager avec sang-froid le mal qui leur est propre ou celui qui pourrait arriver aux autres, et on leur apprendra autant que possible les moyens pour y remédier.

La présence d'esprit est indispensable à la maîtresse de maison comme à la mère de famille, et cela non seulement dans les malheurs, dans les grandes catastrophes, mais encore dans les circonstances ordinaires, quoique imprévues, dans les contrariétés inhérentes à leur état et qu'on ne peut empêcher.

Survient-il, par exemple, des personnes qu'on n'attendait pas et qui imposent leur présence pour toute la journée?

Certes, il y a là pour une maîtresse de maison de quoi se troubler. Mais, si elle est habituée à se contenir, elle saura être aimable, obligeante, empressée dans la mesure voulue; elle semblera avoir été prévenue, tant elle recevra avec aisance cette visite indiscrète.

Comme une surprise effraye toujours la routine des domestiques, elle leur donnera ses ordres sans plus d'émotion qu'à l'ordinaire; autant que possible elle ne dérangera pas leurs habitudes journalières, mais fixera à chacun d'une façon nette et précise ce qu'il doit faire et quand il devra le faire. La cuisinière saura positivement quels plats supplémentaires, quelle pâtisserie elle doit faire ou commander; le valet de chambre aura des instructions claires pour assurer, le soir, le départ des voyageurs; les enfants auront leur journée réglée, suivant ce que permettent les convenances des personnes qu'on reçoit, etc.

Quelquefois, c'est le brusque départ d'une *bonne*, de la cuisinière surtout, qui met la ménagère dans l'embarras. Quand ce contretemps fâcheux arrive à la maîtresse de maison telle que nous nous plaisons à la concevoir, c'est-à-dire à celle qui sait demeurer calme et qui s'est habituée à mettre elle-même la main à l'ouvrage, elle se tire facilement d'affaire. Elle se fait aider, pour le gros de la besogne, par une *femme de ménage*, et elle fait elle-même le reste; de cette manière, la régularité du service ne souffre pas; tout se passe avec ordre et calme, sans plaintes ni récriminations inutiles. En un mot, la bonne maîtresse de maison suffit au besoin d'une situation imprévue, sans fracas, sans se troubler elle-même et sans bouleverser tout le ménage.

La présence d'esprit, le sang-froid peuvent s'acquérir en quelque sorte par l'habitude; cela est même plus facile qu'on ne pense.

Une femme qui évite l'impatience, qui passe sur les petits manquements, qui voit tout sans paraître voir, qui applique à chaque détail la même surveillance paisible qu'à l'ensemble, qui se défie de son imagination, qui ne *s'agite* pas plus qu'elle n'*agit*, cette femme échappera par le calme et la réflexion aux inconvénients de la surprise; elle saura faire face à toutes les situations prévues ou imprévues, et se fera par là une réputation d'ordre et d'intelligence qui la récompensera amplement de sa peine.

Exercice de style. — 20. Faites ressortir les avantages de la *présence d'esprit*.

LECTURE.

Conseils d'un père à sa fille qui vient d'entrer en ménage.

Désormais, du matin jusqu'au soir, depuis le commencement jusqu'à la fin d'une année, du haut en bas de la maison, que vas-tu faire dans ton ménage? De la prose, toujours de la prose.

Mais la poésie ne s'envolera pas à jamais loin de ton foyer : elle reparaîtra en certaines journées, aux heureux anniversaires, aux fêtes consacrées par la famille, dans ces circonstances où te réclameront l'amitié, le dévouement, la charité.

La conduite du ménage est donc de la prose? Oui, mais cette prose, le cœur y sait introduire un élément poétique qui atteint quelquefois au sublime. Car tout ce que touche une femme se transforme, s'ennoblit, se dégage de tout grossier alliage. Sous ses heureuses mains, le cuivre devient or. Voyons-la donc à l'œuvre, cette femme qui peu à peu devient habile dans la conduite de sa maison. Le jour ne brille pas depuis longtemps, que déjà sa sollicitude s'éveille; et, selon l'état de sa santé, de son tempérament, à l'heure accoutumée, elle est debout, toute disposée à imprimer autour d'elle le mouvement intelligent qui satisfait aux besoins de ceux dont elle a la charge.

Elle fait en sorte qu'aucun moment ne soit perdu. Sa surveillance, ses ordres pressent l'action qui se ralentit, remédient aux négligences, pourvoient à l'avenir. Son exemple est la loi de tous; de temps à autre, elle se recueille pour penser et prévoir, puis elle se remet à agir. Non contente de diriger, elle enseigne comment il faut exécuter. Elle a appris dans sa première famille ces choses qui rendent aux autres la vie saine, douce, facile; elle ajoute à ces enseignements maternels ce que lui suggèrent l'inspiration du présent et l'expérience recueillie chaque jour.

Sous ses ordres, ceux qui lui consacrent leur adresse et leurs forces agissent avec bon vouloir, acceptent ses intentions à la place des leurs, ne pensant que par elle, s'imaginant qu'elle les devine, lorsqu'elle les encourage à l'activité, tant elle est ingénieuse à persuader ce qui est utile, à déguiser ce qui rebute, à amoindrir toute œuvre difficile.

Les parents anciens et nouveaux, quand ils se groupent autour d'elle, sentent qu'il s'échappe de son cœur une douce influence qui leur communique l'amour de la concorde, la joie de la fraternité. Nul n'est sourd à sa voix dans l'intérêt commun; tous les yeux se fixent sur les siens pour y lire la règle à suivre, et une heureuse approbation quand cette règle a été observée. Et le mari! Il reconnaît que certaines saveurs de la réalité l'emportent sur les fruits que son imagination lui faisait espérer. Il a sous la main un cœur dévoué, devant les yeux un regard affectueux et sincère, une lèvre souriante. Toutes les fois qu'il lève son front à la recherche d'idées nouvelles, sa vue rencontre cette image de grâce et de bonté, qui inspire le courage, le contentement, le zèle pour le bien. Il se sent meilleur, depuis que lui est venue cette compagne dont il reçoit l'exemple du dévouement. Sa société est une école de vertu. Elle le ramène aux bons principes, quelquefois un peu négligés, rajeunit dans sa mémoire les leçons de sa mère, qui lui recommanda si souvent le soin de sa conscience, l'honneur, la vérité. Aujourd'hui, c'est sa femme qui lui rappelle le prix de toutes ces belles et grandes choses, qu'il n'a pas eues toujours en égale estime, la pureté de la pensée, la pudeur, le respect de soi-même, la dignité humaine, la noblesse de l'âme. En retournant par le souvenir aux premières journées de son union, en s'arrêtant à réfléchir au bonheur présent qui lui est permis, il se sent engagé dans une vie toute nouvelle.

Puis, suivez plus tard l'épouse, devenue mère, au milieu de ses enfants! Tout ce dont les poètes se sont avisés sur la sollicitude des anges protecteurs, sur l'activité incessante et tutélaire de la Providence, ils l'ont tiré du spectacle de la vigilance maternelle, qui fait la journée plus longue que le jour, qui ne connaît de repos et de sommeil qu'auprès des êtres chers qu'elle a elle-même couchés et endormis.

Comment cette femme suffit-elle à tant de bien opéré par ses soins, ou même accompli partout où elle se montre ou préside? C'est que deux mobiles la conduisent : l'amour, feu qui embrase son cœur dévoué, et la passion de l'ordre, de l'ordre qui ajoute au temps une valeur nouvelle, qui multiplie les moyens et les ressources.

Oui, s'il fallait, en dehors de ses opinions communes, rechercher par quel genre de supériorité la femme s'élève au-dessus de l'homme, je dirais : « c'est par la vertu de l'ordre. » Cette vertu, elle reproduit la puissance et la sagesse divine, qui, dans l'immensité de l'univers, maintient à sa place chaque chose, ne permet dans les mouvements de l'ensemble ni déviation ni retard, ne laisse circuler sans profit nul rayon de soleil, nulle goutte d'eau, nul grain de poussière.

C'est ainsi que, dans son petit monde, dans l'intérieur de son ménage, la femme, prêtresse de l'ordre, s'adonne tout entière aux détails prosaïques, mais ennoblis par elle, de son obscure administration.

Dieu la suit dans l'usage qu'elle fait de sa liberté; Dieu l'encourage par de secrètes inspirations; Dieu, la trouvant en si bonne volonté, la comble de ses bénédictions.

En rêvant à cette destinée, quel est le cœur féminin qui ne batte plus vite d'espérance et de fierté! Et toi-même, ma fille, ne sens-tu pas en toi un juste orgueil, quand tu peux dire : « Moi aussi, je suis femme. »

LOUBENS.

EXERCICE DE STYLE. — 21. Quels sont les principaux devoirs d'une jeune maîtresse de maison ?

CHAPITRE II

LES FÊTES ET LES RÉUNIONS DE FAMILLE

Quel spectacle que cette réunion du soir, où tous les membres de la famille, libres des soucis du jour, sont heureux de se trouver et de se récréer ensemble ! Le père oublie les préoccupations des affaires ; il se fait petit avec ses enfants et partage leurs jeux enfantins ; la mère sourit à ce gracieux tableau et savoure le bonheur de voir réunis autour d'elle tous ceux qu'elle aime.

Rien ne mérite plus la sollicitude de la mère de famille que le soin de ménager le soir à son mari une heure de trêve et de repos. La soirée en famille présente encore un avantage de la plus haute importance : elle réunit l'époux à l'épouse et les parents aux enfants. C'est le moment où le mari et la femme se retrouvent pour se communiquer leurs peines et leurs joies mutuelles, et où les enfants viennent réclamer leur grande part dans l'affection des parents. Pendant le jour, le père et la mère ont à peine entrevu leurs enfants : c'est le soir qu'ils les possèdent réellement et qu'ils peuvent laisser agir et parler leur tendresse pour leur jeune famille.

Les doux entretiens au coin du feu ont un charme secret ; on y jouit d'un abandon facile qui tempère les peines de la vie. Les Anglais font le plus grand cas de la maison, du *chez soi;* le foyer est un asile inviolable où la foi est gardée, où les épanchements de l'amitié tombent dans le cœur pour n'en plus sortir.

Quelle consolation pour les parents de voir grandir tous les jours et devenir plus aimables ces enfants, qui seront plus tard la consolation de leur vieillesse! Quel charme de se faire petit avec les petits, de bégayer avec les plus jeunes, de leur raconter des histoires, et de jouer ensuite aux charades avec les plus grands! Quelle joie intime pour la mère de famille de voir son mari plus occupé à contenter tout ce petit monde qu'il ne l'était le jour à traiter les affaires sérieuses!

Ces soirées sont le vrai triomphe de la mère, parce que là le cœur en fait tous les frais, et le cœur de la famille, c'est elle qui le fait battre.

Puis viennent, à certaines époques, les fêtes de famille, qui provoquent et prolongent ces charmantes réunions : c'est la fête de Noël avec son joyeux réveillon, le Jour de l'an avec son cortège de vœux et ses étrennes, les Rois avec la fève, fêtes délicieuses, dont Marmontel nous a laissé une si jolie description. Il y a aussi les anniversaires : la fête des parents, des grands-parents, la fête d'un enfant, etc., les vacances, qui ramènent au foyer paternel les joyeux collégiens, les gaies pensionnaires.

Ah! ne négligeons aucune de ces saintes coutumes, si bien faites pour resserrer les liens de la famille, et souvenons-nous que, si le bonheur se trouve quelque part sur la terre, ce n'est qu'au sein de la famille qu'il faut aller le chercher.

Il y a encore les longues soirées d'hiver passées au coin du feu et présidées par l'aïeul. C'est lui qui a la parole, assis au milieu de ses petits-enfants; il raconte avec grâce et avec cette abondance d'heureux détails que l'on ne possède guère que sur la fin de la vie. Comme il mêle judicieusement une moralité frappante à des détails simples, intéressants! comme il sait montrer la conséquence grave que présente souvent le fait en apparence le plus frivole! Son petit auditoire est tout oreilles; les heures fuient rapidement, et l'on ne se sépare qu'avec l'espoir de recommencer le lendemain.

« Je me rappelle encore avec attendrissement, dit une femme célèbre, la vie simple et patriarcale de mes parents. Je me crois encore à ces longues soirées d'hiver où la famille, entourant le foyer domestique, ne soupirait pas après les distractions extérieures pour être heureuse. Loin de là, les visites nous étaient importunes, parce qu'elles comprimaient la confiance et la douce joie qui circulaient dans notre petit cercle. »

On perd malheureusement l'habitude des lectures en famille, qui dans les veillées d'hiver trompent agréablement les heures.

« La lampe traditionnelle du vieux manoir, dit un auteur, a bien autant de poésie que le lustre du salon, lorsqu'elle éclaire l'aiguille, que les doigts agiles glissent sur des travaux divers, pendant que la voix du chef de famille ou celle d'une lectrice exercée fait admirer les belles scènes d'une tragédie, quelque intéressante page d'histoire ou quelque conte spirituel. »

C'est à la femme que reviennent de droit ces lectures en commun, trop rares encore, qui, faites le soir devant le foyer, intéressent, instruisent, moralisent et chassent les mauvais penchants et les mauvaises habitudes.

« Dieu semble bénir particulièrement la lecture faite à haute voix, au sein de la famille, autour de la table commune du père ou de la mère, » a dit un grand écrivain.

En étudiant de près la biographie des hommes célèbres, on voit que la vocation de la plupart d'entre eux a été décidée grâce à ces lectures en famille et aux commentaires dont les a accompagnées un père ou une mère.

Nous ne saurions trop insister sur ce point.

Nous avons parlé de l'esprit de famille. La lecture à haute voix n'en serait-elle pas le plus aimable lien et le plus doux plaisir, plaisir utile, noble comme ceux que donne l'intelligence? Celui qui lit ainsi instruit les autres en s'instruisant lui-même, il assouplit sa voix, il forme son oreille à l'harmonie, il délie son esprit aussi bien que sa langue; la conversation s'établit sur le sujet de la lecture, sur le mérite de l'œuvre, sur le profit moral qu'on en peut retirer. On pense et l'on parle en commun; des réflexions sont échangées, des idées rectifiées, et le foyer domestique offre à l'homme fatigué du travail de la journée un délassement de son labeur, un attrait qui le retient chez lui et l'arrache aux dangereuses distractions du dehors.

Bienheureuses donc les familles où sont établies ces réunions et ces lectures en commun!

EXERCICE DE STYLE. — 22. On a célébré dans votre famille la fête de l'*arbre de Noël*, à laquelle ont assisté les petits enfants du voisinage. Dans une lettre à votre frère absent, vous faites la description de cette fête.

LECTURE.

Corneille et Racine dans leur famille.

Il n'est aucun plaisir, parmi les plus brillants et les plus enviés, qui vaille les joies les plus simples de la famille. En voici deux exemples :

Corneille était à l'apogée de sa gloire. Mais tout le bruit que faisait le succès de ses tragédies était la moindre de ses préoccupations.

« Il éprouvait un véritable chagrin, dit un de ses biographes, lorsqu'il était obligé de prendre le coche pour aller à Paris s'occuper de la mise en scène d'une tragédie nouvelle. Dès qu'il s'était mis d'accord avec les acteurs, il se hâtait de revenir dans sa petite maison de Rouen. Avec quels sourires, quelles caresses, quelles joyeuses exclamations, ses enfants l'accueillaient! Avec quelle grâce et quelle bonne humeur il prenait part à tous leurs jeux! Dans ces moments d'expansion, les plus heureux de sa vie, il avait des naïvetés adorables. Il improvisait des contes charmants, dont la famille attentive ne perdait pas un mot. »

Au milieu des joies intimes du foyer, Corneille nous apparaît plus grand encore.

Le deuxième exemple est tiré de la vie de Racine.

Le duc de Bourbon-Condé avait invité Racine, le plus parfait de nos poètes, à dîner chez lui, dans une compagnie nombreuse. Mais l'auteur d'*Athalie*, après une absence de toute une semaine, venait de retrouver sa famille, et il refusa l'invitation.

« Veuillez m'excuser auprès de Son Altesse, dit-il à l'écuyer du grand seigneur, ma femme et mes enfants m'attendent depuis huit jours; ils se font une fête de manger aujourd'hui avec moi une très belle carpe, et je ne puis me dispenser de dîner avec eux. »

L'envoyé insista vivement, en alléguant le mécontentement de *monsieur le duc* et de tous les convives, qui avaient compté sur le poète. « C'est impossible, répliqua Racine; tenez, voyez cette carpe, et jugez vous-même si je puis affliger ces pauvres enfants, qui ont voulu me régaler et qui n'auraient plus de plaisir s'ils mangeaient ce poisson sans moi. » L'homme de cour s'effaçait entièrement devant le père.

Il n'était pas rare, d'ailleurs, de voir ce poète, qui avait écrit tant de chefs-d'œuvre, se mêler aux amusements de la jeune famille et former avec ses petites filles des processions enfantines où il marchait devant elles en portant la croix.

Bien des siècles avant Racine, Agésilas, roi de Lacédémone, galopait à cheval sur un bâton en se divertissant avec son fils. On sait que l'ambassadeur d'Espagne surprit un jour Henri IV, marchant à quatre pattes dans un salon du Louvre, et portant le Dauphin sur le dos. Partout le cœur humain est le même; partout le bonheur de redevenir enfants avec nos enfants satisfait bien mieux notre âme que les triomphes du poète ou les victoires du guerrier.

EXERCICE DE STYLE. — 23. Racine et l'établissement de Saint-Cyr. — 24. Que savez-vous de la vie et des ouvrages du grand Corneille ?

CHAPITRE III

DEVOIRS DU VOISINAGE. — VISITES. — SOIRÉES D'AMIS

Pour la famille comme pour l'individu, l'isolement est un danger, parce qu'il engendre l'égoïsme ou l'ennui, quelquefois l'un et l'autre. D'ailleurs, nous sommes faits pour la société, et nous avons des devoirs à remplir envers elle.

Par la société, il faut entendre ici, en dehors des divers membres de la famille : les supérieurs, les amis, les personnes avec qui nous sommes en relations, les voisins. Les devoirs que nous avons à remplir envers eux comprennent surtout les visites et les réunions ou soirées d'amis.

Il y a des visites obligatoires et des visites facultatives. Au nombre des premières se placent les visites de bonne année, celles qui sont motivées par un événement heureux ou malheureux arrivé aux amis, aux voisins, les visites rendues en retour de celles qu'on reçoit, etc.

Quant à ce qu'on appelle réunions d'amis, elles revêtent différentes formes : tantôt elles ne dépassent pas les limites de la famille; de temps en temps, on y admet des amis, devenus comme le complément de la famille par leurs services, leur dévouement à toute épreuve; quelquefois c'est un repas; souvent c'est une simple soirée dont les bonnes paroles échangées, **les** douces causeries font les principaux frais.

Les soirées d'amis ont un cachet d'aimable simplicité, de douce intimité qui en fait surtout le charme. Tout ce qui tient à l'étiquette est banni de ces réunions; il n'est pas nécessaire de se mettre en frais de toilette ou d'esprit, et les satisfactions de la vanité ou de l'amour-propre ne font nullement partie du programme.

Les jeunes filles prêtent joyeusement leur concours à la maîtresse de maison; les plus empressées se chargent du service du thé; celles qui ont quelque talent musical se font entendre avec une complaisance exempte de prétention

Les devoirs de la maîtresse de maison dans ces soirées se composent d'une infinité de nuances délicates dont l'observation est une preuve d'intelligence et de tact. En voici quelques exemples : La maîtresse de maison a une parole aimable pour chacun; elle arrête un mot blessant prêt à s'échapper en changeant adroitement la conversation. C'est elle qui règle les petits jeux de société, qui intervient dans les *jeux innocents* pour faire rejeter les pénitences difficiles ou désagréables. La maîtresse de maison doit se montrer au besoin sérieuse sans contrainte, gaie sans légèreté; sa vivacité doit être tempérée par la grâce et la douceur. Comme c'est elle qui donne le ton de la conversation, ses entretiens se distinguent par les qualités de l'esprit et du cœur et ne ressemblent nullement à ceux de ces femmes ignorantes et frivoles qui ne savent que parler chiffons et toilettes ou déchirer le prochain à belles dents.

En un mot, c'est par un esprit conciliant, une aimable attention pour tout le monde, par la grâce, la bienveillance des manières, que la maîtresse doit se distinguer et faire les honneurs de chez elle.

EXERCICE DE STYLE. — 25. Que prescrit le savoir-vivre relativement aux visites ? — 26. Quels sont les devoirs d'une maîtresse de maison pendant la soirée qu'elle donne ?

La maîtresse de maison chez elle et en société.

Une maîtresse de maison est l'âme de ses convives; que d'attentions, que de soins, que d'obligations elle se trouve avoir à remplir envers tous!

Voici le portrait d'une maîtresse de maison, tracé par l'un de nos plus spirituels académiciens :

« Amélie était gracieuse et aimable pour tout le monde; jamais personne n'avait mieux compris les devoirs de maîtresse de maison; les mots les plus simples semblaient, dans sa bouche, ou un compliment, ou une marque d'affection; quand elle vous adressait la parole, on était content d'elle; quand elle vous avait écouté, on était content de soi, on se trouvait de l'esprit, tant elle s'oubliait elle-même pour faire valoir les autres. Mais où elle était admirable, c'était avec son mari; elle avait pour lui, aux yeux de tous, une si haute estime et un tel respect, qu'elle forçait tout le monde à en avoir; elle n'en parlait qu'avec bienveillance, avec affection, avec éloge; elle mettait en relief ses moindres qualités et, devant ses amis ou les étrangers, relevait son mari avec tant d'adresse et de bonheur, que le baron devenait, en rentrant chez lui, un homme de mérite. »

Prenez garde de vous montrer chez vous cérémonieuse à l'excès. Par exemple, ne cédez pas continuellement votre place à la dernière personne qui arrive; les survenants ne sauraient où vous prendre; il serait fort embarrassant pour ceux-ci de vous chercher dans la foule. Pas de ces révérences, de ces compliments, de ces fadeurs, de ces attentions prolongées; n'allez pas non plus tomber dans l'excès contraire : l'aisance prétendue que l'on voit à tout le monde ferait presque aimer la contrainte de l'étiquette, quelque gênante qu'elle soit.

Il y a de ces jeunes femmes prétentieuses, qui s'empareraient volontiers de la place d'honneur et qui ne se dérangeraient pour qui que ce fût, pas même pour une personne âgée : la maîtresse de la maison aurait beau témoigner son embarras, pour placer convenablement la nouvelle venue, à qui elle voudrait montrer de la préférence, notre belle insouciante feindra de ne point s'en apercevoir; elle tournera la tête d'un autre côté, en liant conversation avec quelque écervelée ou quelque étourdie. Chez vous, ou dans un salon étranger, que votre entrée n'arrête pas le rire, ne suspende point la joie; ne soyez pas, en un mot, un de ces êtres composés de toutes les prétentions, qu'à quinze ou vingt ans on voudrait voir rajeunir.

Mais j'oublie l'intention que j'avais d'entamer avec vous la question relative à la conversation.

Presque toutes les femmes ont l'esprit du moment; elles ne diffèrent entre elles que par la manière plus ou moins adroite de l'appliquer. Avec un air posé, un maintien modeste et une politesse qui indique l'usage de la bonne compagnie, si votre conversation, sans avoir rien de brillant, est simplement agréable, vous saurez dire à chacun ce qui peut lui plaire ou lui convenir. Tâchez cependant de vous tenir constamment prête à parler superficiellement de toute chose; c'est en cela que consistent principalement les succès que l'on peut avoir dans le monde. Peu faite à une pruderie de convenance, vous ne rougirez point quand on vous adressera la parole, vous répondrez aussitôt et tout naturellement; mais que toujours le plaisir de vous entendre augmente celui qu'on prend à vous voir; on tremble quelquefois de se troubler par timidité, à cause de son ignorance et de certaine gaucherie qu'on peut commettre; cette crainte salutaire doit vous porter à garder le silence; elle vous rendra, jusqu'à ce que vous ayez pris les habitudes du monde, réservée et attentive à tout ce qui se fait, à tout ce qui se dit; et vous aurez la confiance que vos moindres paroles seront accueillies avec bienveillance.

Prenez part de temps en temps à la conversation, ne fût-ce que pour la comprendre et en faire profit. Bien des personnes se persuadent, avec quelque raison, qu'en se taisant dans une infinité de circonstances elles feront mal juger de leur esprit; cela est possible; mais cela vaut infiniment mieux que de mal parler ou de parler à tort et à travers; un bon esprit trouve toujours l'occasion d'être bien jugé, tandis que le ton toujours tranchant fait détester l'ignorance et nuirait à la science elle-même. Après tout, est-il donc nécessaire qu'une femme ait beaucoup d'esprit? Non; elle n'a besoin que d'un laisser-aller naturel, ce qui est bien plus séduisant que le bel esprit.

Ce qu'il faut à votre sexe, c'est moins ce qu'on appelle de l'esprit que le talent de gagner les cœurs, en cherchant à les mouvoir et à les toucher. On peut très bien ne pas savoir causer; on a même le droit d'ignorer l'art de dire des choses indifférentes ou inutiles, qui ne servent, du reste, qu'à placer un peu de bruit au milieu d'un silence qui serait moins insipide que des paroles; on peut ne pas avoir l'idée de ce qu'on appelle la belle, la brillante conversation; mais, s'agit-il de raconter un fait, de rappeler ce qu'on a vu, on doit trouver tout simple d'avoir à placer son mot; et, sans timidité, sans affectation, sans hardiesse, il faut parler, comme s'il s'agissait de marcher ou de danser, tout naturellement, sans soin et sans préparation. D'ailleurs, l'ingénuité de l'esprit est une preuve si touchante de l'innocence du cœur! Au reste, les plus sots sont toujours ceux qui n'ont que de l'esprit d'apprêt.

Les femmes qui, sans esprit naturel et sans instruction, cherchent à paraître savantes, ne disent bien souvent que des mots. Alors il arrive que, dans les longues dissertations dont elles accablent leur société, elles citent ce qu'une femme bien élevée doit ignorer, ce qu'un homme instruit peut avoir oublié. Mesdames, vous vous rendrez plus agréables en disant des choses faciles, en racontant avec grâce de simples anecdotes, qu'en raisonnant avec une parfaite justesse.

Passons au plaisant, j'ai presque dit au ridicule. Prendra-t-on jamais pour de l'esprit cette grêle de calembours, qui dénature toute une conversation, en lui donnant tout à coup une direction inattendue, et qui laisse l'homme de bon sens honteux ou d'avoir ri d'une sottise, ou de ne l'avoir pas saisie? Des conversations frivoles, il ne reste généralement qu'un besoin de s'égayer sur tout ce qui est sérieux, et une insouciance dangereuse pour tout ce qui est répréhensible. Telle est cependant, dans certains salons, l'élégance d'esprit du jour. Réformons-la, pour nous-mêmes, dans notre intérieur. Ces gens si amusants sont toujours prêts à sacrifier leurs meilleurs amis au désir de briller et de capter des applaudissements et des rires. Ils vous ont beaucoup diverti aux dépens de vos connaissances; qui sait si elles n'ont pas déjà fait rire celles-ci de vous?

A une autre facétie maintenant. Il y a des gens qui rient dès qu'ils vous aperçoivent, qui rient avant d'ouvrir la bouche, qui rient en parlant, qui rient de ce qu'ils disent, qui rient en entrant, en vous quittant, qui rient sans cesse; cela n'est pas seulement fatigant, c'est insupportable. Craignez qu'on ne dise de vous que vous riez trop, pour être réellement gaie; ah! c'est qu'il y a encore un certain rire forcé, qui glace et attriste malgré soi.

Lorsque vous dites un mot spirituel et fin, que ce soit avec tant d'insouciance qu'on ait envie de vous le faire répéter à vous-même, pour que vous en jouissiez comme les autres.

Nous sommes loin encore d'être au bout : l'esprit de critique est naturel aux femmes; il devient leur penchant habituel, dès qu'elles ont eu le malheur de s'y livrer une seule fois : il les domine bientôt et impose silence à d'autres passe-temps auxquels il serait préférable qu'elles s'adonnassent.

Ne vous permettez jamais une plaisanterie qui puisse affliger une personne disgraciée de la nature et que l'on doit plaindre, un sot qu'il vaudrait mieux épargner, un homme de mérite que son embarras peut faire rougir. Il faut, si l'on veut paraître réellement aimable, que celui qui est l'objet de la plaisanterie puisse en rire autant que celui qui l'a faite et ceux qui l'entendent; hors de là, c'est se nuire à soi-même et blesser l'amour-propre des autres.

Plaisanter de temps en temps et n'offenser jamais, rire de tout et s'arrêter quand les convenances et la raison le commandent, copier les ridicules et ne point aller jusqu'aux défauts, tout cela est si difficile, si délicat, qu'il est plus aisé de s'en abstenir que d'y garder un juste milieu. Il est évident pour tout le monde que personne ne peut impunément se montrer méchant; toutefois, si une expression piquante, sortant de la bouche d'autrui, excite votre gaieté, vous n'oserez la blâmer ouvertement, dans la crainte de ne pouvoir vous empêcher de sourire, mais on sentira que c'est bien malgré vous et que vous vous en accuseriez volontiers.

Rien aussi n'est plus de mauvais ton que ces chuchoteries particulières, cette affectation d'être assidûment assises, deux amies l'une à côté de l'autre; rien de plus disconvenant que ces confidences sans fin et sans objet, ces éclats de rire forcés ou à demi-cri, dont on ne veut pas ou dont on ne peut pas dire le motif, et mille autres petits manèges qui font pitié. Et, cependant, quoi de plus commun que de voir un petit cercle de jeunes femmes, tenant conciliabule dans un coin critiqueur, tourner en ridicule toute une société, et prouver par là que la médisance et parfois la calomnie sont le plus grand des plaisirs pendant le bal.

Quant aux belles parleuses et à certaines femmes de vingt-cinq ans, qui se croient le droit de dire tout ce qui leur plaît, il peut y avoir bien du danger pour elles de se conduire ainsi ; la décence dans les habits est bien peu de chose, si l'on n'y joint pas celle des discours. Il arrive encore qu'avec l'âge une femme se tient moins sur la réserve, et, sans prendre une part active à une conversation scandaleuse, elle écoute avec moins de répugnance ; elle a même bien de la peine à retenir un éclat de rire ; elle voudrait pouvoir s'en empêcher ; mais c'est si drôle ! Et puis son mari, sa famille se trouvent là ; d'ailleurs, elle n'est plus une petite fille ; une femme peut bien se prêter, pense-t-elle, à une joyeuse plaisanterie, du moment qu'on la débite en public. Voilà les gradations que suit le mal : s'il se présentait en face, il ferait certainement reculer ; mais, prenant différents masques qu'il laisse tomber un à un, lorsqu'enfin il se montre à découvert, il n'étonne plus ; on s'y était déjà familiarisé.

Entre nous toujours, car nous ne causons et nous ne devons causer qu'entre nous, les femmes parfaitement bien élevées, à quelque rang qu'elles appartiennent, offrent rarement la plus légère apparence de fatuité ou de sottise. Les gens d'un vrai mérite sont simples et se gardent bien d'entamer de trop longues conversations.

Avec un sentiment de vivacité prononcée, on veut briller, produire de l'effet, et l'on bavarde. A force de vouloir éveiller l'intérêt par des récits mal suivis et extraordinaires, on n'arrive, la plupart du temps, qu'à causer un sentiment pénible ; les uns vous regarderont avec des yeux distraits ; d'autres se feront un jeu de vos grandes phrases, de vos expressions exagérées, en vous priant, pour se moquer, de répéter ce que vous aurez dit. On se donnera le mot pour venir, de tous les coins du salon, vous demander un récit qu'on aura l'air de désirer comme faveur. Vous ne sentirez nullement l'épigramme ; vous recommencerez, et cela deviendra une plaisanterie de société dont vous ne vous apercevez même pas.

Encore un mot : point de caquetage sur l'un et sur l'autre, contre les personnes absentes, par exemple : osez même manifester votre mécontentement si l'on rapporte devant vous de ces propos qui paraissent sortir des antichambres, des cuisines ou des loges de portiers.

Il y a un remède à tous ces inconvénients, et le voici :

Distinguée surtout par une extrême politesse, ne manquez jamais aux égards que vous devez aux autres, et soyez convaincue du respect que vous avez le droit d'en attendre. Dites franchement votre pensée, telle qu'elle vous vient à l'esprit. Ne vous abaissez jamais jusqu'à laisser échapper une méchanceté, la moindre malice, jusqu'à vous permettre de porter, sur qui que ce soit, une décision offensante; que le blâme, chez vous, ne s'exprime que par un certain air de mépris ou de pitié, et l'aversion par un subit éloignement. On peut, dans la société, se trouver dans le cas d'être obligé de saluer ceux-là mêmes qu'on ne saurait estimer.

Si le malheur veut que vous vous rencontriez avec des gens qui ne peuvent vous convenir, libre à vous de leur montrer de la froideur, de vous en éloigner sans désirer de les revoir; mais ne manifestez jamais ouvertement le regret de vous être vus. Montrez à l'égard de tous une politesse naturelle et sans affectation, également éloignée de l'humeur qui n'oublie rien et de la bassesse qui ne tient aucun compte des humiliations. La politesse n'étant que de la bienveillance, on n'est pas toujours forcé d'être poli; mais si une occasion exige rigoureusement que vous ne le soyez pas, qu'on sente de suite que vous ne vous souciez pas de l'être, que vous avez vos raisons pour cela.

J'irai plus loin encore, car nous devons tendre à toute la perfection possible; lorsque vous êtes forcée de dire d'une personne suspecte : « On ne la connaît pas! » que l'on comprenne aussitôt que cette personne n'est jamais allée en bonne compagnie, et, lorsque vous vous permettrez ces paroles : « Je ne la vois point ! » que cela veuille dire pour tout le monde : « Elle n'en est pas digne. »

Napoléon Landais, *Lettres à Amélie.*

Exercice de style. — 27. Quels sont les devoirs d'une maîtresse de maison pendant les visites qu'elle reçoit ? — 28. Résumer les devoirs d'une dame en société.

Les pauvres et les malades.

Les devoirs de la maîtresse de maison ne s'arrêtent pas à la famille, aux amis : consoler les malheureux, soulager les souffrances de toute sorte, tel est le ministère par excellence que la Providence a confié à la femme, ministère qu'elle aime à remplir, quelle que soit d'ailleurs sa position.

La grande dame, après avoir accompli son rôle d'épouse et de mère, après avoir brillé dans la société par ses qualités aimables, ses talents et son esprit, se retrouve encore bonne, charitable auprès du lit du malade et dans la chambre de l'indigent.

La vaillante ouvrière doit travailler tout le jour pour nourrir sa nombreuse famille ; cependant elle sait trouver un morceau de pain qu'elle offre, avec un serrement de main, au pauvre honteux, connu d'elle seule.

Tous les moments de l'humble ménagère sont occupés ; elle est surchargée de besogne ; néanmoins elle trouve le temps de donner un coup de main à une voisine malade, de porter des paroles de consolation et d'espérance, qu'elle puise dans son cœur, à un voisin infirme, vaincu par la souffrance, la misère et le désespoir.

L'argent est rare à la ferme ; aussi n'est-ce pas là ce que demande le malheureux qui vient y tendre la main. Il sait qu'une place l'attend au coin de la grande cheminée pour réchauffer ses membres engourdis: qu'une écuelle de soupe lui est destinée, et qu'en partant la bonne fermière remplira sa besace de provisions de toutes sortes.

C'est ainsi que chaque femme remplit, dans sa sphère, le devoir de la charité, qui est si doux et qui porte déjà en lui sa récompense.

LECTURE.

Apprentissage de la charité.

En rentrant de nos promenades à la campagne, notre mère nous faisait presque toujours passer devant les pauvres maisons des malades ou des indigents du village. Elle s'approchait de leurs lits; elle leur donnait quelques conseils et quelques remèdes. Elle puisait ses ordonnances dans Tissot ou dans Buchan, ces deux médecins populaires. Elle faisait de la médecine son étude assidue pour l'appliquer aux indigents. Elle avait des vrais médecins le génie instinctif, le coup d'œil prompt, la main heureuse. Nous l'aidions dans ses visites quotidiennes. L'un de nous portait la charpie et l'huile aromatique pour les blessés; l'autre, les bandes de linge pour les compresses. Nous apprenions ainsi à n'avoir aucune de ces répugnances qui rendent plus tard l'homme faible devant la maladie, inutile à ceux qui souffrent, timide devant la mort. Elle ne nous écartait pas des plus affreux spectacles de la misère, de la douleur et même de l'agonie. Je l'ai vue souvent debout, assise ou à genoux au chevet de ces grabats des chaumières, ou dans les étables où les paysans couchent quand ils sont vieux et cassés, essuyer de ses mains la sueur froide des pauvres mourants, les retourner sous leurs couvertures, leur réciter les prières du dernier moment, et attendre patiemment des heures entières que leur âme eût passé à Dieu, au son de sa douce voix.

Elle faisait de nous aussi les ministres de ses aumônes. Nous étions sans cesse occupés, moi surtout comme le plus grand, à porter au loin, dans des maisons isolées de la montagne, tantôt un peu de pain blanc pour les femmes malades, tantôt une bouteille de vin vieux et des morceaux de sucre, tantôt un peu de bouillon fortifiant pour les vieillards épuisés faute de nourriture. Ces petits messages étaient même pour nous des plaisirs et des récompenses. Les paysans nous connaissaient à deux ou trois lieues à la ronde. Ils ne nous voyaient jamais passer sans nous appeler par nos noms d'enfant, qui leur étaient familiers, sans nous prier d'entrer chez eux, d'y accepter un morceau de pain, de lard ou de fromage. Nous étions, pour tout le canton, les fils de la dame, les envoyés de bonnes nouvelles, les anges de secours pour toutes les misères abandonnées des gens de la campagne. Là où nous entrions entrait une providence, une espérance, une consolation, un rayon de joie et de charité. Ces douces habitudes d'intimité avec tous les malheureux et d'entrées familières dans toutes les demeures des habitants du pays avaient fait pour nous une véritable famille de tout ce peuple des champs. Depuis les vieillards jusqu'aux petits enfants, nous connaissions tout ce petit monde par son nom. Le matin, les marches de pierre de la porte d'entrée de Milly et le corridor étaient toujours assiégés de malades ou de parents des malades qui venaient chercher des consolations auprès de notre mère. Après nous, c'était à cela qu'elle consacrait ses matinées. Elle était toujours occupée à faire quelques préparations médicinales pour les pauvres, à piler des herbes, à faire des tisanes, à peser des drogues dans de petites balances, souvent même à panser les blessures ou les plaies les plus dégoûtantes. Elle nous employait, nous l'aidions selon nos forces à tout cela. D'autres cherchent l'or dans ces alambics : notre mère n'y cherchait que le soulagement des infirmités des misérables et plaçait ainsi bien plus haut et bien plus sûrement dans le ciel l'unique trésor qu'elle ait jamais désiré ici-bas : les bénédictions des pauvres et la volonté de Dieu.

Lamartine.

Exercice de style. — 29. Quels sont nos devoirs envers les malades ? — 30. Envers les pauvres ?

CHAPITRE IV

LA LECTURE ET LA BIBLIOTHÈQUE DE LA MAÎTRESSE DE MAISON

« Il n'y a rien de plus beau qu'un beau livre, disait Joubert. Et savez-vous pourquoi ? C'est qu'un beau livre est l'expression, l'image, l'écho d'une belle âme, et que rien n'est beau qu'une belle âme, alors même que nous n'en apercevons que l'image, lorsqu'elle nous fait signe derrière ces mots. Une bonne lecture rafraîchit l'âme, elle rend heureux ; c'est une joie et une consolation ; elle met la sérénité dans l'esprit ; c'est une conversation avec un homme d'esprit, avec un noble cœur. » Le meilleur compagnon pour passer le temps est un bon livre. « Il serait à souhaiter que les femmes aimassent à lire et qu'elles lussent avec quelque application, écrivait Mlle de Scudéry. Cependant il s'en trouve qui ont naturellement beaucoup d'esprit et qui lisent rarement ; et ce qu'il y a de plus étrange, c'est que ces femmes, quoique ayant infiniment d'esprit, aiment mieux s'ennuyer quelquefois horriblement lorsqu'elles sont seules que de s'accoutumer à lire. Il est pourtant certain que la lecture éclaire l'esprit et forme si bien le jugement, que la conversation toute seule ne peut le faire aussi parfaitement. La conversation ne donne que les premières pensées de ceux qui parlent, mais la lecture donne le dernier effort de l'esprit de ceux qui ont fait les livres que vous lisez, de sorte qu'il en reste toujours quelque chose dans l'esprit de la personne qui lit. »

Combien de personnes que l'âge ou la souffrance prive des plaisirs de la société et pour qui la vie serait un pesant fardeau sans le secours des livres!

La lecture est indispensable à la femme, quelle que soit sa condition : aux jeunes personnes, aux jeunes maîtresses de maison en général, elle élargit l'horizon des idées et enrichit l'intelligence en y versant le fruit de l'expérience; aux jeunes filles de la campagne, aux fermières, elle offre un bienfait de plus : elle prémunit leur esprit contre les croyances superstitieuses qui règnent encore dans bien des villages.

On ferait un volume si l'on voulait énumérer tous les avantages qui résultent du goût des bonnes lectures. On ne saurait donc prendre trop tôt l'habitude et le goût de la lecture. Si vous les possédez déjà, gardez-vous de les perdre; prenez la résolution de donner chaque jour quelques instants à la lecture, pourvu toutefois que vos occupations n'en souffrent pas.

EXERCICE DE STYLE. — 31. Lettre à une de vos amies pour lui exposer les avantages des bonnes lectures.

Du choix des livres.

Les avantages de la lecture reconnus, la première question qui se présente à l'esprit est celle-ci : Quels livres faut-il lire?

Le choix des livres est en effet de la dernière importance; il vaudrait mieux ne jamais lire que de lire de mauvais livres. Laissez-vous guider par vos parents, par vos maîtresses, par des personnes compétentes, et faites-vous une loi de suivre leurs conseils; ne lisez jamais les livres qui pèchent par la morale ou même par le style, ni les premiers venus qui vous tombent sous la main. Et à ce sujet j'ajouterai : Veillez à ce que vos enfants ou ceux qui vous sont confiés ne lisent que de bons livres, et pour cela ne laissez pas traîner ceux qu'ils ne peuvent lire. On ne se figure guère combien sont faciles et durables les impressions de ces natures neuves et encore vierges des enfants. Si les premiers livres qu'ils lisent n'expriment que des pensées vraies, des sentiments nobles et honnêtes, c'est une semence précieuse et féconde pour l'avenir. Si, au contraire, ils viennent à s'inoculer le poison d'un mauvais livre, celui-ci fera des ravages ineffaçables dans leur âme ingénue.

Il est difficile de tracer un plan de lecture, parce que le goût, les occasions, les loisirs de chacun y exercent une grande influence. Disons toutefois que la bibliothèque d'une jeune fille ou d'une mère de famille ne doit contenir que des livres bons, sérieux, utiles et instructifs.

« Avez-vous intérêt à connaître une jeune personne? dit un écrivain, commencez par savoir quels livres elle lit. »

Donnez une large part aux ouvrages d'*Histoire*. Ces sortes de livres rentrent dans votre sphère plus que vous ne pensez. La connaissance de votre pays et de son histoire vous sera utile pour la conduite de vos affaires, si vous devez quelque jour en être chargées. Elle vous fera prendre intérêt à tout ce qui se passe autour de vous, aux conversations de vos frères, de votre père, de votre mari. Elle fera de plus naître en vous un amour éclairé de la patrie, que vous inspirerez plus tard à vos fils, puisque c'est sur les genoux de sa mère que l'enfant doit apprendre à aimer la patrie.

Après l'histoire de notre belle France, réservez une belle place à l'histoire des pays voisins. Il est très intéressant de savoir quelque chose de ces contrées avec lesquelles les relations se multiplient chaque jour. On peut ainsi comparer le présent avec le passé, la patrie avec les autres nations, et acquérir une foule de notions utiles.

Les *Biographies* des grands hommes nous offrent des modèles, des conseils, quelquefois des critiques d'un haut intérêt. Les *Correspondances* et les *Mémoires* nous apprennent des détails intéressants et souvent inconnus sur les personnages et leur époque, des remarques fines et spirituelles dont nous pouvons tirer profit.

La lecture des *Voyages* offre beaucoup d'intérêt. Nous pouvons par elle, sans nous déranger et à peu de frais, parcourir des pays entiers, faire le tour du monde et avoir dans notre livre un *cicerone* instruit et observateur.

Une jeune femme ne saurait mieux achever son instruction que par la lecture des ouvrages littéraires. Sa bibliothèque sera donc pourvue des principaux chefs-d'œuvre de nos *auteurs classiques*. Il faut lire ceux-ci pour se perfectionner dans la langue, et les relire même plusieurs fois et souvent, car ce n'est qu'à mesure que le jugement et le goût se développent qu'on apprécie mieux les beautés de la littérature, les qualités d'un livre.

Elle ne négligera pas les livres de science, ceux qui traitent de l'histoire naturelle, de l'économie domestique, de l'horticulture, de l'hygiène, en un mot des connaissances usuelles nécessaires à une maîtresse de maison.

Il nous reste à parler des livres d'imagination : les *Fables, Contes, Nouvelles* et *Romans*.

Ces sortes de livres sont goûtés par tous les âges : l'enfant, sur les genoux de sa mère, se délecte au récit du *Petit Poucet* ou de *Peau d'Ane;* le collégien dévore les ouvrages de Jules Verne, de Girardin; la jeune pensionnaire ceux de la *Bibliothèque Rose*, et le vieillard relit avec délices les contes qui l'ont récréé dans sa jeunesse.

Nous ne voulons pas proscrire ce genre de livres de

la bibliothèque de la maîtresse de maison; ils ont quelque utilité. Comme l'a dit le fabuliste, « le conte fait passer la morale avec lui. » D'ailleurs les lectures d'imagination développent le tact dans les habitudes, le goût dans les appréciations, la noblesse dans les sentiments, la distinction du cœur, de l'esprit et des manières. Mais nous pensons qu'il faut de la sagesse dans leur choix et de la modération dans leur usage.

Ceci est surtout de rigueur pour les *romans* proprement dits.

Les romans flattent et excitent les passions; ils amollissent l'âme et l'énervent, en lui ôtant cette rigidité de principes et ce caractère de fermeté qui soutiennent la vertu. Ils inspirent à un jeune cœur une sensibilité vague et incertaine fort dangereuse, y portent le trouble, surexcitent l'imagination, égarent le sens moral, pervertissent la conscience en peignant le vice sous des couleurs agréables qui le déguisent, et en effaçant par le brillant coloris des fausses vertus l'éclat des véritables; en un mot, ils portent la corruption jusqu'au plus intime de l'être.

Une jeune fille qui se permet la lecture des romans et des feuilletons reviendra triste dans la société, où elle ne rencontrera rien qui lui rappelle ses chimères; elle n'y verra pas ces beautés parfaites, ni ces caractères enchanteurs, ni ces mille scènes romanesques dans lesquelles s'était complu son imagination abusée : de là des déceptions, des tristesses, des chagrins qui conduisent souvent à des erreurs déplorables. Les romans sont la ruine des mœurs.

Pensez-vous qu'une jeune mère de famille vivra sans danger avec ces aventures romanesques, où le bonheur calme du foyer domestique est traité de prosaïsme et d'ennui, où les infidélités au plus saint des devoirs sont condamnées, peut-être vers le dénouement, mais après avoir été poétisées et embellies tout le long du roman? On ne joue pas impunément avec le feu :

une jeune fille, une femme qui lit des romans est bien près de se perdre.

Il existe aujourd'hui des romans appelés *romans honnêtes* que tout le monde peut lire, des contes moraux écrits spécialement pour l'enfance et l'adolescence. Il faudrait toutefois ne pas abuser de ces livres purement récréatifs, et les réserver, par exemple, pour les jours où la fatigue ou la souffrance nous empêche de faire autre chose. Ces ouvrages, d'un style parfois douteux, ne pécheraient-ils que par là, causeraient toujours une regrettable perte de temps, et Mme de Sévigné a dit qu'un livre qui n'apprend rien *donne les pâles couleurs à l'esprit*.

EXERCICE DE STYLE. — 32. Quels sont les ouvrages dont vous préférez la lecture ? Faites connaître les motifs de votre préférence.

Conseils pour bien profiter de la lecture.

Pour lire avec fruit, il faut tout d'abord lire avec attention. C'est l'attention qui nous fait penser, qui fait travailler notre esprit, qui nous fait découvrir les beautés ou les défauts d'un livre. A quoi servirait de lire de belles pensées, si on ne les fixe dans son esprit par l'attention?

C'est une bonne chose de lire avec une autre personne, car de cette façon on réfléchit plus particulièrement sur ce qu'on lit, et des réflexions que l'on fait de part et d'autre il se forme une conversation agréable et utile tout à la fois.

On retire les mêmes avantages en causant de ce qu'on vient de lire, non pour faire parade de sa science et par pédanterie, mais pour la communiquer à quelque membre de la famille, à des amis qui n'ont pas le temps de lire, ou pour émettre ses doutes. C'est du choc des idées que jaillit la lumière; on peut ainsi rectifier une impression fausse, comprendre mieux soi-même ou faire comprendre certains passages qui paraissaient peu clairs.

Quel que soit le genre de livre que vous lisez, rappelez-vous que tout écrivain est sujet à l'erreur, et ne croyez pas aveuglément tout ce que son livre contient. Réfléchissez, comparez ce que vous lisez avec ce qu'un autre auteur a dit ou ce que vous avez pu apprendre à ce sujet-là ; guidez-vous surtout sur la raison, et sur le jugement de personnes compétentes que vous consulterez.

Ayez l'habitude de prendre des notes sur vos lectures ; pour cela, ayez un petit carnet sur lequel vous inscrivez les remarques que la lecture vous a suggérées, les points saillants, un passage qui vous aura frappée, etc. A défaut de carnet, on peut écrire ses remarques au crayon, en marge sur le livre même, ou bien souligner le passage, afin de se le rappeler en temps opportun.

Il est des livres spécialement faits pour rendre la lecture profitable, notamment un *Dictionnaire* bien complet, un *Dictionnaire biographique, historique, géographique*, un *Atlas*, qu'il est bon de consulter lorsqu'on se trouve embarrassé dans ses lectures ; sans de tels guides, votre marche serait souvent entravée. On a bonne opinion d'une jeune personne que l'on voit interrompre sa lecture pour chercher dans son dictionnaire un nom qu'elle rencontre pour la première fois, ou suivre sur la carte l'itinéraire d'un voyageur. On est sûr qu'elle lit non pour passer le temps, mais pour orner et cultiver son intelligence.

Enfin, si vous n'avez pas beaucoup de temps à donner à la lecture, lisez peu à la fois, mais lisez bien, avec attention, et en tenant compte des quelques conseils qui viennent de vous être donnés.

EXERCICE DE STYLE. — 33. Lettre à une de vos sœurs pour lui donner des conseils sur ce qu'il faut faire pour bien profiter de la lecture.

CHAPITRE V

DU RÔLE DES FEMMES DANS L'ÉDUCATION DES ENFANTS

« Les femmes n'ont fait aucun chef-d'œuvre. Elles n'ont fait ni l'*Iliade* [1], ni l'*Énéide* [2], ni *Phèdre* [3], ni *Athalie*, ni le *Misanthrope* [4], ni le *Panthéon* [5], ni la *Vénus de Médicis* [6], ni l'*Apollon du Belvédère;* elles n'ont inventé ni l'algèbre, ni le télescope, ni le métier à bas; mais elles font quelque chose de plus grand que tout cela : c'est sur leurs genoux que se forme ce qu'il y a de plus excellent dans le monde, un honnête homme et une honnête femme. Si une jeune fille s'est laissé bien élever, elle élève des enfants qui lui ressemblent, et c'est le plus grand chef-d'œuvre du monde.

« Le mérite d'une femme est de régler sa maison, de

---

1. *Iliade*, poème d'Homère, considéré comme le chef-d'œuvre de la poésie épique.
2. *Énéide*, célèbre poème épique de Virgile, poète latin.
3. *Phèdre*, tragédie de Racine, le chef-d'œuvre de l'auteur après *Athalie*.
4. *Le Misanthrope*, comédie en cinq actes et en vers de Molière.
5. *Le Panthéon*, célèbre monument de Paris, aujourd'hui l'église de Ste-Geneviève. Le fronton porte la célèbre inscription : *Aux grands hommes la patrie reconnaissante*.
6. La *Vénus de Médicis* et l'*Apollon du Belvédère*, à Rome, sont les deux plus belles statues que nous a laissées l'antiquité.

rendre son mari heureux et d'élever ses enfants, c'est-à-dire d'en faire des hommes [1]. »

Un ambassadeur de Perse demandait à l'épouse de Léonidas pourquoi les femmes étaient si honorées à Lacédémone. « C'est qu'elles seules, répondit-elle, savent faire des hommes. »

De là ce proverbe : « Les femmes font les hommes. »

Il y a un mot de Napoléon Ier, remarquable dans sa brièveté : « L'avenir des enfants est l'ouvrage des mères. »

Buffon avait exprimé la même idée : « C'est la mère qui transmet aux fils les qualités de l'esprit et du cœur. »

L'expérience apprend qu'il y a peu d'hommes qui ne doivent ce qu'ils sont à l'éducation maternelle. Que de mères l'histoire nous cite, dont le nom est inséparable de celui d'un fils placé parmi les grands hommes! C'est que, dans les fonctions que les époux se partagent, le soin de l'intérieur et, par suite, celui d'élever les enfants restent presque exclusivement réservés à la mère. Tandis que le père, plus en relation avec l'extérieur, s'occupe du travail des champs, de l'industrie, du commerce, la place de la mère est au foyer domestique, où elle partage son temps entre les soins de la maison et l'éducation des enfants. C'est sur les genoux des mères que l'homme se forme; elles sont donc les premières institutrices de la famille.

La jeune mère est, pour ainsi dire, une institutrice née, et son premier soin est de transmettre à son enfant les leçons qu'elle a reçues. Chaque jeune femme devient donc, aussitôt qu'elle est mère, l'institutrice de sa famille, la véritable providence de la maison. Elle guide les premiers pas des enfants dans la vie, elle surveille leur départ pour l'école, les aide, à leur retour, dans l'étude de leurs leçons. Aussi il n'y a guère

---

[1]. Le comte de Maistre.

d'exemple d'une mère sachant lire et écrire, dont les enfants ne sachent ni lire ni écrire.

Il en est de même du progrès moral, qui ne peut s'obtenir que par l'intervention de la femme. Destinée à une vie d'intérieur, elle porte par instinct et par devoir son attention et sa vigilance jusque dans les plus petits détails qui échappent souvent à l'œil du père. N'est-ce pas elle qui familiarise ses enfants avec les habitudes morales, avec l'esprit d'ordre et de travail, avec les manières polies et modestes, dont elle leur donne l'exemple?

C'est elle aussi qui, par sa sagacité et la droiture de son sens moral, sait profiter de toutes les circonstances pour donner à ses enfants des leçons pratiques de sagesse et de prévoyance, et entretenir parmi eux la concorde et l'émulation dans l'amour du bien et du travail. La vie et la mission de la mère sont entièrement confinées dans le sanctuaire de la famille, dont l'éducation fait tout son bonheur.

C'est donc à la jeune fille à acquérir, dans le jeune âge, les connaissances, l'aptitude et les qualités dont elle aura besoin plus tard pour remplir dignement la mission dont elle sera chargée.

Exercice de style. — 34. Expliquez cet adage : « Une mère est une institutrice donnée à ses enfants par la nature. »

De l'éducation des enfants.

Rappelons d'abord une distinction importante; c'est que l'éducation se divise en deux branches : l'une, l'éducation proprement dite, est relative à la formation du caractère et aux habitudes morales; l'autre, l'instruction, embrasse tous les objets de l'enseignement. La mère de famille ne perdra jamais de vue que ces deux parties doivent être cultivées dans une éducation digne de ce nom; car il serait bien triste que, en meublant l'esprit d'une jeune fille de connaissances utiles et variées, on oubliât de diriger ses penchants, de corriger ses défauts, de développer les germes heureux de ses qualités naturelles.

Or la mère qui entreprendra d'élever sa fille a déjà en elle-même, pour ce qui regarde l'éducation proprement dite, les plus favorables dispositions. Si elle est attentive et persévérante, si elle use de ce moyen puissant qui se trouve à la portée de tout le monde, la bonne volonté, elle dirigera avec succès les habitudes morales d'un être si cher. La femme, la mère de famille a naturellement de l'aptitude pour l'observation délicate et l'application juste des moyens en éducation. Nulle ne doit se décourager ni se regarder comme peu propre à cette tâche. Il est généralement vrai de dire en cette circonstance : *vouloir, c'est pouvoir*.

La mère est pour les enfants une institutrice donnée par la nature. Jalouse de ce privilège, elle ne le cédera point à une autre, à moins d'y être contrainte par la force des choses. Éducatrice par excellence, la mère puise dans son amour pour ses enfants l'aptitude, la force et la patience nécessaires à son apostolat.

La conduite à tenir avec les enfants est délicate et entraîne après elle de graves conséquences. Il importe d'y réfléchir mûrement, d'adopter un plan, une ligne de conduite dont l'affection unie à la fermeté forme la base. Une fois un système sage, ferme et judicieux arrêté, il ne faut plus s'en départir, dût le cœur maternel en souffrir quelquefois; la mère n'oubliera pas que la première obligation qu'elle contracte envers ses enfants, c'est d'en faire des hommes.

Les passions fortes ont presque toutes leur origine dans l'enfance : elles nous viennent de là. C'est à ceux qui élèvent les enfants, c'est surtout à la mère à veiller à ces premiers mouvements de l'âme, à les réprimer. Il ne lui faudra pour cela que de la vigilance et de la persévérance. Lorsque vous apercevrez un défaut dans un enfant, corrigez-le immédiatement; pas de faiblesse, pas d'excuses, mais une douce fermeté :

Fermeté sans violence, douceur sans faiblesse!

Soyez bonne avec les enfants, mais de cette bonté qui s'exerce avec discernement, qui ne cède jamais à leurs caprices, qui ne dégénère jamais en faiblesse.

Il faut être conséquent dans sa conduite; que vos actions ne démentent donc jamais vos paroles, car, si l'on corrige les enfants par les conseils, on les corrige encore bien plus par l'exemple. Cette autorité de l'exemple est même si forte, qu'il est de la plus haute importance de ne mettre les enfants en contact qu'avec des personnes d'une conduite et d'une tenue irréprochables. Montrez-vous difficile surtout dans le choix d'une *bonne;* le laisser-aller dans la conduite ou le langage de celle-ci pourrait avoir les plus fâcheuses conséquences sur vos enfants.

EXERCICE DE STYLE. — 35. De la différence qu'il y a entre l'éducation et l'instruction des enfants. Citez quelques exemples à l'appui.

La culture de l'esprit et du jugement.

La mémoire est la première faculté qui s'annonce chez l'enfant : âgé de quelques mois à peine, celui-ci reconnaît déjà sa mère et lui sourit. La mémoire se développe forcément avec rapidité, car l'enfant a besoin, pour arriver au jugement le plus simple, de se rappeler ce qu'il a senti, ce qu'il a vu ou ce qu'on lui a montré : la mémoire est toujours en jeu. Il faut certainement cultiver cette précieuse faculté, mais il ne faut pas la surcharger, et ne pas imiter ces parents imprudents qui, voulant faire de leur enfant un petit prodige, lui apprennent des histoires, des fables, des vers qu'il ne comprend pas; et détruisent ou altèrent en lui la mémoire, bien heureux lorsqu'ils ne tuent pas son intelligence et ne provoquent pas une méningite! On remarque généralement que les enfants qui ont une mémoire surprenante à cinq ou six ans, et qui sont à cet âge des petits prodiges, deviennent plus tard des élèves et des hommes d'une science, d'une capacité fort médiocres. Appliquez-vous plutôt à développer en eux le jugement, et à le rendre droit et juste par une bonne direction.

Les mères sont souvent trop empressées à donner des connaissances à leurs petits enfants, au lieu de former d'abord leur raison et de cultiver leurs facultés. Dans leur impatience, elles ne peuvent attendre le moment où ils sauront lire et écrire. Elles ignorent que, pour cet âge si tendre, l'enseignement doit être avant tout oral et s'aider exclusivement des sens. Amuser les enfants, tout en développant graduellement leurs premières affections par des leçons et des exercices appropriés à leur petite intelligence : telle est la règle que l'expérience recommande pour le premier âge.

« De toutes les facultés qu'on voit dans les enfants, dit Fénelon, il n'y en a qu'une sur laquelle on puisse compter : c'est le jugement; il croît toujours avec eux, pourvu qu'il soit cultivé. »

Ce jugement, comment le former? En habituant de bonne heure l'enfant à se rendre compte de tout, non seulement des choses qui l'environnent, mais aussi de ses idées, de ses pensées, de ses actions. C'est par une pratique journalière qu'on peut y conduire les enfants. Causer beaucoup avec eux, mettre notre raison à leur portée, leur faire des questions adroites sur la morale, les rendre souvent juges de leur sort, donner aux leçons le tour du sentiment, montrer la vérité aimable, leur donner l'habitude de la réflexion et du raisonnement : voilà pour former le cœur et le jugement, entre lesquels il est important d'établir le plus de rapports possible.

Exercice de style. — 36. Quels sont les inconvénients auxquels sont exposées les personnes qui manquent de jugement?

De la culture du cœur.

Il faut habituer de bonne heure les enfants à dire la vérité. Pour arriver à ce but, ne tolérez jamais le plus petit mensonge; ne trompez pas les enfants, dites-leur toujours la vérité : il vaut mieux leur révéler franchement ce qui peut l'être sans danger pour eux. Vous font-ils par hasard des questions auxquelles vous ne pouvez répondre? déclarez-leur nettement que ce sont des choses qu'ils ne peuvent comprendre et qu'on les leur expliquera plus tard. Si les enfants sont bien élevés et ont en vous une confiance pleine et entière, cette réponse suffira et détournera sur-le-champ une curiosité indiscrète. De votre côté, tenez toujours vos promesses : lorsque vous avez promis une récompense ou une punition, que les enfants soient convaincus que rien ne pourra vous y faire renoncer. Votre fermeté sera bien récompensée par la grande confiance que vous leur inspirerez en outre. « Maman l'a dit, donc c'est vrai ! » disait un charmant bébé.

Ne laissez échapper aucune occasion de développer la bonté de cœur chez les enfants; qu'ils soient bons, charitables envers les faibles et les malheureux. La charité est l'antipode de l'égoïsme. Un pauvre frappe-t-il à votre porte, vous tend-il la main dans la rue? que ce soit l'enfant qui lui porte l'aumône en l'accompagnant d'une bonne parole. Habituez-le aussi à donner quelquefois ce qui lui appartient : qu'il partage ses jouets avec ses frères ou ses petits camarades.

Rendez les enfants empressés et polis envers tout le

monde, affectueux et complaisants envers leurs frères ou leurs petits camarades, doux envers les animaux.

Nous insisterons particulièrement sur ce dernier point, qui est de la plus haute importance.

Les mères qui laissent leurs enfants tordre le cou à un oiseau, faire crier ou blesser un chat, un chien, etc., ne soupçonnent pas généralement les conséquences graves que peut avoir ce jeu cruel. Ce sont pourtant les vraies racines de la rudesse, de la méchanceté et de l'ingratitude qui germent là et qui s'élèveront promptement, si l'on n'y remédie.

Comment supposer, en effet, qu'un enfant soit juste et bon envers ses semblables, s'il se montre toujours violent et emporté avec les animaux? qu'il sera sensible à la douleur d'autrui, s'il ne se sent pas ému à la vue d'un animal qui souffre? L'expérience atteste que presque tous les malfaiteurs avaient déjà exercé, dès l'enfance et la jeunesse, leur cruauté et leur méchanceté sur les animaux.

Exercice de style. — 37. Définissez les mots ou expressions qui suivent : un ami de cœur, un sans-cœur, un cœur de marbre, un cœur d'or, avoir le cœur sur la main, un cœur de mère, avoir le cœur à l'étude. — 38. Comment pouvez-vous témoigner à la vieillesse le respect qui lui est dû?

LECTURE.

Importance de la première éducation des enfants.

Il est universellement reconnu que l'éducation est la première condition du bonheur, et que l'instruction, sagement conduite et habilement combinée avec l'éducation, est la seconde. Il n'est pas moins évident que les impressions les plus fortes et les plus durables sont celles qui nous ont frappés dès l'enfance, celles qui ont, pour ainsi dire, grandi avec nous, qui se sont nourries de notre substance, comme ces plantes parasites qui naissent avec le jeune chêne, s'attachent à lui, montent avec lui, s'engraissent de sa sève et étalent sur toutes ses branches leurs larges feuilles. Si nous interrogions tous ceux qui se distinguent ou qui se sont distingués, soit en bien, soit en mal, soyez sûrs qu'ils nous répondraient : « C'est notre éducation qui nous a faits ce que nous sommes. »

L'homme de bien dirait :

« J'ai appris de mon aïeul à avoir de la douceur et de la complaisance, du respect pour la vieillesse et pour toutes les choses qui doivent être éternellement vénérées. La réputation que mon père a laissée, et la mémoire que l'on conserve de ses bonnes actions, m'ont déterminé à marcher religieusement sur ses traces, sous peine de forfaire à l'honneur. Ma mère m'a formé à la piété. Elle m'a enseigné non seulement à ne faire de mal à personne, ce qui n'est jamais permis, mais à n'en avoir pas même la pensée, mais à faire tout le bien possible.

« Je dois à mon instituteur d'être patient dans mes travaux, d'avoir la science dans mes affaires, de ne point me mêler de celles qui me sont étrangères, sinon pour être utile. Ma sœur m'a appris par son extrême douceur, par son inaltérable modestie, à ne manifester ni violence ni orgueil; mon frère m'a donné l'exemple de la fermeté et de la bravoure dans toutes les occasions. Les domestiques de la maison de mon père, par leur fidélité à toute épreuve, m'ont appris à ne soupçonner personne et à aimer tous ceux qui sont au-dessous de moi. Enfin de bons amis m'ont appris à considérer tous les hommes indistinctement comme autant de frères. Je remercie donc la Providence de m'avoir donné de bons aïeux, un bon père, une bonne mère, une bonne sœur, un bon frère, de bons maîtres, de bons domestiques, de bons amis; en un mot, tout ce qu'on peut souhaiter de bon. »

N. Landais.

Exercice de style. — 39. Quelle différence y a-t-il entre les qualités physiques et les qualités morales d'un enfant?

LECTURE.

Proverbes, Maximes et Pensées.

1.   Maison sans femme et sans flamme,
        Maison sans âme.

2. Prends l'étoffe d'après la lisière,
   Et la fille d'après la mère.
   Proverbe turc.

3. Sagesse chez le mari, patience chez la femme,
   C'est ce qui met la paix dans le ménage.

4. La qualité la plus essentielle dans une femme est la douceur et l'égalité d'humeur.

5. La douceur est la plus grande des forces morales.

6. Femme sage
   Reste à son ménage.

7. La dignité de la femme est d'être ignorée; sa gloire est dans l'estime de son mari, ses plaisirs dans le bonheur de sa famille.

8. La femme la mieux louée est celle dont on ne parle pas.

9. Quand on dit d'un homme : « Il a fait parler de lui, » c'est un éloge. Quand on dit d'une femme : « Elle a fait parler d'elle, » c'est un blâme. La femme est une fleur qui n'exhale de parfum qu'à l'ombre.
   Lamennais.

10. Un bon livre est un ami; il nous répond sans aigreur et nous encourage sans flatterie.

11. Quand une lecture vous élève l'esprit, et qu'elle vous inspire des sentiments nobles et vertueux, ne cherchez pas une autre règle pour juger de l'ouvrage; il est bon et fait de main d'ouvrier.
    La Bruyère.

12. On apprend à bien penser, comme on apprend à bien coudre, et je souhaiterais que la mode en vînt aux femmes.
    Mme d'Agoult.

13. Si la dixième partie du soin apporté chaque jour à avoir du bon pain et une bonne cuisine était mise à perfectionner sa propre famille, depuis longtemps tout le monde serait parfait.
    Varron.

14. L'éducation ne se délègue pas ; nous pouvons faire donner des leçons à nos enfants, mais nous ne pouvons pas les faire élever.

Mme de Gasparin.

15. A mère faible, fille nerveuse.

16. Un des premiers soins d'une mère est de s'instruire d'abord elle-même à fond de tout ce qui est nécessaire pour bien élever des enfants.

Rollin.

Exercice de style. — 40. Expliquez le 1er proverbe. — 41. Expliquez et développez le 2e proverbe.

Exercice de style. *Récapitulation.* — 42. Caroline écrit à sa sœur aînée pour lui demander comment une jeune personne doit se conduire pendant les voyages. Faites la réponse. — 43. De l'affabilité. En quoi consiste cette vertu ? — 44. De l'impatience. Faites ressortir les inconvénients attachés à ce défaut. — 45. Quels sont vos devoirs envers vos grands-parents ? — 46. Faites le portrait d'une jeune fille obligeante et de bonne humeur. — 47. Expliquez ce proverbe : « Patience et longueur de temps font plus que force ni que rage. » — 48. Montrez comment ce proverbe peut s'appliquer aux travaux d'une ménagère. — 49. Quels sont les défauts qu'il faut surveiller et corriger dans les enfants ? — 50. *Un frère est un ami donné par la nature.* Montrez la vérité contenue dans ce vers. — 51. Quels sont les jeux dangereux qu'il faut interdire aux enfants ? — 52. Que faut-il faire pour être heureux ?

TROISIÈME PARTIE

ORGANISATION MATÉRIELLE ET ADMINISTRATION ÉCONOMIQUE DE LA MAISON

CHAPITRE PREMIER

APPRENTISSAGE DE L'ÉCONOMIE DOMESTIQUE

Je ne saurais trop vous le répéter, ma fille, toute votre vie vous aurez besoin du secours et de l'appui des autres; il vous importe donc beaucoup de vous habituer de bonne heure à leur prêter aussi de votre côté secours et appui. Malgré sa faiblesse, malgré son inexpérience, toute jeune fille peut se rendre très utile, et sa mère doit trouver en elle un auxiliaire actif et dévoué.

Allons, Émilie, préparez-vous. Ne voyez-vous pas que votre bonne mère, toujours si soigneuse, serre dans son armoire tout le linge blanc que la blanchisseuse vient d'apporter? Elle ne charge pas votre bonne de ce petit travail, parce qu'elle veut s'assurer par elle-même que tout sera bien en ordre, et que d'ailleurs, votre bonne étant occupée à un autre travail utile, la maison sera bien servie des deux côtés à la fois. Mais, mon enfant, vous êtes bien d'âge à aider votre bonne mère. Mettez-vous donc à l'ouvrage selon vos forces; demandez à votre mère, comme une faveur, de lui épargner une partie de la fatigue. Si elle vous le permet, chargez-vous des serviettes, tandis que ses bras plus robustes soulèvent et transportent des paires de draps.

C'est bien. Maintenant, vous n'êtes pas encore bien fatiguée. Votre père et votre sœur aînée partiront tout à l'heure pour un petit voyage. Votre sœur est souffrante, et vous ne lui laisserez pas toute la peine de faire ses paquets. C'est encore là une petite science qu'il faut apprendre, mon enfant. Dans une famille où survient la nécessité d'un voyage, une femme, dont les robes, les chapeaux, le linge, tiennent toujours tant de place, n'aura jamais assez de caisses ni de cartons, si elle n'est pas un peu habile dans l'art de disposer, d'associer, d'intercaler les objets. Avec cette connaissance, bien futile en apparence, on gagne de l'espace et l'on ménage de l'argent.

La mère qui vous élève, Émilie, ne vous destine pas à être une grande dame. C'est un état à peu près perdu aujourd'hui. Elle ne veut pas non plus que vous soyez une femme de ménage, dans le sens trivial de celles que nous louons tant par jour, pour nettoyer la maison de haut en bas. Votre mère tient sagement à ce qu'il y ait dans votre condition de la dignité et de la simplicité; à ce que votre esprit cultivé puisse soutenir une conversation solide, tandis que votre bon sens ne dédaigne ni la surveillance, ni, au besoin, la pratique des soins les plus communs du ménage.

L'entendez-vous? Elle vous engage à la suivre au marché. Elle y va elle-même aujourd'hui qu'elle doit faire des provisions importantes, et elle n'est pas fâchée que vous sachiez bien acheter les provisions, discerner les bonnes des mauvaises, et reconnaître quand il est de raisonnable et sage économie d'acheter plus qu'on ne doit consommer aussitôt, pour conserver l'excédent en magasin. Elle va vous faire distinguer les denrées qui se gardent et celles qui ne se gardent pas; celles qui pourront subir promptement une hausse de prix et celles qui, de quelque temps, ne deviendront sans doute pas plus cher. Voilà une bonne leçon pratique que vous recevrez, Émilie; pensez-y, et sachez en profiter. Vous avez inspiré de la confiance à votre excellente mère. Elle vous associe à tous ses achats. Elle vous fait concevoir de bonne heure une juste idée du prix des objets usuels et de leur degré d'utilité. Vous commencerez à prendre quelquefois la parole, quand il s'agit d'acquérir quelque objet à votre usage, et que votre mère y consent, et c'est vous qui débattez vos intérêts avec la marchande. Mais il y a une chose qui vous fait de la peine, mon enfant, et, en vérité, nous ne vous en blâmons pas : c'est la vilaine habitude de marchander. Il vous semble que c'est un vif reproche adressé aux marchands sur leur soif du gain, sur le mensonge de leurs premières paroles. Vous avez raison, Émilie; mais la faute n'est pas à vous, et l'intérêt de vos parents aujourd'hui, plus tard l'intérêt de votre ménage, ne vous permettra pas d'être dupe. S'il n'y avait que de la bonne foi dans les marchands et de la raison dans les acheteurs, il n'y aurait que des prix fixes; malheureusement, le monde n'est pas si parfait. Examinez donc ce qui vous paraît juste, sans vous préoccuper des demandes exagérées; réglez-vous sur les conseils et l'expérience de votre mère, et, ce qui importe à l'économie domestique, sachez marchander quand il le faut.

Exercice de style. — 53. Dans une lettre à une amie, une jeune fille, sortie de pension depuis peu, raconte comment elle a fait l'apprentissage du ménage, sous la conduite de sa mère.

LECTURE.

Une jeune ménagère.

Mon père était trop pauvre pour donner une servante à ma mère pendant sa maladie, et j'étais trop petite pour faire toute seule le ménage. Les voisins venaient bien de bon cœur, quand je les priais, tirer pour nous le seau du puits, mettre la grosse bûche au feu et pendre la marmite à la crémaillère; mais ma mère et moi, nous faisions tout le reste. Aussitôt que j'avais pu marcher seule dans la chambre, j'avais été la servante née de la maison, les pieds de ma mère, qui n'en avait plus d'autres que les miens. Ayant sans cesse besoin de quelque chose qu'elle ne pouvait aller chercher au jardin, dans la cour, dans la chambre, au feu, sur l'évier, sur la table, sur un meuble, elle s'était accoutumée à se servir de moi avant l'âge, comme elle se serait servie d'une troisième main; et moi j'étais fière, toute petite que j'étais, de me sentir nécessaire, utile, serviable comme une grande personne à la maison. Cela m'avait rendue attentive, mûre, sérieuse, raisonnable, avant l'âge de huit ans. Elle me disait : « Geneviève, il me faut cela, il me faut ceci; apporte-moi ta petite sœur Josette sur mon lit, remporte-la dans son berceau, et berce-la du bout de ton pied jusqu'à ce qu'elle dorme; va me chercher mon bas, ramasse mon peloton; va couper une salade au jardin, va au poulailler tâter s'il y a des œufs chauds dans le nid des poules; hache des choux pour faire la soupe à ton père; bats le beurre; mets du bois au feu; écume la marmite qui bout, jettes-y le sel; étends la nappe, rince les verres, va à la cave, ouvre le robinet, remplis au tonneau la bouteille de vin. » Puis, quand j'avais fini, qu'on avait dîné et que tout allait bien, elle me disait : « Apporte-moi ta robe, que je te pare, et tes beaux cheveux, que je te les peigne. » Elle m'habillait, elle me parait, elle me peignait, elle m'embrassait, elle me disait : « Va t'amuser maintenant sur la porte avec les enfants des voisines, qu'ils voient que tu es aussi propre, aussi bien mise et aussi bien peignée qu'eux. » Et j'y allais un moment pour lui faire plaisir; mais je n'allais jamais plus loin que le seuil de la cour, pour pouvoir entendre si ma mère me rappelait, et je n'y restais pas longtemps, parce que les enfants se moquaient de moi et disaient entre eux : « Tiens, la sérieuse, elle ne sait jouer à rien, laissons-la. » J'aimais mieux rentrer et me tenir debout auprès du lit de ma mère, épiant dans ses yeux ce qu'elle pouvait avoir à demander. Tous les jours se passaient ainsi; je me levais la première, je me couchais la dernière. Je ne respirais l'air que par la fenêtre, je ne voyais le soleil que sur le seuil de ma porte, et voilà pourquoi, monsieur, j'avais le visage blanc. On disait à ma mère : « Votre petite a donc les pâles couleurs? — Oh non, répondait-elle, mais c'est qu'elle a la pâle vie ! »

Cette longue infirmité de ma mère, en la retenant tant d'années ainsi immobile et désœuvrée du corps dans son lit, l'avait rendue instruite comme une dame et dévote comme une sainte ; les fils de nos voisines qui allaient en classe prêtaient leurs vieux livres par charité à la pauvre vitrière infirme, par l'entremise de mon jeune frère, pour lui abréger le temps.

Le soir à la veillée, quand mon père, mon frère, mes deux grandes sœurs étaient rentrés à la maison de leur ouvrage, elle nous rassemblait tous autour de son lit, pour nous lire à haute voix les belles histoires qu'elle avait lues tout bas dans la journée, et qui étaient propres à instruire mon petit frère, à amuser mes sœurs et à consoler mon père.

Voilà comment nous passions les soirées d'hiver. Mais dans le jour, quand tout le monde était sorti, que la chambre et l'escalier étaient balayés et que la marmite bouillait à petit feu dans les cendres chaudes, ma mère me lisait, à moi toute seule, des passages plus sérieux et plus saints, qui lui plaisaient bien davantage, puisqu'ils ne parlaient rien que de Dieu. C'était l'*Imitation de Jésus-Christ*, des *Méditations* sur les maladies, sur la mort, sur le ciel, et des livres de prière, dont les pages étaient tachées de ses larmes et usées sous ses doigts. C'est dans ces pages qu'elle m'apprenait à lire et à prier. Toute petite que j'étais, j'aimais mieux ces livres que les autres, parce que ma mère prenait un visage bien plus recueilli et bien plus consolé quand elle les recevait de ma main, et que, dès que je la voyais s'attrister ou pleurer tout bas sur son état, un de ces livres, ouvert, séchait ses larmes et lui rendait son sourire. Cela me faisait faire mes prières avec bien plus de componction et bien plus de plaisir au pied de son lit. Je m'imaginais toujours que Dieu était là qui nous entendait, et que, en relevant mon front appuyé sur ses couvertures, j'allais voir ma mère, soulagée et guérie, me demander sa robe, et marcher comme moi à travers la maison. Mais la volonté de Dieu n'était pas ma volonté d'enfant. Ma mère continuait à languir, et je grandissais.
LAMARTINE.

EXERCICE DE STYLE. — 54. Quels sont les devoirs d'une jeune fille qui vient de sortir de pension, à l'égard de ses parents ?

Portrait d'un ménage du temps de Socrate.

Un jour, Socrate se dirigea, dès le matin, suivant sa coutume, vers le portique du temple de Minerve, pour savoir de son ami Isomachus pourquoi il gouvernait sa maison mieux qu'aucun autre.

« Je veille, dit celui-ci, au dehors, et ma femme veille au dedans.

— Qui a rendu ta femme capable de surveillance ? Son père et sa mère te l'ont-ils donnée tout instruite ?

— Elle n'avait que quinze ans quand je l'épousai. Elle était élevée de façon à ne voir, à n'entendre, à ne demander que le moins de choses possible. Elle savait faire de la laine, un habillement, départir de la filasse aux chambrières.

— Comment donc l'as-tu instruite ?

— Je commençai par faire une prière et un sacrifice aux dieux en leur demandant de m'apprendre ce qui serait le meilleur pour elle et pour moi, puis je lui dis :

« Il est en la puissance du mari et de la femme de s'aider l'un l'autre en toute occasion, et de mettre en si bon ordre leurs affaires qu'elles s'augmentent honnêtement.

« — Mais en quoi, me dit ma femme, puis-je servir à cette augmentation ?

« — Vous le pouvez grandement, ou il faudrait dire que la reine des abeilles qui gouverne la ruche a peu d'importance.

« Ma femme, écoutez-moi : tout ce que j'ai, je vous l'ai donné ; tout ce que vous avez, vous me l'avez donné. Qui apporta le plus, c'est inutile de le chercher. Le plus industrieux et le meilleur, voilà le plus riche en apport. Mais, pour augmenter ces biens, nos devoirs et nos pouvoirs sont différents, quoique égaux.

« Il y a deux sortes de travaux, ceux du dehors et ceux du dedans :

« Au dehors, le labourage, la surveillance des travaux, la conduite des arbres, la récolte des fruits;

« Au dedans, la réception et la garde du blé et de la laine, la distribution de la tâche aux ouvrières.

« L'homme, fait par Dieu plus fort, dirige le dehors.

« La femme veille au dedans, semblable en cela à la reine des abeilles, qui ne sort pas de la ruche et ne laisse jamais chômer les mouches à miel. Elle envoie à la besogne celles qui ont à faire leur journée dehors, reconnaissant tout ce que chacune apporte, le serrant, le faisant partager, veillant à la fabrication de la cire et ayant soin des petits qui naissent. Occupation belle, douce, attrayante, et qui la fait appeler *reine*. Voilà ce que vous êtes, ma femme, dans votre ménage. »

Isomachus explique ensuite comment il conduisit d'abord sa femme dans toute sa maison, lui montrant les diverses salles et leurs usages : les chambres d'été, les chambres d'hiver, le quartier des hommes, le quartier des femmes séparé par les étuves aux bains; lui remettant toutes choses : les vases d'airain, les provisions de blé, l'argent. Puis il lui développe le beau rôle qu'elle doit jouer dans ce petit État, dont elle est la souveraine.

Diriger tant de serviteurs, administrer tous ces biens, apprendre aux ouvrières tout ce qu'elle sait, apprendre d'elles à son tour ce qu'elle ne sait pas; élever les enfants, récompenser, améliorer tous les esclaves, ordonner toutes choses dans cet ordre qui fait la beauté; travailler elle-même de ses mains soit à pétrir, soit à bluter, car le travail, lui dit-il, met une plus belle couleur sur les joues que le fard :

« Voilà, ajouta-t-il, ce que vous avez à faire, tandis que je besognerai dehors.

« Mais il est une chose à laquelle nous devons travailler en commun, et que Dieu a posée entre nous comme un prix auquel nous devons prétendre tous deux, savoir : commander à nos passions, n'être ni colères, ni capricieux, ni égoïstes, ni légers, ni oublieux de nos devoirs. Ils sont tous sacrés.

« Celui qui sera le meilleur emportera ce beau prix.

« Ainsi, ma femme, essayons de faire le mieux notre devoir, chacun de notre côté. Mon plus grand plaisir serait que vous pussiez vous montrer meilleure que moi. »

XÉNOPHON (*Mémoires sur Socrate* [1]).

EXERCICE DE STYLE. — 55. Que savez-vous de Socrate ?

1. Le traité de l'*Économie* par Xénophon est une série de dialogues où Socrate joue le principal rôle. Dans la première partie, Socrate discourt avec Critobule sur les principes de l'économie, qu'il définit l'art de gouverner sa maison. La seconde partie se compose de l'entretien de Socrate avec Ischomachus, surnommé le Beau et le Bon. C'est, sans contredit, un des morceaux les plus remarquables de l'antiquité. Nulle part la morale païenne ne s'est élevée à une pureté et à une délicatesse de sentiments aussi ravissantes, et tout ensemble à des perceptions aussi nettes, aussi précises sur les devoirs respectifs de l'homme et de la femme.

CHAPITRE II

DES QUALITÉS DE LA BONNE MÉNAGÈRE

Amour de l'ordre.

« Je hais l'aspect du désordre, dit un écrivain, parce qu'il constate ou le mépris pour les détails, ou l'inaptitude à la vie intérieure. Classer les objets au milieu desquels nous devons vivre, c'est établir entre eux et nous des liens d'appropriation et de convenance; c'est préparer les habitudes sans lesquelles l'homme tend à l'état sauvage. Je me défie de l'esprit et de la moralité des gens à qui le désordre ne coûte aucun souci, qui vivent à l'aise dans les écuries d'Augias. Notre entourage reflète toujours plus ou moins notre nature intérieure. L'âme ressemble à ces lampes voilées qui, malgré tout, jettent au dehors une lueur adoucie. Si les goûts ne trahissaient point le caractère, ce ne seraient plus des goûts, mais des instincts. »

Cette observation s'applique particulièrement à la tenue d'une maison. Pour bien juger des qualités d'une ménagère, vous n'avez qu'à voir comment son intérieur est tenu, si tout y est rangé avec ordre, si tout s'y fait avec ordre.

Il est reconnu que le bien-être et la prospérité d'une maison sont plutôt l'œuvre de la femme que celle de l'homme. Le mari aura beau travailler avec ardeur, passer le jour et la nuit dans la peine pour augmenter l'aisance de la famille et faire honneur à ses affaires; si la femme, au lieu d'une bonne économie et de l'ordre qu'elle est appelée à faire régner dans la maison, y laisse introduire la négligence, la paresse, la prodigalité, le laborieux père de famille aura travaillé en vain; ses travaux sont comme une terre stérile. L'infortuné ! c'est sa femme qui l'a ruiné ! Que de malheurs dans une famille causés par le désordre d'une femme !

L'ordre est le compagnon inséparable de l'économie et son agent principal : l'économie sans l'ordre, la propreté et la régularité ne serait plus de l'économie.

L'ordre est donc une qualité indispensable à la bonne ménagère. S'il est vrai que les femmes *font* ou *défont* la maison, cela s'applique surtout à la femme soigneuse et à celle qui manque d'ordre. La bonne maîtresse de maison, pénétrée de cette vérité, met de l'ordre et de la méthode en tout : ordre dans les choses, ordre dans les occupations, ordre dans la manière de vivre.

Dans l'emploi de ses journées, toutes ses occupations sont prévues; celles de toute la maison sont également réglées, aucune n'est livrée au gré du hasard : le lever, les repas, le travail, le coucher, tout se fera à l'heure marquée. Le même ordre se retrouvera dans la foule des détails du ménage.

La maîtresse de maison, amie de l'ordre, a un livre de comptes et le tient *régulièrement*, c'est-à-dire qu'elle prend note de ses recettes et de toutes ses dépenses, et fait en sorte que celles-ci ne dépassent jamais celles-là.

Même ordre dans la correspondance. Les quittances ont une place spéciale dans un tiroir du secrétaire; a-t-on une vérification à faire? elles sont à portée de la main.

Notre ménagère ne met jamais de côté une lettre sans y avoir répondu; afin de ne pas l'oublier, elle la met jusqu'alors en un endroit exposé à ses regards, bien qu'à l'abri de toute curiosité indiscrète. Au moment de répondre à une lettre, elle relit soigneusement celle-ci, précaution utile, sans laquelle on néglige souvent de répondre aux points essentiels. La réponse terminée, elle serre la lettre, s'il y a lieu, ou la détruit si elle n'est pas destinée à être gardée. De l'oubli de cette simple mesure d'ordre et de prudence résultent parfois les plus graves malheurs : une lettre égarée, tombée en d'autres mains que celles auxquelles elle était destinée, peut compromettre l'avenir d'une personne, détruire sans retour le bonheur d'une famille.

Les vêtements de la ménagère, ceux du mari et des enfants sont toujours propres et bien entretenus ; aussitôt qu'on les quitte, ils sont nettoyés, brossés et remis en place.

Le linge est bien plié, marqué, repassé et rangé avec ordre et symétrie dans les armoires; chaque pile est numérotée avec soin, de sorte qu'on le trouve aisément au moment de s'en servir.

On ne voit jamais rien traîner sur les meubles ou dans les tiroirs: chaque objet a sa place marquée et s'y trouve toujours, de sorte qu'on ne perd pas de temps à le chercher lorsqu'on en a besoin. En un mot, dans le ménage de la bonne maîtresse de maison, il y a :

Une place pour chaque chose,
Et chaque chose est à sa place.

L'ordre est éminemment conservateur, ne l'oubliez jamais. Voulez-vous garantir les objets de la déperdition, en prolonger la durée? soignez-en l'arrangement. Voulez-vous les trouver, quand vous en avez besoin et les avoir toujours à votre disposition? rangez-les. Voulez-vous multiplier vos ressources? mettez de l'ordre dans vos affaires. Voulez-vous vous enrichir par l'économie? mettez un ordre sévère dans vos revenus et dans vos dépenses. Voulez-vous économiser votre temps, le plus précieux de tous les trésors? mettez de l'ordre dans l'emploi de vos moments, dans la distribution de votre journée. Le désordre crée mille difficultés, mille entraves. Le désordre est la cause la plus ordinaire de la ruine. L'ordre est plus nécessaire encore aux ménages peu fortunés; il est pour eux la condition de l'aisance, de la sécurité; moins on possède, plus il importe de ménager.

EXERCICE DE STYLE. — 56. Une jeune fille qui aide sa mère dans le ménage écrit à une de ses amies la manière dont elle s'y prend pour maintenir l'ordre dans la maison, les chambres, les armoires, etc.

LECTURE.

La richesse et l'économie.

Tu veux que l'on te prête, allons, j'en donne l'ordre,
Dit la richesse, soit! Mais je veux en t'aidant,
Ma chère, enfin savoir quel est ton répondant?
   — L'Ordre.
MOLLEVAUT.

L'ordre et le désordre.

L'ordre a trois avantages : il soulage la mémoire, il ménage le temps, il conserve les choses.

Le désordre a trois inconvénients : l'ennui, l'impatience et la perte de temps.

L'ordre a besoin de trois serviteurs : la volonté, l'attention et l'adresse.

Le désordre a trois maîtres : la précipitation, la paresse, l'étourderie.

EXERCICE DE STYLE. — 57. Développez le sens de cette maxime :
« L'ordre a trois avantages : il soulage la mémoire, il ménage le temps, il conserve les choses. »

De la propreté.

La propreté est une conséquence de l'ordre : la ménagère qui a de l'ordre est nécessairement propre.

La propreté est la vertu des riches et le luxe des pauvres. Elle rend la pauvreté moins pénible et rapproche de l'aisance. On se plaît dans une maison propre, et l'on oublie qu'elle est pauvre ; le père de famille se sent joyeux et presque reposé de ses rudes travaux, lorsqu'en rentrant chez lui il trouve répandu sur tout ce qui l'environne la fraîcheur, le parfum d'une exquise propreté.

Entrons dans un de ces intérieurs d'ouvriers ou de petits employés, où l'ordre et la propreté règnent en souverains et y entretiennent l'aisance et la bonne humeur. Aucune toile d'araignée ne tapisse les murs ou le plafond ; le plancher a été balayé et nettoyé dès le matin ; les vitres sont transparentes, et les modestes rideaux qui les garnissent sont du plus beau blanc. Les chaises ont chacune leur place dans les angles de la chambre ; elles sont bien empaillées et ne sont pas embarrassées par des objets qu'on y a jetés en passant. L'armoire, le bois de lit, les pieds de la table et des chaises bien reluisants, témoignent que la maîtresse du logis les frotte tous les jours et connaît la recette de l'encaustique [1] pour vernir les meubles à bon marché.

Le lit a été fait avec soin et symétrie : la couverture, bien tirée et rebordée du haut, ne fait pas un pli ; la couture des draps occupe bien le milieu du lit ; la plume de l'oreiller et de l'édredon a été bien remuée, puis égalisée.

La table est mise. C'est l'heure du frugal repas. La nappe a été reprisée en dix endroits, mais elle est d'une blancheur éblouissante ; les assiettes et les plats sont

---

1. C'est tout simplement de la cire jaune fondue et un peu d'eau de lessive (de cendre de bois).

de la faïence la plus ordinaire, mais resplendissants de propreté; les couverts sont mis avec une grande symétrie; les verres paraissent être de cristal : servi ainsi, le menu le plus simple doit paraître délicieux.

La ménagère ouvre son armoire; jetons-y un regard en passant. Elle n'est pas à demi pleine de chiffons, et la petite provision de linge de la famille n'est pas éparpillée çà et là. Chaque espèce forme une pile et est placée avec symétrie sur les rayons de l'armoire. Les habits de la ménagère, ceux de son mari et des enfants, bien brossés et retournés, sont accrochés au-dessous des rayons.

Si, de la chambre nous allons à la cuisine, nous y verrons le même ordre, le même soin. La petite batterie de cuisine, bien frottée, bien reluisante, garnit le mur. La vaisselle est rangée sur le dressoir en bois blanc comme la table; le fourneau a été frotté avec de la mine de plomb. L'évier n'est pas encombré par de la vaisselle sale et ne répand pas d'odeur nauséabonde.

Les enfants, débarbouillés et bien peignés, ont un air de santé et de propreté qui fait plaisir à voir. Tout dans ce gentil intérieur, dont l'ordre et la propreté constituent le seul luxe, fait le plus grand honneur à la ménagère qui le dirige et lui concilie l'amour de son mari et l'estime de tous. C'est que la propreté dans une maison indique des habitudes laborieuses, le respect de soi-même et des autres, qui commande lui-même le respect. Nous pouvons ajouter que la propreté contribue avec l'ordre à la durée et à la conservation des objets.

La propreté à l'intérieur des habitations ne suffit pas; il faut y joindre la propreté sur soi-même : la propreté du corps prévient en notre faveur et inspire la sympathie; la malpropreté n'inspire que de la répugnance. La propreté du corps nous est encore imposée par l'hygiène, car la malpropreté du linge, des vêtements ou du corps engendre des maladies, la vermine, et nous rend un objet de dégoût pour les autres.

La propreté enfin influe sur le moral, comme le prouve Schulze. Non seulement la santé des hommes dépend beaucoup de la propreté, dit-il, mais celle-ci est un des principes de leur activité, de leur humeur, de leur satisfaction intérieure et même, à certains égards, de leur moralité. C'est dans les villages et les masures sans propreté qu'habitent de préférence la paresse, l'abrutissement, la mauvaise foi, le vol, tous les vices. Le défaut de propreté ne nuit pas seulement à la pureté du corps, il nuit à celle de l'âme. La maîtresse de maison aimera donc cette précieuse qualité, la propreté, qu'on a si justement appelée une *demi-vertu*, et elle habituera de bonne heure ses enfants à être propres sur leur personne, à avoir soin de leurs vêtements et de tout ce qui est à leur usage.

Exercice de style. — 58. Vous avez remarqué chez une de vos sœurs plus jeune que vous peu de goût pour la propreté. Dans une lettre que vous lui écrivez, vous lui adressez des reproches, et vous faites ressortir la nécessité et les avantages de cette vertu.

LECTURE.

Deux ménages.

Le hasard m'a conduit dans deux maisons différentes : l'une était propre, reluisante à neuf; chaque objet était rangé à sa place; de quelque côté que mes yeux se portent, je ne vois que cuivres bien reluisants, meubles vernis, parquets frottés; pas un grain de poussière sur la cheminée ou sur les tables, des flambeaux nets, un foyer rayonnant, des chaises, des fauteuils invitant à s'asseoir, une atmosphère de prospérité et de bien-être forçant la pensée à s'arrêter sur ces mots : Qu'on est heureux ici!

Et pourtant c'est un ménage d'employés bien modestes. C'est à peine si le mari gagne de quoi joindre les deux bouts; mais il y a une économie si bien entendue, dans cet intérieur, qu'avec dix francs on fait l'effet de trente, et que les visiteurs se disent en sortant : « Ils ont de bonnes petites rentes. »

Après, changement de décor. J'entre dans un petit hôtel, entre cour et jardin, assez élégant d'apparence ; mais, dès le vestibule, on devine la gêne ou le désordre.

Il est de 1* heures de l'après-midi, la maîtresse de la maison est à peine levée ; elle vient à moi dans un négligé répugnant, bien que sa robe de chambre soit en satin et en dentelles ; mais il y a des taches sur ces élégances ; les cheveux sont ébouriffés ; j'aperçois une pantoufle éculée et des bas sales...

Les domestiques ont paru et se sont sauvés ; on dirait qu'ils sont honteux de ce désordre qui échappe aux yeux de la maîtresse. De la poussière sur tous les meubles ; à travers les portes entr'ouvertes on voit une table encore mise, sur laquelle sont des bouteilles entamées non bouchées, des assiettes ébréchées, une nappe malpropre et de la cendre de cigare par terre.

Des balais dans des coins, avec des loques sur le manche, des bottines par ci, des rubans fanés par là, et deux chiens couchés sur les fauteuils de velours, avec trois enfants malpropres qui les taquinent en les battant.

Et c'est une riche famille qui demeure là. Je me hâte de partir dès que je le puis. Pouah !

Que seront un jour les enfants de ces deux maisons ? Pas n'est besoin de le demander. Et puis on s'étonne parfois de voir la ruine s'abattre sur des familles riches, tandis que d'autres s'élèvent et acquièrent les premières places.

Si la femme n'a pas su dès l'âge le plus tendre donner à ses enfants le bon exemple, elle leur apprend, sans s'en douter, le moyen de dissiper les fortunes les mieux assises.

Plus encore : elle leur apprend à mépriser l'esprit de famille, car le mari qui ne voit dans son intérieur ni ordre ni propreté n'y peut trouver ni charme ni attrait ; il s'en va, il déserte le foyer domestique.

EXERCICE DE STYLE. — 59. Parallèle entre un ménage tenu avec ordre et propreté, et un ménage où règnent le désordre et la malpropreté.

Amour du travail.

> « Malheureux celui qui ne connaît pas le charme du travail, il ne connaîtra que trop tôt le dégoût des plaisirs. »
>
> De Lévis.

Nous sommes tous nés pour le travail; l'inaction et l'oisiveté ne sont pas dans notre nature. Bien plus, l'action est nécessaire à notre existence, de telle sorte que le travail, qui est une des joies de l'homme, est aussi pour lui un instrument de bonheur et de santé.

L'inaction engendre le dégoût, l'ennui, qui dégénèrent en mélancolie, et celle-ci produit le *spleen*. Une personne inoccupée, indolente, devient triste, maussade, égoïste; mécontente d'elle-même et des autres, elle traîne une existence maladive, inutile, et l'ennui qui la ronge est sa juste punition. Aimons donc le travail; il amène à sa suite santé, bonheur, richesse. Mais aimons surtout le travail si nous sommes appelées à diriger un jour une maison.

On ne saurait être une bonne maîtresse de maison si l'on ne connaissait le prix du temps, si l'on n'aimait à l'employer utilement, en un mot si l'on n'avait le goût du travail. N'oublions pas que, pour bien commander, il faut savoir comment s'exécute ce que l'on commande. Afin de vous mettre en état de diriger plus tard votre maison, aimez à être occupée; appliquez-vous à tous les ouvrages communs à notre sexe, ne demeurez étrangère à rien de ce qui constitue l'économie domestique; partagez dès à présent les soins du ménage avec votre mère. Mettez la main à tout, voire même à la marmite, au cuvier : la théorie ne suffit pas en fait de ménage, il faut y joindre la pratique. Et ne trouvez pas ces occupations au-dessous de votre dignité, de votre *rang*. Il n'y a pas de honte à s'occuper de ces humbles détails d'intérieur; bien loin de s'abaisser, la femme qui comprend vraiment son rôle de maîtresse de maison et qui se fait gloire de son titre de femme de ménage est celle qui mérite des éloges à tous égards.

Que faisait, en effet, la femme à qui la Bible a décerné le glorieux titre de *femme forte?* « Levée avant le jour, elle pourvoyait à tout dans la maison, avait l'œil sur toutes choses, veillait sur la conduite de ses domestiques; ses doigts ne méprisaient ni le fuseau, c'est-à-dire les ouvrages manuels, ni les travaux plus rudes; elle gagnait sa vie par son travail, dans sa propre maison, au milieu de ses biens mêmes. »

D'ailleurs, la maîtresse de maison doit l'exemple du travail à tout son monde. Elle se fera ouvrière au milieu des ouvrières qu'elle occupe; son goût dirigera le leur; son activité stimulera leur indolence; elle leur montrera à faire mieux et plus vite en faisant devant elles vite et bien. Ceux qui la voient vive, agissante, ne craindront pas la besogne, n'oseront se livrer à la paresse en présence d'une maîtresse si laborieuse. La mère doit toujours être en droit de dire aux enfants, la maîtresse aux domestiques : Me voyez-vous les bras croisés? Et cette leçon est plus efficace que tous les conseils ou les reproches.

EXERCICE DE STYLE. — 60. Expliquez le sens de cette maxime : « Le travail à l'homme nécessaire fait son bonheur plutôt que sa misère. »

LECTURE.

Vive labeur!

Sur la porte de la maison qu'habitait Jeanne d'Arc, à Domremy, on lit l'inscription suivante, placée en 1441 et conservée jusqu'à ce jour : *Vive labeur!* Cet hommage rendu au travail, le seul peut-être de ce genre qui existe, ne pouvait être mieux placé que sur ce modeste monument devenu national et consacré à l'héroïsme des sentiments patriotiques.

> Le travail de nos jours fait le charme et la gloire,
> Au lieu que l'indolence est mère de l'ennui ;
> Elle amène à sa suite indigence, humeur noire ;
> L'aisance, la santé ne viennent que de lui !

Exercice de style. — 61. La fainéantise use plus que le travail. Joignez une anecdote à vos conseils.

LECTURE.

Proverbes du ménage.

Travail :

1. L'habit rapiécé fait honneur à la femme de celui qui le porte.

2. Le travail, c'est le bon emploi du temps ; l'économie, c'est le bon emploi du salaire ou du revenu de la maison.

3. Celui qui ne se lève pas assez tôt est tout le jour en retard pour ce qu'il doit faire.

4. Un peu de travail et beaucoup de soins mettent le pain à la main.

5. Avec le temps, le travail et la patience, la feuille de mûrier devient satin.

6. La paresse est si lente, que la misère l'atteint vite.

7. Qui se lève tard, dîne tard.
Franklin.

8. A qui se lève matin,
   Dieu aide et prête main.

9. Dernier couché, premier debout,
   Doit être chaque maître partout.

10. Levez-vous dès le point du jour ; que le soleil, en regardant la terre, ne puisse pas dire : « Voilà un lâche qui sommeille. »

11. Un jour en vaut trois pour qui fait chaque chose en son temps.

12. Il faut faire vite ce qui ne presse pas, pour pouvoir faire lentement ce qui presse.

13. Le nécessaire ne manque jamais à l'homme laborieux; la faim regarde à sa porte, elle n'ose pas entrer.
Franklin.

14. On se lasse de tout, excepté du travail.
De Lévis.

15. Malheureux celui qui ne connaît pas le charme du travail, il ne connaîtra que trop tôt le dégoût des plaisirs.

CHAPITRE III

DE L'ÉCONOMIE

On a raison de dire que « *femme économe est un trésor* ». Tandis que la femme prodigue et dépensière gaspille une fortune, celle-ci, avec des ressources modiques, a mille moyens, emploie mille ruses non seulement pour éloigner la misère de son foyer, mais encore pour y entretenir une aisance relative.

La femme économe connaît le prix du temps et des choses; elle est active, elle confectionne et entretient elle-même ses vêtements, ceux des enfants, voire même ceux de son mari, et, si elle n'est pas riche, elle est aussi un peu modiste, un peu repasseuse, un peu blanchisseuse, et évite par là des journées d'ouvriers, des façons de couturières, si exorbitantes aujourd'hui.

La femme économe est prévoyante; l'avenir la préoccupe autant que le présent. Tout en surveillant, en faisant la besogne du jour, elle pense à celle des jours qui suivront, et le soir elle n'oublie pas d'indiquer à chacun son travail du lendemain. La maladie, les accidents, le chômage sont également prévus, et les dépenses nécessitées par ces circonstances fâcheuses ne la prennent pas au dépourvu.

Semblable à l'abeille, la femme économe fait ses provisions, et sait les faire en temps opportun, c'est-à-dire quand les denrées sont au plus bas prix ou dans la saison qui leur convient. De plus, elle fait elle-même ses achats, et elle paye toujours comptant, sachant bien que le crédit est une source de tentations dont il faut se défier, et que payer ses dettes c'est s'enrichir.

Les meubles, parce qu'ils sont toujours propres et bien entretenus, n'ont pas besoin de réparations fréquentes et coûteuses.

Par l'esprit d'ordre et de prévoyance de la ménagère, rien n'est perdu dans la maison; tout y trouve sa place et son emploi, le plus simple morceau de bois comme la moindre loque d'étoffe. Au lieu de laisser perdre les chiffons ou de les jeter comme tant d'autres, la femme économe en tire parti. Elle les taille, les assemble avec goût et symétrie, et les transforme en de charmants tapis, qui donneront à sa modeste chambre un petit air confortable, et cela sans les moindres frais.

C'est surtout en réfléchissant, en combinant, en ne trouvant rien de trop petit en fait d'économie, qu'une bonne ménagère fait des prodiges. Elle se souvient que les petits ruisseaux font les grandes rivières; elle évite le gaspillage même des petites choses; mais elle n'est pas avare, elle fait largement les dépenses nécessaires; elle ne lésine pas surtout pour la nourriture, pas plus pour celle des domestiques ou des gens qu'elle emploie que pour la sienne propre et celle de sa famille.

Au moyen de ces petites vertus et de beaucoup d'autres dont elle a le secret, la ménagère économe fait une foule d'économies qu'une femme qui n'entre pas dans les petits détails ne soupçonne même pas, et avec le revenu le plus restreint elle parviendra à équilibrer son budget, à joindre largement les deux bouts à la fin de l'année.

EXERCICE DE STYLE. — 62. Développez le sens de ce proverbe :
« Femme économe est un trésor. »

LECTURE.

Comment on fait des économies.

« Je jouissais d'une certaine aisance à l'époque où, libre de mes actions, j'entrai en ménage.

« Ma petite fortune s'augmenta de celle de ma femme, et la vie parut se dérouler devant nous toute rose et toute riante.

« Nous étions heureux tous les deux; nous travaillions avec un entrain qui aurait dû multiplier nos richesses; cependant, quand venaient les fins d'année, nous ne parvenions que difficilement à commencer l'année nouvelle sans faire des dettes.

« Il y avait près de nous un ouvrier à peu près de notre âge, marié depuis peu, lui aussi, et ô venu, par suite de relations de voisinage, un intime ami de la maison.

« Il ne travaillait pas plus que je ne travaillais, il avait des revenus moins considérables que les miens, et chaque année, je le savais, il mettait de côté trois à quatre cents francs.

« — Je ne sais pas comment s'y prend Georges, dit un jour ma femme.

« — Sans doute il économise plus que nous. Aurais-tu le courage de faire comme lui, ma chère amie?

« Le dimanche suivant, nous allâmes faire une visite à Georges, et nous amenâmes la conversation sur l'économie.

« — Nous retranchons beaucoup sur notre dépense de table, dit Mme Georges. Les temps sont durs, tout est cher, mais on s'arrange; nous mangeons tant que nous avons faim, et, si les mets ne flattent pas beaucoup le palais, ils font du bien à l'estomac.

» Déjà, depuis longtemps, nous ne prenons plus de café le matin, une soupe copieuse nous suffit, et nous nous portons à merveille. Le café et le sucre sont devenus hors de prix, tandis que notre soupe n'est pas plus chère dans un temps que dans un autre.

» Au dîner, je sers des légumes et de la viande; au souper, un potage et de la viande froide. Nous n'ajoutons un troisième plat et un dessert que les dimanches et les jours de fête.

» Nous buvons rarement le vin pur, et nous entretenons ainsi notre santé et notre bonne humeur sans jamais attendre notre dernière pièce de monnaie.

» Les morceaux les plus délicats ne sont pas aussi savoureux que sont amères les craintes d'être obligé de faire des dettes. »

« Quand nous revînmes à la maison, ma femme me dit :

« — C'est fort bien, nous pouvons certainement épargner quelque chose ; mais se nourrir si pauvrement, c'est ne point vivre. Essayons, et d'abord un plat de moins à dîner, un dessert de moins à chaque repas, puis nous verrons.

« Cette sage résolution fut exécutée, et d'autres petites économies furent ajoutées à celles-là ; mais, hélas ! nous fûmes encore sur le point d'emprunter, et Georges, à la fin de l'année, mit encore de côté trois à quatre cents francs.

« — Je ne sais pas comment il s'y prend, disait ma femme.

« — Sans doute il économise plus que nous. Aurais-tu le courage de faire comme lui, ma chère amie ? »

« Nous fîmes une autre visite, et nous parlâmes de ménage.

« — Mon Dieu, dit Mme Georges, on a beaucoup de peine, c'est vrai, les journées sont courtes, mais on s'arrange.

» Chaque chose se fait à une heure fixe : à cinq heures, on se lève ; à sept heures, on mange la soupe ; à midi, on se met à table ; à sept heures du soir, on soupe ; à neuf heures, on se couche. C'est en été comme en hiver.

» Il est incroyable, ma voisine, combien de travaux on peut achever entre deux nuits, quand on aime à s'occuper et quand on règle d'avance le temps qui doit être employé à chaque affaire.

» En outre, nous sommes très sévères sur ce qui est de l'ordre et de l'arrangement.

» Autour de nous, rien ne s'égare, car il n'est rien qui n'ait sa place marquée ; aussi on ne perd ni quarts d'heure, ni minutes à chercher des clefs, des ciseaux et autres choses.

» Je suis sûre de pouvoir trouver dans l'obscurité jusqu'à une épingle ou une aiguille.

» De cette manière, j'ai toujours assez de loisirs ; si je m'ennuie, je fais des habits pour les enfants, et je n'ai besoin ni de bonne ni de couturière. »

« Nous rentrâmes chez nous.

« — Souviens-toi du lever matin et des clefs qu'on trouve quand on les veut, dis-je à ma femme. »

« Elle me comprit. Pendant quelque temps, tout se fit à la maison avec ordre, et l'on eut soin de consulter souvent la pendule. Les petits coins s'approprièrent, mais peu à peu il fallut recommencer à chercher les clefs. L'abondance ne vint pas; pourtant Georges, à la fin de l'année, mit de côté trois à quatre cents francs.

« — Je ne sais pas comme il s'y prend, disait ma femme.

« — Sans doute il économise plus que nous. Allons encore le voir. »

« Ce fut à lui que nous demandâmes directement comment il pouvait aussi bien faire aller sa maison, même avec l'augmentation continue du prix des denrées.

« — C'est bien simple, répondit-il; ce que l'on perd d'un côté, on le gagne de l'autre.

» Autrefois je sortais le soir pour jouer avec mes amis; ma femme rendait quelques visites et de temps en temps invitait deux ou trois personnes à dîner. Maintenant nous restons chez nous. Est-il une compagnie plus douce que celle de sa famille?

» Nous avons compris que les jeux avec les enfants et les vieillards, faits les soirs d'hiver autour du foyer, et les promenades ensemble dans la belle saison, ont un charme que n'avaient jamais nos parties de plaisir du dehors.

» Nous nous fêtons mutuellement, et chaque membre de la famille, depuis le plus petit bambin jusqu'à la vieille grand'mère, nous donne un jour de fête et un superbe régal.

» Et tout cela nous procure plus de joie et nous occasionne moins de dépenses que les robes neuves, les châles et les dentelles qu'exigeaient nos réceptions ou nos visites. »

« Nous rentrâmes au logis, décidés à suivre ces conseils.

« Et le lendemain j'écrivis en grosses lettres, dans notre chambre commune, ces mots, qui nous rappelaient les causes de prospérité de Georges : « *Travail, ordre, sobriété, amour de la vie de famille, persévérance.* »

TRADUIT DE L'ALLEMAND.

LECTURE.

L'économie n'est point avarice.

En détestant la fureur d'amasser,
Enfants, craignez aussi le défaut tout contraire,
   Car de trop dépenser
   Mène bientôt à la misère.
   Voulez-vous faire un jour du bien?
Songez, dès la jeunesse, à ne prodiguer rien.
   Le luxe, ainsi que l'indigence,
   Empêche d'exercer, hélas! la charité :
   Ce qu'on donne à la vanité
   Est perdu pour la bienfaisance.
Aimant fort à donner, mais pouvant donner peu,
   Un homme quêtait par la ville
Pour un parent dont les biens et l'asile
   Avaient été dévorés par le feu;
   Chacun oblige à sa manière.
   Mais, chose pour lui singulière !
   Tous ceux sur lesquels il comptait
   Ou rejetaient sa touchante prière,
Ou lui donnaient fort peu; chacun représentait
   De sa maison les frais immenses
   De ses valets, de ses chevaux
   Toutes les énormes dépenses;
D'une femme il fallait payer tous les joyaux,
   Pour cette autre faire une emplette,
   Du jeu surtout acquitter une dette,
   Si bien qu'il ne restait jamais
   Assez d'argent pour des bienfaits
   Dont l'âme eût été satisfaite.
Notre homme, désolé, frappe enfin au hasard
   A des maisons d'apparence chétive.
   Dans la dernière, il était déjà tard,
   Et qu'entend-il lorsqu'il arrive?
   Un maître grondant avec feu
   Une domestique étourdie,
   Qui se riait de son économie.

« Ah! de ce que je dis vous vous faites un jeu,
　　Vous sortirez d'ici, Marie,
　　Ou bien vous y suivrez mes lois ;
　　Quoi! vous voulez qu'une allumette
　　Ne serve qu'une seule fois,
　　« Lorsque pour deux fois elle est faite! »
　　Le monsieur qui faisait la quête
　　Soupire et dit : « Dans sa maison,
　　Eh, mon Dieu! que pourrai-je faire?
　　Cet homme n'est qu'un Harpagon ;
Il va me renvoyer sans doute avec colère. »
　　Or, en tremblant, il expose l'affaire.
　　« Je puis vous offrir dix écus,
Dit l'autre ; les voici ; je n'ai que peu d'aisance ;
　　Sans cela, je ferais bien plus
　　Pour empêcher d'un voisin l'indigence.
　　— Quoi! monsieur, quelle bienfaisance!
　　Je dois l'avouer, un instant
　　Je n'ai point eu cette espérance.
　　Je vous croyais bien différent....
　　— Vous m'avez entendu?
　　Sachez le secret de ma vie ;
Aimant sur l'indigence à verser mes bienfaits,
Il me faut, pour goûter des plaisirs si parfaits,
　　Recourir *à l'économie.* »
　　　　　　　　　　　Mme Manceau.

Exercice de style. *Récapitulation.* — 63. Il n'est point ici-bas de moissons sans culture. — 64. Expliquez et développez cette maxime : « Une ruche est une école où l'homme pourrait prendre bien des leçons. » — 65. Parallèle entre l'homme économe et l'avare. — 66. Faites le portrait d'une jeune fille soigneuse. — 67. De la malpropreté. — 68. En quoi consiste l'économie? Montrez que cette vertu est nécessaire à tout le monde.

LECTURE.

Le secret de Catherine II.

Sémiramis du Nord, la fière Catherine,
Fit au loin respecter le titre de czarine,

Arrêta les Anglais, battit les Ottomans,
Encouragea les arts, fonda des monuments,
Et d'un éclat nouveau décora sa puissance.
« Mais à quel art magique, ignoré dans les cours,
Il faut, lui disait-on, que vous ayez recours?
Comment soutenez-vous tant de magnificence?
— Comment? de mes moyens chacun a connaissance,
Dit-elle; mon secret, *c'est de compter toujours.* »
Ce mot, en lettres d'or, mérite qu'on l'affiche.
Barême est un bon livre; il sert tous les états.
Qu'on soit dans un palais ou dans un galetas,
Il faut compter, partout où le destin nous niche :
Qui ne sait pas compter ne sera jamais riche;
Qui sait compter, du moins, ne s'appauvrira pas.
   O toi, qui tiens ménage,
   Retiens bien ma leçon :
   Réparer un dommage
   Ne ruine la maison;
Mais dépense en plaisirs petite et journalière
Tout doucement vous mène à la ruine entière.
       FRANÇOIS DE NEUFCHATEAU.

EXERCICE DE STYLE. — Expliquez ce proverbe : 69. « Qui ne sait pas compter ne sera jamais riche. »

LECTURE.

Proverbes du ménage.

Prévoyance, Économie :

1. Bonne épargne dans la jeunesse
  Se retrouve dans la vieillesse.

2. Un livret à la caisse d'épargne est un certificat de bonne conduite.

3. Une disette que l'on prévoit, on l'empêche.

4. Il vaut mieux raccommoder un jour que de filer un an.

5. Sans l'économie, il n'y a point de richesses assez grandes; avec elle, il n'y en a pas de trop petites.
       SÉNÈQUE.

6. Femme économe est un trésor, et femme alerte vaut son pesant d'or.

7. Une chose inutile est trop chère quand elle ne coûterait qu'une bagatelle.

8. Mauvaise marchandise n'est jamais *bon marché*.

9. Un petit trou à la barrique, et le vin est à bas ;
Un petit gaspillage à la maison, richesse s'en va.
Franklin.

10. L'économie nous met en état de faire l'aumône, et c'est là le motif qui nous la doit faire aimer.
Mme de Maintenon.

11. A force de prendre dans la huche et de n'y rien mettre, on en voit bientôt le fond.

12. Maison à réception,
Maison à consomption.

13. Les grandes maisons se font par les petites cuisines.

14. Grasse cuisine
A pauvreté pour voisine.

15. Cuisine grasse,
Testament maigre.
Franklin.

16. Celui qui ne sait pas aussi bien épargner que gagner, travaillera en vain ; il ne laissera rien à sa mort.
Idem.

17. Petite somme répétée souvent forme une grosse somme.
Idem.

18. Il ne faut qu'une petite voie d'eau pour faire couler un vaisseau.
Idem.

19. Il est plus facile de construire deux cheminées que d'en chauffer une.
Idem.

20. Allez vous coucher sans manger plutôt que de vous lever avec des dettes.
Idem.

21. Regarder de trop près mène à double dépense.

22. Il ne faut pas mettre trop de viande à la broche.
Proverbe espagnol.

23. Qui paye ses dettes s'enrichit.

24. Un jour en vaut deux
Pour qui fait chaque chose en son lieu.
Franklin.

Exercice de style. — 70. Expliquez ce proverbe : « Un livret à la caisse d'épargne est un certificat de bonne conduite. »

De la mémoire.

Il peut paraître singulier que nous comptions la *mémoire* parmi les qualités essentielles qui font la bonne ménagère. C'est que, sans la mémoire, il n'est pas de succès possible dans la direction d'une maison. L'expérience est là pour nous l'apprendre.

Le caractère propre de la science du ménage, c'est de renfermer une foule de notions particulières, indépendantes les unes des autres en apparence, mais qui se réunissent toutes dans l'intérêt de l'administration domestique. Plus la ménagère retient de ces notions et les classe fidèlement, plus elle obtient de résultats dans la pratique.

Elle a besoin de classer fidèlement ses souvenirs; et, en effet, la mémoire qui lui est si utile n'est pas cette mémoire inerte et passive qui reçoit les impressions et les conserve sans ordre, mais au contraire cette mémoire soutenue par la volonté, éclairée par le jugement, qui renferme comme sous une garde sûre tous les matériaux d'une sage conduite.

Est-il nécessaire de faire ressortir les avantages que la ménagère retirera d'une bonne mémoire?

Comment pourra-t-elle retenir le prix de ces mille objets qu'elle est obligée d'acheter soit pour la cuisine, soit pour le mobilier ou les vêtements de la famille, si elle n'a pas une bonne mémoire? Que de pertes seront la conséquence de son incertitude!

Supposons la ménagère occupée des provisions. L'expérience lui apprend chaque jour que certains achats se font avec plus d'avantage chez un marchand que chez un autre; elle y pense avant le temps d'acheter, mais au moment d'agir elle oublie, elle va se procurer de seconde main ce qu'elle aurait eu de premier choix.

Elle est mécontente d'un de ses fournisseurs; elle sent qu'il faut donner une leçon en personne, si elle veut être mieux servie. Elle y songe chaque soir; mais elle l'oublie chaque matin. Qu'en résulte-t-il? Toute la famille continue à souffrir d'une fourniture peu convenable. Grâce à son défaut de mémoire, on mange chez elle un pain brûlé ou mal cuit, une viande de mauvaise qualité.

Je sais bien qu'on dit que la ménagère peut suppléer au manque de mémoire par son carnet. Rien de plus nécessaire, en effet, que l'usage des livrets; mais que de fois n'arrive-t-il pas, au milieu d'occupations multiples, que la ménagère ne trouve pas le temps d'inscrire les objets, et qu'elle est réduite à remettre ses écritures au soir ou au lendemain. Il lui est impossible de retrouver alors tous ses souvenirs; de là des pertes inévitables.

Lorsqu'une maîtresse de maison a de la mémoire (et l'expérience apprend qu'elle peut, jusqu'à un certain point, se la donner par l'exercice de la volonté), tout marche chez elle avec ordre et exactitude. Lorsque ces deux qualités existent, la mémoire en assure les effets. Eussiez-vous des domestiques oublieux, s'ils s'aperçoivent qu'aucun souvenir ne vous échappe, ne craignez pas qu'ils gardent longtemps ce défaut.

Au moment d'omettre quelque détail de leur service, de laisser échapper quelqu'une de vos recommandations, ils seront avertis par une vague inquiétude.

Leur mémoire paresseuse redoutera la vôtre, et ils chercheront à se rappeler. Pensez-vous qu'avec une maîtresse oublieuse et négligente ils se seraient donné la peine de fatiguer leur cerveau? Ils auraient pris gaiement leur parti d'un oubli passé en habitude. Ils se seraient consolés à merveille du tort que leur défaut de mémoire pouvait faire à la maison qui les nourrit. Ainsi la mémoire de la bonne ménagère tient en éveil celle des gens de service, et ils oublieront peu de chose s'ils croient que leur maîtresse ne peut rien oublier.

Une mémoire exercée et intelligente est donc indispensable à une maîtresse de maison, et chacune peut l'acquérir. Avec de la volonté et de l'attention, toute ménagère peut réussir à avoir une bonne mémoire. Il suffit de le vouloir sérieusement pour que cette qualité devienne une habitude.

EXERCICE DE STYLE. — 71. Une de vos sœurs a l'habitude d'être *oublieuse*. Vous lui écrivez pour lui faire comprendre les inconvénients graves attachés à ce défaut et lui montrer comment elle peut s'en corriger.

LECTURE.

Comment on embrouille et comment on aide la mémoire.

« Babet, dit la femme d'un marchand à sa servante, il faut aller au marché pour acheter diverses choses dont nous avons besoin.

— Oui, madame.

— Mais, ma chère, vous avez une si mauvaise mémoire, que, si l'on vous donne seulement deux ou trois choses à faire, on peut être sûr que vous en oublierez au moins une. Tâchez donc, cette fois, de bien vous rappeler ce qu'il me faut. Vous avez tant de bonnes qualités, vous êtes si propre et si soigneuse, que je ne voudrais pas vous renvoyer; mais votre oubli est insupportable.

— C'est vrai, madame, mais ce n'est pas ma faute si Dieu m'a donné une mauvaise mémoire.

— Ecoutez-moi, il faut des choux, du lard, du poivre et du fromage pour le dîner.

— Oui, madame, des choux, du lard, du poivre et du fromage pour le dîner.

— Des poireaux et des carottes pour la soupe, ne les oubliez pas.

— Non, madame, des poireaux et des carottes pour la soupe.

— Une épaule de mouton, une livre de chocolat, une livre de café, six livres de sucre; mais n'oubliez pas le sucre, Babet, car nous n'en avons plus un seul morceau à la maison.

— Non, madame, je n'oublierai pas le sucre.

— Souvenez-vous aussi de passer chez la mercière, et dites-lui de m'envoyer du calicot pour doublure, du fil noir et une pièce de ruban de fil étroit.

— Oui, madame.

— Attendez, Babet, vous ferez bien de dire à l'épicier de vous donner un pot de gelée de groseille. »

Pendant cet entretien, le marchand a paru occupé à inscrire ses comptes sur son registre; mais, en réalité, il a écouté attentivement ce qui se disait.

Il a son opinion au sujet de la mauvaise mémoire de Babet; il sent bien que ses aveux ne renferment aucune promesse d'amendement pour l'avenir, et il comprend que ce n'est pas tout à fait de sa faute si elle oublie une partie des choses.

« Venez, dit-il à Babet, lorsque sa femme a quitté la boutique, venez ici, et voyons si je ne pourrai pas obtenir que vous vous rappeliez ce que vous avez à apporter du marché.

— Bien, monsieur, il faut du sucre et du chocolat, une épaule de mouton, du café... du café... voyons, et....

— Ma pauvre fille, ce n'est pas ainsi qu'il faut s'y prendre. Il faut réunir les choses en plusieurs points, comme M. le curé fait dans ses sermons; autrement, vous ne vous les rappelleriez jamais. Il me semble que, pour aujourd'hui, vous aurez à songer à trois choses : 1° le déjeuner; 2° le dîner; 3° la mercière. — 1° Qu'aurez-vous à rapporter pour le déjeuner?

— Du sucre, du chocolat, du café et un pot de gelée de groseille, que je prendrai chez l'épicier.

— 2° Que vous faut-il pour le dîner?

— Il y a la soupe, le rôti, le ragoût et le dessert.

— Bien; voyons maintenant ce qu'il vous faut pour chaque chose?

— D'abord les poireaux et les carottes pour la soupe; l'épaule de mouton pour le rôti; les choux, le lard et le poivre pour le ragoût et le fromage pour le dessert.

— Très bien. Où prendrez-vous chaque chose?

— Le mouton et le lard chez le boucher; les choux, les poireaux, les carottes au marché; le poivre et le fromage chez l'épicier.

— Mais n'avez-vous pas quelque chose à prendre chez l'épicier pour le déjeuner?

— Oui, monsieur, du sucre, du chocolat, du café, et, en outre, j'ai à prendre un pot de gelée de groseille, de sorte que..... voyons.... j'ai six choses à prendre chez l'épicier.

— Très bien, Babet, vous comprenez bien les choses. Maintenant, quand vous irez chez l'épicier, supposez votre déjeuner d'un côté du comptoir, et votre dîner de l'autre, passez en revue tous les articles, et voyez si vous n'en oubliez pas.

— Oh! monsieur; c'est parfait, cela. Je suis sûre que je n'oublierai rien aujourd'hui.

— 3° Maintenant, nous avons la mercière. Que lui direz-vous d'apporter?

— Le calicot, le fil, le ruban.

— C'est bien, Babet; allez, et souvenez-vous que je porte un grand intérêt à votre succès. »

« Vous voilà, Babet, dit la maîtresse à son retour.

— Oui, madame.

— Mais avez-vous bien tout apporté aujourd'hui? Voyons : le sucre, le chocolat, le café, les poireaux. Quel miracle que vous n'ayez rien oublié cette fois!

— Babet, dit son maître, je suis heureux de voir que vous êtes une écolière intelligente, et je crois que, si vous voulez toujours essayer de mettre de l'ordre dans ce que vous avez à faire, de la manière dont vous vous y êtes prise aujourd'hui, vous pouvez peu à peu égaler notre instituteur pour la mémoire, et l'on dit qu'il est en état de répéter tout le catéchisme, en commençant par la fin.

— Je vous suis bien reconnaissante, monsieur, et je tâcherai de faire toujours comme vous m'avez montré aujourd'hui.

— Souvenez-vous aussi, mon enfant, de ne jamais blâmer votre Créateur pour les défauts qui ne tiennent qu'à votre négligence; tâchez au contraire de perfectionner les talents que vous avez reçus de lui, et je ne serais pas du tout surpris si vous vous rendiez capable de devenir un jour la femme d'un bon fermier. » Loubens.

De la nécessité du calcul de tête.

Si le jugement et la mémoire sont nécessaires à la ménagère, elle doit posséder également le talent de calculer rapidement de tête. Ce sont là trois qualités dont l'une ne peut pas exister sans l'autre.

L'habitude du calcul mental est nécessaire à toutes les personnes, dans quelque condition qu'elles se trouvent; mais, en examinant bien les divers besoins de la vie, on verra que les femmes ont bien plus besoin du calcul oral que du calcul écrit, et que le premier est pour elles une connaissance de première nécessité.

« C'est un grand service à rendre aux jeunes filles, pour leur avenir, dit Mme Campan, que de les accoutumer, par des pratiques simples, à calculer sans plume. » Malheureusement cette habitude fait défaut à beaucoup de dames. Qui n'a été témoin de la facilité avec laquelle des personnes ne sachant ni lire ni écrire résolvent de tête des problèmes assez difficiles, tandis que des dames qui ont reçu de l'instruction ne le peuvent pas et sont obligées de recourir à la plume ou au crayon?

Que de fois des femmes, des dames du monde, dans un magasin ou chez un fournisseur, se trouvent embarrassées lorsque, le quart d'heure de Rabelais arrivé, il faut solder l'achat! On cherche d'abord, non son argent dans sa poche, comme le spirituel Tourangeau, car on l'a dans la main, mais on cherche le *total;* puis, ne le trouvant pas assez vite, on rougit, on se trouble, et l'on prononce enfin la phrase suivante :

« *Combien est-ce? combien vous dois-je?* »

Vous pourrez faire chaque jour les mêmes remarques au marché, où l'on voit des marchandes de légumes complètement illettrées calculer rapidement de tête et trouver en quelques secondes un total pour lequel il faut un crayon et un carnet à des dames. On peut entendre parfois de simples paysannes rire de leurs riches clientes et dire : « Voyez des dames qui ont été pendant cinq ou six ans dans de grands pensionnats, et elles ne savent pas même calculer. Et moi, pauvre femme qui ne sait pas lire, je suis obligée de leur faire leurs comptes. »

Vous ne voudriez pas, mesdemoiselles, vous exposer à cette humiliation. Habituez-vous donc dès votre jeune âge à calculer de tête. Avec un peu de bonne volonté et d'exercice, vous acquerrez bientôt une grande facilité.

A la campagne, c'est la femme qui tient la comptabilité de la maison, c'est elle qui fait les achats, les ventes au marché, à la halle; c'est elle qui fait toutes les emplettes. Or, pour ne rien perdre ou ne pas être trompée, il faut qu'elle connaisse la valeur réelle de chaque objet, le moyen de tirer le meilleur parti de tous les produits. Comment pourra-t-elle le faire si elle ne sait pas calculer rapidement et trouver instantanément la réponse? Il en est de même de toute maîtresse de maison en général; sans cette connaissance, elle sera exposée à se tromper fréquemment dans ses achats et ses ventes. Souvent, il n'y a pas à chercher plus loin la cause de la ruine de certaines maisons.

Le calcul écrit ne doit pas être négligé pour cela. Il semble, pour certaines jeunes filles, que l'arithmétique ne doive s'acquérir que le plus tard possible; c'est la partie négligée: on a toujours le temps de s'en occuper. Aussi qu'arrive-t-il: c'est que les jeunes personnes qui n'ont pas été habituées de bonne heure à manier les chiffres ont une antipathie très prononcée pour le calcul; on dirait que l'arithmétique n'est pas de leur compétence; c'est leur *bête noire*. Et plus tard, lorsqu'elles seront à la tête d'une comptabilité assez importante comme ménagères, c'est un véritable ennui, un cauchemar pour elles, que d'être obligées de passer tous les jours quelques instants avec les chiffres.

Il est encore bien peu de fermes en France où une comptabilité régulière soit établie. Toutes les personnes compétentes déclarent que c'est là le plus grand obstacle aux progrès de l'agriculture. Tout cela provient de ce que les jeunes filles ne sont pas exercées suffisamment à la comptabilité ni à l'arithmétique.

Habituez-vous donc de bonne heure au *calcul oral*; familiarisez-vous avec l'*arithmétique*, et vous verrez que ces branches offrent moins de difficultés qu'on ne le croit généralement.

Exercice de style. — 72. De la nécessité pour tout le monde de savoir calculer de tête.

LECTURE.

Les talents ne sont pas incompatibles avec les soins du ménage.

« Bien dirigée dans son éducation, dit Mme Campan, une jeune personne peut joindre des talents agréables à la pratique des modestes devoirs de maîtresse de maison. Les talents acquièrent même une certaine valeur quand elle les possède sans orgueil, n'y sacrifie aucun devoir, aucune bienséance, les considère simplement comme un ornement ajouté à des qualités essentielles, et n'y voit qu'un moyen de jeter quelque charme sur la vie de famille.

« J'ai connu une jeune fille de dix-huit ans, s'exprimant en allemand et en anglais aussi bien que dans sa propre langue; d'une grande force sur le piano; possédant surtout le véritable talent en musique, celui de déchiffrer à livre ouvert; peignant à l'huile la tête et le paysage d'après nature; ayant la plus grande adresse dans les ouvrages manuels, depuis la simple couture jusqu'à l'art des fleurs artificielles; ayant le même goût pour les humbles occupations du ménage;

l'été à la campagne faisant les fromages, les compotes, les pâtisseries, s'occupant des détails de la basse-cour, parcourant les fermes, s'instruisant de la culture des terres, visitant les pauvres du village, les secourant et les soignant quand ils étaient malades.

« Le soir, elle animait les réunions du salon par des lectures faites avec le rare talent de bien lire, en chantant avec goût des romances, ou bien en faisant danser ses jeunes amies au son du piano.

« Une piété solide, une modestie charmante, un caractère gai et serviable accompagnaient tant d'avantages, dus à une éducation soignée. »

« L'expérience apprend, dit avec beaucoup de vérité Mme Hippeau dans ses conférences sur l'économie domestique, qu'il y a une liaison intime et une espèce de solidarité entre l'instruction et l'économie domestique qui enseigne aux femmes le moyen de faire servir toutes leurs connaissances à leur propre bonheur et à la prospérité de leur famille. On ne saurait donc trop combattre ce préjugé vulgaire que le développement intellectuel, la culture de l'esprit, l'élévation morale, détournent la jeune fille des devoirs que sa destinée lui impose, et trop démontrer que l'on peut allier sans peine les qualités sociales et les vertus privées.

« L'histoire nous dit en effet que cette charmante marquise de Sévigné, si spirituelle et si réellement savante, joignait aux grâces inimitables qui distinguent ses lettres justement admirées, d'autres qualités moins connues et non moins dignes d'être signalées.

« La même main qui écrivait ces lettres pleines d'imagination et de cœur savait au besoin rédiger des mémoires où étaient traitées les affaires les plus sérieuses et les plus prosaïques.

« Laissée veuve à l'âge de vingt-quatre ans, par un mari léger et prodigue, elle dut refaire la fortune de ses enfants, compromise par la gestion la plus déplorable. Elle sut calculer, épargner, placer avantageusement ses fonds, améliorer ses domaines et en tirer bon parti; en sorte que la femme la plus brillante et la plus spirituelle du xviie siècle fut en même temps une maîtresse de maison exemplaire et une des ménagères les plus habiles. »

EXERCICE DE STYLE. — 73. « Madame de Sévigné. »

Du jugement.

Il n'est pas rare de voir des personnes sourire des petites choses, des éléments un peu prosaïques qui composent un ménage; il n'est pas rare de les entendre professer cette opinion dédaigneuse qu'il suffit à une femme de connaitre en masse ses devoirs domestiques, et qu'elle n'a pas besoin d'étudier les détails de la science du ménage. Ne vous figurez pas que toutes ces choses se devinent ou s'apprennent tout naturellement par l'expérience. Rien n'est plus positif que le ménage; rien ne prête moins aux illusions romanesques et n'exige une science plus pratique.

C'est la position de la vie où doit triompher le jugement; et le jugement ne dédaigne aucun moyen d'apprécier la réalité à sa juste valeur.

Toutes les qualités que nous demandons à une bonne ménagère, et dont nous avons parcouru la liste, aboutissent au jugement.

C'est lui qui donne l'esprit d'ordre, qui le maintient invariable et le fait servir au bien de la maison.

C'est lui qui inspire l'exactitude et en fait sentir le prix, sans en permettre l'abus.

Il fait comprendre à la maîtresse de maison que, sans une propreté raisonnable, son intérieur sera déplaisant et paraîtra privé des ressources mêmes qu'il possède.

Il s'unit à la mémoire et en fait une arme puissante pour le maintien de l'ordre et la surveillance domestique.

La présence d'esprit n'est autre chose qu'un exercice rapide et habituel du jugement, appliqué aux circonstances délicates.

C'est le jugement qui conseille le travail et en perpétue l'amour, malgré les réclamations de la paresse naturelle.

Il veut que l'humeur reste égale, lors même que la patience est tentée par d'assez rudes attaques, et il persuade à la femme que son influence est tout entière dans l'esprit de conciliation, compatible avec une juste fermeté.

Il lui mesure dans les proportions convenables la vie sédentaire et la fréquentation du monde.

Enfin, il lui prêche avec succès une simplicité noble, une économie intelligente, une tenue de maison digne et approuvée de tous les gens sensés.

LECTURE.

Maximes. — Rien de trop.

Trop de repos nous engourdit,
Trop de fracas nous étourdit,
Trop de froideur est indolence,
Trop d'activité, turbulence,
Trop d'amour trouble la raison,
Trop de remède est un poison,
Trop de finesse est artifice,
Trop de rigueur est cruauté,
Trop d'audace, témérité,
Trop d'économie, avarice,
Trop de bien devient un fardeau,
Trop d'honneur est un esclavage,
Trop de plaisir mène au tombeau,
Trop d'esprit nous porte dommage,
Trop de confiance nous perd,
Trop de franchise nous dessert,
Trop de bonté devient faiblesse,
Trop de fierté devient hauteur,
Trop de complaisance, bassesse,
Trop de politesse, fadeur.

PANARD.

CHAPITRE IV

EMPLOI DE LA JOURNÉE D'UNE MAÎTRESSE DE MAISON

Il est bien établi que nous avons pris pour modèle une ménagère courageuse, qui a vraiment le désir de rendre sa famille heureuse, de remplir consciencieusement les devoirs que lui impose son rôle de maîtresse de maison. Nous n'avons pas en vue la femme indolente et coquette, qui se repose sur les domestiques pour les soins de ses enfants et de son ménage, et qui ne sait s'occuper que de sa toilette ou des plaisirs; cette dernière est indigne de porter le beau titre d'épouse et de mère de famille. Au lieu de faire le bonheur de ceux qui l'entourent, elle fait le désespoir de son mari et cause finalement, par sa négligence et son luxe, la ruine de sa maison. Contentons-nous de plaindre cette malheureuse femme, et occupons-nous de la première.

Celle-ci s'est tracé un plan de vie et le suit autant que possible, de sorte que toutes ses journées, ses heures sont réglées et bien remplies. La matinée est consacrée au ménage, aux achats, à la surveillance des domestiques, à l'éducation des enfants. Notre ménagère se lève toujours de bonne heure, afin de pouvoir s'assurer par elle-même que tout le monde est à son ouvrage. Après avoir demandé à Dieu de bénir la journée qui commence, elle verra si la cuisinière prépare le déjeuner et *fait* sa cuisine, si le domestique nettoie tout ce qui doit être nettoyé dès le matin (chambre de monsieur, salle à manger, corridors, escaliers, etc.), et si la femme de chambre est occupée utilement. Puis elle donnera ses ordres pour la journée, verra avec la cuisinière pour le menu du second déjeuner et du dîner, après avoir donné auparavant un coup d'œil au garde-manger, afin d'utiliser les restes du jour précédent.

Après le déjeuner, elle surveillera le départ des enfants pour l'école, ou s'occupera de leurs devoirs si elle les fait instruire chez elle. Puis elle vérifiera les dépenses de la veille et inscrira tous les comptes, soit du jour précédent, soit du matin même. Elle s'entendra ensuite avec la femme de chambre sur le linge raccommodé la veille et celui à faire dans la journée, puis fera l'inspection de la lingerie. Elle pourra ensuite voir toutes les personnes qui ont à lui parler, et la matinée se passera utilement jusqu'au second déjeuner.

L'après-dîner sera spécialement réservé aux devoirs sociaux, aux visites à faire ou à recevoir, à la promenade, aux courses nécessaires et ne peut par conséquent être réglé d'une manière aussi positive que la matinée. Il n'est cependant pas abandonné au gré du hasard et des circonstances; dans la vie d'une femme, tout doit être prévu et fixé à l'avance autant que possible. Si elle ne peut toujours suivre son règlement de vie à la lettre, du moins elle ne s'en écartera pas sans nécessité et jamais par caprice.

Notre maîtresse de maison consacrera aussi une journée par semaine, le samedi par exemple, à distribuer le linge pour toute la famille; elle tiendra un compte exact du nombre de draps, serviettes, nappes, essuie-mains, etc., qu'elle donne ainsi, et verra si le nombre revient exactement à la lessive ou rentre à l'armoire.

Pendant la soirée, la maîtresse de maison se donne encore à sa famille et à elle-même. L'ordre et la suite qu'elle met dans toutes ses occupations économisent son temps et lui permettent de consacrer quelques heures aux bonnes lectures, au perfectionnement de son instruction, qui, en élevant son intelligence au niveau de celle de son mari, la rendront plus capable de causer avec lui de ses affaires, de l'y aider même au besoin, et resserreront par conséquent les liens du foyer domestique ; ils lui donneront en outre le goût des conversations sérieuses, de sorte que son mari et ses amis ne s'ennuieront jamais dans son salon et ne la trouveront pas indifférente ou étrangère à ce qui les intéresse.

Si, pour une *cause urgente*, notre ménagère n'a pu achever ses comptes de la journée, elle ne se couchera pas sans les avoir terminés : elle a pour règle de conduite de se coucher tard lorsqu'on se sera levé tard. Après avoir donné ses ordres pour le lendemain matin et s'être assurée que tout le monde repose dans la maison, elle se mettra donc au secrétaire et apurera ses comptes. Voilà pour la femme riche.

La ménagère de condition plus modeste, qui doit se passer de servante, fait sa besogne elle-même en procédant avec le même ordre pour le temps et pour les occupations. Chaque instant est employé et l'est utilement.

L'ouvrière, qui est réduite à travailler au dehors pour augmenter les revenus de la famille, ne néglige pas pour cela l'entretien de son ménage : tout y est propre et rangé, les repas toujours servis à point, les enfants bien tenus.

Si nous lui demandons son secret, elle nous répondra qu'elle se lève matin pour faire son ménage avant de se rendre à l'atelier, qu'elle apprête le repas d'avance, et qu'elle veille le soir pour raccommoder les vêtements de son mari et de ses enfants.

Courage et travail : voilà sa devise; qu'elle devienne la vôtre, chères lectrices.

Exercice de style. — 74. Développez, à l'aide d'un ou de plusieurs exemples que vous avez vus ou que vous imaginez, ce conseil : « Ne renvoyez pas à demain ce que vous pouvez faire aujourd'hui. »

LECTURE.

Les conseils de ma grand'mère.

« Tous les jours, chère Lucile,
Souviens-toi que l'Évangile
Dit « que dès le grand matin
La femme forte est levée;
Que, par son habile main,
Sa maison bien dirigée
Offre partout à notre œil enchanté
L'aspect de l'ordre et de la propreté.
Sur son front la gaieté brille,
La paix habite son cœur. »
Prends ce modèle, ma fille,
Pour arriver au bonheur.
Laisse les femmes futiles
Passer des jours inutiles,
Se parer de leurs travers,
Prendre la vie à revers,
Se coucher quand vient l'aurore,
Se lever presque à la nuit,
Et préférer le vain bruit
Que dans le monde on décore
Du nom charmant de plaisir,
A la conduite réglée,
Par la raison ordonnée
Qui nous permet d'acquérir
L'habitude de bien faire,
Les talents qui savent plaire,
Les vertus qui font chérir. »

Ainsi parlait ma grand'mère;
Et j'en ai bon souvenir.

Car dès lors, avec mon frère,
Voulant suivre ce conseil,
Nous prîmes pour habitude,
Que le temps fût doux ou rude,
De voir lever le soleil.....
Depuis ce temps, de bien longues années
Ont déroulé leurs jours pour moi;
J'ai toujours suivi cette loi,
Et mes plus doux instants, mes heures préférées,
Que je consacre au travail matinal,
Me font vous dire : « Enfants, c'est un point capital
Pour le bonheur d'éviter la mollesse
Dès la première jeunesse.
Levez-vous donc de grand matin,
Vous gagnerez des biens immenses :
La bonne humeur, un corps robuste et sain,
Et d'un esprit actif les pures jouissances.
Mme Zélie Carrère

Exercice de style. — 75. Expliquez ce proverbe : « L'aurore est ami des Muses. » — 76. Des avantages de se lever matin.

Proverbes expliqués.

1. *Petite cuisine fait grande maison.* — Le roi Charles V, contemplait un jour la maison d'un de ses maîtres d'hôtel, qui était belle et de grande étendue, mais dont la cuisine était fort petite; comme le roi lui en demandait la raison : « Sire, lui répondit-il, ma petite cuisine est ce qui a fait ma maison grande. »

2. *La femme fait la maison.* — Tout irait mal dans une maison sans la femme, la femme sensée bien entendu. C'est elle qui en est vraiment le génie tutélaire et qui en fait la prospérité, en y établissant l'ordre moral et matériel par sa sagesse, par sa surveillance, par son application aux détails du ménage et par une foule de soins que le mari ne saurait prendre aussi bien qu'elle.

Ce proverbe, auquel on ajoute souvent une contre-partie, en disant que *la femme fait ou défait la maison*, existe depuis les temps les plus reculés. Il se retrouve dans les paroles suivantes de Salomon : « La femme sage bâtit sa maison ; l'insensée détruira de ses mains celle même qui était déjà bâtie. »

3. *La bonne femme n'est jamais oisive.* — Si elle l'était, elle ne serait pas la bonne femme, c'est-à-dire celle qui se dévoue à la pratique de tous ses devoirs, avec lesquels l'oisiveté, *mère des vices*, est incompatible ; car, suivant une maxime de Pythagore, « le phénix est une femme oisive et sage à la fois. »

4. *Une femme et un poêle ne doivent pas bouger de la maison.* — Ce proverbe allemand veut dire que les femmes doivent mener une vie modeste et cachée. On sait que les Allemands pratiquent sévèrement, mais avec quelque rusticité, la vie de famille.

Ce proverbe rappelle les conseils de Franklin : « Femme qui préfère le caquetage au tricot et à la quenouille ruine le ménage. »

CHAPITRE V

INSTALLATION D'UN MÉNAGE

Choix d'une habitation.

Bâtir une maison est presque toujours une mauvaise spéculation. Mieux vaut en acheter une toute construite ou en louer une. Voici toutefois quelques conseils, dans le cas où l'on se verrait dans la nécessité de faire bâtir.

Après avoir bien réfléchi à la somme qu'on veut mettre et au style qu'on veut donner à l'habitation projetée, on s'adresse à un architecte expérimenté et de réputation honorable. Quand on lui aura donné tous les renseignements indispensables, tels que : nombre d'étages, d'appartements ou de chambres qu'on veut donner à la maison et leur destination particulière; l'étendue de sa famille; ses habitudes; jardin, cour qu'on désire joindre à l'habitation, etc., on lui fixera la somme à consacrer à la bâtisse. L'architecte tracera le croquis de la maison et dressera un devis de la dépense approximative. Le propriétaire ayant approuvé le croquis, l'architecte rédigera un plan définitif qu'il lui soumettra de nouveau. Pour avoir une idée bien nette de ce que sera votre maison et pouvoir corriger ce qui vous semblera défectueux dans le plan, exigez un plan détaché de chaque étage avec l'indication exacte de son étendue, de son élévation, etc.

Insistez fortement sur la somme que vous aurez fixée, et ne vous en départissez jamais. L'architecte doit être bien convaincu que vous ne la dépasserez pas : les personnes qui veulent dépenser *environ tant* sont sûres d'en dépenser le double.

Le travail une fois commencé, ayez l'œil à tout si vous voulez être bien et promptement servi. Vous vous serez entendu avec l'architecte pour certaines questions, telles que profondeur des fondations, épaisseur des murs, hauteur et nombre des cheminées; c'est à lui à vider ces questions et à les mettre en accord avec la loi; mais d'autres dispositions intérieures : fenêtres, portes, placards, décorations, etc., demandent à être personnellement examinées. D'ailleurs, pour la surveillance du travail, on ne peut pas toujours se fier au maître-maçon; en ceci comme en toutes choses, l'œil du maître est indispensable. La besogne avancera plus vite et sera faite plus consciencieusement si le propriétaire vient surveiller lui-même la construction.

Choix de l'emplacement.

Ne vous logez pas à l'aventure. La question du logement, du chez soi est assez importante pour qu'on y réfléchisse et qu'on fasse un bon choix. Quelques considérations sur la salubrité, empruntées au chapitre de l'hygiène, trouveront place ici.

Lorsque la chose est possible, il faut choisir, pour y construire sa maison, une localité convenable, un emplacement salubre et un site agréable. On pourrait préférer une colline ou un endroit un peu élevé, parce que l'air y est plus pur que dans les régions basses, foyers d'humidité et pour cela fort malsains. Mais on n'a pas toujours la satisfaction de trouver cet emplacement, en ville surtout. A la campagne, la chose est plus facile; on peut parfois même s'y fixer à proximité d'un cours d'eau, voisinage favorable à la santé, comme on sait. L'air est généralement plus pur à la campagne qu'à la ville; malheureusement cet avantage est contrebalancé quelquefois par un grave inconvénient.

Dans bien des villages, on a encore la funeste habitude de placer le fumier dans la cour, souvent même près de la porte d'entrée ou sous les fenêtres de l'habitation; les émanations fétides qui s'échappent de ces véritables foyers d'infection vicient l'air, et cet air corrompu est au moins aussi préjudiciable à la santé que le manque d'air, dont souffrent les habitants des rues étroites de la ville. Bien des fermiers cependant ont compris le danger auquel les exposait le voisinage du fumier, qui du reste déparait la cour en lui donnant un aspect malpropre; aussi l'ont-ils relégué dans un coin, près des écuries.

Un autre voisinage à éviter est celui des grands bois, des marais, des fabriques et de certains établissements industriels : les uns sont des sources d'humidité; les autres remplissent l'air d'émanations malsaines. Ces divers inconvénients n'existent pas souvent en ville; mais là ils sont compensés par d'autres, tout aussi graves et auxquels il n'est pas toujours facile de remédier.

Dans les villes, bien des rues sont étroites, ne laissant pénétrer ni la lumière ni le soleil, n'ayant que peu ou point de courants d'air qui puissent assainir l'atmosphère; aussi les épidémies viennent-elles souvent y décimer les populations agglomérées dans des réduits humides, froids, étroits et malsains par le manque d'air et de lumière. Il faut donc en ville, si c'est possible, choisir une rue large, donnant libre accès à l'air et au soleil.

Les cours ou les petits jardins sont rares en ville; un logement accompagné d'un de ces accessoires s'y paye un bon prix, c'est vrai. Il faudrait pourtant se procurer cet avantage quand on a des enfants, car, on le sait, l'air et le mouvement sont la vie d'un enfant; l'en priver, c'est le forcer à s'étioler.

Pourquoi les enfants des villes sont-ils généralement chétifs et ceux de la campagne si robustes? C'est que les derniers vivent au grand air et y prennent librement leurs ébats, tandis que les petits citadins, quoique mieux nourris que les petits campagnards, sont confinés dans des appartements exigus, d'où ils ne sortent que pour respirer l'air enfumé et rare des rues étroites, et n'ont pour exercer leurs membres frêles que les sentiers des promenades ou des squares publics, sentiers dont ils ne peuvent s'écarter. Souvent même, ce mince plaisir leur manque, car bien des villes de province sont encore dépourvues de jardins publics.

Exposition.

Une autre chose à considérer, qu'il s'agisse d'une bâtisse ou seulement d'une location, c'est l'exposition du logement. Le levant est le plus favorable de tous les aspects, le vent d'est est le plus sain. Puis vient l'exposition au midi, qui est encore bien salutaire dans nos climats. Il y a bien à y redouter un soleil ardent en été, mais il est si facile d'y remédier en fermant les fenêtres et les persiennes; du reste, on est bien dédommagé de ce court inconvénient pendant les autres saisons de l'année; en hiver même, le froid est moins vif au sud qu'à toute autre exposition. L'ouest est moins recherché, car il nous vient de ce côté des vapeurs humides qui prédisposent aux rhumes. Le nord enfin amène un air sec et cru qui ne convient pas à tous les tempéraments. L'exposition est ou sud-est doit donc être préférée.

Choix des appartements.

Il y a de nombreux inconvénients à loger dans des maisons à peine terminées ou qui n'ont pas encore été habitées : sécher le plâtre ne se fait qu'au détriment de la santé. N'habitez jamais un logement avant qu'il ait été longuement et suffisamment séché.

Il y a plus d'avantages à demeurer aux étages supérieurs qu'au rez-de-chaussée; l'air et la lumière y parviennent plus aisément que dans les étages inférieurs, toujours plus ou moins obscurs et humides.

Les appartements doivent être grands; lorsque c'est possible, il faut toujours les préférer aux petits, quoiqu'ils soient plus difficiles à chauffer l'hiver; ils rachètent ce petit défaut par d'autres qualités, car, au dire d'un médecin, « les pièces hautes et spacieuses prolongent la vie, tandis que les chambres petites et étroites l'abrègent. »

La nature du parquet est aussi à remarquer : les pièces carrelées sont beaucoup plus froides et par conséquent plus difficiles à chauffer que celles qui sont parquetées. Enfin on aura égard aux logements où l'eau sera bien aménagée et de bonne qualité, où les chambres sont bien distribuées, communiquant les unes aux autres pour faciliter le service, et sont pourvues de placards.

Une dernière considération dont l'importance n'échappera à aucune bonne ménagère est la proximité du marché, de la boucherie, de la boulangerie, en un mot des fournisseurs auxquels il faut avoir recours journellement; ajoutons-en une autre : celle du lieu de travail du chef de famille, surtout si celui-ci est un ouvrier. Cette proximité l'empêchera de faire une demi-heure, une heure de chemin pour se rendre à l'atelier, autant le soir pour en revenir; lui évitera un excédent de fatigue dont il faut certainement tenir compte, sans parler des occasions, des camarades qu'il pourrait rencontrer le long de la route et qui l'entraîneraient à l'auberge; plus le chemin de l'atelier est long, plus nombreuses sont les tentations, et c'est l'occasion qui fait le larron, ne l'oublions pas.

A Paris et dans les grands centres, les tramways

abrègent les grandes distances; mais, tout calculé, il nous semble que l'argent ainsi dépensé le serait bien mieux s'il était ajouté au loyer.

Lorsqu'on s'est bien assuré qu'un logement convient sous tous les rapports que nous venons de voir, il reste à calculer le prix qu'on peut mettre au loyer, sans compromettre l'équilibre du budget. On a dit qu'on pouvait consacrer au loyer le huitième de son revenu : autrefois, c'était possible; mais de nos jours les loyers ont augmenté, et cette somme est devenue insuffisante. Nous pensons qu'il faut y consacrer le sixième ou le septième du revenu.

EXERCICE DE STYLE. — **77.** Une de vos amies qui désire faire construire une maison d'habitation vous demande des conseils au sujet du choix de l'emplacement, de l'exposition, de la distribution du local. Faites la réponse. — **78.** Montrez que le séjour de la campagne est préférable à celui de la ville.

Entre propriétaire et locataire.

Selon qu'on loue une maison, un appartement à l'année, au semestre, au mois ou pour plusieurs années consécutives, on traite soit par bail, soit par simple engagement. Dans le premier et le dernier cas, le bail se fait par écrit, sur papier timbré; pour un logement loué pour moins d'un an, il se fait verbalement. Les baux se font, en province, pour un, trois, six ou neuf ans, suivant les localités, mais laissent au locataire la faculté de le résilier, moyennant certaines redevances.

Le locataire paye le loyer au propriétaire, qui lui remet une quittance. Le payement du loyer doit être effectué dans l'endroit désigné par la convention. Lorsque le bail ne mentionne pas cette clause, le payement se fait indifféremment chez le propriétaire ou le locataire.

Pour éviter les contestations, toujours désagréables, exigez que toutes les clauses soient bien clairement spécifiées sur le bail, ainsi que les impôts que le propriétaire consent à payer, les réparations qu'il s'engage à faire. C'est, le plus souvent, la contribution foncière qui est supportée par le propriétaire; l'impôt des portes et fenêtres frappe le locataire, à moins d'indication contraire, spécifiée sur le bail. D'ailleurs, en arrivant nouvellement dans une localité, il est bon de s'informer des us et coutumes se rapportant au loyer, afin de ne pas être trompé.

Si le bail ne porte pas l'interdiction de sous-louer le logement ou de céder le bail à d'autres, le *preneur*, c'est-à-dire le locataire, a le droit de sous-louer une partie de son logement ou de le céder en partant.

Si vous n'êtes pas pressés d'emménager, exigez que le propriétaire fasse d'avance toutes les réparations qui sont à faire; autrement vous risqueriez d'attendre longtemps, d'attendre même toujours les réparations annoncées. Puis, en prenant possession du logement, votre premier soin devra être de faire l'*état des lieux*. C'est une sorte de description des pièces, des dégradations existantes, des objets et des choses sur la propriété desquelles il pourrait s'élever des doutes. Il est indispensable de faire cet *état des lieux*, car, s'il n'a pas été relevé, le locataire est présumé avoir reçu les lieux en bon état de réparation, et il doit les rendre tels à la fin de son bail.

On appelle *congé* l'acte par lequel le *bailleur* ou propriétaire déclare à son locataire qu'il ait à quitter pour telle époque le logement par lui loué, ou l'acte par lequel le locataire déclare au propriétaire qu'il a l'intention de faire cesser à telle époque la jouissance de la maison ou de l'appartement qu'il occupe.

Le congé peut être verbal ou écrit sous seing privé ou par exploit d'huissier. On considère comme congé verbal, c'est-à-dire n'ayant aucune valeur légale, le congé adressé dans une lettre ou apposé au bas d'une quittance de loyer. Fait par acte sous seing privé, le congé doit être rédigé en double et signé des deux parties.

On appelle *exploit* tout acte notifié par huissier. Cela a lieu surtout lorsque le propriétaire veut se débarrasser d'un locataire récalcitrant. Il se fait en double : l'un, l'*original*, reste entre les mains du propriétaire; l'autre, la *copie*, est remis à l'adversaire. Au bas de l'original, on consigne l'acceptation ou le refus du congé. En cas de non-acceptation, les intéressés se pourvoient devant le juge de paix.

Lorsque le locataire refuse d'obéir au congé régulièrement signifié, le propriétaire peut le faire expulser; de même, s'il ne paye pas les termes échus, il peut faire saisir et vendre ses meubles.

La *saisie* est l'acte par lequel le propriétaire met sous la main de la justice, pour sûreté des loyers dus, les meubles appartenant au locataire. La saisie est pratiquée par l'huissier. Elle est suivie de la vente des choses saisies; le prix de la vente est remis au propriétaire jusqu'à concurrence de la somme due.

On ne peut saisir le coucher nécessaire au locataire et à ses enfants, ni les habits dont ils sont revêtus.

Le détournement ou la destruction des objets saisis constitue un délit puni par la loi.

Pour résilier un bail, on se prévient ordinairement trois mois à l'avance. Cette clause doit être spécifiée sur le bail. Le propriétaire qui donne congé doit également prévenir le locataire. Tout trimestre commencé est payé en entier.

Le locataire est tenu, pendant le délai du congé, de tolérer ou de faciliter la visite des lieux, pourvu que ces visites aient lieu à des heures raisonnables. En général, ces visites ne se font guère qu'à partir de dix heures du matin jusqu'à cinq heures du soir.

Pendant le délai du congé, le propriétaire a la faculté de faire placer l'écriteau d'usage à la porte de la maison.

EXERCICE DE STYLE. — 79. Conseils à une amie qui cherche un logement à louer. Vous lui indiquerez les précautions qu'elle devra prendre ainsi que les devoirs qu'elle aura à remplir à l'égard du propriétaire.

CHAPITRE VI

DISTRIBUTION INTÉRIEURE DE LA MAISON, AMEUBLEMENT

Le rez-de-chaussée se compose ordinairement d'une cuisine avec son office, et de trois ou quatre pièces, selon que la maison est plus ou moins vaste. L'une de ces pièces sert de salle à manger, une autre de salon, une troisième, s'il y a lieu, de bureau ou de cabinet de travail au maître de la maison; la quatrième enfin est un petit salon, où se tient habituellement la ménagère pour mettre ordre à ses affaires. C'est là que se trouvent ses livres de comptabilité, sa table à ouvrage, sa petite bibliothèque, etc.; c'est là qu'elle reçoit les gens qui viennent lui parler d'affaires, si elle est à la tête d'une exploitation.

Au premier étage se trouvent les chambres à coucher avec leurs cabinets de toilette, une chambre d'amis et la petite chambre à provisions.

L'étage supérieur comprend les chambres des domestiques, la lingerie et les greniers.

Dans les villes, où il faut souvent se contenter d'un appartement, toutes les pièces occupées par la famille sont situées au même étage. Les domestiques sont logés dans les mansardes.

Disons quelques mots de l'achat du mobilier :

Avant de choisir son mobilier, il serait sage de se

tracer un plan, afin de réunir plus sûrement l'harmonie et le bon goût. Les personnes qui disposent de la somme nécessaire à l'achat des meubles peuvent facilement atteindre ce but; mais, pour celles qui doivent monter leur ménage petit à petit, la chose offre plus de difficultés. Achetez donc des articles simples et sans prétention plutôt que mal assortis; évitez le luxe dans les meubles autant que le luxe dans les habits; ne perdez pas de vue que l'argent employé à l'achat des meubles est de l'argent qui dort sans profit aucun. Meublez votre logement d'après les exigences de votre position, mais ne dépassez jamais vos ressources par vanité. A quoi sert d'avoir un amas de meubles de luxe, pour le seul plaisir de les posséder et l'embarras de les garder sans jamais oser en faire usage?

Quant à l'arrangement des meubles, il varie selon les caprices de la mode ou le nombre de chambres que l'on occupe. Il y a cependant quelques règles de goût qu'il faut tâcher de concilier avec les nécessités de l'appartement le plus exigu; ainsi, par exemple, le buffet avec dressoir serait aussi déplacé au salon que l'armoire à glace la plus élégante le serait dans la salle à manger; dans ce même salon, les chaises, rangées symétriquement le long des murs, auraient l'air raide d'un soldat au port d'armes; chaises et fauteuils, tournés vers la cheminée, doivent toujours être disposés de manière à inviter à s'asseoir, etc., etc.

La maîtresse de maison n'oubliera pas que deux choses retiennent les gens au logis et font aimer le foyer domestique : les qualités aimables de celle qui en est l'âme, l'art et le soin avec lesquels elle forme et entretient ce foyer.

Salon.

Choisissez pour en faire votre salon une salle de grandeur moyenne, mais bien éclairée. Si vous n'avez pas de domestique, ne cirez pas le plancher, car, ne pouvant le cirer vous-même tous les jours, vous vous exposeriez à avoir un plancher terne, ce qui lui donnerait un aspect sale. Bien des personnes préfèrent lui donner une couche de peinture : en l'époussetant tous les jours ou en y passant un torchon humide, on obtient ainsi un beau plancher. Un bon papier de tenture, de couleur claire et à petits dessins est préférable aux papiers bigarrés ou dorés, à grands ramages, qui passent de mode rapidement ou perdent leurs couleurs.

L'ameublement obligé d'un salon comprend : un guéridon de forme ovale, deux fauteuils, placés de chaque côté de la cheminée, six chaises rembourrées; ajoutons un canapé assorti aux fauteuils, qui servirait bien en cas d'accident.

Le piano a souvent sa place au salon; il est accompagné d'un casier à musiques, en acajou comme le piano.

La cheminée est ordinairement en marbre; elle est surmontée d'une glace. La garniture de la cheminée consiste le plus souvent en une pendule, une paire de flambeaux, dont on en place un de chaque côté, et aux extrémités de la cheminée deux statuettes ou deux vases. Les flambeaux sont toujours garnis de bougies, et les vases, de fleurs naturelles en été. De chaque côté de la cheminée est fixée une plaque à crochets, auxquels on suspend le soufflet, le petit balai, la pelle et les pincettes. Dans un coin, à côté de la cheminée, on met le coffre à bois, qui doit toujours être rempli. Il est bien entendu que, si au lieu de bois on brûlait de la houille, il faudrait substituer un seau au coffre. En avant du foyer, on place un tapis.

La table ou guéridon se met au milieu du salon; elle est ordinairement recouverte d'un tapis, que surmontent quelques livres ou des statuettes. A la campagne, où l'on se voit dans la nécessité d'offrir des rafraîchissements aux visiteurs, on s'exposerait à briser, en les dérangeant, les objets qui ornent la table ou à tacher le tapis. Dans ce cas, une table recouverte d'un marbre convient mieux. On en vend qui sont d'un prix raisonnable.

Comme les jours de pluie on est exposé à recevoir des visiteurs mouillés, il est utile, pour la propreté de son plancher, de disposer des petits tapis carrés devant les chaises et les fauteuils. Un grand tapis donne à un salon un air de confortable; c'est un luxe que peut se permettre un ménage qui jouit d'une honnête aisance. En ville, on préfère les tapis de moquette; à la campagne, des tapis de soie végétale, d'aloès ou un mélange de coco et d'aloès, qui sont fort solides. Pour mieux garantir le tapis, quelques ménagères étalent une bande de toile cirée d'un bout de l'appartement à l'autre, en la faisant communiquer avec la porte.

Les rideaux blancs pour les fenêtres sont préférables, en été, aux rideaux de couleur; ils sont d'un entretien plus facile et ne se fanent pas par le soleil comme les rideaux de couleur. En hiver, les grands rideaux blancs sont remplacés par des rideaux, soit en toile de perse d'Alsace, en cretonne de Mulhouse ou en reps de laine. On vend aujourd'hui de grands choix de rideaux blancs et de stores, en mousseline unie, mousseline brodée, en guipure et en gaze brochée, etc.; tous ces rideaux sont jolis, mais la mode en est très variable.

J'ai parlé plus haut de vases de fleurs naturelles : les fleurs égayent en effet une maison. Une femme doit donc profiter de ce moyen si facile et si peu coûteux pour embellir son intérieur et en rendre le séjour agréable aux siens. La jeune fille y contribuera, pour sa petite part, en prêtant en cette circonstance son concours à sa mère. On fait aujourd'hui des corbeilles, des jardinières et des cache-pots en porcelaine, en galvanoplastie, en bois rustique, etc., et des suspensions en fil de fer ou en poterie d'un effet charmant. On remplit les premiers de sable fin mouillé, qu'on dissimule avec de la mousse, et l'on y pique les fleurs à tige courte. L'hiver, le lierre ou un autre feuillage vert peut remplacer les fleurs de la jardinière et garnir une console, soit au salon, soit à la salle à manger. On met dans la suspension un pot qui contient la plante à feuilles retombantes. Dans les hôtels somptueux, la suspension est reléguée au vestibule; mais elle orne fort bien le plafond de notre salon bourgeois, que nous avons pris pour type.

Chez les riches, qui peuvent se procurer des tableaux de maîtres, on ne voit point de portraits de famille au salon; ils se trouvent plutôt dans une salle particulière; mais dans le salon des intérieurs modestes, où les objets qui se rattachent à des souvenirs aimés tiennent lieu de luxe, ces chers portraits sont très bien à leur place. On peut y ajouter, pour garnir les murs, quelques gravures ou lithographies de bon goût, dont la première qualité sera une décence irréprochable. Le *sujet* que représente la pendule de la cheminée devra remplir les mêmes conditions. J'insisterai beaucoup sur ce point, plus important qu'on ne pourrait le penser.

Écoutez ce que dit à ce sujet un homme autorisé :

« La maison est en quelque sorte l'enseigne de celui qui l'habite, et chacun en y entrant doit en pouvoir reconnaître l'hôte. La maison d'une femme sérieuse ne doit donc pas, dans ses arrangements intérieurs, ressembler à celle des autres personnes.

« Ayez dans votre maison, mais particulièrement dans les appartements destinés à recevoir des visiteurs, quelque chose qui leur indique quels sont vos goûts, vos habitudes, votre caractère; qui leur fasse comprendre à la première vue ce qu'ils peuvent se permettre et ce qu'ils doivent s'interdire; ce qu'ils peuvent dire et ce qu'ils doivent faire.

« Quelques tableaux modestes et de bon goût dans votre salle à manger; au salon, une belle collection de gravures ou de bronzes, reproduisant avec fidélité les plus beaux ouvrages des grands artistes, seront pour tous ceux qui vous visiteront une indication suffisante de ce que vous êtes.

« On ne sait pas assez quelle influence exerce sur la conversation une œuvre d'art, une gravure : c'est un livre, mais un livre toujours ouvert, un livre intelligible pour tous, même pour les personnes les plus simples; or, si le lecteur d'un livre intéressant et sérieux soutient la conversation, l'empêche de dégénérer et de devenir frivole ou triviale, peut-on croire que la vue d'une belle gravure, rappelant quelque noble et beau sujet, ne produise pas un effet semblable?

« La même observation s'adresse aux livres qui se trouvent sur la table. N'y placez que des livres moraux, sérieux, utiles, quelques albums ou des brochures qui puissent indiquer à ceux qui vous visitent la direction habituelle de vos pensées, leur donner en quelque sorte l'adresse de votre esprit, et attirer la conversation dans un cercle d'idées plus large, plus élevé que celui où elle se perd habituellement. Tous ces moyens, quelque petits qu'ils puissent paraître, ne doivent cependant pas être négligés. »

Les meubles et les quelques petits ornements dont nous venons de parler suffisent pour garnir un salon. Pour être de bon goût, il n'est pas nécessaire qu'il ressemble à un musée par la quantité et la variété des objets qui y sont entassés : profusion n'a jamais été synonyme d'élégance. Votre salon aura ce cachet plutôt par l'ordre parfait qui y régnera, le goût qui aura présidé au choix des meubles, la place qui leur aura été assignée, et la propreté avec laquelle ils sont entretenus.

Exercice de style. — 80. Faites la description du salon de votre maison.

Salle à manger.

L'ameublement de la salle à manger doit être simple. Il se compose ordinairement de chaises solides, en paille ou en jonc; d'une table à rallonges, qu'on peut raccourcir ou allonger à volonté, suivant le nombre de convives; d'un buffet surmonté d'un dressoir sur lequel on peut poser la vaisselle et la desserte de la table. Une cheminée à la prussienne, une glace, quelques tableaux aux murs; des rideaux en reps de laine aux fenêtres compléteront le mobilier. La mode veut aujourd'hui que la salle à manger ait ses tableaux particuliers, dont les sujets, fruits, gibier, fleurs, etc., sont en harmonie avec le lieu. N'oublions pas de mentionner deux placards, qui sont fort utiles dans une salle à manger. Dans l'un, on serre la vaisselle, les verres et l'argenterie d'un usage journalier; l'autre contient le linge de table, qu'on a ainsi sous la main, pour la grande facilité du service.

Lorsqu'on est en famille, on peut se passer de nappe. On se sert alors d'une toile cirée, qu'on essuie après le repas avec une éponge mouillée.

Lorsqu'on n'a pas le gaz dans la maison, on éclaire la salle à manger au moyen d'une lampe-suspension, recouverte d'un abat-jour, qui se place au-dessus de la table.

Il vaut mieux ne pas cirer le plancher de cette salle, mais y passer tous les jours un torchon mouillé.

Bureau ou cabinet de travail de monsieur.

L'ameublement de cette pièce varie suivant l'état qu'exerce le chef de famille. Voici le mobilier que contient le plus ordinairement un bureau :

Une table surmontée d'une grande étagère, un secrétaire, une caisse, s'il y a lieu, un fauteuil de bureau, quelques chaises, un panier pour recevoir les papiers, enfin une cheminée surmontée d'une pendule.

Le papier de tenture d'un bureau est de couleur sombre, verte la plupart du temps. Cette couleur cependant est malsaine, car elle contient de l'arsenic. Le papier vert velouté est encore plus dangereux : il se détache de ce dernier des parcelles de vert-de-gris qui se mêlent à l'air et occasionnent des vertiges ou des indispositions plus graves.

La bibliothèque a sa place ordinaire dans le cabinet de travail du chef de famille. Si la petitesse du bureau ne permettait pas de l'y placer, vous pourriez la mettre au salon; à la salle à manger, elle se trouverait déplacée.

Petit salon de madame.

Cette petite pièce est garnie d'un mobilier simple et modeste, consistant en une table à ouvrage, quelques chaises, un fauteuil ou deux, des tabourets et un secrétaire dans lequel la maîtresse de maison serre ses livres de comptabilité et sa correspondance.

EXERCICE DE STYLE. — 81. Faites ressortir le danger des logements insalubres.

Chambre à coucher.

La chambre à coucher d'une femme est un sanctuaire respecté de tous, même de la famille. Que la simplicité, l'ordre et la propreté en soient donc les principaux ornements.

Le mobilier se composera d'un lit, d'une commode ou d'une armoire à glace, d'un fauteuil forme voltaire ou crapaud; de quelques chaises, d'un prie-Dieu, d'une descente de lit et d'une table de nuit.

La cheminée peut être surmontée d'une pendule représentant un sujet artistique. Une coupe ou un baguier et deux candélabres en compléteront la garniture. Aux murs, quelques tableaux.

Il est indispensable d'avoir un petit cabinet de toilette à côté de la chambre à coucher. Il contient ordinairement des placards, des portemanteaux; une commode-toilette ou un lavabo avec ses accessoires. Quelquefois ces deux derniers sont remplacés par une simple petite table, recouverte d'une toilette cirée, et sur laquelle est posée la cuvette avec le pot à eau. Un seau et une cruche en zinc complètent les accessoires du lavabo ou de la table à toilette; ils sont dissimulés dans un coin.

Les portemanteaux sont parfois recouverts d'une planche sur laquelle on pose les boîtes à chapeaux, les chaussures et autres objets encombrants.

Souvent encore, c'est dans ce cabinet que la maîtresse de maison place sa petite pharmacie de famille, lorsqu'elle n'a pas d'endroit spécial, ou que la place lui fait défaut dans la chambre à provisions.

Lits de maîtres.

Un lit se compose ordinairement d'un sommier élastique ou d'une paillasse de maïs (il faut préférer celui-ci à la paille, qui ne dure pas aussi longtemps et se réduit en poussière), d'un ou de deux matelas, d'un lit de plume, d'un traversin, d'un oreiller, d'une couverture de laine ou de coton, suivant la saison, et d'un édredon. Le lit peut être entouré de rideaux blancs ou de perse en été, de damas pareil aux rideaux des fenêtres en hiver. Les rideaux reposent sur une flèche, qui est posée dans le sens du lit, ou sont attachés par de simples cordons à une *anse de panier*, placée en travers. Les rideaux s'attachent à la flèche par des anneaux de bois ou de cuivre doré.

Lits d'enfants.

On peut se procurer à un prix modeste d'excellents lits en fer. Ceux-ci me semblent préférables pour les enfants. Il est vrai qu'ils sont moins élégants que les lits de bois, mais ils sont plus solides, attirent moins les punaises, et ont l'avantage de se plier, ce qui est fort commode pour les déménagements. Durant le jour, on les plie ainsi en trois, et on les recouvre d'une housse.

Il ne faut pas habituer les enfants à un lit doux et moelleux ; cela est malsain et rend le corps mou. Un lit dur fortifie les membres ; les médecins ne veulent généralement pas de plumes pour les enfants. Une paillasse de maïs, un matelas de crin, un traversin et un bon couvre-pied chaud, me semblent suffisants pour eux.

Chambre d'amis.

Il est indispensable, aussi bien à la ville qu'à la campagne, d'avoir une chambre pour les amis qui viennent vous visiter, et cela est d'autant plus utile que souvent ils vous surprennent à l'improviste, et qu'on est embarrassé pour les loger lorsqu'on n'a pas de chambre spéciale pour cela.

Cette pièce aura le même mobilier que la chambre à coucher. Avant d'y installer ses hôtes, il faut préparer la chambre et ne rien négliger de ce qui peut leur faire plaisir : la chambre sera bien aérée, les meubles bien époussetés, la cheminée remplie de bois ; des draps bien blancs mis au lit, des bougies dans les flambeaux de la cheminée ; un bougeoir et un porte-allumettes seront placés sur la table de nuit ; le sucrier du *verre d'eau* sera rempli de sucre ; le lavabo sera garni de serviettes, de savon, d'eau de Cologne, etc., la cruche remplie d'eau, etc. Une pelote avec des épingles sera placée sur la cheminée, dans un coin, ou suspendue au mur ; en un mot, tout ce qui peut contribuer à la propreté et au bien-être doit, dans cette chambre, accueillir l'hôte attendu.

Si l'on n'a pas de chambre d'amis, force est de céder celle qu'on occupe. La délicatesse nous fait une loi de ne pas paraître incommodé, dans ce cas, par le séjour de la personne à laquelle on offre l'hospitalité de l'amitié.

Exercice de style. — 82. Faites la description de ce qui constitue la literie dans un ménage. — 83. Quelles sont les règles d'hygiène à observer dans la chambre à coucher ?

Lingerie.

Dans les familles nombreuses, là surtout où il y a beaucoup d'enfants, il est nécessaire d'adjoindre à la femme de chambre une lingère ou deux pour l'entretien du linge de la maison. Ces ouvrières travaillent dans une petite pièce particulière appelée *lingerie*. De grandes corbeilles pour contenir le linge à raccommoder, des placards pour recevoir celui qui est terminé, une table pour la coupe des vêtements, une planche pour le repassage, un poêle à réchaud pour chauffer les fers, quelques clous ou portemanteaux, des chaises et quelques petits escabeaux; enfin, dans un coin, une sorte de petite niche pour y mettre la machine à coudre lorsqu'on ne s'en sert pas : voilà en quoi consiste l'ameublement de la lingerie.

La maîtresse de maison distribue à chaque ouvrière l'ouvrage de la journée, ainsi que les fournitures dont elle aura besoin et qui sont toujours renfermées dans le petit magasin à provisions. Elle fait aussi quelques tournées pendant le jour, pour voir si l'ouvrage avance et si toutes les lingères sont occupées. Puisque le sujet nous y amène, disons un mot des machines à coudre.

Il n'y a plus de maîtresse de maison bien entendue qui n'ait sa machine; c'est qu'on a reconnu qu'une bonne machine à coudre fait en une journée l'ouvrage de deux ou trois ouvrières et coud tout aussi solidement que le point fait à la main. Il est facile de calculer l'économie que fait la ménagère, en confectionnant elle-même ses vêtements et ceux de ses enfants, aujourd'hui que la façon coûte souvent plus cher que l'étoffe.

Exercice de style. — 84. De la confection et de l'entretien du linge.

Chambres de domestiques.

Les chambres des domestiques doivent être sèches et aérées, et vous devez exiger qu'elles soient tenues proprement. Faites-en la visite quelquefois à l'improviste pour vous assurer qu'elles sont bien balayées. que le lit est fait, les meubles époussetés et placés en ordre. L'ameublement de cette pièce se composera d'un lit, d'une table surmontée d'une cuvette et d'un pot à eau; d'un placard ou d'une commode, d'une table de nuit, d'une chaise ou deux, d'un portemanteau et d'une descente de lit commune.

Le lit des domestiques comprend une paillasse, un ou deux matelas, un traversin, un petit oreiller, une couverture de laine ou de coton, suivant la saison; on pourrait y ajouter, l'hiver, un couvre-pied piqué ou un édredon commun, qu'on pourrait faire soi-même, surtout à la campagne, avec du duvet d'oie ou de canard. Et j'insisterai d'autant plus sur la nécessité d'un édredon ou d'un couvre-pied, qu'ordinairement les chambres de bonnes ne sont pas chauffées; souvent elles sont situées sous le toit, ce qui les rend plus froides encore. Je ne suis pas trop exigeante en faveur des domestiques; je ne demande pas qu'ils soient couchés *mollement*, mais qu'ils le soient *chaudement*. Que les maîtres ne fassent pas subir trop de privations à leurs domestiques; ils sont déjà assez malheureux d'être dans la dure nécessité de servir leurs semblables, et comme le fait judicieusement remarquer une maîtresse de maison modèle : « Quelles doivent être les réflexions d'un pauvre domestique mal couché, souffrant du froid, en pensant aux lits douillets qu'il a faits le matin pour ses maîtres! »

Entretien des meubles.

On juge une femme d'après la tenue de sa maison. Elle doit donc mettre son ambition à maintenir dans un état constant de propreté et de fraîcheur son mobilier, les marbres et les boiseries et le plancher de ses appartements.

Voici d'abord la recette pour mettre à l'encaustique les parquets et les carreaux :

On fait fondre 100 grammes environ de savon dans de l'eau chaude; puis on coupe en petits morceaux 200 gr. de cire jaune, et l'on ajoute à ce mélange 20 gr. de potasse blanche. On remue sans interruption. Lorsque cette préparation forme une espèce de lait et qu'elle est refroidie, on l'étend sur le plancher.

Les quantités indiquées ici suffisent pour deux chambres ordinaires.

S'agit-il de nettoyer les meubles, de leur donner ce lustre qui les rajeunit? il n'est pas toujours nécessaire de recourir à l'ouvrier. Nous donnons plus loin une recette simple et facile d'un vernis à bon marché. On procède comme suit pour revernir les meubles :

On les époussète d'abord avec un vieux foulard de soie, puis on les frotte avec le vernis, et l'on achève de les polir avec un morceau de flanelle.

Le vernis dont se servent les ébénistes n'est autre chose qu'une dissolution de cire dans l'essence de térébenthine et allongée d'esprit-de-vin. Pour obtenir un encaustique jaune, ils font infuser pendant quarante-huit heures du bois jaune dans l'essence, et, pour le vernis rouge, une pincée d'orcanète.

On arrive à nettoyer parfaitement le marbre des fenêtres et des cheminées au moyen de la préparation suivante :

On verse quelques gouttes d'eau-forte dans un verre d'eau pure, et après avoir fait le mélange on en frotte le marbre, que l'on rince ensuite à l'eau ordinaire. Quand il est bien sec, on l'enduit d'une légère couche d'huile de lin, qui disparaît au moyen d'un frottement vigoureux avec un linge propre.

Les meubles en acajou n'étant revêtus que d'un placage fort mince, gardez-vous de les placer trop près du foyer ou de les exposer aux rayons du soleil : le placage n'y résisterait pas, il tomberait ou bien il s'y introduirait des bosses du plus fâcheux effet. Évitez également de les frotter rudement, essuyez-les seulement avec un linge doux ; sans cette précaution, on enlèverait l'éclat qu'ils doivent au vernis de gomme-laque qui les recouvre.

Pour épousseter les gros meubles, on se sert d'un torchon ; mais pour les meubles délicats, tels que tableaux, cadres, vases, etc., il vaut mieux employer le plumeau ou un linge fin. Avez-vous la manie actuelle d'étaler dans votre salon une foule de ces petits riens qui se groupent sur une étagère ou de collectionner des porcelaines anciennes ? astreignez-vous à en prendre soin vous-même, ou attendez-vous à quelque maladresse inévitable.

Pour nettoyer les portes et les boiseries, on prend une demi-livre de savon vert, qu'on fait dissoudre dans un seau d'eau, et l'on en frotte les boiseries soit avec une grosse éponge, soit avec une brosse douce ou un torchon ; on rince ensuite à l'eau claire. On diminue la dose de savon, si la boiserie est vernissée.

Quelques ménagères emploient l'eau de Javelle ; mais, si celle-ci est trop forte, elle enlève la couleur.

On ôte la poussière et les taches de mouches des glaces avec un linge humecté d'eau et d'un peu d'eau-de-vie; on polit ensuite la glace avec un morceau de laine et un peu de blanc d'Espagne.

Quant aux vitres, on les lave avec une éponge trempée dans de l'eau, et on les essuie avec une peau de chamois. Celle-ci se nettoie elle-même au savon et à l'eau tiède. Les tapis doivent être époussetés tous les jours; on emploie à cet effet un balai de chiendent ou une brosse de crin très dure. Dans une pièce où se tient habituellement la famille, le tapis doit être nettoyé toutes les semaines; on le décloue du parquet, on l'étend dans la cour sur une grande corde, on le bat à tour de bras avec de bons gourdins pendant qu'on lave le plancher. On emploie encore, pour nettoyer le tapis au printemps, un autre procédé qui consiste à couper un chou en petites tranches fines comme pour une julienne; on les éparpille sur le tapis, qu'on brosse avec une brosse de chiendent. En Belgique, on se sert de brins d'herbe. Quelques personnes prennent le thé vert, humide, sortant de la théière, et du marc à café qu'on étend sur le tapis en saupoudrant légèrement de poivre, puis on roule le tapis et on le place dans un endroit sec et obscur. Ce nettoyage, quand il est bien fait, paraît avoir un double avantage : celui d'enlever la poussière et de raviver les couleurs du tapis.

On rend le brillant à l'argenterie en la frottant avec du blanc d'Espagne légèrement humecté et en continuant de frotter jusqu'à ce qu'il soit sec. On peut aussi employer l'alun dissous dans une forte lessive, qu'on écume et qu'on mélange à du savon. Le tripoli a l'inconvénient d'user l'argenterie.

Pour empêcher celle-ci de perdre son lustre, il suffit, ce qui est encore préférable, de la frotter avec une peau de daim chaque fois qu'on s'en est servi, puis de la remettre dans sa boîte.

Les œufs donnent à l'argenterie une teinte brune, provenant du soufre que renferme le jaune de l'œuf;

on la fait disparaître en frottant l'argenterie avec de la suie mélangée d'un peu de vinaigre.

Les boutons des portes, des sonnettes, la *boule* des escaliers, etc., se nettoient avec du tripoli, ainsi que les chenets de la cheminée, la pelle et les pincettes, et généralement tout ce qui est en acier poli ou en fer.

Pour faire reluire les ustensiles de cuisine en cuivre ou en fer, il suffit de les frotter avec une poignée d'oseille ou de mouron des oiseaux; si ces herbes manquent, on se sert de sable fin ou d'argile.

Quant à la fonte, les poêles, etc., on les frotte avec avec un oignon cru d'abord, on les brosse ensuite avec de la mine de plomb, et l'on achève de les faire reluire avec un vieux morceau de flanelle.

Il arrive souvent que les ustensiles de cuivre dont on ne se sert que passagèrement, tels que bassines à confitures, chaudrons, etc., se couvrent de vert-de-gris, que l'on n'ôte qu'à force d'écurage, ce qui fait perdre beaucoup de temps. Voici le moyen d'obvier à ces inconvénients :

Lorsque les ustensiles sont encore chauds, on les lave avec une grosse éponge, puis, quand ils sont devenus tièdes, on étend sur leur surface une sorte de pâte de fécule de pomme de terre délayée dans l'eau et qu'on a fait cuire un instant pour lui donner la consistance d'une colle. Appliquée sur le cuivre, elle s'y sèche et prévient ce poison si redouté des ménagères : le vert-de-gris.

Pour nettoyer les bouteilles et les flacons, on les met dans un chaudron avec de l'eau froide et des cendres, on fait bouillir le tout ensemble, puis on rince les bouteilles quand elles ont refroidi.

Ce n'est point assez de faire chaque jour ce qu'on appelle communément le *ménage*, c'est-à-dire balayer partout, frotter, épousseter les meubles et les chambres; il faut encore que chaque semaine, à chaque saison, chaque année ou lorsqu'on entreprend un voyage de longue durée, au retour de ce voyage, etc., aient lieu des nettoyages particuliers.

Voici comment ces nettoyages peuvent être faits :

Toutes les semaines : Frotter ou laver les parquets suivant le cas, les mettre à l'encaustique si l'on a reçu beaucoup de monde, secouer les tapis des appartements, faire reluire les ustensiles de cuisine dont on se sert habituellement, déranger la vaisselle pour bien nettoyer l'intérieur du buffet, etc.

Au printemps : Nettoyage à fond des appartements, dérouiller les garde-cendres, frotter les fourneaux, la pelle et les pincettes, puis les ranger dans un endroit bien sec. Placer les devants de cheminée et bien les assujettir. Si la *prussienne* ne se démonte pas, on peut dissimuler celle du salon au moins par un petit massif, formé de fleurs naturelles en pots et de verdure disposées gracieusement. Enlever, secouer et ranger les rideaux de velours ou de reps, que l'on remplace au salon par des rideaux blancs et des rideaux de percale dans la salle à manger. C'est à la même époque qu'on fait blanchir les housses de fauteuil, etc. Durant l'été, il faut avoir la précaution d'enlever et de battre les housses, afin d'empêcher les vers et les mites de s'y loger.

A l'approche de l'hiver : On choisit une belle journée pour renouveler le précédent nettoyage. S'il faut réparer quelque chose au papier de l'appartement, l'occasion est favorable, de même pour revernir les meubles. On nettoie les vitres, les glaces et les verres des tableaux ; on reblanchit les housses des meubles ; on remplace les rideaux de mousseline par ceux de reps, les couvertures de coton des lits par des couvertures de laine, enfin on remonte les poêles et les cheminées.

Chaque année : On doit faire rebattre les matelas, reblanchir les plafonds ou les corridors qui en ont besoin, réparer les taches et les écaillures des meubles, rempailler les chaises, s'il y a lieu, etc., en un mot faire les grosses réparations. Enfin, si l'on doit s'absenter pour un temps plus ou moins long, voici comment il convient d'arranger la maison ou l'appartement avant de les quitter :

On commence par enlever les tapis, qu'on roule après les avoir bien battus, puis on en fait un paquet lié avec une grosse corde et on le place à la cave sur une planche, à la condition que la cave soit bien sèche. Si elle était humide, il faudrait placer le tapis autre part ou bien le dérouler de temps en temps et l'exposer au grand air.

On décroche les rideaux, qui sont brossés, puis rangés. Les meubles sont recouverts avec de vieux draps; les glaces, cadres et dorures, trop lourds pour être déplacés, le sont avec des voiles de gaze pour les préserver du contact des mouches. Les meubles rembourrés et les lits doivent être saupoudrés de poivre ou de camphre avant d'être recouverts, à cause des mites et des vers. Pour les matelas, il vaut mieux les isoler que de les mettre tous en un tas, l'air leur fait du bien, il faut également les préserver de la vermine.

On ne laisse pas de linge sale dans un appartement qu'on quitte pour un certain temps, parce qu'il y répandrait une odeur fétide, puis ce linge privé d'air se gâterait complètement. Il faut donc autant que possible le faire blanchir avant son départ ou du moins le faire tremper dans l'eau bouillante, bien le tordre, puis l'étendre sur des cordes, à l'abri des souris et des rats.

Avant de quitter la maison, surtout l'été, il faut avoir soin de bien fermer les fenêtres et les volets. D'ailleurs cette précaution est toujours bonne pendant les grandes chaleurs, autant pour la santé des personnes que pour la conservation du mobilier.

Un dernier conseil pour le voyage : Prenez votre argenterie avec vous ou placez-la chez le notaire; il serait fort imprudent de la laisser dans un appartement inhabité.

Lorsqu'un article du mobilier a besoin de réparation, la maîtresse de maison n'attend pas qu'il soit entièrement détérioré pour le confier à un bon ouvrier. Je dis bon ouvrier, car si elle charge de ce travail des mains inhabiles, sous prétexte de meilleur marché, elle peut être certaine que les choses manqueront de solidité ou auront mauvaise grâce ; elle gagne donc plus à confier son meuble à un homme expérimenté.

Elle ne se hâte pas non plus de vendre ou de donner les meubles démodés ou hors d'usage, pour lesquels elle ne retirerait qu'une somme dérisoire ; mais elle les loge dans un endroit spécial, au grenier par exemple, pour les retrouver au besoin, car ces choses trouveront leur emploi un jour ou l'autre.

La ménagère doit connaître le nombre et l'état de ses meubles et en tenir au besoin un inventaire, qu'elle vérifiera de temps à autre.

EXERCICE DE STYLE. — 85. Quels sont les procédés à employer pour l'entretien du mobilier ?

Une maîtresse de maison à Rome.

Au lever du rideau, Lucrèce, une quenouille à la main, est assise près d'une table placée entre elle et sa nourrice. Plusieurs esclaves, groupées autour de Lucrèce, sont occupées de divers travaux. Une lampe est sur la table.

LECTURE.

Lucrèce. Sa nourrice. Esclaves.

LUCRÈCE, *à une de ses esclaves.*

Lève-toi, Laodice, et va puiser dans l'urne
L'huile qui doit brûler dans la lampe nocturne.
Les heures du repos viendront un peu plus tard.
La nuit n'a pas encor fourni son premier quart,

Et je veux achever de filer cette laine
Avant d'éteindre enfin la lampe deux fois pleine.
*Laodice se lève et va chercher de l'huile qu'elle verse
dans la lampe.*

LA NOURRICE.

Lucrèce, écoutez-moi ; laissez-moi parler : — Que vos esclaves
Filent pour votre époux les robes laticlaves [1].
Je les ferai veiller jusqu'au chant de l'oiseau
De qui la voix sacrée annonce un jour nouveau.
Mais vous, ma chère enfant, suspendez votre tâche ;
Vous la reprendrez mieux après quelque relâche.
Faut-il donc que vos yeux s'usent, toujours baissés,
A suivre dans vos doigts le fil que vous tressez ?
Pourquoi vous imposer tant de pénibles veilles ?
Cherchez à vous distraire, imitez vos pareilles ;
Et que, de temps en temps, des danses, des concerts
Ramènent la gaieté dans vos foyers déserts !

LUCRÈCE.

Quand mon mari combat en bon soldat de Rome,
Je dois agir en femme, ainsi qu'il fait en homme.
Nourrice, nous avons tous les deux notre emploi.
Lui, les armes en main, doit défendre son roi ;
Il doit montrer l'exemple aux soldats qu'il commande ;
Mon devoir est égal, si ma tâche est moins grande.
Moi, je commande ici, comme lui dans son camp,
Et ma vertu doit être au niveau de mon rang.
*La vertu que choisit la mère de famille,
C'est d'être la première à manier l'aiguille,*
La plus industrieuse à filer la toison,
A préparer l'habit propre à chaque saison,
Afin qu'en revenant au foyer domestique,
Le guerrier puisse mettre une blanche tunique,
Et rende grâce aux dieux de trouver sur le seuil
Une femme soigneuse et qui lui fasse accueil.
Laisse à d'autres que nous les concerts et la danse ;
Ton langage, nourrice, a manqué de prudence.
La maison d'une épouse est un temple sacré,

---

1. On appelait *laticlave* une bande de pourpre qui bordait la toge des magistrats patriciens.

Où les yeux du soupçon n'ont jamais pénétré ;
Et son époux absent est une loi plus forte,
Pour que toute rumeur se taise vers sa porte.

LA NOURRICE.

Eh bien, soit. Prolongez cette retraite austère ;
Défendez aux plaisirs votre seuil solitaire ;
Mais, cessant d'ajouter la fatigue aux ennuis,
Que le travail au moins n'abrège pas vos nuits !
Le sommeil entretient la beauté du visage ;
L'insomnie, au contraire, y marque son passage.
Gardez que votre époux, de son premier regard,
Ne vous trouve moins belle au retour qu'au départ.

LUCRÈCE.

Tu me presses en vain ; je veux rester fidèle,
Par mon aïeule instruite, aux mœurs que je tiens d'elle.
Les femmes de son temps mettaient tout leur souci
A surveiller l'ouvrage, à mériter ainsi
Qu'on lût sur leur tombeau, digne d'une Romaine :
« Elle vécut chez elle et fila de la laine. »
Les doigts laborieux rendent l'esprit plus fort,
Tandis que la vertu dans les loisirs s'endort.
Aussi, celle qui prend l'aiguille de Minerve,
Minerve, applaudissant, l'appuie et la préserve.
Le travail, il est vrai, peut ternir ma beauté,
Mais rien ne ternira mon honneur respecté ;
Et, si je dois choisir injure pour injure,
La ride au front sied mieux qu'au nom la flétrissure,
C'est assez : le temps passe à tenir ces propos.
Quand la langue se meut, la main reste en repos.
Poursuivons notre tâche. — Allons.

F. PONSARD [1].

[1]. La *Lucrèce* de Ponsard est préférée à toutes les autres pièces faites sur le même sujet, parce que cet écrivain a suivi fidèlement le récit de Tite-Live, et surtout parce qu'il s'en est heureusement inspiré. Personne n'a peint avec plus de charme la vertu de Lucrèce, et, pour mieux faire son tableau, il a représenté en elle la sévère honnêteté de la matrone romaine.

CHAPITRE VII

CUISINE. — OFFICE. — USTENSILES ET ACCESSOIRES DE CUISINE

La cuisine se trouve généralement au rez-de-chaussée. Autant que possible, elle doit être vaste et bien éclairée; toujours il faut qu'elle soit propre et bien tenue.

Un fourneau, un évier, une table, quelques chaises, un billot, une balance, une commode ou huche à pain, une planche contre laquelle on suspend les casseroles, la batterie de cuisine, voilà ce qui compose d'ordinaire l'ameublement de cette partie de la maison. On peut modifier ce mobilier suivant la fortune ou les besoins du ménage. Ainsi dans certaines contrées, et principalement à la campagne, les cuisines sont toutes pourvues d'un âtre, dont la cheminée est garnie d'une crémaillère; dans les grandes maisons, il y a toujours une pendule à la cuisine; ce qui est un excellent moyen pour obtenir de la régularité et de l'exactitude dans le service des domestiques, et leur ôter le prétexte d'aller voir l'heure aux pendules des appartements.

1° *Fourneau.* — Depuis quelques années, les fourneaux en fonte, appelés fourneaux économiques, sont très répandus. Ils sont en effet commodes et économiques, comme leur nom l'indique; ils tiennent lieu de cheminée, de fourneau et de petit four, et de plus peuvent se chauffer au bois, au coke ou à la houille.

Ces fourneaux sont de différente forme et grandeur; du côté du foyer, ils sont pourvus d'une porte qui s'abaisse et sur laquelle on peut placer une rôtissoire ou des fers à repasser.

2° *Évier.* — L'évier ou pierre à laver est scellé au mur et placé près d'une fenêtre. La pierre est un peu creusée et entourée d'un rebord; à une extrémité, elle est percée d'un trou correspondant à un conduit par lequel s'écoule l'eau.

Il est essentiel que l'évier soit toujours propre; le mur tout autour doit être revêtu de carreaux de faïence jusqu'à hauteur de 40 à 50 centimètres, afin qu'il n'y reste pas trace d'éclaboussures. En ville, où l'espace est si restreint, souvent une seule pièce sert de salle à manger et de cuisine; l'évier, en fonte émaillée ou en fer-blanc, est, dans ce cas, dissimulé dans un placard. Ces éviers sont légers, quoique solides et d'un prix modique. On les maintient propres à l'aide d'une éponge mouillée.

3° *Table.* — La table de cuisine doit être garnie de tiroirs. Il est préférable d'avoir une table en bois de hêtre, car ce bois conserve sa blancheur lorsqu'il a été lavé. Le billot peut être du même bois ou en ormeau.

Beaucoup de cuisines possèdent un petit cabinet qui leur sert pour ainsi dire de desserte, et dans lequel on dépose les marmites, les poêles et tout ce qui encombrerait la cuisine. A la campagne, c'est souvent le fournil qui en tient lieu. L'évier se place quelquefois dans ce cabinet.

4° *Batterie de cuisine.* — Les ustensiles de cuivre sont chers, mais ils durent indéfiniment et semblent préférables aux ustensiles de fer battu ou de fer-blanc. Non seulement une batterie de cuisine en cuivre offre un aspect agréable qui fait l'ornement d'une cuisine bien tenue, mais les casseroles de cuivre brûlent moins les mets que les casseroles de fer. Il faut seulement les faire étamer, de peur d'empoisonnement.

Des casseroles, quelques chaudrons pour faire cuire les légumes verts ou bouillir le linge, un gril, une poêle, une rôtissoire, une ou des poissonnières, soit en fer battu, soit en cuivre, une bassine en cuivre non étamé pour les confitures, un tamis, une passoire à purée : voilà en quoi consiste une batterie de cuisine proprement dite.

5° *Accessoires*. — Il y a encore d'autres accessoires dont on ne saurait guère se passer. Ce sont : une planche à nettoyer les couteaux, un moulin à café et un à poivre, des boîtes en fer-blanc ou en bois pour la petite provision de sel, de poivre, de farine ; des balais, une *tête de loup* pour enlever les toiles d'araignée ; des éponges, des seaux ou des cruches pour l'eau, des chandeliers, bougeoirs de cuivre pour la cuisine, etc.

Les instruments tranchants de la cuisine sont : deux couteaux, dont l'un, pointu et effilé, sert à peler les légumes et vider les volailles ; l'autre, à lame très pointue, mais large au talon, pour découper les viandes, hacher les herbes fines, etc. ; un hachoir, un couperet pour couper les os et les gros morceaux de viande, séparer les côtelettes, etc. ; une paire de ciseaux.

Balances. — Une balance avec des poids, au moins à partir du gramme jusqu'au kilo, est indispensable dans une cuisine. Il faut que la ménagère puisse vérifier le poids des denrées achetées et peser la quantité des ingrédients qu'elle emploie dans certaines préparations. Les balances Roberval sont d'un prix très modéré.

6° *Office et garde-manger*. — L'office est un petit cabinet où l'on dépose tout ce qui dépend du service de la table. Il est essentiel, pour la conservation des mets, que l'office soit bien aérée ; elle devra par conséquent être pourvue d'une fenêtre, mais que l'on garnit d'un treillage de fil de fer, pour empêcher les souris, les chats, les guêpes et les mouches de s'y introduire. L'office doit être carrelée et lavée souvent.

Lorsqu'on n'a pas d'endroit plus frais, c'est à l'office

qu'on place le garde-manger ; mais si la cave est bien aérée, ni trop sèche ni trop humide, il est préférable de le mettre à la cave, car le garde-manger doit être placé à l'ombre et dans un courant d'air, afin que la viande ne se gâte pas ou ne prenne pas un goût désagréable.

On achète des garde-manger tout faits chez les quincailliers.

EXERCICE DE STYLE. — 86. De l'installation et de la tenue de la cuisine. — 87. De l'outillage de la cuisine et de son usage.

LECTURE.
Tenue de la cuisine.

Plus une cuisine est désavantageuse comme local, plus il faut remédier à ce grave inconvénient par la propreté, les soins minutieux de chaque détail, l'outillage, la réunion de tous les instruments nécessaires pour faciliter et alléger la tâche de la cuisinière.

« Propreté ! propreté ! » Ce grand mot, si capital pour tout ce qui tient aux détails de la consommation, je déclare, dût-on me trouver ridicule ou exagéré, qu'il devrait être inscrit en énormes majuscules sur la porte de toutes les cuisines, grandes ou petites.

Une cuisine peut être étroite, mal distribuée, mal éclairée, mais sous aucun prétexte elle n'a le droit d'être sale.

Je consigne ici les principes essentiels, et je ne crains pas d'entrer dans des détails qui ne paraîtront minutieux qu'à ceux qui n'ont pas suivi de près le travail culinaire et qui n'ont pu se rendre compte par eux-mêmes des mauvais résultats que peuvent avoir, dans beaucoup de cas, certaines négligences et l'oubli des soins relatifs à la question de propreté.

Quand on pense qu'il suffit souvent d'une seule casserole malpropre pour faire manquer tout l'effet du dîner !

Je dirai donc au cuisinier ou à la cuisinière :

Que le carreau de la cuisine et de l'office soit lavé à grande eau une fois au moins par semaine. Après le lavage du carreau, on répandra une couche de sciure très propre, que l'on renouvellera tous les jours.

La pierre à évier doit être lavée chaque jour au savon noir et à l'eau chaude, et rincée avec le plus grand soin.

Les fourneaux de fer seront grattés et lavés tous les soirs, sans préjudice des nettoyages de détail que les accidents de travail pourraient nécessiter.

Les fourneaux à charbon de bois devront être brossés pendant le travail et rougis tous les soirs au rouge de Prusse étendu d'eau.

Les fourneaux à carreaux de faïence demandent que le charbon ait son département tout à fait à part, de manière à ne pas devenir une cause de malpropreté envahissante, comme il arrive dans certaines cuisines qui restent constamment noires comme l'échoppe du charbonnier.

On n'oubliera pas, une fois le travail terminé, d'ouvrir les fenêtres toutes grandes, afin de renouveler l'air entièrement et d'éviter les mauvaises odeurs persistantes. Une cuisine bien tenue ne doit pas, lorsque les fourneaux sont éteints, être plus odorante qu'une salle à manger : il faut toujours qu'on puisse y manger avec plaisir.

Quant aux ustensiles journaliers, et notamment aux casseroles, je ne saurais trop insister pour qu'on veille de très près au renouvellement de l'étamage. On ne manquera pas de passer la batterie en revue tous les jours, et, dès qu'on verra qu'une des pièces commence à rougir, on s'empressera de la faire étamer. Je n'approuve pas la méthode qui consiste à avoir des jours fixes pour faire étamer en bloc toute la batterie de cuisine. Il me paraît bien plus sûr et plus prudent de soumettre les pièces à une vérification quotidienne, et d'envoyer sans retard à l'étamage celles qui en ont besoin. C'est le moyen le meilleur pour que chaque chose soit toujours en bon état. On n'oubliera pas que, avec des casseroles qui ne sont pas suffisamment pures, non seulement on s'expose aux dangers connus de tout le monde sous le rapport hygiénique, mais de plus on ne peut rien faire de bon en cuisine ; consommés, sauces, gelées, tout devient d'une couleur trouble et noirâtre.

Avec le soin de faire étamer les casseroles aussi souvent que besoin est, on aura celui de les entretenir avec des précautions toutes particulières, que l'on ne saurait pousser trop loin. Qu'elles soient lavées, récurées au sablon, lavées de nouveau et rincées à l'eau propre toutes les fois qu'elles servent. On doit blâmer énergiquement cet usage malpropre qui consiste à employer la même eau pour laver plusieurs ustensiles de cuisine : il en résulte une eau grasse, épaisse, qui forme une couche noire autour des parois et rend l'opération du nettoyage à peu près impossible.

Je trouve très bien que les casseroles soient polies et brillantes à la vue, et je suis le premier à rendre justice au bon effet que produit sur des rayons une batterie de cuisine où l'on peut se mirer comme dans du métal neuf; mais à la condition toutefois que le nettoyage de l'intérieur ne soit pas sacrifié au luisant de l'extérieur, et que ces casseroles si belles au dehors ne soient pas négligées au dedans, ce qui malheureusement n'est pas sans exemple.

J. GOUFFÉ.
(*Le livre de cuisine*, chez Hachette.)

EXERCICE DE STYLE. — 88. Pourquoi la cuisine doit-elle être tenue toujours avec une grande propreté?

La cave.

Une bonne cave, où l'on conserve le vin, est située au nord; elle est voûtée et assez profonde pour que la température y soit de 8 à 10 degrés. De larges soupiraux y donnent un courant d'air, pour empêcher l'humidité; elle est à l'abri des secousses que produisent les voitures, car la commotion peut faire tourner le vin et le changer en vinaigre; enfin il n'y aura dans son voisinage ni fumier, ni fosses d'aisances, ni herbes en putréfaction, la mauvaise odeur étant également nuisible au vin. La cave à vin ne doit être ni trop sèche ni trop humide : l'humidité moisirait les bouchons, les douves et les lattes. Pour prévenir les variations de température, il faut avoir soin de fermer les soupiraux pendant les fortes chaleurs et les grands froids. Le sol de la cave doit être propre et uni; s'il était par trop sec, on l'arroserait quelquefois en été.

On partage autant que possible la cave en deux : l'une de ces parties est réservée aux vins fins et aux bouteilles ; l'autre contient le vin de table en perce, le cidre, etc. On place ordinairement dans l'*avant-cave* des planches percées de trous et fixées le long des murs, où l'on dépose les bouteilles vides, et à terre les outils de jardinage ou autres ustensiles encombrants, difficiles à caser.

La maîtresse de maison tiendra toujours sa cave fermée à clef, de même que le grenier, le garde-manger et généralement les endroits ou les meubles qui renferment des provisions.

Les tonneaux et le vin.

Les tonneaux de vin, les feuillettes de cidre ou de bière sont posés sur des chantiers, élevés de 20 centimètres, et ne sont pas trop rapprochés du mur, afin qu'on puisse plus facilement les inspecter et s'assurer qu'il n'y a pas de fuite. Pour prévenir la moisissure et l'humidité qui peuvent s'y attacher, la ménagère essuie de temps à autre les douves et les cercles des tonneaux ; elle balaye également le dessous des chantiers, qui supportent les pièces de vin ; elle visite celles-ci, pour voir si les cercles ne sont pas cassés, ce qui arrive parfois pendant les grandes chaleurs : ce soin pris chaque mois, aucun accident n'est à redouter, surtout si les tonneaux sont neufs et bien confectionnés.

Lorsqu'on conserve du vin en pièce, il est de la dernière importance de remplir le vide qui se forme par l'évaporation. On fait cette opération tous les mois. Il faut, pour cela, remplir le tonneau avec du vin du même cru et de la même qualité, et avoir soin de regarnir chaque fois la bonde avec un linge neuf. S'il s'agissait d'une pièce de vin très fin et qu'on en manquât pour le remplissage, il vaudrait mieux combler le vide avec des cailloux blancs bien propres.

On colle le vin pour lui ôter tout mauvais goût et pour le clarifier.

La méthode la plus usuelle pour coller le vin est l'emploi de blancs d'œufs pour le vin rouge, et de la colle de poisson pour le vin blanc. Quatre blancs d'œufs suffisent pour une pièce de 300 bouteilles.

Voici comment on procède :

On retire d'abord 2 ou 3 bouteilles de vin. On bat ensuite les blancs d'œufs avec une demi-bouteille de ce vin. On verse le tout dans le tonneau en battant fortement le vin avec un bâton fendu, qu'on introduit par la bonde; il est même bon d'agiter le vin de la pièce immédiatement avant d'y verser les blancs, le mélange s'en fait mieux. On continue encore après avoir mis le collage, puis on remet le vin retiré d'abord et l'on rebouche le tonneau.

Pour les vins blancs, c'est le même procédé, sauf que les blancs d'œufs sont remplacés par la colle de poisson dissoute dans du vin blanc. On prend 10 grammes de colle, que l'on bat bien fort sur un billot et que l'on fait tremper dans un peu de vin blanc versé dans une terrine. Au bout de six à sept heures, la colle ayant absorbé le vin, on en remet environ un décilitre. Après vingt-quatre heures d'infusion, la colle forme une gelée; on pétrit cette colle dans les mains en y ajoutant un peu d'eau chaude. Lorsque tout est réduit en pâte, on la passe dans un linge propre, puis on la bat avec une petite spatule en ajoutant petit à petit 2 litres de vin blanc. 1 litre de cette colle suffit pour une pièce de vin blanc de 250 litres.

Soufrage du vin.

On soufre les vins qui contiennent beaucoup de sucre et auxquels on veut conserver longtemps leur saveur sucrée. Cette petite opération consiste à faire brûler une mèche soufrée dans un tonneau vide, ce qui le remplit de vapeurs épaisses d'acide sulfureux; au moyen d'un entonnoir, on verse aussitôt le vin blanc, déjà clarifié par le collage.

Du soin que réclame le vin en bouteilles.

Le meilleur moyen de conserver et d'améliorer le vin est de le mettre en bouteilles.

Il faut pour cela choisir des bouteilles neuves, car les vieilles, qui ont déjà servi, conservent plus ou moins le tartre qui s'y est attaché. Les bouteilles doivent être soigneusement rincées, être aussi propres à l'extérieur qu'à l'intérieur, n'avoir ni goût ni odeur. On doit rejeter également celles dans lesquelles il y aura eu des matières grasses, comme l'huile, ainsi que du vinaigre.

Il est dangereux de rincer les bouteilles avec du plomb de chasse; il arrive quelquefois qu'il en reste au fond; les principes acides du vin ou du cidre venant à agir sur ces grains métalliques, les transforment en un poison : l'*acétate de plomb*. Il est préférable d'employer du sable ou des petits cailloux. On rince ensuite plusieurs fois à l'eau tiède les bouteilles, qu'on laisse égoutter pendant vingt-quatre heures, en les enfilant par le goulot dans les crans du porte-bouteilles. Avant de s'en servir, on fera bien de les examiner à la lumière pour rejeter celles qui sont fendues ou dont le goulot est endommagé.

Il faut éviter de mettre le vin en bouteilles aux trois époques de la vigne, ainsi qu'aux équinoxes ou pendant un temps orageux ou humide. On choisira plutôt un temps sec et froid. La limpidité du vin en dépend.

On gagne à employer des bouchons neufs et de bonne qualité; les autres, étant souvent troués, moisis ou cassés, pourraient gâter le vin. Ils ne doivent pas être poreux; on les trempe dans un peu de vin, une demi-heure avant de s'en servir. On enfonce les bouchons par le bout le plus mince; ils ne devront pas entrer trop facilement. Celui qui tire le vin doit s'abstenir de fumer à la cave, car l'odeur du tabac nuit au vin; il doit également, pour manier les bouchons, s'être lavé les mains. Exigez qu'il se serve d'une machine à boucher : ce procédé est plus expéditif et plus propre.

Aussitôt que les bouteilles sont bouchées, on les goudronne. On achète, à cet effet, un morceau de cire rouge ou verte chez le droguiste, qui la vend au prix de 50 à 75 centimes le morceau. On fait fondre la cire avec une chandelle de suif dans une terrine n'ayant jamais servi; on remue avec une spatule de bois jusqu'à fusion complète du mélange. Puis on trempe le goulot de chaque bouteille dans cette mixture en fusion. Un morceau de cire suffit pour 200 bouteilles.

Pour les vins fins, qui peuvent supporter une petite dépense, la *capsule en étain* doit être préférée au goudronnage à la cire.

On ne doit mettre le vin en bouteilles qu'après qu'il a été collé, et huit ou dix jours seulement après le collage.

On divise la cave à vins fins en compartiments, au moyen de petits murs d'appui ou simplement de planches. C'est la place destinée aux bouteilles.

On empile les bouteilles entre les murs d'appui. On a soin de mettre ensemble les bouteilles de même forme, et de placer deux ou trois lattes sous le goulot des bouteilles du premier rang et une sous le talon, afin que les bouteilles soient dans une position bien horizontale et n'aient pas le pied plus haut que le goulot. On met encore une latte entre le premier et le second rang de bouteilles, mais en intervertissant l'ordre dans le placement, c'est-à-dire qu'on met le goulot sur le pied des bouteilles du rang précédent.

Lorsque vous empilez des bouteilles, retournez-les sens dessus dessous pour mouiller le bouchon; cette petite précaution empêche la moisissure.

On vend maintenant des casiers de fer, simples ou doubles, destinés à recevoir les bouteilles et qui sont d'un très bon usage. Ces casiers, qui peuvent contenir 100 ou 200 bouteilles et même davantage, sont très solides, ne coûtent pas fort cher et durent indéfiniment. On leur donne une couche de couleur pour les empêcher de se rouiller. Pour les poser, on a soin qu'ils soient bien d'aplomb sur le sol.

La maîtresse de maison qui veut se rendre un compte exact de ce qu'elle possède et de ce qu'elle dépense aura une ardoise portant le nombre de bouteilles contenues dans chaque case; au-dessous, elle écrira celles qu'elle prend avec la date du jour. Dans les caves où il n'y a pas de casiers en fer, on mettra au-dessus de chaque compartiment une planchette indiquant en grosses lettres le nom des vins et le nombre de bouteilles se trouvant dans chaque compartiment. Un grand avantage qu'offrent encore les casiers, c'est que la ménagère peut voir d'un coup d'œil le nombre de bouteilles que contient chacun d'eux.

Les bouteilles de vin blanc demandent à être beaucoup plus surveillées que celles de vin rouge, parce que leur contenu fermente et travaille sans cesse, ce qui entraîne des explosions et par conséquent une double perte : celle du vin et celle des bouteilles.

Les vins français s'améliorent généralement en vieillissant et se conservent fort bien dans la cave, et dans les conditions que nous venons d'indiquer. Quant aux vins liquoreux étrangers, ils réclament un local chaud : on les place donc dans un cellier ou dans un caveau particulier.

Exercice de style. — 89. Comment faut-il procéder : 1° Pour coller le vin? — 2° Pour mettre le vin en bouteilles? — 90. De l'utilité du garde-manger.

Grenier.

Le grenier sera également divisé en trois pièces : dans l'une, qui devra être bien aérée, on tiendra le linge sale, étendu sur des cordes ou des perches, et, afin qu'au moment de la lessive il soit plus facile de le prendre et de le classer, chaque sorte de linge sale y aura une place distincte.

Dans beaucoup de ménages qui ne possèdent ni cellier ni fruitier, on conserve les légumes secs pour l'hiver dans des coffres ou des armoires que l'on place au grenier. La seconde partie de notre grenier remplacera ainsi le cellier. On pourra également y disposer des planches à étagères pour recevoir les fruits que l'on veut conserver.

La troisième partie enfin, qui sert pour ainsi dire d'antichambre aux deux autres, contient les vieux meubles hors d'usage, les châssis, les cordes, les ferrailles, etc., et ces mille riens qu'une ménagère prévoyante ne jette pas de côté sous prétexte qu'ils encombrent. Elle leur donne une place spéciale, au grenier par exemple, en attendant le moment de les employer, sachant que tôt ou tard ils trouveront leur usage.

Dans les fermes, une certaine partie du grenier est souvent destinée à contenir le blé. Ce grenier devra être carrelé, afin de donner moins de prise aux rongeurs; avoir le toit en mansarde, pour ne pas laisser passer la neige, et enfin posséder deux ou plusieurs lucarnes, afin de faciliter l'action des courants d'air.

Les grains y sont mis en tas, de façon à être bien aérés et à pouvoir être commodément remués à la pelle. Ce grenier est pourvu d'une balance-bascule pour mesurer le blé sur place.

Fruitier.

Les fruits sont une chose trop agréable, l'hiver, pour que la maîtresse de maison néglige d'employer tous les moyens propres à leur conservation. Elle aura donc un fruitier ou cave à fruits, si l'espace le lui permet, ou seulement un fruitier portatif, si l'emplacement lui faisait défaut. De plus, pour éviter le gaspillage que pourraient commettre les enfants et les domestiques, elle ne confie qu'à elle-même la clef du fruitier, et c'est elle qui se charge de tous les soins qu'il réclame.

Les fruits demandent à être cueillis à un degré de maturité convenable, c'est-à-dire quand ils sont ni trop mûrs ni trop verts encore : dans l'un ou l'autre cas, ils se conserveraient peu longtemps. On choisit un temps sec pour faire la récolte des fruits; on les cueille à la main; puis, afin de les *ressuyer* entièrement, on les expose pendant une huitaine de jours à un grand courant d'air; alors seulement on les rentre au fruitier.

Celui-ci sera une sorte de cave, qui sera plutôt fraîche que trop sèche, mais sans être humide, et dont la température devra varier le moins possible. A cet effet, on tiendra la porte et la fenêtre hermétiquement fermées. D'ailleurs, comme la lumière nuit aux fruits, le fruitier sera peu éclairé. Il ne faut pas non plus qu'il soit exposé au nord, parce que les fruits gèleraient si le froid était excessif. Il faut même avoir soin, l'hiver, de mettre un vase d'eau au milieu, et, si l'eau se congèle à la surface, boucher les fenêtres avec d'épais paillassons; si malgré cette précaution l'eau gelait encore, on adoucirait la température du fruitier en y allumant un poêle de braise.

Les murs du fruitier sont garnis de planches ou tablettes superposées, espacées entre elles par une hauteur de 40 à 50 centimètres et bordées avec des lattes pour empêcher les fruits de tomber, ce qui les froisserait et les gâterait promptement. Au milieu du fruitier, des poteaux supportent des planches disposées comme les premières. C'est sur ces tablettes, garnies d'une couche de paille ou de mousse, que l'on place les fruits en les espaçant le plus possible. On les pose sur le côté le moins mûr, le moins coloré.

On peut construire des fruitiers portatifs en planches de sapin ou de peuplier, ayant la forme de caisses superposées, de dimensions bien égales, de manière à s'assujettir exactement les unes sur les autres, mais sans se toucher, comme les compartiments d'une malle. Chaque caisse étant remplie d'un lit de pommes, de poires ou de raisins, on les empile les unes sur les autres, chacune servant de couvercle à la précédente; la caisse supérieure est fermée.

Les fruits se conservent parfaitement dans le fruitier portatif, et cette qualité est due sans doute à la stagnation de l'air dans cet appareil. Un autre avantage qu'offre le fruitier portatif, c'est qu'on peut loger une grande quantité de fruits dans un petit espace, sans compter qu'on peut les soigner ou les retirer avec une grande facilité.

Les fruits ainsi renfermés sont moins exposés à la gelée que ceux qui sont à découvert sur les planches du fruitier ordinaire; si le local dans lequel ils sont placés était très froid, on pourrait les garantir en couvrant la caisse avec des matelas ou de vieilles couvertures.

La maîtresse de maison doit visiter le fruitier au moins deux fois par semaine, pour enlever les fruits tachés, qui gâteraient infailliblement les autres.

EXERCICE DE STYLE. — 91. Que faut-il faire pour conserver des fruits ?

Légumier.

Les légumes nuisent par leurs émanations au vin et au cidre. Il faut donc les bannir de la cave et les conserver dans un endroit spécial : le *légumier* ou serre à légumes.

Le légumier est indispensable dans une maison ou une ferme d'une certaine importance. C'est ordinairement une cave d'une faible profondeur, dont le sol, peu humide, est recouvert d'une couche de sable de 40 à

50 centimètres d'épaisseur, qu'on remue souvent. Une fenêtre à chacun des bouts du légumier sera ouverte fréquemment, pour que le courant d'air chasse les émanations des légumes, agents actifs de décomposition.

Après avoir cueilli les légumes, on les laisse par terre un jour ou deux pour les laisser sécher, puis on les transporte au légumier par un temps sec. Là, on les met en tas, en séparant les couches par des lits de sable. Les carottes et les navets s'enterrent dans le sable; les pommes de terre se mettent en un tas, soit sur des planches, soit sur de la paille. D'autres légumes, tels que : choux, scaroles, céleri, etc., se repiquent dans le sable. On donne à chaque espèce la place qui lui convient, on les visite fréquemment, et l'on ôte les feuilles pourries qui s'y trouvent.

La couche à champignons se trouve ordinairement au légumier.

CHAPITRE VIII

DU CHOIX D'UNE DOMESTIQUE

On reproche avec raison à nos ménagères d'aujourd'hui de prendre plus de peine à trouver de bons domestiques qu'à les former. La première méthode paraît moins difficile, et surtout plus commode que la seconde; celle-ci est pourtant bien plus avantageuse que l'autre.

Lorsqu'un domestique entre dans votre maison, êtes-vous sûre de le garder longtemps; n'êtes-vous pas exposée à le perdre même bientôt, s'il ne vous convient pas ou s'il ne se plaît pas chez vous, et de recommencer vos recherches, souvent difficiles, toujours ennuyeuses? sans compter la mauvaise réputation que se fait une maîtresse de maison en changeant souvent les serviteurs.

Tandis que, si vous prenez une jeune servante, elle se fera plus aisément aux habitudes de la maison, sera plus souple, mieux disposée à obéir, et vous serez plus certaine de la garder longtemps. Mais il faudra vous armer de patience si vous vous sentez le désir et la force de former une apprentie servante. La patience, du reste, est toujours nécessaire avec les domestiques : ce sont tous de grands enfants sans éducation, qu'il faut aider de conseils et d'avertissements, supporter avec charité et douceur. Si nous avons nous-mêmes les défauts de nos qualités, à plus forte raison les domestiques sont-ils loin d'être parfaits.

Ce principe établi, revenons à notre jeune bonne. Il s'agit donc de l'initier à son travail, de lui tracer sa besogne. Enseignez-la, montrez-lui à faire son ouvrage, mais ne le faites jamais vous-même à sa place ; craignez de favoriser en elle un penchant déjà naturel à la paresse ou à la nonchalance.

Une difficulté vous arrêtera peut-être ici : pour montrer aux domestiques, il faut savoir faire par soi-même, direz-vous et avec raison. Non seulement il est vrai que la maîtresse de maison ne sait bien commander que lorsqu'elle est en état de faire par elle-même ce qu'elle commande, j'ajouterai encore que ce n'est qu'alors qu'elle n'exigera que des choses possibles. En effet, comment saura-t-elle par exemple que, pour bien faire un appartement, la servante doit mettre une heure, deux heures ; que, pour cuire tel mets, il lui faudra tels ingrédients et tant de combustible ; que pour tel raccommodage il faudra ce laps de temps, etc., etc., si elle ne l'a pas fait elle-même ?

Je suppose donc que votre mère, en mère de famille prudente et ménagère prévoyante, prendra la bonne habitude de vous initier à tous les travaux d'un ménage, aussitôt après votre retour de la pension, et qu'elle aura même déjà commencé votre apprentissage pendant les vacances. Vous serez bien dédommagée plus tard de la peine que vous vous serez donnée. Non seulement vous serez servie à votre guise, de cette façon, et certaine que la besogne se fera consciencieusement, mais vous retirerez encore un grand avantage de cette sage expérience : celui de savoir vous tirer d'affaire lorsque le départ brusque ou imprévu d'une servante met dans le plus grand embarras une maîtresse de maison irréfléchie ou imprévoyante, qui aura dédaigné de conduire elle-même le fourneau, de manier l'aiguille ou de descendre aux menus détails d'un service de table.

Devoirs envers les domestiques.

Voyons maintenant quels sont les principaux devoirs de la maîtresse de maison envers ses serviteurs. Ces devoirs sont de deux sortes : ceux qui concernent le moral, et ceux qui regardent plus spécialement le corps.

Le premier devoir consiste à veiller à ce que nous donnions toujours et en tout de bons exemples à nos domestiques.

Comment espérer qu'ils nous obéiront et qu'ils respecteront notre autorité, si nous ne savons pas gagner leur estime?

Un autre point important, c'est de veiller à leur conduite et de les diriger. « Je veux, dit Legouvé, qu'on sache qu'être maître c'est avoir charge d'âme. Je veux qu'on se souvienne que les domestiques sont des hommes et les servantes des femmes! ou plutôt, non, que ce sont des enfants! Oui, des enfants! Ils en ont l'ignorance, les appétits mal réglés, les désirs mobiles, l'esprit d'irréflexion, le penchant au mensonge, tout ce qui naît enfin du manque d'éducation. Et si tu ajoutes qu'ils sont exposés aux plus irrésistibles tentations, que tout ce qui les entoure conspire contre leur probité; que la cuisinière a pour flatteurs et pour corrupteurs tous les fournisseurs; que tous les marchands offrent une prime à ton valet de chambre pour te voler; que ta lingère, ta couturière, ta cordonnière sollicitent au prix de l'or la complicité de ta femme de chambre..... alors, au lieu de t'étonner de leurs vices, tu t'étonneras de ce qui leur reste de qualités; ton mépris se changera en pitié, et tu leur tendras la main pour les aider à se relever. »

La maîtresse de maison n'oubliera jamais qu'elle a charge d'âmes, lorsqu'il s'agit de jeunes filles; le devoir exige qu'elle veille sur elles et qu'elle les protège avec la sollicitude d'une mère.

Ajoutons encore que la maîtresse de maison laissera toujours aux domestiques la faculté de s'acquitter des devoirs religieux le dimanche, et qu'elle leur prêtera des livres instructifs et moraux.

Lorsqu'un serviteur tombe malade, ne l'envoyez pas à l'hôpital, mais soignez-le ou faites-le soigner chez vous. C'est ici le cas de lui faire voir qu'il est de la famille. Veillez à ce qu'il ne manque de rien et à ce que les prescriptions du médecin soient suivies exactement; qu'il s'aperçoive que vous lui portez de l'intérêt. De cette manière, vous vous l'attacherez davantage, et il vous servira encore avec plus de zèle et de dévouement qu'auparavant, car c'est une erreur de croire que les domestiques sont incapables d'affection ou de reconnaissance; ils sont au contraire fort sensibles aux petites attentions qu'on a pour eux.

Lorsqu'un domestique a commis quelque maladresse ou est surpris en défaut, reprenez-le, mais faites-le avec douceur et jamais en public, car cela l'humilierait, et l'humiliation aigrit le caractère sans corriger. Une fois que vous avez fait l'observation, n'y revenez pas non plus sans cesse : une maîtresse tracassière qui fait de continuels reproches rend le service insupportable à ses subordonnés.

Quand vous êtes contente d'eux, encouragez-les par une bonne parole, qui les excite à continuer, et de temps en temps, soit à l'occasion d'une fête ou d'un voyage, etc., faites-leur un petit cadeau, bon marché, mais qui aura de la valeur par la manière dont vous l'offrirez; et, comme les distractions sont aussi nécessaires aux domestiques qu'aux maîtres, accordez-leur de temps en temps quelques plaisirs au logis : vous les empêcherez ainsi de mal faire et les attacherez davantage à la maison.

Payez-les exactement, et aidez-les dans le placement de leur argent; montrez-leur les avantages de l'économie, parlez-leur de la caisse d'épargne : outre un devoir de charité que vous accomplirez là, vous y trouverez encore votre avantage, car, en devenant économe pour son compte, la bonne s'habituera à l'être pour le vôtre.

Réglez les domestiques pour le boire et le manger; que leur nourriture soit abondante, car, devant travailler beaucoup, ils doivent manger de même; mais ne donnez rien de trop : la satiété les rendrait exigeants. Dans beaucoup de maisons, on donne trois bouteilles de vin par semaine aux hommes, et deux aux femmes; en été, on augmente d'une bouteille par personne et par semaine. Dans le nord de la France, où la bière est la principale boisson des habitants, les maîtres eux-mêmes ne prennent qu'un verre de vin au dessert, — je parle ici de la bourgeoisie ; — on remplace cette douceur pour les domestiques, et les gens de service, femmes de ménage, blanchisseuses, etc., en leur servant le café et le petit verre après le principal repas. Cet usage est général et se pratique à la campagne comme à la ville. Les jours de fête, ou quand vous recevez du monde, donnez-leur un dîner un peu plus succulent qu'à l'ordinaire; qu'ils aient leur petite part de friandises et de dessert. Cette attention les payera de leur besogne, qui est ordinairement doublée ces jours-là.

Ne donnez jamais à votre femme de chambre la *mise bas*, c'est-à-dire les robes que vous ne mettez plus. C'est un mauvais système. Vendez les vêtements qui ne vous servent plus, et, avec le prix que vous en retirerez, achetez du neuf pour vos bonnes : le neuf flatte toujours davantage que le vieux, et pour vous c'est plus économique. Comment cela? dites-vous. Écoutez plutôt :

Une dame, que je pourrais nommer, avait aussi l'habitude de partager sa mise-bas entre les bonnes. Or elle trouva un jour une de ses plus belles robes tachée. Elle ne tarda pas à découvrir que sa femme de chambre, lasse d'attendre cette robe, que, selon elle, madame portait trop longtemps, s'était avisée de la tacher afin de la posséder plus tôt. Inutile d'ajouter que cette fille fut renvoyée immédiatement, et que la dame, instruite par l'expérience, renonça à sa vieille habitude et acheta dorénavant du neuf pour ses domestiques. Cette même dame, aussi charitable que bonne ménagère, va encore plus loin. Elle ne donne jamais ni vieux linge, ni vieux habits à ses pauvres; elle reconnaît que le linge usé ne leur rendrait pas plus de service qu'à elle-même et préfère acheter du linge neuf et de bonne qualité.

Voulez-vous enfin que votre bonne ne vole pas votre temps pour raccommoder ou ranger ses petites affaires? Accordez-lui une demi-journée de liberté par semaine, ou quelques heures au moins, ainsi que cela se pratique dans les bonnes maisons. De cette manière, elle ne quittera pas son travail à moitié fait ou ne le fera pas avec négligence pour gagner quelques moments à consacrer à son propre entretien.

Pour tout résumer, en un mot : *Les bons maîtres font les bons serviteurs. Voulez-vous être bien servie? faites-vous aimer de ceux qui vous servent.*

Exercice de style. — 92. Quels sont les devoirs d'une maîtresse de maison à l'égard des domestiques? — 93. Réponse d'une fermière à l'une de ses voisines qui la consulte au sujet d'un domestique qui se présente chez elle. Ce dernier est laborieux, mais son caractère violent lui fait brutaliser les animaux.

Qualités que doit avoir un bon domestique.

Vous êtes en droit d'exiger de vos domestiques : la probité, la bonne volonté, l'activité, l'ordre et la propreté, la politesse. Les trois premières sont indispensables; quant aux autres, elles seront vite acquises par votre apprentie-servante, avec quelques recommandations et un peu de persévérance. Votre cuisinière et votre femme de chambre auront de l'ordre, par exemple, si dès leur entrée en fonctions vous leur montrez où se trouve chaque objet en exigeant qu'elles le remissent en place aussitôt qu'il ne servira plus; vous devrez également leur mettre en main une liste des choses confiées à leurs soins. Tous les soirs, ou toutes les semaines, vous vérifiez si le compte exact y est. Il manque souvent dans certaines maisons des torchons, des couteaux, des fourchettes, etc. Vous éviterez les négligences (je n'ajoute pas ou les détournements, car je suppose vos domestiques d'une probité à toute épreuve; s'il en était autrement, il faudrait les renvoyer sans pitié), vous éviterez donc les négligences en prévenant vos domestiques qu'ils auront à vous présenter tous les objets cassés, ou, autre moyen très efficace : intéressez-les plus ou moins directement à la prospérité de la maison. Je connais une dame qui promet une petite somme fixe tous les trimestres à sa bonne, mais qui retire de cet argent le montant des objets brisés ou perdus pendant cet espace de temps. Elle m'assurait qu'elle se trouvait fort bien de son petit moyen et qu'il ne se cassait jamais deux verres par an dans sa cuisine.

Une autre maîtresse de maison, qui dirige une grande ferme, a l'habitude de donner $0^f,60$ par douzaine d'œufs que la fille de basse-cour ramasse dans les différentes parties de la maison autres que le poulailler. On sait que parfois les poules pondent dans des cachettes à elles seules connues, et qu'on perd ainsi une grande quantité d'œufs si l'on n'y prend garde.

Exigez que les domestiques soient respectueux et polis à votre égard; les hommes doivent être découverts en vous parlant, et debout en votre présence; mais n'oubliez pas qu'en ceci, comme en beaucoup d'autres choses, l'exemple vaut mieux que le précepte. Soyez toujours polies vous-mêmes et affables avec les domestiques; vous n'aurez qu'à vous applaudir de votre conduite.

EXERCICE DE STYLE. — 94. Des défauts qu'il faut surveiller et corriger dans les domestiques.

LECTURE.

Gouvernement des domestiques.

Une des parties les plus importantes de l'administration intérieure, c'est le gouvernement des domestiques : fonction délicate, sérieuse, digne de toutes les réflexions d'une femme éclairée. Elle se compose de deux choses : le choix et la direction.

On sent de quelle importance est pour une maison le choix des domestiques : comme ce sont eux qui, en dernier compte, traitent au dehors et font la dépense, le trésor de la maison est en quelque sorte entre leurs mains. Sans doute, de grandes malversations ne leur seront guère possibles; mais une suite de petites infidélités ou de petites négligences peut porter à la longue des atteintes assez graves à un budget modeste et strictement suffisant.

Mais ce n'est là qu'un des moindres côtés de l'influence des serviteurs dans un ménage; le point le plus grave, c'est leur familiarité avec les enfants; les enfants en général aiment les domestiques, sans doute parce que ceux-ci sont d'ordinaire plus complaisants que les parents : or, sans abandonner en aucune façon les enfants, il est impossible qu'une mère de famille n'ait pas souvent besoin de se faire suppléer ou remplacer par des servantes; et il serait ridicule d'ailleurs et dangereux d'inspirer aux enfants de fausses idées d'orgueil, et de leur interdire la familiarité que leur nature candide et naïve montre à tous ceux qui les amusent, quel que soit leur costume. Les domestiques prennent aussi une place importante dans la famille, et c'est là surtout qu'il importe de s'assurer de leurs soins, de leur fidélité, de leur honnêteté. Quelles garanties ne devons-nous pas exiger des personnes auxquelles nous confions, ne fût-ce qu'une minute, le corps et l'âme de nos enfants?

Le choix des domestiques appelle donc particulièrement la pénétration d'une maîtresse de maison. Mais il ne sert de rien de bien choisir ou de bien rencontrer, si l'on ignore l'art de diriger et de gouverner. C'est un art très difficile et qui est loin d'être commun : il consiste en un milieu juste entre l'indifférence et la persécution. La maîtresse de maison doit sans doute avoir l'œil toujours ouvert; mais elle doit savoir aussi qu'aucune créature n'apprend à bien faire si on ne la laisse agir avec une certaine liberté. Surveillance et confiance, tels sont les deux principes d'un sage gouvernement domestique. Sans la première, on est trompé ; sans la seconde, on se trompe soi-même, en privant le serviteur du ressort le plus énergique de l'activité humaine, la responsabilité et l'honneur.

Mais, quelque sagesse qu'une maîtresse de maison apporte dans le choix et la direction des domestiques, il est un principe qu'elle ne doit pas oublier : c'est que ces personnes, malgré l'humilité de leur condition, sont des créatures humaines et raisonnables, qui doivent être traitées avec bienveillance et respect. Rien de plus injuste que certaines femmes : elles ne veulent pas supporter que les domestiques aient des défauts; elles ne veulent pas même comprendre que l'infériorité d'éducation soit déjà une source d'idées fausses qui doivent avoir leurs conséquences dans le caractère. Il semble que la qualité des domestiques soit une dette dont on reçoit le payement sans en savoir gré, et leurs défauts, un déficit dont ils nous font tort et qu'on a le droit de leur reprocher sans cesse comme une injustice. Il semble aussi que le travail de la domesticité soit une chose facile; comme rien n'est plus aisé que d'avoir des fantaisies, on trouve que rien ne doit être plus aisé que de les deviner et de les satisfaire. C'est une grande erreur; et, pour s'en convaincre, il suffit de se demander à soi-même si l'on accomplit scrupuleusement et minutieusement toutes ses obligations. Il est vrai que souvent ces femmes si difficiles sont des femmes oisives; elles n'en devraient avoir que plus d'indulgence pour des créatures vouées au travail et condamnées à la douloureuse nécessité de servir les autres...

Non seulement le maître ou la maîtresse de la maison ont des devoirs envers les domestiques, mais les enfants en ont aussi. Ceux-ci sont trop disposés en général à prendre les domestiques pour les instruments de leurs volontés et les jouets de leurs caprices. Quoiqu'il n'y ait plus d'esclavage légal, l'enfant l'aurait bien vite rétabli à son profit, si on le laissait faire. Commander, injurier et battre, tels sont les procédés habituels des enfants qu'on laisse absolument libres dans leurs rapports avec leurs inférieurs.

Ceux-ci, de leur côté, ne se gênent pas pour employer la

force et passent volontiers de l'esclavage à la tyrannie, lorsqu'ils ne sont plus sous les yeux des maîtres. L'un et l'autre sont détestables. Le serviteur ne doit jamais avoir le droit de frapper ; mais il ne doit être lui-même ni frappé ni injurié. Pour le premier âge, c'est aux parents à surveiller les rapports des domestiques et des enfants. Plus tard, c'est aux enfants eux-mêmes, lorsqu'ils ont l'âge de raison, à savoir qu'ils ne doivent pas traiter les domestiques comme des brutes. Les mêmes observations peuvent s'appliquer aux ouvriers, dans les circonstances où les ouvriers sont en quelque sorte attachés à la famille.

(*La Famille.* — Lemerre, éditeur.) P. JANET.

EXERCICE DE STYLE. — 95. Quels sont les devoirs des enfants envers les domestiques de la maison ?

LECTURE.

Dévouement d'une servante.

La domesticité, dans le moyen âge, donna les mêmes preuves de parenté et de dévouement à la famille que le vieux serviteur *Eumée* en donne, dans Homère, au fils de la maison, *Ulysse*, visitant ses foyers usurpés.

Il y a dans la belle et pathétique *Histoire de Marie Stuart*, par M. Dargaud, un récit d'une servante ou nourrice, comme on les appelait alors, que je n'ai jamais lu sans bénir et sans glorifier dans mon cœur la domesticité. Le voici :

« Le duc de Norfolk, parent et héritier du trône de la reine Élisabeth, avait conspiré avec ses vassaux pour enlever la reine de son cachot et pour lui rendre son trône. Élisabeth découvre le complot, arrête Norfolk et le fait condamner à avoir la tête tranchée sur un échafaud dressé dans la Tour de Londres. Le duc, accompagné de ses amis, à qui il était permis alors de faire cortège au mourant, s'avance fièrement vers le lieu du supplice. Arrivé au pied de l'échafaud, il a soif et demande à boire. « Une femme âgée et voilée qui l'avait suivi tout en pleurs, dit l'historien, lui présente une coupe que le duc reconnut aussitôt : c'était sa propre coupe, celle de ses ancêtres, et cette femme prévoyante et attentive jusqu'à la mort était sa nourrice, la servante de ses châteaux. Elle versa de l'ale dans la coupe ; le mourant y trempa ses lèvres. Lorsqu'il rendit la coupe vide à la pauvre femme, elle saisit et baisa en pleurant la main de son maître. « Que Dieu te bénisse! lui dit le duc, et que nos enfants te « vénèrent à cause de ce que tu as fait! » Puis, comme il sentait qu'il s'attendrissait à l'heure où l'homme a besoin de sa force, il monta rapidement les degrés de l'échafaud, appuyé sur le bras du doyen de Saint-Paul. »

L'antiquité n'a rien de plus naïf, rien de plus touchant que cette coupe reconnue à l'heure où on laisse tout sur la terre, et cette main de servante tendant au seigneur la coupe de l'échafaud.

LAMARTINE.

EXERCICE DE STYLE. — 96. Que savez-vous de Marie Stuart?

LECTURE.

Quelques anecdotes.

Domestiques :

1. Une domestique, comptant avec sa maîtresse, se trahit ainsi :

« Un petit pain d'un sou... »

2. On a vu souvent, dit Walter Scott, des domestiques tellement dévoués aux intérêts de leurs maîtres, qu'ils faisaient en quelque sorte partie des familles auxquelles ils appartenaient. Comme ils ne concevaient pas la possibilité d'être congédiés, ils avaient un attachement sincère pour toute la maison.

Un domestique de cette espèce, ayant commis une offense envers son maître, reçut de ce dernier l'ordre de quitter sur-le-champ son service. « En vérité, je ne le puis, répondit-il ; si votre Honneur ne s'aperçoit pas qu'il a un bon domestique, je sais que j'ai un bon maître, et je ne partirai pas. »

3. « Catherine, je vous avais défendu de vous servir d'argenterie pour faire la cuisine, et voilà que vous tournez le roux avec une cuiller d'argent !

— Madame, elle était sale. »

4. Mme W..., voyant de la poussière sur un meuble, la montre à son domestique, qui prend un air vexé.

Mme W..., avec douceur :

« Voyons, Joseph, si vous étiez à ma place, que feriez-vous en pareil cas?

— Je ferais comme maintenant, je n'y ferais pas attention. »

5. « Madame a besoin d'une bonne?

— Oui, mon enfant. Faites-vous bien la cuisine? Pouvez-vous servir de femme de chambre?

— Oui, madame. Combien de gages donne madame?

— Six cents francs.

— Cela me convient. A quelle heure se lève-t-on?

— A sept heures en hiver, à six heures en été.

— Ma chambre est-elle sous les toits?

— Non, la chambre est commode.

— Y a-t-il un tapis à mon lit?

— Oui, ma fille.

— C'est un homme qui frotte l'appartement?

— Oui.

— Il y a quelqu'un pour apporter l'eau?

— Sans doute.

— Ai-je mon café au lait tous les matins?

— Cela va de soi.

— Madame m'accorde un jour de sortie par semaine?

— Parfaitement.

— Ai-je une petite fille pour la grosse besogne?

— Comment donc!

— Eh bien! quand entrerai-je chez madame?

— Demain, si vous voulez.

— A demain donc, madame. »

La bonne s'en va après avoir salué ; madame la rappelle.

« Dites donc, ma fille, jouez-vous du piano?

— Non, madame.

— En ce cas, vous ne faites pas mon affaire. »

6. Montesquieu était fort doux envers ses domestiques. Un jour, il se trouva dans le cas de les gronder très vivement. Au même instant entrait chez lui un de ses amis. Montesquieu, surpris et un peu honteux, se retourna et s'en tira au moyen d'un bon mot :

« Ces gaillards-là, dit-il en riant, ressemblent à des horloges : il faut les remonter de temps en temps pour qu'ils aillent. »

7. Un homme de qualité étant allé voir Fontenelle et le trouvant de fort mauvaise humeur :

« Qu'avez-vous donc? lui dit-il.

— Ce que j'ai? répondit Fontenelle : j'ai un domestique qui me sert aussi mal que si j'en avais vingt. »

LECTURE.

Proverbes et maximes.

Enfants. — *Domestiques :*

1.   La mère aime tendrement.
       Le père aime fermement.

2. Malheur à la maison où jamais on ne gronde!
Proverbe anglais.

3.   De l'interdiction
       Naît la tentation.

4. Les fruits défendus semblent les plus doux.

5. Travail fait demande salaire.
Proverbe espagnol.

6. Salaire retenu crie au ciel.
Proverbe allemand.

7. Habituez les enfants à tout serrer : cela s'apprend aussi bien que gaspiller.

8. Suivez vos domestiques : l'œil du maître engraisse le troupeau, et le maître fait plus de l'œil que de la main.
Franklin.

9. Voulez-vous qu'une commission soit bien faite? faites-la vous même.
Idem.

10.   Quand on envoie les enfants au marché,
      Les marchands sont sûrs d'y gagner.

11. Une femme vaine et ambitieuse demandait à Théano, fille de Pythagore, par quel moyen elle pouvait se rendre illustre :

« En filant votre quenouille, lui répondit-elle, et en prenant soin de votre ménage. »

Exercice de style. — 97. Expliquez le 8e proverbe ci-dessus.

CHAPITRE IX

BLANCHISSAGE ET ENTRETIEN DU LINGE

Une bonne maîtresse maison apporte des soins particuliers à l'entretien c la conservation du linge. Elle fait un relevé par quant é et par qualité de tout le linge du ménage; elle note exactement celui qui est à la lessive ou qui sert aux différents usages de la maison, et veille à ce qu'il soit rapporté; elle remplace les objets perdus ou hors de service et raccommode le linge déchiré avant de l'employer de nouveau. Elle donnera également ses soins au linge sale; elle le conservera dans le grenier, qu'elle aérera souvent, le suspendra sur des cordes, hors de l'atteinte des rongeurs.

Dans beaucoup de campagnes, il est d'usage de ne faire la lessive qu'une ou deux fois par an. Cette coutume est très nuisible au linge, car la crasse le ronge, et l'action prolongée de l'air en affaiblit le tissu. Faites votre lessive tous les deux ou trois mois, vous y gagnerez sous plus d'un rapport.

Des matières employées dans la lessive.

L'eau.

La qualité de l'eau étant un point important dans la lessive ou le savonnage, nous allons en dire quelques mots.

Toute eau employée à faire la lessive doit être bonne, c'est-à-dire qu'elle doit bien dissoudre le savon. Si le savon, au lieu de se dissoudre, forme des grumeaux qui flottent à la surface, cela provient de ce que l'eau contient des substances minérales. On peut l'améliorer au moyen d'une forte lessive, dans la proportion d'un quart de lessive sur trois quarts d'eau, et y faire fondre un peu de potasse, mais avec ménagement, car, ne l'oublions pas, la potasse brûle le linge.

Il faut que l'eau soit abondante si l'on veut du linge bien blanc; la laveuse ne devra pas en être avare, si elle a de l'eau à volonté. Dans les localités où l'eau courante manque et où l'eau des pompes et des puits est mauvaise, on ramasse, pour laver, l'eau de pluie dans des citernes, des barriques ou des cuves, placées sous des tuyaux de descente. L'eau de pluie est excellente pour la lessive; mais il faut que les récipients qui la contiennent soient toujours couverts, pour empêcher les impuretés de tomber dans l'eau.

Exercice de style. — 98. Quelle est la meilleure eau pour la lessive ? Quelle est la meilleure eau pour la boisson ?

Les cendres.

Les cendres jouent un grand rôle dans la lessive. L'eau bouillante seule ne nettoierait pas le linge sale; il faut y ajouter des cendres de bois qui le dégraissent, grâce à un principe qu'elles contiennent, la *potasse*, qui a la propriété de dissoudre les matières grasses et de les rendre aptes à être entraînées par l'eau.

Pour être bonnes, les cendres doivent être inodores à l'état sec, exhaler une forte odeur de lessive lorsqu'elles sont mouillées, bien absorber l'eau, être d'une couleur bien *cendrée*, enfin ne contenir aucune matière charbonneuse ou autre. Pour cela, la ménagère évitera de jeter les balayures dans la cheminée et tamisera les cendres dans un crible fin, avant de s'en servir.

Les cendres employées dans la lessive proviennent du bois ou du charbon de bois. Les meilleures sont celles des fours de boulangers, car elles contiennent le plus de potasse. Il est reconnu que le tronc et les plus fortes branches de l'arbre donnent moins de cette substance que les petites branches. Or le bois qu'on brûle au four est formé de fagots, de menus branchages; il fournit donc une plus grande quantité de potasse.

Les cendres provenant de la houille ou de la tourbe ne sauraient convenir pour la lessive : elles sont terreuses et ne contiennent qu'une portion insignifiante de potasse; celles de châtaignier ou de marronnier doivent également être rejetées, car elles tacheraient le linge.

La quantité de cendres employées pour la lessive doit être proportionnée à la quantité du linge à laver. Trop de cendres le brûle; trop peu le décrasse mal. On prend ordinairement une partie de cendres pour dix de linge.

Dans les localités où l'on se chauffe à la houille, les cendres de bois sont remplacées par la potasse du commerce, qui provient de la cendre de végétaux, principalement de certains arbres de la Russie et de l'Amérique du Nord. Elle demande à être employée avec précaution.

Le savon.

Le savon est un composé de *soude*, de suif ou d'huile. La soude provient de certaines herbes marines, notamment des algues.

De même que la potasse, qui lui ressemble, la soude a la propriété de rendre solubles les matières grasses; mais, comme elle agit très énergiquement, son emploi direct brûlerait le linge; on a donc imaginé de lui associer une substance grasse pour en adoucir les effets. Cette substance est tantôt le suif de bœuf et tantôt l'huile, selon la qualité du savon.

Le savon à employer pour la lessive doit être bien sec, se dissoudre facilement, se mélanger à l'eau et donner une écume blanche et épaisse. On coupe les barres en morceaux réguliers d'une livre, qu'on pèse avant de les remettre aux lessiveuses, pour éviter tout gaspillage. Quelques personnes coupent le savon très menu en l'employant; il se dissout mieux ainsi.

On distingue plusieurs sortes de savon ordinaire : le savon blanc, le savon marbré dit de Marseille et le savon noir ou de résine, dans lequel cette dernière substance remplace le suif. Pour la lessive, le savon marbré à lignes bleuâtres doit être préféré au savon blanc. Le savon de résine est très actif; il convient pour le linge grossier et le plus sale.

Le savon de toilette est préparé avec de l'huile fine; son parfum provient de divers aromates qu'on y mélange.

EXERCICE DE STYLE. — 99. Du savon. Sa fabrication, son usage.

La lessive.

L'importante opération du *coulage*, qui est le prélude de la lessive, se fait à la buanderie ou dans le fournil. Voici comment on procède :

On place un grand cuvier sur un trépied de bois, et l'on y arrange le linge pièce à pièce, ayant soin de mettre le linge fin dans le milieu, le gros linge par-dessous et le linge gras et taché au-dessus. On le presse, de sorte qu'il ne reste aucun vide et qu'il soit partout d'une épaisseur égale.

On couvre le linge d'une toile très forte, le cendrier, qui devra déborder tout autour du cuvier. Mettez sur cette toile les cendres, dont la quantité devra être proportionnée à celle du linge à blanchir. Le cendrier est replié ensuite par-dessus les cendres, étalées de manière à former une couche égale. On fait tiédir de l'eau dans un chaudron et on la verse sur la lessive. Cette première coulée passe à travers le linge de la cuve; on la recueille à sa sortie de la bonde ou du robinet adapté au bas du cuvier, pour la faire chauffer et la verser de nouveau sur le linge. On continue cette opération pendant près de douze heures, car il faut arriver, en chauffant la lessive de plus en plus, à la verser bouillante sur le linge.

Lorsque la lessive est coulée suffisamment, on enlève la toile avec les cendres, on retire le linge, qui sera porté au lavoir pour y être savonné, puis rincé plusieurs fois à l'eau claire.

La lessive a pour effet de dissoudre la crasse et de l'entraîner; la potasse qui provient des cendres et qui constitue la force de la lessive se combine avec les parties graisseuses de cette crasse et forme une espèce de savon. C'est ce savon qui donne à la lessive le moelleux qu'elle acquiert vers la fin du coulage. Un linge bien coulé demande peu de savon; il se rince parfaitement et sans peine.

Une ménagère économe utilise l'eau de lessive. Elle s'en sert pour nettoyer l'argenterie, les ustensiles en fer-blanc, les lampes, les vases de terre, la vaisselle grasse, etc. Cette eau devra être employée chaude, sinon bouillante.

Autant que possible, on ne laisse pas trop refroidir le linge après le coulage. On le transporte immédiatement au lavoir ou à la rivière, dans des sacs, pour lui conserver plus longtemps son humidité, sa chaleur et pour le préserver du contact de l'air, qui agirait énergiquement sur lui à cause de la potasse dont il est imprégné.

Les laveuses se servent habituellement de brosses ou de battoirs, pour faire pénétrer le savon dans le linge. Ces procédés seraient commodes, s'ils étaient employés avec précaution. Mais les laveuses le font rarement et en conséquence déchirent le linge. Il vaut donc mieux qu'elles frottent le linge entre leurs mains.

Dans certaines maisons, on parfume le linge pendant la lessive en mettant dans le cuvier des racines d'iris de Florence pelées et séchées, qui communiquent à la lessive une odeur agréable. Les mêmes racines peuvent servir plusieurs fois; on les lave et on les fait sécher après l'opération, puis on les enfile comme un chapelet, et on les met dans un endroit sec.

Depuis quelques années, il existe des appareils portatifs à lessive, de toute dimension, en zinc ou en tôle galvanisée, et à prix raisonnable. Un petit fourneau à charbon est établi au-dessous du cuvier. On y allume le feu le soir, et la lessive se fait seule pendant la nuit. On se sert avec avantage de ces appareils pour faire une petite lessive tous les huit ou quinze jours.

Après que le linge a été bien rincé, puis tordu, on le détire, le gros linge surtout, avant de le suspendre aux cordes.

Peu de lavoirs publics sont encore pourvus de séchoirs. Les laveuses sont forcées de reporter le linge chez elles, pour le faire sécher au grenier ou dans leur petite cour enfumée. A la campagne, il est étendu sur l'herbe, où il reçoit la rosée, ou suspendu sur des cordes attachées aux arbres du verger; aussi le linge est-il d'une blancheur éblouissante au village, tandis qu'à la ville il est souvent d'un blanc sale et gris.

Savonnage.

Il n'est pas nécessaire que le linge fin soit mis à la lessive toutes les fois qu'il a besoin d'être lavé. De plus, la lessive jaunit le linge de coton. Un bon savonnage est préférable pour les cols, mouchoirs, tabliers et jupons blancs, pantalons, etc.

Ce blanchissage se fait de la manière suivante :

On trie d'abord le linge en séparant le moins sale de celui qui l'est davantage. Le soir, on fait chauffer de l'eau, puis sans la laisser bouillir on la verse dans un baquet, on y trempe le linge pièce à pièce, après l'avoir bien frotté de savon sur les parties les plus sales. Puis, quand tout le linge a été ainsi mis au savon et légèrement frotté, on l'enfonce bien pour qu'il trempe, on couvre le baquet d'une toile, et le lendemain, après avoir réchauffé le tout avec un peu d'eau chaude, on commence le décrassage.

Pour cela, on prend une planche bien lisse qui trempe par un bout dans le baquet, et l'on frotte dessus chaque pièce de linge bien enduite de savon.

Lorsqu'on fait ce savonnage soi-même, on peut, pour gagner du temps, se servir d'une brosse, pourvu qu'elle ne soit pas dure et qu'on agisse doucement.

Pendant que l'on décrasse, on fait bouillir dans un chaudron de l'eau contenant de petites branches de savon coupées bien minces. On peut y ajouter de la potasse, mais en petite quantité. Quand cette eau est chaude, on la bat avec une cuiller en bois, puis on y plonge tout le linge décrassé, qu'on laisse bouillir environ dix minutes. Au bout de ce temps, on le retire et on le plonge dans l'eau froide. Si le linge a été bien décrassé, il ne reste plus qu'à le rincer et à le passer au bleu.

Le chaudron dans lequel on fait bouillir l'eau pour le savonnage doit être en cuivre plutôt qu'en fer, qui rouillerait le linge.

Autre procédé de savonnage plus rapide :

Au lieu de faire bouillir le linge dans l'eau de savon, on peut faire dissoudre 400 grammes de cristaux de soude (potasse) dans 20 litres environ d'eau bouillante. Le linge bien décrassé est rangé dans le baquet;

on verse dessus l'eau de soude, puis on couvre le linge en le laissant tremper pendant quatre ou cinq heures.

Au bout de ce temps, on le lave comme précédemment.

Exercice de style. — 100. Lettre de Marie à son amie Julie pour lui annoncer qu'elle a pris part, pour la première fois, à la lessive avec sa mère. Elle expose en quoi consiste ce travail. — 101. Du blanchiment des toiles. Quels sont les procédés que vous avez vu employer?

Empesage.

Empesage. — Empeser le linge, c'est lui donner de l'apprêt, c'est-à-dire un état de raideur qui le maintienne bien étalé, sans faux plis disgracieux.

L'empois est fait d'*amidon*, sorte de fécule qu'on retire du blé.

L'amidon de bonne qualité se distingue par une blancheur éblouissante et sa forme, qui est celle de petites pyramides pointues; l'amidon commun est terne et en morceaux plus ou moins arrondis. Celui-ci provient de la fécule de pomme de terre.

Chauffé ou dissous à l'eau, l'amidon se transforme en une colle transparente appelée empois.

On empèse quelquefois les grandes pièces, telles que chemises, jupons blancs, rideaux, etc., à l'amidon cru, c'est-à-dire dissous dans l'eau froide. Cette méthode est mauvaise, car il faut, en ce cas, repasser le linge très mouillé; le fer ne coule pas, fait des plis et déchire le linge. L'amidon cuit est meilleur.

Voici comment on le prépare :

On met deux ou trois cuillerées d'amidon dans un bol, avec quelques gouttes d'eau; on fait une pâte très épaisse en délayant avec une cuiller de bois. On verse ensuite de l'eau bouillante sur cette pâte (l'eau doit être proportionnée à la force qu'on veut donner à l'empois); après avoir bien délayé, on fait bouillir l'empois sur un feu doux pendant près d'une demi-heure, en remuant de temps en temps avec une cuiller de bois. A la fin, on remue fortement, on coule l'empois à travers un linge blanc, et on lui donne une légère teinte de bleu.

Il reste à tremper dans cet empois le linge, pièce à pièce, et de façon qu'il soit trempé entièrement et partout; puis on le roule dans un linge doux et sec; on le repasse encore humide. On peut ajouter quelques gouttes de vinaigre à l'eau amidonnée, si l'on veut que le fer coule mieux et que l'amidon n'épaississe pas le tissu.

Mise au bleu.

Mettre du linge au bleu, c'est le plonger dans de l'eau où l'on a fait dissoudre de l'indigo. L'indigo se vend en petites boules. On place deux ou trois de ces boules (suivant la quantité de linge qu'on a lavé) dans un petit morceau de toile bien nouée. On plonge le bleu ainsi préparé dans l'eau, en le pressant entre les mains jusqu'à ce que l'eau ait la teinte voulue.

Le linge neuf, surtout celui de coton, prend beaucoup plus de bleu que le vieux linge; il sera donc mis au bleu le dernier.

Il faut bien tordre et étendre le linge qui vient d'être passé au bleu, sans cela le bleu en s'égouttant formerait des raies du plus mauvais effet.

L'eau de pluie est la meilleure à employer pour passer le linge au bleu.

Repassage.

On se procure une planche à repasser que l'on garnit d'une couverture de flanelle d'abord, puis d'une toile que l'on attache en dessous par des cordons. Lorsqu'on ne peut procurer ce meuble, une table, sur laquelle on met une vieille couverture, fait le même office, mais moins commodément.

Pour bien repasser, il y a plusieurs précautions à prendre : d'abord, on ne doit pas attendre que le linge soit parfaitement sec. Il faut, en retirant les pièces du torchon qui les contient, les étaler sur une table, les plier en deux ou en quatre selon leur grandeur, les empiler les unes sur les autres et effacer les plis avec la main. De cette façon, l'humidité qui reste nécessairement dans les diverses parties du linge se répartit dans toute la masse.

Il faut aussi s'assurer de la chaleur du fer, en l'essayant sur un vieux linge avant de s'en servir. Lorsque le fer est trop chaud, il roussit le linge, ce qui donne de vilaines taches qu'on n'enlève qu'avec peine; quelquefois le fer ne coule pas, surtout lorsque le linge a été empesé; il suffit, dans ce cas, de le frotter avec un peu de cire renfermée dans un sachet de toile.

Pour repasser en général, on pousse le fer en droite ligne et bien de niveau, mais vivement, afin qu'il ne se refroidisse pas.

Pour repasser une chemise d'homme, on commence par le fond, puis le col, puis les manches et enfin le devant, en ayant soin de mettre un morceau de flanelle en dessous. Pour les bonnets de nuit, on commence également par le fond, puis les rubans; ensuite on tuyaute le devant.

Les dentelles, les broderies, le velours, le mérinos, l'alpaca, etc., sont repassés à l'envers et avec précaution, pour ne pas les déformer.

Les objets de couleur, lorsque leur forme le permet, sont aussi repassés à l'envers, et avec un fer un peu plus froid que pour le linge blanc, car la chaleur trop forte nuirait à leur couleur.

Avant de repasser le linge et de le placer dans l'armoire, assurez-vous que tout est bien marqué à vos initiales.

On marque aujourd'hui le linge à l'encre de Chine et à l'encre particulière ; mais, de tous ces procédés, le meilleur est la marque au coton rouge.

Exercice de style. — 102. Vous apprenez à repasser. Dans une lettre à votre amie vous lui exposez en quoi consiste ce travail et quelle est son utilité pour une ménagère.

PROCÉDÉS DIVERS

Composition pour détacher le linge qui a été roussi.

On fait bouillir un peu de terre à foulon dans un verre de vinaigre ; on y ajoute un petit morceau de savon et le jus de deux oignons. On laisse bouillir jusqu'à ce que le tout ait pris consistance. Puis on verse cette composition sur la partie brûlée, qui redevient blanche si le tissu n'a pas été entièrement brûlé.

Comment on lave la laine et la flanelle.

La laine et la flanelle ne vont pas à la lessive ; l'âcreté des cendres les corrode et les fait tomber en morceaux. On lave donc les bas de laine et les gilets de flanelle à part.

On fait dissoudre du savon dans de l'eau, et l'on y ajoute du sel de soude dans la proportion de 125 grammes pour 10 litres d'eau. On trempe les objets de flanelle ou de laine dans cette eau tiède, à plusieurs reprises ; puis on les étend sur une planche, et on les brosse avec une brosse de crin. C'est en frottant la laine avec les mains, comme on fait pour le linge, qu'on la foule et qu'elle se contracte. La brosse empêche le rétrécissement. Lorsque tous les objets de flanelle ont été ainsi nettoyés, on les rince dans une légère eau de savon tiède, puis dans une seconde eau où l'on a mis un peu de bleu.

Il ne faut pas sécher la laine à l'air ni près du feu. Elle doit être étendue sur des cordes, dans un endroit sec et fermé.

Avant de tailler la flanelle, les bonnes ménagères la font tremper dans l'eau tiède légèrement savonneuse. Cette sage précaution l'empêche de se retirer au premier lavage.

On emploie pour les gilets deux espèces de flanelle : la flanelle croisée ou de santé et la flanelle fine. La première dure plus que la seconde et se rétrécit moins par le blanchissage.

Procédé pour blanchir le linge écru.

Si l'on veut blanchir le linge écru, on le lave à froid avec du savon, puis on l'étend, la nuit, sur l'herbe, pour recevoir la rosée. En répétant cette opération une quinzaine de jours, on obtient un beau linge blanc.

Provision et entretien du linge.

Une maîtresse de maison bien entendue n'a ni trop ni trop peu de linge. Lorsqu'on en a plus qu'il n'en faut, il jaunit sans servir et encombre inutilement les armoires, sans compter que c'est de l'argent inerte qui pourrait avoir un produit plus avantageux. N'avoir pas assez de linge est peut-être pis encore : on n'a pas le temps de l'arranger, de le raccommoder convenablement ; la nécessité des autres dépenses fait ajourner celle-ci ; le linge s'altère de plus en plus et s'use bientôt tout à fait. Il faut des frais extraordinaires pour le renouveler, et, si on ne le peut, l'esprit de désordre s'introduit dans la maison.

Notre ménagère en aura donc une quantité suffisante et proportionnée aux besoins de sa famille.

Beaucoup de personnes ont une partie de leur linge en coton. Indépendamment de leur bon marché, il est bon d'avoir des draps et des chemises en cretonne ou en madapolam (sorte de calicot renforcé), qui sont plus doux et plus chauds que la toile.

L'entretien du linge consiste à le raccommoder et à le remplacer.

Lorsque le linge revient de la lessive, il faut, avant de le plier, l'examiner et le regarder à contre-jour pour y découvrir les moindres trous et le repriser s'il commence à s'user.

Lorsque les draps de lit commencent à s'user dans le milieu, on les retourne, c'est-à-dire qu'on découd la couture, dont les deux morceaux réunis formeront alors les parties latérales, et l'on coud les anciennes, qui se trouveront faire le centre. On retourne également les tabliers de cuisine et les torchons à cordons, en mettant le bas en haut, car une extrémité est encore presque neuve, tandis que l'autre est usée. Quand les draps deviennent mauvais, on en fait des serviettes ou des chemises d'enfants avec les quatre coins, qui sont toujours bons; avec le centre on fait des torchons, des essuie-rasoirs ou du linge de réserve en cas de maladie.

Tout le linge en général et surtout les serviettes et les torchons doivent être reprisés longtemps; mais il arrive un moment où ils ne sont plus susceptibles d'être raccommodés; il est inutile alors de passer des journées entières à repriser le linge, qui reviendrait de la lessive ou même d'un simple savonnage plus mauvais qu'auparavant.

Le plus sûr moyen de conserver le linge est de le marquer, de le numéroter et de le faire servir dans l'ordre de son numéro; c'est dans ce même ordre qu'il doit être rangé dans les armoires.

On numérote le linge par douzaines, au-dessous des initiales, et au coton rouge comme celles-ci. Au-dessous des numéros marquant le nombre de douzaines de serviettes, de paires de draps ou de bas, on met un 1 pour la première douzaine, un 2 pour la seconde, etc.

On attache chaque douzaine ensemble avec un ruban de fil de couleur, qui portera sur une étiquette le numéro de la douzaine. On met tous les replis des draps, des serviettes, les uns sur les autres sans interruption, et du côté de l'ouverture de l'armoire, afin qu'on puisse enlever chaque pièce sans désordre ni difficulté. Les douzaines de serviettes sont placées dans l'ordre de leur numéro. On étend sur tout le linge, dans chaque rayon, une nappe usée ou tout autre vieux linge qui empêche l'air et la poussière d'y pénétrer. Chaque armoire doit porter un état du linge qui en marque le nombre, les diverses qualités, le degré de bonté et l'usage qu'on en fait. La maîtresse de maison vérifie cet état à l'occasion.

Si la place le permet, séparez le linge de table du linge du corps, pour plus de commodité; le linge de table se met ordinairement dans les placards dont la salle à manger est pourvue, le linge de corps et de lit dans les chambres à coucher, ou mieux encore dans la chambre à repasser ou la lingerie. Il faut éloigner le linge de l'humidité, qui lui est fort nuisible, et souvent ouvrir les armoires par un temps sec et beau.

Le linge de cuisine doit être également numéroté et donné en compte à la cuisinière, qui le garde sous clef, le raccommode et le conserve en bon état.

Si vous voulez parfumer votre linge dans l'armoire, il vous sera facile de procurer ce petit agrément à votre famille à très peu de frais. Il vous suffira de mélanger soit des feuilles odorantes, telles que la citronnelle, la menthe, le romarin, la lavande, le géranium odorant, etc., soit des fleurs aromatiques, la rose, le jasmin, le réséda, etc., ou enfin des aromates pulvérisés grossièrement, tels que des clous de girofle, de la muscade, etc. On emploie encore des bois odorants.

On fait sécher ces feuilles ou ces fleurs sur du papier dans les armoires qu'elles doivent parfumer; lorsqu'elles sont sèches, on les place dans des sachets ou des boîtes ouvertes, afin que leur odeur se répande insensiblement dans le linge ou parmi les vêtements. On compose de cette manière des sachets d'après le goût particulier de chacun. Ainsi, en mêlant ensemble des feuilles de roses séchées, des clous de girofle pulvérisés, de la muscade, etc., on se procure une odeur très agréable.

Les bas comptent parmi le linge qui réclame les soins assidus de la maîtresse de maison. Si une maille s'échappe, on la reprend aussitôt sans attendre qu'elle soit devenue un grand trou. Quant aux trous qu'elle n'a pu empêcher, elle les referme en les remmaillant; mais pour cela, comme du reste pour le linge damassé, il faut que l'aiguille sache imiter le dessin et la maille, aussi bien la côte que la maille unie. En tricotant les bas, on les renforce ordinairement au talon et au bout du pied en prenant le coton double. On peut encore garnir les bas à l'envers, en passant, aux endroits indiqués, le coton ou la laine le long des mailles.

Les bas tricotés sont plus solides que les bas tissés; la ménagère les préférera toujours à ceux-ci, surtout pour les enfants, qui déchirent beaucoup cette partie de la chaussure. Pour consolider les bas, on les garnit à l'envers, le long de la couture et du haut en bas, d'une ganse de toile ou de coton.

Les bas tissés se raccommodent au moyen de pièces assorties, qu'on rapporte en prenant chaque maille. C'est un travail qui demande de bons yeux et une grande application, mais la maîtresse de maison économe ne le dédaignera pas. D'autres emploient le point croisé. On coupe aussi les pieds du bas usé par-dessous pour y appliquer des semelles tricotées ou cousues. Pour les bas tricotés, il vaut mieux refaire à neuf les parties usées ou les rempiéter tout à fait. Quelques dames doublent les talons des bas de laine avec de la peau de gant.

Exercice de style. — 103. Conseils sur l'entretien et la provision du linge.

LECTURE.

Une princesse au lavoir il y a vingt-neuf siècles.

Telle que le souffle du plus léger zéphyr, Pallas vole vers le lit de Nausicaa [1] : voltigeant sur la tête de la princesse, sous la forme de sa compagne d'âge, et sa plus tendre amie, la fille de Dymas, fameux pour avoir parcouru les mers, la déesse lui tient ce discours :

« Ma chère Nausicaa, es-tu donc née si indolente? Tes vêtements les plus précieux, jetés à l'écart, sont négligés et sans état : et cependant s'approche le jour de ton hyménée, jour où tes ornements les plus beaux rehausseront tes charmes, où les amis de ton époux, qui t'accompagneront dans sa demeure, recevront de ta main leur parure. Es-tu si indifférente à des soins qui répandent notre renommée et charment le cœur d'un père et d'une mère? Dès l'aurore, allons aux bords du fleuve; que son onde pure rende à ces vêtements tout leur lustre; ton amie te secondera. Lève-toi, dis à ton père, dès les premiers rayons du jour, de te donner des mules et un char; qu'il roule au rivage, chargé de tes robes et de tes voiles les plus choisis et de tes plus belles ceintures. Le fleuve et les citernes sont à une longue distance de nos murs; la décence ordonne que ce char te dérobe à l'œil curieux du peuple et te conduise promptement aux bords de la rive. »

Minerve dit, et retourne dans l'Olympe, le séjour éternel des dieux.

1. Nausicaa, fille d'Alcinoüs, accueillit Ulysse lors de son naufrage dans l'île des Phéaciens et le conduisit au palais de son père.

A peine a-t-elle apparu à la jeune princesse, que l'Aurore vermeille, montant sur son trône d'or, bannit le sommeil des yeux de Nausicaa, qui se retrace ce songe avec étonnement. Aussitôt elle traverse d'un pas agile les appartements du palais pour communiquer son dessein à un père et à une mère qu'elle adore. La reine, assise près du feu au milieu de ses femmes, tenait le fuseau et roulait entre ses doigts un fil de la pourpre la plus précieuse; le roi allait passer le seuil pour se rendre au conseil, où l'attendaient les plus illustres chefs des Phéaciens.

Nausicaa s'avançant près de lui avec affection :

« Mon père chéri, dit-elle, ne veux-tu pas ordonner qu'on me prépare un vaste char aux rapides roues? J'irai aux bords du fleuve : mes plus belles robes sont ternies; elles reprendront leur éclat dans le courant de son onde. Chaque fois que tu présides au conseil des nobles Phéaciens, la décence veut que tu sois décoré de vêtements dont rien ne souille le lustre. Des cinq fils qui sont l'ornement de ton palais, deux sont engagés sous les lois de l'hymen, trois sont dans la fleur de l'adolescence; ceux-ci veulent paraître avec une parure toujours éclatante à nos fêtes. Tous ces soins reposent sur ta fille.

— Ma fille, répondit-il, je ne te refuse ni ce char, ni rien de ce qui peut contenter tes souhaits. Va; mes serviteurs sans retard te prépareront un grand char aux rapides roues, tel qu'il sera convenable à ton dessein. »

En même temps il leur donne ses ordres. Aussitôt on amène le char roulant qui doit être traîné par des mules; on les conduit et on les attelle. La jeune Nausicaa sort de sa demeure, apporte ses vêtements du tissu le plus fin et les place sur le char. Sa mère y dépose des aliments variés et exquis, une outre qu'elle a remplie de vin, et donne à sa fille, qui déjà montait sur le char, une fiole d'or d'une essence huileuse, pour se parfumer après le bain, elle et ses compagnes. Nausicaa prend les rênes de pourpre et pousse les mules, dont la course rapide et non interrompue fait retentir la terre ébranlée. Avec le char disparaît la fille d'Alcinoüs; elle n'est pas seule, mais elle est accompagnée de ses nymphes.

Bientôt elles arrivent aux bords riants du fleuve profond. Là coulent éternellement dans de larges bassins les flots nombreux d'une eau claire et rapide; quelque souillé que soit ce qu'on y plonge, ce torrent le purifie. Dételant les mules, elles les laissent en liberté sur la rive bordée des gouffres du fleuve argenté, et tapissée de l'herbe la plus douce, que ces mules broient avec délices. Cependant elles enlèvent du char les vêtements, les livrent au cristal des flots et les foulent à l'envi dans le creux des bassins. Lorsque ces vêtements ont repris tout leur lustre, elles les étendent au bord du rivage sur les cailloux qu'ont lavés les vagues mobiles. Puis Nausicaa et ses compagnes se baignent et font couler sur elles l'huile odorante; elles prennent leur repas sur le rivage, attendent que le soleil ait bu de ses rayons l'humidité des vêtements. Dès que la nourriture a réparé leurs forces, elles déposent leurs voiles et font voler un léger ballon dans les airs.

Homère [1].

EXERCICE DE STYLE. — 104. Que savez-vous d'Ulysse?

1. Homère, le plus ancien et le plus célèbre des poètes grecs, vécut dans le IXe siècle avant Jésus-Christ. Il nous a laissé deux poèmes épiques, l'*Iliade* et l'*Odyssée*.

CHAPITRE X

ENTRETIEN ET CONSERVATION DES VÊTEMENTS

Il en est des vêtements comme de tout le reste : c'est le soin et la propreté qui les conservent. Le linge, les robes, les toilettes d'une femme soigneuse durent deux fois plus que ceux d'une femme négligente; il en sera de même de ceux de ses enfants, si elle les habitue de bonne heure à avoir soin de leurs effets.

La mode est si changeante qu'il vaut mieux n'avoir pas trop d'habits à la fois. La femme soigneuse et économe n'en a ni trop ni trop peu; elle les répare elle-même et sait leur donner une forme nouvelle lorsqu'ils sont démodés. J'ai connu une dame qui a porté la même robe pendant huit ans; mais, chaque année, elle la transformait, de sorte qu'elle devenait méconnaissable et paraissait toujours neuve.

Notre ménagère veillera à ce que tous les vêtements de la famille soient raccommodés lorsque le besoin s'en fait sentir, à ce qu'ils soient brossés et rangés chaque fois qu'on les quitte. Enfin elle visitera fréquemment sa garde-robe et celle des siens, pour s'assurer que les mites n'y ont pas élu domicile. Si les placards étaient humides, elle les aérerait pendant la belle saison, choisissant pour cela un temps sec et beau.

Les vêtements d'hiver demandent un soin spécial à l'approche de l'été. Pour éviter tout accident, on les brosse et on les dégraisse avant de les serrer. Pour les habits de drap, de soie ou de cachemire et les habits d'hommes en général, on emploie une brosse douce, et pour le velours une brosse de chiendent. Après les avoir bien pliés, on les coud dans un grand linge un peu humide et on les saupoudre de camphre ou de poivre. Puis on les renferme dans un endroit privé d'air et de jour; on n'y touchera plus avant que les grandes chaleurs soient entièrement passées.

Pour les fourrures, manchons, boas, pèlerines d'enfants, etc., que la ménagère soigne elle-même au lieu de les confier au fourreur, il faut les mettre un peu au grand air, les battre pour en ôter la poussière, puis les envelopper d'une serviette humide et les mettre ainsi emmaillotés dans un carton, où l'on aura mis un petit sachet de poivre ou de tabac pour éloigner les mites. On colle sur les jointures de la boîte des morceaux de papier pour empêcher l'air de pénétrer à l'intérieur; on les place dans un endroit sec, sur une planche de la cave, par exemple, si cette dernière n'est ni humide ni infestée par les souris et les rats.

Quant aux manteaux de fourrure, il vaut mieux les confier au marchand pendant l'été.

Pour conserver les chapeaux d'une saison à l'autre, on les enferme dans une petite caisse en les recouvrant de papier de soie; elle devra auparavant être époussetée avec soin, de façon qu'il n'y reste pas le moindre grain de poussière. On colle aussi du papier autour du couvercle de la caisse, afin que l'air ne pénètre pas à l'intérieur. On détache les plumes du chapeau, et on les serre dans un petit carton à part. Auparavant, on souffle dessus, pour en enlever la poussière, on les enveloppe dans un linge passé au bleu et bien séché, qu'on accompagne d'un sachet de poivre.

A l'approche de l'hiver, les vêtements d'été seront également époussetés, lavés et rangés avec soin. Les robes d'étoffe ou de soie doivent être bien essuyées, brossées, enveloppées d'un grand linge et pendues ainsi aux portemanteaux de l'armoire. Les robes de toile, d'indienne ou de mousseline doivent être lavées avant d'être rangées; mais il ne faut pas les empeser, l'amidon en mangerait le tissu.

Exercice de style. — 105. Conseils sur l'entretien et la conservation des vêtements. — 106. Quelles sont les principales règles de l'hygiène qui se rapportent aux vêtements ?

La toilette et la coquetterie.

Le chapitre de la toilette occupe une grande place dans le budget d'un ménage, et le capital qu'exige le mobilier de toute la maison n'est rien en comparaison de ce que les robes, les châles, les chapeaux, les chaussures, la lingerie absorbent d'argent.

Les femmes pèchent habituellement par l'amour désordonné de la parure. Beaucoup d'entre elles font de la toilette une affaire capitale. La toilette consomme leur temps, leurs pensées, leur argent. Leurs préoccupations sont toutes à la couleur des étoffes que l'on portera la saison prochaine; leur esprit invente mille combinaisons dont elles espèrent quelque beauté d'emprunt. Leur temps se partage entre les labeurs sans fin de la toilette, le souci de la promener par le monde, et la lecture attentive de tout ce que le *Journal de mode* publie sur ces importantes matières.

Que de mères s'occupent plus sérieusement de la toilette de leurs filles que de leur éducation ! Et que de jeunes personnes en font l'objet à peu près exclusif de leurs conversations et de leurs occupations ! Cette question les stimule, excite leur envie bien plus que la vertu, le mérite, les talents; elles sont malheureuses si leurs parents refusent la parure qu'elles désirent, folles de joie quand elles l'ont obtenue. La pensée de la toilette se mêle à tout, domine tout. Fait-on une visite? ce n'est pas le respect ou l'amitié à témoigner, les convenances à observer qui préoccupent ces petites têtes : c'est la toilette! S'agit-il d'un concert, d'une exposition? ce n'est ni l'art, ni la science qui sera la source principale du plaisir qu'on se promet : le plaisir sera de montrer sa toilette. Le sentiment religieux lui-même ne peut se soustraire à cet amour effréné de la toilette : on va à l'église autant pour montrer sa toilette et regarder celle des autres que pour prier. En un mot, il semble que, dans les petites cervelles de beaucoup de jeunes personnes, il n'y ait place que pour la coquetterie, et qu'il ne reste rien pour la part de l'esprit et du cœur.

Mes jeunes amies, ne faites pas de la toilette votre occupation principale, exclusive; laissez aux femmes ignorantes et futiles le triste privilège de ne s'occuper que d'elles-mêmes et de leurs toilettes. Évitez avec soin la coquetterie. Habillez-vous avec le goût, la simplicité et la propreté qui sont les marques de la vraie distinction. Que votre mise soit proportionnée à votre âge et surtout à vos moyens! Ne devenez jamais les esclaves de la mode; laissez-lui ce qu'elle a d'excentrique, d'exagéré; ne lui empruntez que ce qui est simple et gracieux à la fois, et ne devancez pas la mode pour vous faire remarquer.

D'ailleurs une mise prétentieuse n'attire ni l'estime ni la considération; on a une opinion défavorable d'une jeune personne, d'une femme dont la toilette est tapageuse et peu conforme à son rang.

Réflexions et conseils sur la toilette.

Une vraie maîtresse de maison, une femme sensée proportionnera sa tenue et sa mise à trois choses, savoir : 1° aux moyens dont elle dispose; 2° à la position qu'elle occupe dans le monde; 3° aux circonstances où elle se trouve.

1° Plaute[1] disait déjà de son temps : « Celui qui veut se créer des embarras et des charges n'a qu'à prendre une épouse ou un navire.... » C'est que malheureusement l'amour du luxe a fait des victimes en tout temps. Aujourd'hui encore, bien des femmes, dans toutes les classes de la société, consultent moins leurs revenus et les convenances que la vanité et la coquetterie. Elles ne réfléchissent pas que la fortune la plus brillante finit par s'écrouler quand on y fait des brèches continuelles sans les reboucher. « Lorsqu'on porte à son cou la valeur de plusieurs maisons, on risque fort de n'avoir bientôt plus de quoi entretenir son hôtel. » Voilà l'explication facile et ordinaire de ce qui arrive dans certaines familles, où de grandes richesses laissent dans la pénurie une foule de choses. Les fournisseurs s'étonnent du crédit sans fin qu'on leur demande; les domestiques ne s'expliquent pas qu'avec le train qu'ils voient mener on retienne indéfiniment leurs gages et qu'on leur mesure si strictement le nécessaire; le mystère est tout entier dans la note redoutable d'une parure ou d'une toilette de soirée; pour cette dépense, on met hypothèque sur tout le reste!

Si ces choses arrivent à des gens riches, que dire des maisons où une certaine aisance ne s'obtient que grâce à la plus stricte économie en toutes choses et où pourtant la maîtresse du logis veut briller sous prétexte de *tenir son rang!* Tout le ménage se ressent de cette folie; quelquefois c'est la cuisine qui pâtit de cet état de choses; le plus souvent, tout en souffre, jusqu'au mari, dont les appointements ne suffisent pas pour solder les notes de la couturière, de la modiste.

Il faut qu'une femme oublie entièrement ses devoirs de ménagère et de maîtresse de maison pour tomber dans un tel travers.

[1]. *Plaute*, poète comique latin, né vers 227 av. J.-C., a laissé vingt pièces de théâtre dont quelques-unes ont été imitées par Molière.

2° Les frais de la toilette doivent, en second lieu, être en rapport avec la position qu'on occupe dans la société. Ce qui serait trop de luxe pour une personne peut paraître, dans certains cas, sordide pour une autre. Il y a des situations qui exigent une tenue très riche, et une femme qui s'y refuserait pourrait nuire singulièrement à la considération et au crédit dont a besoin son mari. Il y a d'autres positions au contraire où ces mises brillantes scandaliseraient en même temps qu'elles apporteraient la ruine dans le ménage. Les honoraires d'une foule de fonctionnaires sont trop modestes pour supporter les frais d'une toilette somptueuse.

Sachons nous plier aux exigences de notre position, ou, selon le cas, résister à la fantaisie si notre goût est au-dessus d'elle. Consultons le jugement, la raison et la bourse, bien plus que l'imagination ou le caprice.

3° Les diverses circonstances dans lesquelles on se trouve amènent nécessairement des différences dans la mise. La femme soigneuse, pour citer quelques exemples, n'ira pas au marché ou ne fera pas ses achats, le matin, en robe de soie, ni avec son beau chapeau. La bonne maîtresse de maison ne sera jamais en négligé, mais aura toujours dans son intérieur une toilette propre et soignée, même le matin, afin d'être prête à recevoir les visites qui peuvent lui arriver à toute heure du jour.

Enfin, elle revêtira sa belle parure lorsqu'on célébrera la fête d'un des siens ou que les circonstances la forceront à paraître dans les soirées ou réunions du monde, etc.

Il se rencontre dans presque tous les intérieurs des moments de gêne passagère, des circonstances imprévues, qui viennent diminuer le petit budget du ménage, comme : les frais d'une maladie, d'un déménagement, un retard de payement, une perte quelconque. Lorsqu'un de ces malheurs la frappera, ce ne sera pas sur la nourriture de son monde, ce sera sur l'habillement, sur sa propre toilette surtout, que la maîtresse de maison digne et sensée fera la réduction nécessaire, son premier devoir comme son plaisir étant de se gêner elle-même pour augmenter ou sauvegarder le bien-être de sa famille.

Exercice de style. — 107. Pourquoi faut-il éviter la coquetterie ? — 108. Faites le portrait d'une jeune fille modeste.

LECTURE.

Anecdote.

On a beaucoup ri, du temps de François Ier, de ces seigneurs qui, pour faire figure à la fameuse entrevue du *camp du Drap d'or*, y portèrent, comme dit un contemporain, *leurs moulins, leurs forêts et leurs prés sur leurs épaules*.

Je ne me sens pas le cœur de rire d'une femme qui porte sur ses épaules, par les salons et les promenades, la joie et la paix du ménage, le repos d'esprit et quelquefois l'honneur de son mari, le bien-être et l'avenir de ses enfants.

On ne peut plus rire d'un travers quand il devient un crime.

Jean Macé.

LECTURE.

Proverbes du ménage.

Toilette :

1. Avant de consulter la fantaisie, consulte ta bourse.
Franklin.

2. Les étoffes de soie, les satins, les écarlates et les velours éteignent le feu de la cuisine.
Idem.

3.   Soie et satin, velours, hermine
      Éteignent le feu de la cuisine.
Idem.

4. Les bijoux sont la dernière chose qu'on achète et la première chose qu'on vend.

5. Une maison mal tenue
Est une maison perdue.

6. Femme qui moult se mire, peu file.

7. De trois choses Dieu nous garde :
De bœuf salé sans moutarde,
De valet qui se regarde,
Et de femme qui se farde.

8. Temps pommelé,
Pomme ridée,
Femme fardée,
Courte durée.

9. J'aime mieux la maison où je ne vois rien de superflu et où je trouve tout le nécessaire.
Pittacus.

10. Dis-moi ce que tu habites,
Je te dirai ce que tu es.

11. Telle cave, telle maison.

12. On a toujours trop de meubles
Et rarement assez d'air.

13. Donnez à votre logement une partie de ce que vous accordez à votre toilette, toute la famille en profitera.
Franklin.

14. Rien n'est simple comme une femme bien élevée.
De Gasparin.

15. Si les femmes consacraient à la santé la moitié du temps qu'elles donnent à leur beauté, elles se porteraient mieux et seraient plus belles.

CHAPITRE XI

TRAVAUX A L'AIGUILLE

> « La vertu qui convient aux mères de famille, c'est d'être la première à manier l'aiguille. »
>
> PONSARD.

Parmi les choses qui doivent faire l'objet de l'instruction des jeunes filles, les plus nécessaires sont sans contredit les ouvrages à l'aiguille. C'est qu'en effet ils jouent un rôle important dans l'existence de la femme.

Les travaux manuels sont pour la jeune fille une distraction agréable et utile; ses petits doigts de fée confectionnent ces mille petits riens qui se nomment ouvrages de fantaisie, dont elle fait des surprises à sa famille, à ses amis.

Les travaux manuels sont le gagne-pain de l'ouvrière.

Pour la mère de famille, ils sont une source de bien-être et d'économie. Grâce au talent et à l'habileté de la ménagère, les vêtements du mari et des enfants, toujours propres, soigneusement rapiécés, durent plus longtemps; les effets, devenus trop étroits ou trop courts pour les aînés, se transforment en jolis habits pour les plus jeunes; ce qui est passé de mode reprend une nouvelle forme; le linge, reprisé avec soin et bien entretenu, se conserve davantage, etc.

Pour la femme riche, les ouvrages à l'aiguille sont un palliatif contre l'ennui, une occasion d'être utile au prochain, un moyen ingénieux et délicat de faire la charité.

Quoi de plus beau que de voir une mère, entourée de ses filles, confectionner de leurs mains des layettes pour les nouveau-nés, des vêtements chauds et douillets pour les vieillards et les malades? Quel plus doux passe-temps que celui-là?

Quand une jeune personne est assez heureuse pour ne pas avoir besoin de son travail, elle passe son temps d'une manière agréable et reçoit les bénédictions du pauvre. Quelles jouissances peuvent valoir celles-là?

Jeunes filles, rendez-vous donc familiers les ouvrages des mains; devenez-y habiles de bonne heure; mais, en ceci comme en autre chose, ne sacrifiez pas l'utile à l'agréable, ne préférez pas les ouvrages d'agrément aux ouvrages utiles. Nous ne voulons pas proscrire les petits travaux de luxe; nous ne contestons pas la valeur de la broderie et de la tapisserie, des ouvrages au crochet, au filet, etc., etc. Nous voulons dire seulement qu'il ne faut pas s'occuper exclusivement des uns et négliger les autres. A quoi servirait, par exemple, d'être habile brodeuse, fleuriste émérite, si l'on ne savait réparer un accroc, faire une couture, s'il fallait cacher un trou au moyen d'une épingle en attendant le bon plaisir de l'ouvrière ou de la femme de chambre?

EXERCICE DE STYLE. — 109. De l'utilité des travaux à l'aiguille pour les femmes de toutes les conditions.

Les travaux à l'aiguille d'après l'histoire.

Les plus grandes institutrices, les plus sages, ont insisté sur la nécessité d'exercer de bonne heure les jeunes filles aux travaux manuels, afin de les rendre capables de s'y livrer un jour dans leur ménage. Je citerai parmi elles Mme de Maintenon, au XVIIᵉ siècle, et, en des temps plus rapprochés de nous, une femme qui, dans cette grande œuvre de l'éducation des jeunes personnes, a laissé un nom honoré : Mme Campan.

J'ai nommé d'abord Mme de Maintenon.

On sait que, en vertu de ses règlements et de ses exemples, l'éducation manuelle était fort étendue et fort en honneur à Saint-Cyr; on y apprenait à coudre, à broder, à tricoter, à faire de la tapisserie; on y confectionnait tout le linge de la maison, de l'infirmerie, de la chapelle, les robes et vêtements des dames et des élèves; « mais point d'ouvrages exquis, » disait Mme de Maintenon. Et elle-même écrivait à une dame de Saint-Cyr : « J'ai tant filé aujourd'hui pour votre service, que je me suis fait mal à la main et que je ne puis plus écrire. »

On retrouve sans cesse, dans les lettres de cette femme célèbre sur l'éducation des filles, la nécessité de les former au travail.

« Il faut chercher mille inventions pour leur faire aimer l'ouvrage, » écrivait-elle à Mme de Boju. Et à Mme de Clapion, première maîtresse des bleues (c'étaient les plus grandes de la maison, des filles de dix-huit à vingt ans), elle disait :

« Conservez-leur le goût de l'ouvrage; faites-leur faire des entreprises là-dessus; dressez-leur des tâches, des journées de travail : rien ne leur est meilleur.... »

Tel est aussi le sentiment de Mme Campan :

« Assise auprès de sa mère, une petite fille doit commencer à se servir de son aiguille une heure par jour, à deux reprises différentes, car il faut bien se garder de faire naître en elles du dégoût pour la plus constante et la plus précieuse occupation des femmes. Des ourlets, des points à marquer sur de très gros canevas, un morceau de tapisserie, un gros point, doivent être les premiers ouvrages. Il est aussi très essentiel de leur enseigner le tricot fort jeunes... La couture du linge, la coupe des robes, tout ce qui en dépend doit être de même enseigné avec beaucoup de soin ; plus on se rend la main habile à ces sortes d'ouvrages, plus on ajoute au plaisir que l'on trouve à les faire. »

« Il faut diriger l'emploi de l'aiguille vers les choses les plus simples, qui sont les plus utiles. »

Mme Campan allait jusqu'à dire : « Ce talent (pour les ouvrages des mains) caractérise la sagesse d'un plan d'éducation ; il répond aux attaques dirigées contre l'instruction plus étendue que l'on donne actuellement aux jeunes personnes. »

Elle ajoutait : « Tant que leurs essais en couture ne permettent pas de leur confier des objets de prix, on peut les faire travailler pour les pauvres ; on relève ainsi, à leurs yeux, le mérite des plus simples ouvrages, en y intéressant leur cœur et leur charité. »

Il suffit d'y réfléchir un moment pour comprendre à quel degré il est bon que les enfants sachent faire des ouvrages d'aiguille, où l'esprit et le goût peuvent d'ailleurs s'intéresser pendant que les mains s'y exercent. Ces petits talents, si vulgaires qu'ils soient, sont agréables et de plus très utiles dans une famille. Mais, selon le sage conseil de Mme de Maintenon, il faut en écarter tous les colifichets inutiles, merveilles, si l'on veut, de patience, de minutie et d'adresse, mais le plus souvent aussi monuments de mauvais goût et de temps perdu. On peut donner à des travaux délicats un jour par semaine, en avoir même un cours spécial pour celles qui savent déjà très bien faire autre chose ; mais il faut avant tout que les enfants apprennent à bien coudre, à raccommoder et à faire des reprises. Il faut leur enseigner à tailler au moins les pièces les plus simples d'un trousseau, leur désigner un jour par semaine où aucun enfant ne sera dispensée de réparer quelque objet de son vestiaire, choisi par la maîtresse d'ouvrage. On pourrait leur donner comme récompense la faveur de raccommoder de temps en temps le linge et les habits des enfants pauvres. Elles doivent connaître la manière de tenir en ordre un trousseau.

On peut à un grand nombre confier la tenue de leur rayon à la lingerie, leur en faire tirer chaque semaine ce qui est nécessaire, et ranger ce qui vient d'être lavé. Il faut leur montrer les objets qui doivent être raccommodés et leur faire remarquer ensuite la manière dont cela a été fait. Quand elles auront acquis un peu d'expérience, on pourra leur faire déterminer elles-mêmes et remettre à la lingère ce qui a besoin de réparation, en indiquant la manière de le faire.

« Vous ne pouvez, disait encore Mme de Maintenon aux dames de Saint-Cyr, vous ne pouvez leur inspirer rien de meilleur. Comptez que c'est procurer un trésor à vos filles que de leur donner ce goût de l'ouvrage ; car, sans avoir égard à leur qualité de pauvres demoiselles, qui les mettra peut-être dans la nécessité de travailler pour subsister, je dis que, généralement parlant, rien n'est plus nécessaire aux personnes de notre sexe que d'aimer le travail : il calme les passions, il occupe l'esprit et ne lui laisse pas le loisir de penser au mal ; il fait même passer le temps agréablement. L'oisiveté, au contraire, conduit à toutes sortes de maux ; je n'ai jamais vu de filles fainéantes qui aient été de bonne vie ; il faut nécessairement prendre goût à quelque chose ; on ne peut vivre sans plaisir ; si l'on n'en trouve point à s'occuper inutilement, il faut en chercher à autre chose. Que peut faire une femme qui ne saurait demeurer chez elle, ni trouver son plaisir dans les occupations de son ménage et dans un ouvrage agréable ? Il ne lui reste à le chercher que dans le jeu, la compagnie et les spectacles. Y a-t-il rien de si dangereux ? »

« Je ne vous ai pas non plus assez expliqué le conseil que je vous donne de les élever durement, et de ne rien faire cependant qui puisse nuire à leur santé. Il faut leur permettre très rarement les veilles et les jeûnes, à cause de leur jeunesse, mais tâcher de les faire travailler à tout ce qui se présente; qu'elles mangent de tout, qu'elles soient sobres, qu'elles soient couchées et assises durement, qu'elles ne s'appuient jamais, qu'elles ne se chauffent que dans les grands besoins, qu'elles balayent et fassent les lits, etc.; elles en seront plus fortes, plus adroites et plus humbles. »

Mme Campan était tout à fait du même avis que Mme de Maintenon sur ce que celle-ci appelait les *travaux exquis*.

« Ces travaux de fantaisie : broderie, tapisserie, crochet, filet, fleurs artificielles, etc., ne doivent venir qu'après les ouvrages utiles, comme pour servir de délassement. Jusqu'à l'âge de douze ans, et même plus tard, quelle que soit la fortune de leurs parents, ne leur permettez aucun de ces ouvrages de fantaisie qui occupent les femmes riches. Le goût seul suffit pour y rendre très habile, tandis qu'il est essentiel d'être exercée fort jeune à ceux qui ne peuvent s'apprendre plus tard. »

Les leçons de l'histoire sont d'accord ici avec le bon sens de ces deux grandes institutrices.

Chez les peuples les plus civilisés, les femmes, les princesses et les reines mêmes s'occupaient aux *travaux manuels*. Alexandre le Grand montrait avec complaisance les habits que ses sœurs lui avaient faits.

« Chez les Israélites, dit Fleury, c'étaient les femmes qui faisaient les vêtements de la famille; leur occupation journalière était de fabriquer les étoffes sur le métier, comme de travailler en linge et en tapisserie. »

Les plus grandes dames romaines observaient encore cette coutume, dans un temps où les mœurs avaient déjà perdu leur sévérité primitive, et l'empereur Auguste portait d'ordinaire des habits confectionnés par sa femme, sa sœur et ses filles.

Chez nous, Charlemagne faisait apprendre à ses filles les travaux manuels, « afin, disait-il, qu'elles évitent l'oisiveté et qu'elles aient un moyen de subvenir à leurs nécessités, si jamais elles éprouvaient une fortune adverse, puisque rien ne nous peut garantir contre les coups du sort. »

Exercice de style. — 110. Quels soins Mme de Maintenon a-t-elle donnés à l'apprentissage des travaux manuels à Saint-Cyr?

LECTURE.
Les conseils d'une aiguille.

Marie vient d'enfiler sa première aiguille. Sa figure mutine s'était faite sérieuse; elle serre l'une contre l'autre ses lèvres roses tant elle est attentive à son nouveau travail. En vain son oiseau favori, excité par un beau rayon de soleil qui lui envoie ses caresses à travers un dôme de mouron, lance de son frais gosier gonflé ses roulades les plus audacieuses; en vain son chat bien-aimé vient se frotter en ronronnant contre ses genoux : rien ne la distrait. Piquer son aiguille dans l'étoffe sans l'enfoncer dans son doigt, tirer le fil sans le casser, faire de jolis points, bien égaux, bien fins, bien propres, c'est si difficile! et c'est si amusant, surtout quand on le fait pour la première fois! on se sent presque une grande personne, puisqu'on travaille absolument comme maman! Peu à peu, en effet, la tâche devient plus facile. La petite Marie respire à l'aise; cela va tout seul, l'ouvrage : il y en a déjà long comme le doigt! mais voilà qu'une petite voix se fait entendre; elle parle à Marie :

« Écoute, enfant, les conseils de ton aiguille. Je suis pour toi une nouvelle amie; mais notre amitié doit être longue, et pendant bien des années nous ne nous quitterons plus. Je suis la maîtresse des pensées sérieuses; c'est moi qui commence à te montrer ton rôle de femme, car, du moment où tu as commencé à te servir de moi, tu as commencé en même temps à devenir utile. Je suis pour toi l'emblème du travail; le travail, c'est la vie, c'est l'activité, c'est le bonheur. Tout travaille autour de toi. Pour me placer dans ta petite main, des milliers d'hommes ont creusé la terre profonde; ils en ont extrait le métal grossier, ils l'ont fondu, purifié, affiné, et m'ont enfin produite telle que tu me vois, brillante, fine et légère. Pour faire l'étoffe où tu me piques, des milliers de travailleurs ont supporté le soleil dans des climats brûlants; d'autres, mettant en mouvement les machines inventées par la science, ont filé et tissé le fin duvet blanc (le coton) que de nombreux bateaux avaient apporté en traversant la grande mer. Pour te donner le fil que j'entraîne à ma suite, des milliers de laboureurs ont remué la terre et semé la graine que Dieu a fait germer et grandir; puis, la plante flétrie, d'autres mains l'ont prise et de sa tige morte ont tiré ce beau fil, si uni, si blanc et si doux. Tous ont travaillé pour toi; selon tes forces, travaille à ton tour pour tous. Sois la gaieté de la maison, sois l'ange du foyer. Donne de la joie à ton père quand il rentre au logis, fatigué de son travail du dehors; donne de la joie à ta mère pour lui rendre sa tâche plus douce. Toi, enfant, qui profites du travail de chacun, respecte le plus humble des travailleurs, et rends-toi digne d'occuper un jour ta place parmi eux. »

(*Magasin Pittoresque.*)

LECTURE.

Chanson de la ravaudeuse.

I

Mainte fille, hélas! préfère
La broderie éphémère,
Quand ses habits déchirés
Voudraient être réparés.

II

Gardez-vous d'un tel vertige;
Car un trou que l'on néglige,
Quand même il serait petit,
Dans l'étoffe s'élargit.

III

Aimez donc le ravaudage;
C'est le soutien du ménage :
Quiconque achète toujours
S'en va bientôt à rebours.

EXERCICE DE STYLE. — 111. Quels sont, parmi les travaux à l'aiguille, ceux qu'une jeune fille doit connaître avant tous les autres? — 112. Une jeune fille de douze ans est venue à l'école avec des bas troués. La maîtresse lui a fait des remontrances.

LECTURE.

Anecdotes diverses.

Ravaudage.

Un inspecteur de l'instruction primaire, visitant une école de son ressort, arriva au moment où les jeunes filles s'occupaient de travaux à l'aiguille. Une élève faisait de la tapisserie; la maîtresse l'appela afin qu'elle montrât son travail. Comme elle quittait la place qu'elle occupait dans le banc, l'inspecteur s'aperçut qu'elle portait des bas troués aux talons. Il prit la tapisserie, l'examina et la rendit à la jeune fille, en lui disant : « C'est fort bien ; mais j'aurais mieux aimé vous voir entre les mains une paire de bas qui auraient besoin d'être raccommodés... »

Rançon de du Guesclin.

Sous le règne de Charles V, en 1364, du Guesclin fut fait prisonnier par le Prince Noir. Invité à fixer lui-même le chiffre de sa rançon, le connétable la porta à 100 000 francs, en ajoutant que, « si besoin était, il n'y a femme ou fille, en mon pays, sachant filer, qui ne voulût gagner avec sa quenouille de quoi me tirer de ma prison. »

En effet, en apprenant sa captivité, les femmes bretonnes se disposaient à filer la rançon de du Guesclin prisonnier en Espagne. On chante encore dans les montagnes des Pyrénées une chanson faite à cette occasion et dont les quatre vers suivants forment le refrain :

> Filez, femmes de la Bretagne,
> Filez la quenouille de lin,
> Pour rendre à la France, à l'Espagne
> Messire Bertrand du Guesclin.

EXERCICE DE STYLE. — 113. Comment vous y prendrez-vous pour tailler et coudre une chemise de femme ?

CHAPITRE XII

DES PROVISIONS EN GÉNÉRAL

Conseils.

C'est dans les provisions que la bonne ménagère doit mettre toute sa science, car c'est là une des principales sources de l'économie. Il est des provisions qu'il faut faire dans telle saison; telles marchandises se vendent à meilleur compte à telle époque; quelques denrées ne se conservent qu'un certain temps; d'autres se bonifient en vieillissant. Il faut donc savoir choisir le moment favorable : l'expérience et la pratique seules vous apprendront cela.

En attendant, voici quelques conseils au sujet des achats et des provisions :

1° Pour les provisions, achetez autant que possible en gros et de première main; vous y aurez double profit, car vous gagnerez ce que les marchands eux-mêmes auraient gagné en vous revendant.

2° Règle générale, achetez toujours dans les maisons connues et bien fournies; vous vous en trouverez bien, car ces maisons tiennent à leur réputation; elles ne vous surferont pas, et vos achats seront de meilleure qualité.

3° Voulez-vous être vite et bien servie? Payez toujours comptant.

4° N'achetez que ce qui est bon : on paye chaque chose son prix, et ce qui est à bon marché ne profite guère ordinairement.

5° Autant que possible, faites vos achats vous-mêmes, sinon tous les jours, du moins de temps à autre, afin de juger par vous-mêmes du prix des denrées et de prouver aux marchands que vous vous occupez du ménage ; de cette façon, ils seront moins tentés de s'entendre avec la *bonne* pour vous tromper.

6° Lorsque, pour vos achats, vous avez fait choix d'une bonne maison, ne la quittez pas pour le premier magasin qui se trouve sur votre chemin ; il est préférable d'acheter dans une maison où l'on est connu ; les marchands tiennent à leurs pratiques et les servent en conséquence. Il est cependant un cas où vous pourriez déroger à cette règle : s'il vous fallait envoyer la servante à votre place, alors, pour lui éviter une perte de temps, et peut-être l'occasion de faire quelque connaissance funeste, envoyez-la au magasin le plus près du logis. Je dirai plus : suivez-la même du regard, de vos fenêtres. C'est là un avis donné aux maîtresses de maison par une dame expérimentée. Je trouve le conseil excellent et bon à suivre.

Chambre à provisions.

Toute maison bien ordonnée doit être pourvue d'une pièce, chambre ou armoire (souvent les deux), suivant l'importance du ménage, où l'on met en réserve les provisions et dont la maîtresse de maison devra toujours avoir la clef sur elle. Cette chambre sera munie soit d'un meuble à plusieurs compartiments, devant contenir les provisions de mercerie, telles que fil, boutons, cordons, etc., et les légumes secs, soit d'un rayon qui sera disposé tout autour de la chambre et sur lequel on pose en ordre les bocaux ou les pots de grès renfermant les conserves, confitures, etc. Quant aux jambons salés ou fumés, on peut les suspendre au plafond après les avoir enveloppés soit d'un papier, soit d'une toile. Chaque tiroir devra porter une étiquette indiquant son contenu. Il sera fait de même des bocaux et des pots de confitures. Comme ces dernières peuvent se conserver plus d'une année, il sera utile d'indiquer, avec la nature de la confiture, l'année de sa fabrication.

Les choses encombrantes seront rangées dans les coins, mais avec ordre; chaque affaire aura sa place spéciale et ne devra jamais trainer.

J'ai parlé plus haut de la provision des articles de mercerie, de ces mille petits riens, tels que fil, aiguilles, etc., indispensables à la ménagère. Je tiens de quelques maîtresses de maison qu'on gagne beaucoup à faire ces achats en gros. En achetant ainsi les ganses, cordons, etc., par pièces on gagne cent pour cent. Par exemple, le mètre de ganse laine belle qualité revient à 0^f,05 au lieu de 0^f,10 ou 0^f,15 qu'il coûterait au détail. Il en est de même des épingles, aiguilles, rubans, boutons, etc. Je me contente de signaler ces avantages à notre future ménagère, qui pourra en faire l'expérience.

La chambre à provisions devra encore être pourvue d'une balance (si l'on n'en a pas à la cuisine) et de poids, au moins à partir du gramme ou double gramme jusqu'au kilo, afin que la maîtresse de maison puisse se rendre compte de la quantité des choses qu'elle distribue.

Enfin, pour terminer, nommons la souricière, meuble non moins indispensable dans notre petit magasin, car les rongeurs se logent volontiers là où il y a des provisions.

Sucre.

On consomme aujourd'hui beaucoup de sucre dans un ménage; aussi y a-t-il grande économie à l'acheter par pains, car on gagne de cette manière de 0^f,10 à

0ᶠ,15 par kilo sur le sucre acheté au détail. Pour conserver le sucre, il faut l'envelopper et le mettre à l'abri de l'humidité. Si votre chambre à provisions est sèche, vous pouvez sans inconvénient y garder vos pains de sucre. Pour l'usage quotidien, et afin de n'être pas obligé d'en casser tous les jours, cassez-en une certaine quantité à l'avance, que vous pouvez conserver dans une boîte. Pour diviser le sucre, on se sert d'un couteau spécial, à lame épaisse, et d'un marteau de bois. On fabrique aujourd'hui des pinces qui permettent de couper le sucre sans perte.

On vend du sucre cassé dans les épiceries, mais il est un peu plus cher que le sucre entier et n'est pas toujours de première qualité. Je pense donc qu'il vaudrait mieux le casser soi-même.

Pour les pâtisseries, on emploie souvent le sucre en poudre. Pour le réduire à cet état, on le pile ou on le râpe. On le pile ordinairement dans un mortier de marbre avec un pilon de bois, outil dont les ménages bien montés doivent être fournis.

Pour la cuisine, on peut employer la *cassonade* ou sucre qui n'a été raffiné qu'une fois, qui est très bon et sucre même mieux que la même substance à l'état blanc. La cassonade est très répandue en Belgique et dans le nord de la France.

Dans l'Alsace et la Lorraine, la cassonade est remplacée par la mélasse (résidu qui provient du sucre raffiné). Elle est économique, mais donne aux aliments (au café au lait principalement) un petit goût auquel il faut être habitué.

Je l'ai vue employée comme laxatif pour les enfants, qui du reste en sont assez friands et la mangent volontiers en tartines.

Pour être bonne, la mélasse doit être claire et assez épaisse.

Savon.

Il est bon de faire une certaine provision de savon, même dans les petits ménages, car le savon dur est préférable au savon frais et plus économique. On prétend même que le savon peut se conserver durant plusieurs années, pourvu qu'on le tienne dans un endroit sec. Les forts ménages pourraient donc sans inconvénient l'acheter en gros, une caisse à la fois par exemple; on l'aurait à meilleur marché de cette manière. On coupe le savon en morceaux plus ou moins gros (on peut faire 7 ou 8 morceaux dans une barre de savon), puis on les place les uns sur les autres, en laissant un petit espace entre chaque morceau afin de livrer passage à l'air. Quand il sera bien sec, on pourra le mettre dans une armoire.

Il ne faut pas couper le savon avec un couteau, qui l'émietterait, mais avec un coupe-savon, qui n'offre pas cet inconvénient.

Chandelles et bougies.

Les chandelles sont meilleures en été; il faut donc autant que possible faire sa provision annuelle pendant la belle saison et mettre les chandelles à l'air pendant un certain temps pour les bien sécher. La chandelle sèche coule moins.

Les bougies s'altèrent à la longue; je ne conseillerai de n'en faire provision que pour six mois. Les bougies à la stéarine sont les meilleures.

Huile.

Plus l'huile est reposée, mieux elle vaut. Il y a donc avantage à en faire provision.

Pour les grandes provisions d'huile, on se sert de

petits barils en fer-blanc, ou encore de grandes cruches de grès, qu'il faut avoir soin de bien boucher. Il vaut mieux conserver l'huile à la cave qu'à la chambre à provisions, car la chaleur lui est nuisible; elle l'épaissit.

Il y a différentes sortes d'huile à manger : l'huile d'olive, d'œillette, d'amandes douces et de noix. La première est certainement la meilleure, mais aussi la plus chère et la plus difficile à se procurer sans mélange. Il faut la faire venir directement du Midi, et encore n'est-on pas certain de l'avoir pure; elle est presque toujours falsifiée.

L'huile d'œillette, qui nous vient du nord de la France, est fort agréable lorsqu'elle est fraîche, mais elle se rancit promptement; on ne peut donc pas en faire une grande provision.

L'huile de noix se conserve bien lorsqu'elle a été chauffée pendant sa fabrication; mais alors elle a un petit goût *sui generis* qui ne plaît pas à tout le monde.

EXERCICE DE STYLE. — 114. Conseils sur les provisions de sucre, de savon, de bougie et d'huile dans un ménage.

Provision d'œufs.

La ponte est très abondante dans le courant des mois d'août et de septembre; aussi les ménagères font-elles leur provision d'œufs entre les deux Notre-Dame, c'est-à-dire du 15 août au 8 septembre.

Il existe différentes manières de conserver les œufs. Voici la plus simple et la moins coûteuse :

On prend du son, de la cendre ou de la sciure de bois, ce qu'on a sous la main, et l'on en emplit soit un tonneau, soit une caisse, ou un pot de grès, suivant les besoins de la famille. On procède en mettant une épaisse couche de son, une rangée d'œufs, et ainsi de suite, en ayant soin que les œufs ne se touchent pas et qu'ils soient bien couverts, car l'essentiel dans tous les procédés en usage est de soustraire les œufs au contact de l'air.

Les œufs conservés à la chaux ont toujours une certaine odeur désagréable et ne sauraient convenir, à cause de cela, pour être mangés à la coque.

Provision de beurre.

C'est généralement en septembre qu'on fait la provision de beurre du ménage. On conserve au beurre sa fraîcheur par la salaison.

Voici comment on procède :

Autant que possible, on prend le beurre quand il vient d'être battu; on l'étend sur une table avec un rouleau à pâtisserie, de façon à en faire une bande de l'épaisseur d'un doigt; on le saupoudre d'un côté avec du sel de cuisine, on le plie trois ou quatre fois, on le pétrit comme une pâte, on l'étend de nouveau, on sale une seconde fois, et l'on recommence jusqu'à ce que le beurre soit assez salé, ce dont on s'assure en le goûtant. Il ne faut pas mettre trop de sel à la fois, afin qu'il pénètre mieux. Ainsi préparé, le beurre est mis dans des pots de grès, en le foulant bien pour ne pas laisser de vide. On achève de remplir les pots en couvrant le beurre d'une couche de sel de deux centimètres d'épaisseur. On ferme hermétiquement avec plusieurs feuilles de parchemin superposées.

Il vaut mieux employer de petits pots pour y conserver le beurre, car un pot de beurre entamé perd toujours de sa qualité.

Les meilleurs beurres à conserver salés sont ceux de Flandre, de Bretagne et de Normandie.

Beurre fondu.

Pour le beurre qui sert aux usages de la cuisine, on le conserve en le fondant. Pour cela, il n'est pas nécessaire qu'il soit de première qualité.

On met le beurre dans un chaudron sur un feu doux pour le faire fondre sans frire ; on écume, et on le laisse bouillir faiblement jusqu'à ce qu'il ne frémisse plus et présente une surface unie comme de l'huile. On enlève alors le chaudron de dessus le feu, et l'on verse doucement le liquide dans des pots de grès sans remuer le fond, où se trouve une sorte de marc. Lorsque le beurre est refroidi, on couvre les pots, et on les place dans un endroit frais.

On conserve le saindoux de la même manière.

Provision de bois et de charbon.

Le bois est sec en été, et en cette saison, le débit étant moins considérable, on l'a à meilleur marché qu'à l'approche de l'hiver. C'est le moment qu'il convient de choisir pour faire sa provision. Quant à la houille, c'est ordinairement en novembre qu'on en fait provision.

Le bois doit être mis à l'abri, soit dans un bûcher, soit sous un hangar, car les intempéries de l'air lui font perdre beaucoup de sa qualité. A la campagne, il est facile de construire à côté de la maison un petit *hangar* couvert pour y serrer le bois ; mais à la ville, où l'espace est si restreint, on est obligé de mettre son bois au grenier ou à la cave. Si celle-ci n'est pas humide, il n'y a aucun inconvénient à y tenir le bois ; il n'y a même pas perte de temps à l'aller chercher, car, en remontant son vin pour les repas, on monte en même temps sa provision de bois pour la journée. Mais, si la cave était humide, cela nuirait considérablement au combustible. Je ne conseillerai jamais de mettre le bois au grenier : cela est trop dangereux ; dans tous les cas, si l'on n'avait pas d'autre place pour le conserver, il faudrait prendre de grandes précautions et ne jamais monter au grenier avec une lumière, même avec une lanterne, et faire sa provision quotidienne le jour. A Paris, on a de petits cabinets spéciaux, des bouges pour le bois; mais alors on ne peut faire qu'une petite provision à la fois.

La houille ne demande pas autant de soins que le bois; elle ne craint ni la pluie ni l'humidité; aussi peut-on la mettre à la cave ou même la laisser en plein air.

Les principales espèces de bois à brûler que l'on emploie sont : le bois de chêne, le hêtre et l'orme.

Le chêne est le meilleur, le chêne noir surtout; les deux autres brûlent bien aussi, mais plus vite que le chêne; ils donnent tous également beaucoup de braise.

Je ne recommanderai pas au même titre le bois de pin ou de sapin, qui sont fort pétillants, à cause de la résine qu'ils contiennent; on pourrait cependant s'en servir pour chauffer le four, de même que les gros morceaux de bois, provenant des arbres fruitiers abattus, et qui, à cause de leur grosseur ou de leur forme bizarre, ne conviennent pas toujours pour les cheminées ni pour les poêles.

Comme l'ordre, même dans les plus petits détails, « agrandit l'espace et épargne le temps, » il faudra faire ranger le bois par grosseur et par longueur dans le *bûcher* ou le *hangar;* de cette façon, on ne sera pas obligé de déranger toute une pile de bois lorsqu'on voudra prendre une grosse bûche, par exemple; on mettra un quart d'heure à ramasser quelques brindilles éparses ou placées sous une grande rangée de bois. On réserve une place spéciale aux brindilles et aux copeaux; un coin du bûcher fera l'affaire.

Enfin, pour éviter tout gaspillage, la bonne ménagère distribue elle-même le combustible; elle sait ce que consomme de bois ou de houille chaque poêle ou chaque cheminée et donne en conséquence à la *bonne* la provision du jour ou de la semaine.

EXERCICE DE STYLE. — 115. Conseils sur les provisions d'œufs, de beurre, de bois et de charbon dans un ménage.

Salaisons. Lard. Petit salé. Jambons.

On préserve la viande de la putréfaction au moyen du sel.

Pour le lard, on s'y prend ainsi : Le lendemain que le porc a été tué, on lève des bandes de lard, qu'on coupe en morceaux à peu près carrés et qu'on sale sur la planche à rebord appelée *saloir*. Quand les morceaux sont bien imprégnés de sel sur toutes les faces, on les met en presse de la manière suivante : On les place un à un dans une caisse, en les serrant bien les uns contre les autres. Chaque rangée de lard est séparée de la précédente par une couche de gros sel à laquelle on mélange des épices, tels que feuilles de laurier, baies de genièvre ou autres. On termine par une couche de sel, on met le couvercle, sur lequel on place des objets pesants.

On ressale le lard tous les cinq ou six jours, en retournant les morceaux. Le lard doit rester trois mois en salaison; au bout de ce temps et quand il est bien ferme sous les doigts, on le suspend dans un endroit sec et obscur.

Quelques personnes, en salant le lard, le frottent avec un peu de salpêtre et de cassonade, pour lui donner une belle couleur.

Dans certains pays, on fume le lard au lieu de le mettre en salaison. Dans ce cas, on ne le sale que pendant une dizaine de jours, puis on le suspend dans la cheminée, dans laquelle on provoque de la fumée en y brûlant du genêt vert, du romarin, du genièvre, etc.; ces arbrisseaux odoriférants parfument le lard. Quand celui-ci est fumé, on le conserve dans un endroit sec, privé de jour.

On consomme d'habitude le petit salé en premier lieu; il n'est donc pas nécessaire de le laisser longtemps en salaison. Huit ou dix jours suffisent, selon le temps qu'on désire le conserver. Quant aux morceaux de la poitrine qu'on veut manger d'abord, on se contente de les couvrir de gros sel dans le plat, jusqu'au jour voulu.

On sale les jambons comme le lard. Au bout de quinze jours, on les laisse se ressuyer en les suspendant dans un lieu sec et bien aéré, puis on les accroche dans la cheminée pour les fumer, comme il a été dit pour le lard. Après avoir séjourné deux mois environ dans la cheminée, les jambons peuvent être mangés. Pour les conserver, on les coud dans un morceau de grosse toile et on les suspend dans un endroit sec, à l'abri des rongeurs.

Lorsqu'elle a une famille nombreuse à nourrir, la ménagère de la ville, qui ne peut élever de porc, retire un grand avantage en achetant la moitié d'un cochon ou des quartiers de porc frais, dont elle sale ou fume la viande.

Conserves.

On peut au moyen du sel conserver des viandes autres que le lard, telles que bœuf, poitrine et langue de bœuf, langue de veau, de mouton, de porc, voire même du poisson et certains légumes, comme les haricots verts.

Après les avoir marinés dans une saumure consistant en sel fondu dans l'eau bouillante, dans la proportion d'une livre de sel par demi-litre d'eau, on fume les viandes et on les conserve comme le lard.

Pour les haricots, quand ils sont épluchés, on les met blanchir dans l'eau bouillante pendant dix minutes, puis, lorsqu'ils sont égouttés, on les dispose par couches dans un pot de grès, en mettant alternativement une couche de haricots et une couche de sel. Quand le pot est plein, on le recouvre avec une planche sur laquelle on met une brique ou tout autre objet pesant, puis on le met dans la cave. On peut remplacer la brique par une couche de beurre ou d'huile qu'on verse sur les haricots. Dans ce cas, on bouche le pot avec du parchemin.

Choucroute.

On prend cinq, dix, quinze choux blancs ou plus, suivant les besoins du ménage; après en avoir ôté les feuilles vertes ainsi que les côtes et le trognon, on les coupe en tranches fort minces, qu'on dispose dans un baril qui aura été parfaitement nettoyé, puis garni au fond avec de larges feuilles de choux saupoudrées de sel. Sur ce fond, on met une couche de choucroute, de l'épaisseur de 5 centimètres environ, puis une couche de sel, et ainsi de suite jusqu'à ce que le baril soit plein.

Pour donner du goût à la choucroute, on y dissémine çà et là des feuilles de laurier et des baies de genièvre.

On recouvre le baril d'un torchon propre, et sur le couvercle on met une planche surmontée d'un poids lourd, pesant au moins 5 kilogrammes.

Dès que l'eau monte à la surface, on écume et on lave le torchon; on ajoute de l'eau salée et bouillie, de manière que la choucroute baigne entièrement. On recommence cette opération quatre ou cinq fois les premiers quinze jours, puis on laisse fermenter les choux. Au bout de deux mois, la choucroute est faite.

Si l'on a une grande quantité de choucroute à préparer, il faut employer de préférence une machine à couper les choux; on les coupe ainsi plus régulièrement qu'avec le couteau.

A mesure qu'on fait usage de la choucroute, il faut la recouvrir de saumure, autrement elle moisirait.

La choucroute bien faite est toujours blanche.

Oseille.

On épluche l'oseille; on y mêle du cerfeuil, du persil, de la petite laitue; on fait cuire sur un feu doux en remuant pour qu'elle ne s'attache pas au fond de la casserole. Quand l'oseille est cuite, on la sale et on la met dans des pots de grès, couverts de beurre fondu.

Il ne faut pas hacher l'oseille; il est préférable de l'écraser avec la cuiller en bois.

Asperges.

On les fait blanchir dans l'eau avec un peu de sel et de beurre, puis on les jette dans l'eau froide. Quand elles sont refroidies et égouttées, on les met dans un pot de grès avec une égale quantité d'eau et de vinaigre, un citron coupé par tranches. On recouvre le pot avec du beurre fondu.

Avant de manger les asperges, on les lave à l'eau chaude.

Cornichons.

On essuie bien les cornichons avec un torchon rude, on leur ôte la queue, et, après les avoir saupoudrés de sel, on les laisse étalés sur un linge ou dans un plat jusqu'au lendemain. Alors on les plonge dans un pot ou un bocal rempli de vinaigre fort. Au bout de huit jours, on retire le vinaigre, qui peut servir pour les usages de la cuisine; on remet du vinaigre nouveau, et l'on ajoute tous les accompagnements voulus, tels que petits oignons, estragon, poivre long, laurier, etc. On recouvre le pot d'un parchemin et on le place dans un endroit frais, pour que les cornichons restent fermes.

Il vaut mieux employer de petits bocaux, car, moins

longtemps ils restent entamés, meilleurs sont les cornichons.

Il faut se défier des cornichons d'un vert très vif qu'on vend dans le commerce : ils doivent cette couleur au sulfate de cuivre dissous dans le vinaigre.

Conserves en boîtes.

On peut conserver ainsi la viande, le gibier, le poisson, les légumes, en ayant soin de les faire cuire à moitié dans l'eau salée, puis, quand ils sont refroidis et égouttés, on les met dans les boîtes, remplies d'eau de sel. Il reste à bien souder les boîtes et à les mettre au bain-marie.

Conservation du poisson frais.

Lorsqu'on a du poisson qui ne doit être consommé que le lendemain, on le vide, puis on le porte à la cave. S'agit-il de le conserver vingt-quatre heures en été ou trois jours en hiver? on lui jette un bouillon d'eau salée. On le laisse dans cette saumure, qui devra le couvrir, jusqu'au moment de s'en servir.

Pour le poisson qu'on veut transporter, on prépare avec de la mie de pain tendre et un peu d'alcool une pâte de consistance moyenne, avec laquelle on remplit la bouche et les ouïes du poisson. On l'enveloppe d'orties fraîches, puis d'une couche de paille, qu'on arrose et qu'on lie avec de la ficelle.

Conservation du gibier

Le gibier à poil et à plume se conserve longtemps quand, après l'avoir vidé, on l'enveloppe d'un linge et on l'enfouit dans un tas de sable ou de blé, avec un morceau de charbon dans le ventre.

Pour le gibier qui doit voyager, on l'enveloppe d'une bonne couche de paille, qu'on serre fortement.

Confitures.

Les confitures comprennent : la gelée, le sirop, la compote et la marmelade. Le sirop et la gelée ne sont autre chose que le jus extrait des fruits et cuit assez pour se conserver. Le sirop est plus liquide que la gelée. La compote et la marmelade diffèrent des précédents en ce qu'elles ne sont pas amenées par la cuisson au point nécessaire pour se conserver; en ce qu'elles se font avec les fruits à pulpe ou à noyau, et avec les fruits entiers. Elles se mangent tout de suite.

Pour que les confitures se conservent, il est indispensable de les faire dans une bassine de cuivre non étamée et qui ne serve qu'à cet usage. Il est bien entendu qu'on ne les laissera jamais refroidir dans la bassine, car cela amènerait du vert-de-gris, poison violent. On verse la confiture toute chaude dans les pots, qui resteront découverts jusqu'à ce qu'elle soit entièrement refroidie. On coupe alors des ronds de papier blanc, de la grandeur de l'ouverture des pots; on les trempe dans l'eau-de-vie et on les met sur la confiture; les pots sont recouverts d'un autre papier épais, qu'on maintient par un ou deux tours de ficelle, puis portés dans l'armoire ou la petite chambre à provisions.

Gelée de groseilles.

Après avoir écrasé les groseilles, on les met dans un torchon de grosse toile dans lequel on les tord pour en faire sortir le jus, qu'on laisse reposer vingt-quatre heures. Au bout de ce temps, on met le jus dans la bassine, après l'avoir pesé, car il importe de mettre une égale quantité de jus et de sucre. On fait bouillir à grand feu pendant un quart d'heure; on écume, puis on passe la gelée dans une chausse de laine et on la met en pots.

D'habitude, on aromatise la gelée de groseille en y mettant des framboises.

On fait de la même manière des confitures de cerises, de mûres, de fraises, de cassis, de coings, de pommes, d'oranges et de citrons.

Compotes et marmelades.

Presque tous les fruits sont susceptibles d'être mis en compote, surtout les pommes, poires, prunes, mirabelles, abricots, pêches, coings, cerises, groseilles à maquereau, etc.

Voici comment on procède : On pèle les fruits, on en ôte les pépins et on les coupe en tranches. Puis on fait bouillir du sucre dans une poêle avec un peu d'eau; on y met les fruits, avec un peu de cannelle pour aromatiser; quand ils sont cuits, on les arrose avec leur sirop et l'on sert.

La marmelade est plus liquide que la compote. On utilise surtout les fruits entamés ou tombés en les convertissant en marmelade. Pour cela, on les coupe, en tranches les fruits à pépins, en deux ceux à noyau, et on les met dans une bassine avec un bon morceau de sucre et un peu d'eau. On remue toujours pour qu'elle ne s'attache pas, et, lorsqu'elle paraît assez consistante, on la retire du feu.

LECTURE.

Les confitures.

A la Saint-Jean d'été, les groseilles sont mûres;
Dans le jardin, vêtu de ses plus beaux habits,
Près des grands lis, on voit pendre sous leurs ramures
Leurs grappes couleur d'ambre ou couleur de rubis.

La farine. — La plupart des falsifications de la farine et du pain se font à l'aide de mélanges avec d'autres farines de qualité inférieure, avec de la fécule de pomme de terre, avec certaines plantes légumineuses, comme des fèves de marais pulvérisées, parfois même avec de la craie. Pour la confection du pain de *fantaisie*, les boulangers emploient souvent de l'alun, des carbonates de soude ou du sulfate de cuivre, substances nuisibles, qui peuvent occasionner les accidents les plus graves : témoin ce fait arrivé l'an passé à Calais, où toutes les élèves d'un pensionnat de demoiselles faillirent être empoisonnées après avoir mangé des petits pains au goûter. L'enquête fit découvrir la fraude du boulanger. Dans les gâteaux et les brioches, les pâtissiers remplacent les œufs par le safran, qui leur communique une belle couleur jaune.

Le lait. — On prétend que dans les villes et à Paris notamment on vend du lait qui n'a de ce liquide que l'apparence et le nom. On est parvenu à imiter le lait à l'aide de certaines émulsions huileuses, semblables à l'amidon, et même en divisant dans l'eau des cervelles de veau... Les fraudes se bornent le plus ordinairement à écrémer le lait la veille, à le mélanger avec de l'eau, puis à dissimuler la nuance bleuâtre qui résulte de ce mélange en ajoutant une matière colorante, comme le caramel, ou de la teinture de pétales de souci.

Le *beurre* est sujet à de nombreuses falsifications. Les marchands le mêlent à de la graisse de porc ou à d'autres substances grasses. Parfois on vend des mottes de beurre dont la surface est recouverte d'une couche de bon beurre, mais dont l'intérieur contient du beurre médiocre. On lui donne aussi une belle apparence jaune avec des carottes.

Le *fromage* est fraudé avec de la fécule de pomme de terre, quelquefois avec de la mie de pain, pour amener des moisissures qui lui donnent des couleurs marbrées.

On fraude les *œufs* au marché en vendant des œufs conservés ou couvés en lieu et place et au même prix que les œufs frais. Comme les œufs conservés à la chaux se reconnaissent au toucher, les marchandes les lavent au préalable, afin de faire disparaître la chaux qui y reste attachée.

Le *vinaigre* est falsifié avec de l'eau qu'on rehausse avec de l'acide sulfurique dans laquelle on a fait macérer des substances âcres, telles que de la semence de moutarde, du poivre long, etc.

L'*huile d'olive* est rarement naturelle. Elle est mélangée avec de l'huile d'œillette, de faîne, de noix, etc.

N'achetez jamais le *sucre en poudre;* pilez-le vous-même dans le mortier, car il est souvent sophistiqué avec de la fécule de pomme ou avec du sucre de lait ou de farine.

Le *miel* est mélangé avec du sirop de fécule liquide ou pâteux, avec des châtaignes cuites et réduites en purée épaisse.

Les féculents exotiques, tels que le *tapioca*, le *sagou*, sont presque toujours remplacés par des fécules de pommes de terre artistement préparées et déguisées.

Les *confitures* qu'on achète ne sont pas toujours sucrées avec du *sucre*. Les journaux racontent qu'on fabrique en Amérique des confitures avec des vieux cuirs et des chiffons!...

Le *poivre* moulu est souvent mélangé avec des graines de chènevis.

Le *cacao* pulvérisé et le *chocolat* le sont avec de la farine, de la terre, voire même avec des briques réduites en minium, comme matière colorante.

Le *café* à l'état cru est falsifié avec de la terre glaise moulée à l'état humide, puis séchée à l'air. Ces grains de café factice imitent parfaitement les grains de café naturel.

Le café *torréfié* factice est obtenu par le mélange suivant : café torréfié en poudre, farine de seigle, d'orge, de blé, de maïs ou de glands. Ces matières, changées en pâte, sont ensuite moulées sous forme de grains de café, desséchées et légèrement torréfiées; elles ressemblent à s'y méprendre au véritable café torréfié. Quant au café moulu, tout le monde sait qu'il est toujours additionné de chicorée, quelquefois de caramel.

Il est rare que la *chicorée* soit vendue pure de tout mélange. On en a vu mêlée à de la sciure d'acajou, du tan réduit en poudre, du foie de cheval séché et pulvérisé, de l'ocre rouge, des pois torréfiés et réduits en poudre, etc.

Même observation pour le *thé*. Dans des échantillons de thés verts saisis sur les côtes de France et à Paris, on a remarqué la présence de chromate de plomb mêlé au bleu de Prusse et à l'indigo, ou des feuilles étrangères de prunier, de camélia, etc. Les thés épuisés sont fréquemment vernis à l'aide de la gomme, puis roulés ou froissés, séchés et revendus pour servir à de nouvelles infusions, dont les résidus fourniront probablement encore la matière première de ces fraudes.

Les *vins* sont falsifiés sur une grande échelle. On en fabrique au moyen de l'acide tannique, de l'alun, de la fuchsine, substance dangereuse, ou avec des matières colorantes : des coquelicots, des mûres, du sureau, du trois-six, de la betterave rouge, etc. Inutile de dire qu'on y ajoute quantité d'eau, et que les hôteliers et les aubergistes se chargent de faire subir à leurs vins un second baptême. Quant aux vins de *Champagne*, ils se font avec tout, excepté le raisin ! On fait aussi des vins de ménage avec des raisins secs ou des marcs de raisin.

Dans la *bière*, on substitue au houblon d'autres matières végétales : l'écorce de buis, les fleurs de tilleul, du jus de réglisse, de la noix vomique, etc.

On trompe surtout : sur la charcuterie, sur les sirops, sur les poulets morts de maladie, à qui les coquetiers font une incision au cou et dont ils vernissent les pattes pour faire croire à un trépas récent; sur les meubles; sur les bijoux, sur les faïences, sur les étoffes vendues comme *tout* soie ou *tout* laine et qui sont tramées de coton... Nous nous arrêtons, de peur de décourager nos ménagères.

Terminons cependant par une fraude d'une autre manière, qui mérite l'attention. Les marchands affichent souvent à la vitrine une étoffe, un costume marqué d'un prix inférieur au prix courant. L'acheteur naturellement veut profiter de l'occasion et s'empresse de demander cette étoffe ou ce costume. La plupart du temps, le commis répond, avec force gracieusetés, que le dernier coupon vient d'être acheté à l'instant, que le costume est un modèle qui n'est pas à vendre, mais qu'on vous en fera un autre exactement pareil et aux mêmes conditions, ou il vous proposera une autre étoffe bien supérieure de qualité et naturellement de prix aussi. C'est là une rouerie de commerçant à laquelle il ne faut pas se laisser prendre. Insistez; vous êtes dans votre droit, il faut que l'étoffe ou le costume mis en montre vous soit livré au prix affiché.

Et qu'on vienne encore dire après cela qu'une maîtresse de maison n'a pas besoin d'instruction et de connaissances spéciales !

Exercice de style. — 117. Quelles sont les falsifications dont la ménagère doit se défier? — 118. Comment peut-on reconnaître les falsifications qu'on peut faire subir au lait et au beurre?

Faire danser l'anse du panier.

Quand ma servante est au marché,
Pour avoir à bon compte elle prend de la peine;
Mais que m'importe qu'elle en prenne !
Quand elle est au logis, rien n'est bon marché.

Ainsi parla de Cailly, poète du XVIIe siècle. Ces vers prouvent que déjà, à cette époque, les domestiques et spécialement les cuisinières étaient d'une habileté rare pour grossir à leur profit les dépenses du marché.

Elles sont encore nombreuses les cuisinières qui font *danser l'anse du panier*. Il est vrai que la preuve de leur culpabilité nous échappe souvent, car, à moins de rencontrer une bonne comme celle qui, dans son compte, inscrivait imperturbablement : « Petit pain d'un sou, deux sous, » nous ne pouvons que soupçonner. Les marchands d'ailleurs s'entendent avec les gens de service pour nous cacher la vérité; et bien des maîtresses arrivent insensiblement à considérer ce prélèvement sur les achats comme licite et passé dans nos mœurs.

Ne nous inclinons jamais devant pareille théorie; ouvrons l'œil, et renvoyons sans faute toute domestique qui fait *danser l'anse du panier*, c'est-à-dire qui vole.

Dans un dialogue versifié qui a paru en 1724, deux cuisinières causent entre elles et font un cours sur l'art de faire danser l'anse du panier. De leurs leçons nous extrayons quelques axiomes qui n'ont pas trop vieilli.

La première, une servante jeune, encore inexpérimentée, se plaint de ses maîtres :

Sur ma fidélité toujours en défiance,
Des tours les plus adroits ils ont l'expérience.
Ce qui peut se peser, ils le pèsent vingt fois,
Pour voir si je n'ai rapiné sur le poids.
Prompts à se faire rendre un denier, une obole,
Ils disent toujours que je les pille et les vole.
Croiriez-vous qu'au marché quelquefois je les vois,
Quand j'y pense le moins, venir derrière moi?
En un mot, quoique gens à leur aise et bien riches,
Au delà du vilain ils sont ladres et chiches...
Et que vous servirait toute la politique,
Si vous étiez tombée en pareille boutique,
Avec gens qui tondraient (comme on dit) sur un œuf,
Qui se fâchent pour tout, pour la pièce de bœuf,
Disant que votre esprit à friponner s'attache,
Et qu'en guise de bœuf vous prenez de la vache !

L'autre cuisinière, une vieille madrée, la console par ces conseils :

Tâchez de rencontrer un honnête boucher
Qui, vendant à la main ou vendant à la livre,
Outre le droit commun donne le sol par livre...
Sur chaque fourniture il vous revient un droit;
Rôtisseur, épicier, chandelier, tout vous doit...
Récriez-vous toujours sur la grande cherté.
Les jours maigres surtout, criez, dès votre entrée,
Qu'à la halle il ne fut jamais moins de marée,
Que le beurre et les œufs y sont chers à l'excès,
Et qu'à peine y voit-on des choux et des panais...
Sachez trouver du bon sur le poivre et le clou,
Gagner sur un balai, sur du lait, sur un chou.
Pour peu qu'on ait d'adresse, on met, chaque jour maigre,
Tant pour oignon, persil, pour verjus et vinaigre,
Et souvent ce qu'on n'a déboursé qu'une fois
On peut, quand on l'entend, le faire écrire trois...

Exercice de style. — 119. Définissez cette expression : « *Faire danser l'anse du panier.* » Comment la ménagère peut-elle empêcher cette fraude?

CHAPITRE XIII

MANIÈRE D'ORDONNER UN DÎNER

Service de table.

Ce n'est pas une petite affaire pour une maîtresse de maison que de donner un dîner : elle doit tout surveiller, tout prévoir ; il lui faut ordonner son repas avec la cuisinière, puis préparer ou du moins surveiller l'arrangement du dessert, dresser la table, s'occuper de placer convenablement chaque convive, et tout cela avant l'arrivée de ces derniers, afin qu'elle soit prête à les recevoir. Essayons de l'aider un peu dans sa tâche. Commençons par le dessert :

1° Les fruits se placent dans des coupes ou assiettes hautes, garnies en été de feuilles de vigne ou de mûrier, et en hiver de mousse artificielle. Les fruits sont disposés en pyramides avec des feuilles entre chaque rangée. Les fruits cuits ou conserves doivent se servir dans des compotiers; les mendiants, biscuits, macarons, petits-fours et autres desserts secs, se placent sur des assiettes plates, appelées assiettes *volantes*.

Le dessert préparé, la ménagère s'occupera de sa table et des couverts.

2° Il faut que la nappe soit bien tendue, qu'elle ne fasse pas de plis, et qu'elle dépasse la table de tous côtés de 30 à 40 centimètres au moins. Beaucoup de personnes ont l'habitude de recouvrir leur table d'une couverture de laine liée en dessous par des cordons qui se croisent, à peu près comme pour la planche à repasser. La nappe, mise par-dessus cette couverture ainsi fixée, se tend mieux et ne fait pas de plis.

3° On place autant d'assiettes sur la table qu'il doit y avoir de convives, et de façon que chacun ait une place suffisante. La fourchette se pose à gauche de l'assiette, la cuiller et le couteau à droite. L'extrémité du couteau et de la fourchette est ordinairement appuyée sur un porte-couteau en cristal ou en plaqué. La serviette, qui sera pliée avec goût, se pose sur l'assiette ; le pain, dans les plis de la serviette, à moins que ce ne soit un petit pain de fantaisie ; dans ce cas, il se place à côté de l'assiette, à gauche. Puis viennent les verres. On les dispose devant les assiettes ; ils diffèrent de forme et de taille, suivant les vins : le verre le plus grand pour le vin ordinaire, le moyen pour le vin de Bordeaux et de Bourgogne ; le plus petit pour les vins fins, et enfin la *flûte* ou la coupe pour le vin de Champagne. Cette dernière, à cause de sa largeur, n'a sa place à côté des autres verres qu'autant que l'espace ou le petit nombre des invités le permet ; autrement, on place les coupes dans une petite corbeille, et, au moment de faire sauter le bouchon, on les distribue aux convives. En petit comité, quelquefois on les dresse tous autour du maître de maison, qui sert ainsi son monde plus promptement. Il me semble préférable de placer le verre à champagne à côté des autres. Entre chaque couvert, on dispose les carafes à eau et à vin, en alternant chaque fois : une carafe de vin, une carafe d'eau, et ainsi de suite ; si la table ne permettait pas d'en mettre autant, on s'arrangerait pour que chaque convive pût se servir sans déranger son voisin. Il en sera de même pour les salières doubles contenant le sel et le poivre.

Les vins doivent être montés à l'avance quand la

saison le permet; le vin de Bordeaux seul gagne par la chaleur; on devra les placer et les marquer tels qu'ils doivent être servis.

Les hors-d'œuvre froids, tels que beurre, olives, anchois, etc., se placent de façon que chaque convive les ait à sa portée; en petit comité, on les place aux deux extrémités de la table et on les fait circuler au moment voulu.

4° Le choix des convives et la manière de les placer exigent un certain tact de la part de la maîtresse de maison : réunir dans un même gala des gens que séparent leurs positions sociales, leurs occupations et surtout leurs opinions politiques, serait une faute grave contre les bienséances et prouverait qu'on manque de savoir-vivre; placer les personnes gaies à un bout de la table, tandis que l'autre serait occupé par des gens sérieux, moroses ou timides, desserrant à peine les dents, serait une faute non moins grave. Il faut savoir mélanger les caractères, autant du moins que l'étiquette le permet.

Les places d'honneur sont réservées aux positions sociales élevées, aux vieillards et aux étrangers; pour les dames, les places d'honneur sont aux côtés du maître de la maison; le contraire est pour les hommes; la droite est la place d'honneur par excellence. Quant aux autres convives, on met toujours un monsieur à côté d'une dame. Les enfants se placent aux extrémités de la table. On tolère même une table à part pour eux, lorsque le manque d'espace y oblige. Les enfants sont exclus d'un dîner de cérémonie.

5° Sur chaque assiette doit se trouver un billet avec le nom de la personne à laquelle la place est destinée. Dans les dîners d'apparat, ce nom se trouve sur la couverture du menu; celui-ci se place également sur chaque assiette, mais n'est pas de rigueur pour un simple dîner d'amis.

Ce sont les domestiques qui découpent et qui font

circuler les plats; mais la maîtresse de maison doit offrir elle-même d'un plat, souvent le potage, que les convives doivent accepter sous peine d'impolitesse.

6° Le potage doit être servi dans la hiérarchie de l'étiquette; pour les autres plats, on n'y prend plus garde.

7° Lorsque ce n'est pas un dîner de cérémonie et qu'on n'a pas de domestiques en nombre suffisant, ce sont les jeunes gens qui servent à boire. Si le maître de la maison était absent, ce seraient également eux qui devraient s'offrir pour découper. Quant aux jeunes personnes, on leur réserve l'honneur de découper la tarte, le gâteau ou la *pièce montée*.

8° Au moment du dessert, on débarrasse la table de tout ce qui la couvre; cela doit se faire dans un certain ordre. On enlève d'abord les salières, hors-d'œuvre, couteaux et fourchettes; puis avec la brosse on fait tomber dans une corbeille toutes les miettes; on apporte ensuite à chaque personne une assiette à dessert garnie à l'avance d'une cuiller, d'une petite fourchette et d'un couteau à dessert, mis en croix de Saint-Jean. Les réchauds et les plats sont enlevés, puis on apporte le dessert.

9° On commence par faire circuler le fromage, puis les petits-fours et les meringues, ce qui dispose le palais à déguster les bons vins; viennent ensuite les compotes de fruits frais, accompagnées de sucre en poudre; puis les fruits crus ou les conserves de fruits cuits, la pièce montée, etc. Le fromage glacé ne paraît sur la table qu'au dernier moment; il est placé devant la maîtresse de maison, qui le distribue dans les assiettes que le domestique offre à chaque convive en y ajoutant une cuiller.

10° Le café et les liqueurs se prennent au salon, où la maîtresse de maison a eu soin de faire entretenir un bon feu avant et pendant le dîner.

Le repas ne doit pas se prolonger au delà d'une

heure et demie à deux heures, limite extrême. Un repas de cérémonie ne s'étend jamais au delà de deux heures.

C'est la maîtresse de maison qui donne le signal du départ; elle doit choisir le moment favorable; par exemple, elle ne devra pas interrompre un convive qui parle, elle attendra que tout le monde ait fini de manger, etc.

11° Lorsqu'on est passé au salon, la maîtresse de maison se place devant la table sur laquelle sont servis le café et les liqueurs; elle verse elle-même le café et offre le sucre.

Distribution des vins pendant les repas.

Au dîner comme au déjeuner, on sert habituellement des vins blancs avec les hors-d'œuvre et les huîtres. A Paris, c'est presque toujours du *Chablis* et du *Meursault* (Bourgogne). Les gourmets préfèrent le *Sauterne* ou le *Bursac* (Bordelais).

Avec les *entrées*, on sert à volonté des vieux vins rouges de *Bourgogne* ou de *Bordeaux*.

Au *second service*, on commence à servir, dans les petits verres, les vins fins en observant l'ordre suivant :

Deuxièmes crus de Bourgogne : *Pomard, Bourne, Richebourg, Saint-Georges, Volnay*, etc., ou premiers crus mâconnais : *Thorins* et *Moulin-à-Vent*.

Premiers crus de Bourgogne : *Chambertin, Clos-Vougeot, Romanée-Conti*, etc.

Premiers crus de Bordeaux : *Château-Laffitte, Château-Margaux, Château-Latour*, ou les vins les plus estimés des côtes du Rhône : *Hermitage, Côte Saint-André, Château-Neuf*, etc.

Enfin les *vins du Rhin*, qui sont servis dans les petits verres colorés.

Au dessert, le *champagne* mousseux doit remplir les coupes; on peut même commencer à le servir avec les entremets sucrés, suivant l'usage des grandes maisons.

Les vrais vins d'*Aï* et de *Sillery* sont les plus estimés ; frappés à la glace, on les boit quelquefois au premier service.

Les vins d'*Avize* et d'*Épernay* figurent généralement sur les tables modestes.

Après le champagne apparaissent les vins liquoreux : *Frontignan*, *Lunel*, *Rivesaltes*, de France, et les vins étrangers, d'*Alicante*, *Malaga*, *Grenache*, *Xérès*, *Malvoisie*, *Chypre*, *Madère*, *Lacryma-Christi*, *Tokay*, etc.

Après le potage, les hommes acceptent presque toujours un verre de Madère ou de Xérès sec, que l'on sert encore entre les deux services et au moment de servir les entremets sucrés.

Quelquefois, entre le premier et le second service, on offre soit un *sorbet* au rhum ou au vin de Madère, soit un verre de *punch* à la romaine.

Dans les repas d'amis, d'où l'étiquette est proscrite, on fait passer tout simplement des verres de madère sec, de vieux rhum ou de vieille eau-de-vie : c'est ce qu'on appelle vulgairement le *coup du milieu*.

Voici une manière simple de faire la corbeille de fleurs ou *dormant*, qui orne le milieu de la table, lorsque le service se fait *à la russe*.

La longueur et la largeur de la corbeille sont proportionnées à celles de la table. On remplit la corbeille de sable humide ou de terre glaise mouillée ; on la recouvre de mousse pour former un gazon frais, puis on y pique des fleurs, naturelles dans la belle saison, et artificielles en hiver. Quand les fleurs sont arrangées avec goût, cette corbeille est du plus bel effet.

Dans certaines maisons, au lieu d'un *dormant*, on préfère deux corbeilles plus petites, ayant à peu près la forme de compotiers, et qui sont placées aux deux extrémités de la table. Cela a lieu surtout lorsqu'on n'a pas un nombre suffisant de domestiques pour faire le service en *grand* et que la maîtresse de maison fait apporter les plats devant elle pour servir elle-même. Le milieu de la table se trouvant ainsi occupé, on pose les corbeilles aux deux bouts.

Quant au menu d'un dîner de cérémonie ou d'amis, il est difficile de l'indiquer en détail. Il dépend d'une foule de circonstances : la saison pendant laquelle on donne le dîner, la fortune de l'amphitryon, etc. Voici quelques indications générales qui peuvent être utiles :

Que la vue soit agréablement frappée par la propreté du linge bien assorti, par l'ensemble de la table et le gracieux arrangement des plats; que le tact préside au nombre et à la qualité des plats, que les hors-d'œuvre et le dessert ne paraissent pas à profusion pendant que les mets de résistance manquent ou sont insuffisants. Il faut choisir les plats avec soin pour contenter autant que possible la généralité des convives. Les plats de chaque service doivent aussi être en harmonie les uns avec les autres par leur nature ou par la couleur de leur sauce. Par exemple, il faut opposer un civet à une sauce blanche, une sauce tomate à un fricandeau, un poulet à un lièvre, un poisson à un filet, et *vice versâ*.

Comme il faut que la maîtresse de maison connaisse les termes par lesquels on désigne les diverses parties de ce qui compose le menu d'un dîner, nous donnons ci-joint la description d'un dîner *à la française*, en opposition avec le service *à la russe;* celle d'un déjeuner et d'un ambigu.

Dîner à la française. — Il se divise en trois services :
1º Le service des entrées;
2º Le service des entremets;
3º Le dessert.

Le service des entrées se compose : 1º du potage qu'on enlève aussitôt servi; 2º du *relevé*, qui remplace le potage : c'est ordinairement un grand poisson; 3º de deux ou quatre *entremets*, que l'on place de chaque côté du relevé ou en carré ; 4° des *hors-d'œuvre*, tels que beurre, radis, anchois, etc. Aussitôt que le potage a été servi et pendant qu'on découpe le *relevé*, on fait circuler les *hors-d'œuvre;* on sert ensuite les entrées, en commençant par les volailles, s'il y en a, le gibier, etc.

Le deuxième service est appelé celui des *entremets*. Il se compose du rôti, qui se trouve placé au milieu de la table, de la salade ou de tout ce qui se sert avec le rôti.

Puis vient le *dessert* ou troisième service ; il se compose de friandises propres à charmer l'œil et le goût des convives. Lorsqu'on a une pièce de pâtisserie, une *pièce montée*, on la place au milieu de la table, de façon qu'elle domine tout et fasse bien milieu ; tout autour on range les fruits, compotes, petits fours, etc. Les confitures et le fromage blanc se placent aux extrémités de la table.

Service à la russe. — Dans le service à la russe, aucun des plats figurant aux deux premiers services ne parait sur la table, que l'on garnit d'avance de presque tout le dessert ; le dormant occupe le milieu de la table. Les mets sont apportés de la cuisine et placés sur une table de service, d'où ils sont découpés et offerts aux convives par les domestiques. Ce nouveau mode a de grands avantages sur le service à la française, en ce que tous les plats ne doivent pas attendre sur des réchauds et peuvent toujours être servis à point ; mais il exige un certain nombre de domestiques.

Un service encore plus en usage est le *demi-russe*. Il consiste à ne placer sur la table que deux et même qu'un plat à la fois.

EXERCICE DE STYLE. — 120. En quoi consiste le service de table pendant un dîner de cérémonie ?

Conduite des domestiques pendant un dîner d'étiquette.

Les domestiques devront être fort polis envers les convives et éviter de faire des gaucheries en servant. Ils doivent être vifs, accourir au moindre signe de la maîtresse de maison ou d'un convive, veiller à ce que rien ne manque, remplir les carafes et les verres avant qu'ils soient entièrement vides.

Ils ne devront pas parler haut entre eux et même ne parler qu'autant que le service l'exige.

Lorsque ce sont les domestiques qui versent à boire, ils doivent nommer le vin avant de l'offrir, et toujours se placer à la gauche des convives, afin que ceux-ci aient plus de facilité pour se servir de la main droite. Ils ne devront jamais prendre les verres en main en servant, ce qui serait fort impoli.

L'usage anglais de changer les couverts et les assiettes après chaque plat s'est introduit dans les grandes maisons; cela n'est pas de rigueur, mais il faut apprendre aux domestiques à les changer quand les convives laissent leur couvert sur l'assiette à desservir. Lorsqu'on est en petit comité, on ne change d'assiettes qu'après le potage, le poisson, la salade et le fromage. Il est indispensable de changer le couvert après le poisson et le fromage.

Les domestiques auront soin de remettre à leur place les assiettes ou compotiers dont ils se seront servis pour offrir, de même que ceux qui auraient été dérangés par les convives.

Ils ne manqueront pas enfin de placer soit un tabouret, soit un petit tapis ou une boule devant les chaises réservées aux dames, et surtout aux dames âgées.

Devoirs de la maîtresse de maison pendant un dîner de cérémonie.

Les devoirs de la maîtresse de maison pendant un dîner de cérémonie peuvent se résumer ainsi :

1° *Avant* le repas, elle doit veiller à ce que toutes les dispositions soient bien prises, que tout soit bon, bien servi, propre et brillant.

2° *Pendant*, elle doit charmer tout le monde par sa bonne grâce, son amabilité ; faire d'une façon gracieuse et prévenante les honneurs de sa table ; veiller à ce que les convives ne manquent de rien, sans cependant les importuner par son insistance pour leur faire accepter ce qu'ils refusent, ce qui serait du plus mauvais ton.

3° *Après*, aucune femme bien élevée ne doit montrer devant ses convives une inquiétude marquée sur ce qui est resté sur les plats, sur ce qui va à la cuisine, etc. Elle peut veiller à cela après le départ des invités, si les ordres n'ont pas été donnés à l'avance ou si elle craint le gaspillage.

EXERCICE DE STYLE. — 121. Quels sont les devoirs d'une maîtresse de maison avant, pendant et après un repas de cérémonie ?

Déjeuner.

Il y a quelque différence entre le service d'un déjeuner et celui d'un dîner : dans la manière de l'ordonner, de le servir et dans la nature des mets.

Le couvert de chaque convive est disposé comme pour le dîner, moins la cuiller. Tous les mets, y compris le dessert, sont placés sur la table avant l'arrivée des invités. L'usage admet qu'on serve le déjeuner sans nappe, mais il tolère une toile cirée. Une nouveauté fort en vogue consiste à mettre une serviette à thé sous chaque assiette, à la fin du repas, lorsqu'on va servir le thé ou le café. Le domestique qui fait le service met alors un bol ou une tasse sur une assiette avec une cuiller, et les pose devant chaque convive. Le café, le lait ou le thé se placent devant la maîtresse de maison, qui en fait elle-même les honneurs. Le domestique va présenter à l'avance le sucrier aux invités, qui en prennent ce qui leur convient.

Les viandes rôties chaudes, les poissons grillés et les ragoûts sont généralement proscrits du menu d'un déjeuner. Il se compose plutôt d'entrées froides et de hors-d'œuvre froids. Les huîtres en sont l'exorde naturel. Dans quelques maisons, les côtelettes de mouton, les rognons, les boudins ou saucisses, appétissants hors-d'œuvre chauds, suivent les huîtres, les crevettes, les homards, etc., et précèdent le jambon, le saucisson, les artichauts et asperges à l'huile.

Dans les grands déjeuners on sert du bifteck, du filet, de la mayonnaise, du poulet sauté, du pâté, etc.

Ambigu.

L'ambigu est un repas qui se sert spécialement dans les soirées. Tous les plats sont placés en même temps sur la table, dont le milieu est garni d'une corbeille de fleurs. Ils sont presque toujours disposés ainsi :

A l'un des bouts de la table, un saumon au bleu. A l'autre extrémité, un pâté de foie gras. Au milieu, aux côtés du dormant, un faisan et un poulet. De chaque côté du saumon et du pâté, une mayonnaise de homard, buisson d'écrevisses, mayonnaise de volaille et jambon glacé. De chaque côté du faisan et du poulet sont placés les gâteaux d'amandes, les gelées, crèmes, etc. Les espaces vides sont garnis d'assiettes volantes de dessert : fruits, petits-fours et autres.

Petit vocabulaire des principaux termes de cuisine.

Abatis. On appelle ainsi les pattes, les ailes, le cou, le foie et le gésier d'une volaille.

Aileron. Extrémité de l'aile d'une volaille ou d'un oiseau.

Ambigu. Sorte de repas sans potage où l'on place en même temps la viande et les fruits sur la table, et qui tient de la collation et du souper. Il se sert principalement dans les soirées.

Assiettes volantes. Assiettes sur lesquelles sont dressés les hors-d'œuvre chauds et le dessert, tels que fruits, biscuits, petits-fours.

Bain-marie. Faire chauffer ou cuire au bain-marie, c'est mettre le plat ou vase contenant ce qu'on veut faire cuire ou réchauffer dans un autre vase mis sur le feu et rempli d'eau bouillante.

Bardes. Tranche de lard mince avec laquelle on recouvre les viandes avant de les faire rôtir et dont on garnit aussi le fond des casseroles.

Blanchir les viandes ou les légumes, c'est les passer à l'eau chaude avec ou sans sel, pour les nettoyer ou leur faire perdre leur âcreté.

Bouquet. En terme de cuisine, ce mot s'applique à un assortiment de persil, de thym, lié avec du fil, qu'on met dans les ragoûts pour en relever le goût. Le bouquet du pot-au-feu se compose de poireau, céleri, persil et une feuille de laurier. On y ajoute à volonté des carottes, des navets et des panais.

Brider. C'est maintenir les membres d'une volaille avec de la ficelle. On bride également certaines pièces de viande pour leur conserver, après la cuisson, la forme qu'on leur a donnée.

Au *bleu* ou *court-bouillon.* Cuire ainsi un poisson, c'est le faire bouillir dans l'eau avec un oignon, bouquet de thym, feuille de laurier, sel, poivre, etc.

Buisson. Pyramide d'écrevisses cuites dressées sur une assiette, et généralement tous les mets qui se servent en forme conique (marrons glacés, etc.).

Chapelure. Croûte de pain râpée ou pulvérisée.

Ciseler. Faire avec le couteau des incisions plus ou moins inclinées, sur le poisson, pour l'empêcher de se déchirer en cuisant.

Concasser. Piler grossièrement dans un mortier.

Consommé. Bouillon très chargé de sucs de viande.

Croûtons. Tranches de mie de pain découpées en dés, en rond ou en carré, frites dans le beurre, pour garnir les épinards, la chicorée, etc.

Daube. Préparation de viandes, de volailles ou de gibier, qui se mange le plus souvent froid.

Décanter. Tirer à clair un liquide en le versant doucement pour ne pas entraîner les matières qu'il a déposées.

Décoction. Substance extraite d'une chose par l'ébullition. L'infusion diffère de la décoction en ce qu'on se contente de verser l'eau bouillante sur la chose à infuser. La plupart des tisanes, le café, le thé demandent à être infusés.

Dégorger. C'est débarrasser les viandes du sang qu'elles contiennent et les rendre plus blanches en les mettant tremper quarante ou cinquante minutes dans l'eau froide.

La *desserte*, se dit des mets entamés ou non qu'on ôte de dessus la table après le repas.

Dorer. C'est frotter le dessus des tartes ou autres pièces de pâtisserie avec les barbes d'une plume trempées dans des œufs battus.

Dresser un plat, c'est disposer les pièces et les morceaux sur le plat, comme ils doivent être servis.

Échauder. Plonger dans de l'eau très chaude l'animal dont on veut enlever facilement le poil ou la plume.

Émincer. Couper la viande ou les légumes en tranches très minces.

Émonder. Jeter les amandes dans l'eau chaude pour en enlever plus facilement la peau.

Farce. Hachis dont on garnit les volailles et certaines pièces de viande. On fait des farces de charcuterie, de gibier, de poisson, auxquelles on peut mêler des truffes, des champignons, des marrons.

Flamber. Passer une volaille ou un gibier à plumes sur la flamme après l'avoir plumé, afin d'en brûler le duvet. Un feu de paille, un morceau de papier, etc., suffit pour cela.

Frapper. Du *champagne frappé* est celui qu'on a rafraîchi au moyen de la glace.

Frire. C'est faire cuire une substance dans le beurre, la graisse ou l'huile bouillante, qu'on nomme aussi *friture.*

Glacer. Étendre la glace avec une plume ou un pinceau sur les viandes, volailles et ragoûts tout chauds au moment de les servir. En pâtisserie, c'est saupoudrer de sucre les pièces et les remettre au four pour que la glace se forme.

Grillades. Nom donné aux viandes cuites sur le gril.

Larder. C'est introduire, avec une lardoire, des filets de lard dans un morceau de viande. Ces filets se nomment aussi *lardons.*

Liaison. On appelle ainsi tout ce qui sert à donner de la consistance à une sauce, tels sont la fécule, la farine ou les jaunes d'œufs.

Lit. Couche d'une substance, ordinairement coupée en tranches minces, et sur laquelle on en met une autre en alternant, et ainsi de suite.

Macédoine. Mets composé de plusieurs sortes de légumes, de poissons, etc., pour hors-d'œuvre.

Macérer. Laisser séjourner une substance dans un liquide pour en extraire les principes.

Marinade. Assaisonner au préalable une viande, un gibier, avec du sel, du vinaigre, des épices, etc., pour la conserver ou lui donner plus de saveur.

Mayonnaise. Sauce composée de jaunes d'œufs mélangés à l'huile, au vinaigre, sel et poivre. On la sert avec certaines viandes froides.

Menu. Se dit de la composition d'un repas; se dit encore d'un papier sur lequel on écrit la liste de tous les mets qui doivent être servis dans un repas.

Mijoter. Cuire lentement et à petit feu la viande dans son jus.

Miroton. Manière d'apprêter certaines viandes ou poissons, ou réunion de plusieurs tranches de viandes cuites destinées à être servies avec un ragoût d'oignons.

Mitonner. Faire tremper et bouillir doucement et longtemps.

Mortifier la viande, c'est l'attendrir en la conservant quelques jours dans un endroit frais et en la battant fortement au moment de la faire cuire.

Paner. Saupoudrer de mie de pain ou de chapelure la viande ou le poisson.

Pocher. On poche les œufs en les cassant dans de l'eau bouillante.

Rissoler. Donner à la viande, par la cuisson, une belle couleur rousse et en rendre la surface croquante.

Roux. Mélange de beurre et de farine qu'on met sur le feu et qu'on tourne jusqu'à ce qu'il devienne blond. Il sert à lier les sauces.

Torréfier le café, c'est brûler les grains de café. On se sert, pour cela, d'un appareil spécial.

CHAPITRE XIV

DE L'APPRENTISSAGE DE LA CUISINE

En Allemagne, non seulement la connaissance de tout ce qui tient aux obligations de la maîtresse de maison, mais l'*art culinaire*, même dans ses moindres détails, fait partie de l'éducation des femmes. Le bourgeois aisé, comme l'artisan, comme le campagnard, met son orgueil à ce que ses filles soient de bonnes femmes de ménage, qu'elles sachent surtout faire la cuisine.

Après que la jeune fille est sortie de l'école, ce qui a lieu vers quatorze ans, c'est un usage généralement répandu de la placer chez un pasteur de campagne, pour y apprendre l'art culinaire et la pratique du ménage. Beaucoup de jeunes filles riches et même des princesses font le même apprentissage. Aussi la femme allemande est-elle, à peu d'exceptions près, un véritable modèle d'ordre et d'économie. La femme la plus riche, comme la moins aisée, connaît le prix des denrées et pourrait au besoin se passer de domestique et même de cuisinière. Il n'est donc pas étonnant qu'en Allemagne la table soit toujours servie avec soin, abondance et économie tout à la fois; aussi les maris s'y montrent-ils fort contents de ces talents modestes, qui concourent si efficacement au bien-être et à la santé.

Nous ne pouvons nous empêcher de citer à cette occasion une anecdote authentique.

Le jeune et infortuné duc d'Orléans venait d'épouser la princesse Hélène de Mecklembourg, une des femmes les plus distinguées par l'élévation de son caractère et son instruction solide et variée. Les deux époux aimaient beaucoup à se soustraire à l'étiquette et à faire incognito des excursions dans les environs de Paris.

Un jour, pendant une de ces écoles buissonnières, ils furent surpris par un orage, et ils n'eurent que le temps de se réfugier dans une chaumière. Là, ils attendirent patiemment le retour du soleil, mais l'heure s'écoulait, la pluie ne cessait pas, et la faim commençait à se faire sentir. La duchesse demanda à la bonne femme du logis ce qu'elle avait chez elle en fait de provisions.

Du lard et des œufs, c'était tout. Elle se les fit apporter, mit devant elle un tablier de toile grossière, mais qui avait conservé l'odeur des romarins sur lesquels il avait séché, et retroussant ses manches jusqu'aux coudes, découvrant ainsi ses bras blancs et frais, elle confectionna elle-même, sous les yeux ravis de son mari, l'omelette la plus savoureuse qu'il eût mangée de sa vie. Pendant ce délicieux repas, assaisonné de rires et entremêlé des compliments comiquement sérieux du prince royal à sa femme, la pluie ayant cessé, nos deux jeunes époux, bras dessus bras dessous, comme de bons bourgeois de Paris, reprirent gaiement le chemin du rendez-vous où les attendaient leur voiture et un domestique de confiance, laissant la vieille paysanne émerveillée de tant de belle humeur et de bonne grâce, ainsi que de la générosité avec laquelle on avait payé ses œufs et son lard.

Cette anecdote se passe de commentaires.

Que la jeune fille apprenne également cette foule de petites recettes de ménage si utiles et si agréables;

qu'elle fasse elle-même les compotes de fruits, les confitures, sirops, entremets et conserves; qu'elle prépare et dresse le dessert, qu'elle sache au besoin cuire les principaux mets.

Toutes ces choses sont délicieuses dans l'intimité de la famille.

Nous avons visité l'Allemagne, et nous avons pu constater que ce qu'on dit des femmes allemandes comme femmes de ménage n'est guère exagéré. Les Françaises, qui l'emportent sur les dames des autres pays par tant de qualités et surtout par le génie inventif et le *goût français* qu'elles ont créé, leur sont inférieures en partie lorsqu'il s'agit de l'art culinaire. Cette infériorité est frappante. Cela tient à des causes dont on ne se doute pas en France.

En Alsace, comme de l'autre côté du Rhin, l'usage ainsi que la disposition des maisons permettent aux femmes les mieux nées de veiller sans s'avilir aux soins du ménage. La cuisine, sombre et petite d'ordinaire dans nos villes, est là-bas spacieuse et éclairée. C'est l'une des plus belles pièces de la maison, l'orgueil de la ménagère. Nulle trace de graisse; tout autour, les murs soigneusement blanchis, la batterie reluisante et les pots de grès bleus et blancs, les baquets en bois avec les cercles de cuivre resplendissant comme de l'or; par terre, sur les dalles un sable fin qu'on renouvelle tous les jours. A côté, le bel et spacieux office où la dame, en vraie matrone grecque ou romaine, sans prodigalité comme sans parcimonie, garde la haute main sur le sucre, sur les conserves, sur la boîte aux épices, les distribue selon le nombre des convives ou le besoin de la cuisine, pèse le beurre nécessaire pour l'entremets, dit à la cuisinière ce qu'elle devra mettre d'œufs dans le soufflé, si celle-ci n'est pas entendue; bref, veille à ce que tout se passe avec ordre et économie.

Nous voilà bien loin, sans doute, de ces maisons parisiennes où les femmes ne se disent ménagères qu'à la condition de ne pas mettre la main à la pâte et font consister la science du ménage dans le besoin de régenter leurs domestiques. De là vient ce dicton : « La femme française *commande* dans sa maison ; la femme allemande *y règne*. »

Une école de cuisine.

Comme Londres, comme Vienne, New-York a voulu avoir son *École nationale de cuisine*. Voici comment un écrivain décrit une leçon à laquelle il avait assisté dans cet établissement et qui roulait sur les omelettes :

« La leçon dura deux heures et demie. La pièce où elle avait lieu était parfaitement disposée pour cette destination ; les élèves siégeaient à une longue table où chacune, munie d'une feuille de papier et d'un crayon, prenait des notes sous la dictée d'un professeur, bien entendu du sexe féminin.

« Le professeur était une miss à la physionomie enjouée et intelligente ; elle était assistée d'un opérateur qui exécutait ce qu'elle avait enseigné. De temps à autre, une des auditrices interrompait la leçon, pour demander des éclaircissements, que le professeur s'empressait de lui fournir.

« Ceci est charmant et plus important qu'on ne croit. »

S'il est une classe en France à laquelle une pareille école rendrait d'inappréciables services, c'est incontestablement la classe ouvrière. Apprentie dès son plus jeune âge, habituée souvent à se nourrir toute une journée avec quelques sous de pommes de terre frites ou du fromage, l'ouvrière n'aime pas à faire la cuisine et ne sait pas la faire. Quand l'homme mange chez lui, on court chez le charcutier ou l'on descend à la gargote. En fait, l'ouvrier retrouve au foyer le cabaret, moins le faux luxe, le voisinage joyeux des amis.

Dès que la femme, au contraire, est capable de confectionner la fameuse omelette dont nous venons de parler, de mettre un pot-au-feu, au besoin de réussir un beignet, la scène change. Les mets ont là un autre goût; l'ouvrier s'abandonne à la joie d'être chez lui; il économise, et voici qu'il achète une pièce de vin et qu'il compare ce vin nature, bienfaisant pour la santé, au vin frelaté qu'on lui vend si cher au dehors. On augmente chaque semaine le ménage d'une casserole, d'un meuble utile.

Encore une fois, la création en France d'une école nationale de cuisine rendrait de véritables services sous plus d'un rapport.

EXERCICE DE STYLE. — 122. De la nécessité pour une jeune fille de savoir faire la cuisine.

LECTURE.

Madame Desbordes-Valmore [1].

Croire qu'une femme propre au ménage ne saurait être agréable dans le monde est une erreur aussi grossière, un préjugé aussi ridicule que de prétendre qu'une femme dont l'esprit s'élève jusqu'aux sciences ou aux arts est incapable de commander à sa cuisinière ou de raccommoder son linge

Mme Desbordes est la première femme poète que j'aie vue de ma vie; je désirais fort la connaître, car tout ce qu'on m'avait dit de son caractère noble et dévoué m'intéressait vivement. Mon mari, qui avait eu l'occasion de lui rendre quelques services avant notre mariage, m'offrit de me conduire chez elle, ce que j'acceptai avec tant d'empressement que je ne songeai point à la faire prévenir de ma visite.

Malgré sa juste célébrité, Mme Desbordes-Valmore n'était pas riche, et, le jour où je me rendis chez elle, elle se trouvait sans cuisinière. Une charmante petite fille de sept à huit ans vint nous ouvrir la porte; elle était suivie d'un petit frère qui

---

[1]. Cette dame, qui est née à Douai en 1786, est auteur de diverses poésies et de *Contes en vers pour les enfants,* pleins d'une délicate sensibilité.

n'avait pas la moitié de son âge; un autre marmot, encore à la lisière, était couché sur un morceau de tapis, dans le passage. Mme Desbordes, assise devant une petite table placée aux confins d'un couloir et d'une cuisine, veillait à la fois à ses trois enfants, à un morceau de veau à la bourgeoise, qui rissolait dans une casserole, et composait des vers!

Mme Desbordes prit cette surprise en femme d'esprit, riant la première du mélange de ses occupations.

Elle consentit à nous lire la ravissante élégie qu'elle venait de terminer. Voyant mon émotion, mon enthousiasme se peindre dans mes regards, elle me dit avec grâce :

« Vous me donnez de la vanité; je vais vous accabler de mes œuvres. Regardez, mes enfants, comme ils sont frais et propres. Eh bien! si j'osais vous offrir de partager notre modeste repas, vous conviendrez que, tout en habitant en idée les régions poétiques, j'accommode fort bien le veau à la bourgeoise.

— O mon Dieu! — m'écriai-je avec une tristesse que je dissimulais mal, — qu'il doit paraître cruel de descendre de si haut! »

Elle me serra la main et me répondit :

« Il est encore plus doux de s'élever quand on est si bas. »

Ce mot m'ouvrit les yeux, et je compris tout ce que les travaux intellectuels de cette femme apportaient de compensation à ses chagrins, de soulagement à ce que ses devoirs avaient quelquefois de vulgaire et de pénible.

Mme de Savignac.

LECTURE.

Madame Roland.

Ayant perdu sa mère à l'âge de vingt ans, Mlle Phlipon, qui devint plus tard la célèbre Mme Roland, combla auprès de son père le vide que sa mère avait laissé. C'est alors que la jeune savante semble vouloir prouver que la culture et l'élévation de l'esprit sont loin d'être incompatibles avec les plus parfaites qualités de la ménagère.

Elle avait dit en remontant à sa première enfance :

« Cette enfant, qui lisait des ouvrages sérieux, expliquait

fort bien les cercles de la sphère céleste, maniait le crayon et le burin et se trouvait à huit ans la meilleure danseuse d'une assemblée de jeunes personnes au-dessus de son âge, cette enfant était souvent appelée à la cuisine, pour y faire une omelette, éplucher des herbes et écumer le pot. »

Lorsqu'elle fut chargée de la direction de la maison paternelle, elle écrivit :

« Je ne comprends pas que le ménage absorbe tant de femmes, qui se rendent ainsi insupportables au monde et à leurs maris, par une préoccupation fatigante de leurs petites affaires. On a toujours du loisir lorsqu'on sait s'occuper : il n'y a que les gens qui ne font rien qui manquent de temps pour tout. »

Et elle termine par cette remarque malicieuse :

« J'ai eu occasion de m'apercevoir qu'il était à peu près dans le gouvernement des États comme dans celui des familles ; ces fameuses ménagères, toujours citant leurs travaux, en laissent beaucoup en arrière ou les rendent pénibles pour chacun ; ces hommes publics, si bavards et tout affairés, ne font bruit des difficultés que par leur maladresse à les vaincre, ou leur ignorance pour gouverner. »

EXERCICE DE STYLE. — 123. Faire la biographie abrégée de Mme Roland.

CHAPITRE XV

NOTIONS ÉLÉMENTAIRES DE CUISINE

Pour venir en aide à nos futurs *cordons bleus*, nous allons donner quelques principes élémentaires qui ne se trouvent pas habituellement dans les livres de cuisine. Le pot-au-feu étant l'âme et pour ainsi dire le premier apprentissage de la cuisine, nous commencerons par lui.

Le pot-au-feu.

Contrairement à ce qu'avancent certaines ménagères, le jarret ne donne pas de bon bouillon. Les meilleurs morceaux de bœuf à employer pour le pot-au-feu sont :
La tranche ;
Le gîte à la noix ;
La culotte.
La côte d'aloyau, la raccource et le jarret ne viennent qu'ensuite.
Inutile d'ajouter que la viande doit être fraîche et de première qualité.
Pour ce qui concerne la marmite, il faut la prendre soit en fer étamé, soit en cuivre, plutôt qu'en fonte, parce que la graisse se loge dans les pores de la fonte, qui devient difficile à nettoyer.

Ce qui entre dans le pot-au-feu.

Pour un bouillon ordinaire, c'est-à-dire pour quatre à six personnes, on peut employer un kilogramme et plus de viande, les os compris, quatre litres d'eau, deux ou trois navets, autant de carottes ou de panais, un oignon dans lequel on aura piqué deux ou trois clous de girofle, et le *bouquet*, comprenant un ou deux poireaux, quelques branches de céleri et de persil liées ensemble. Les ménagères avisées ajoutent encore dans la marmite les os (de gigot, côtelettes ou autres) de la veille, fussent-ils secs et décharnés; elles savent bien que plus le vase est rempli de substances solides, moins il s'y fait de bouillon, et plus celui-ci est succulent.

Dans les petits ménages de deux ou trois personnes, on pourrait, en employant les mêmes proportions que ci-dessus, faire le bouillon pour deux jours. Il est toujours bon, du reste, d'avoir pour les sauces un peu de bouillon en réserve. On le conserve en le dégraissant, et, après l'avoir passé soigneusement, on l'enferme quand il est refroidi.

Cuisson du bouillon.

Il faut au bouillon, pour qu'il soit bien réussi, une chaleur tempérée et égale, une ébullition continue de trois à quatre heures. La cuisinière devra donc soigner son feu, éviter de le laisser tomber, et le couvrir de cendre quand il est trop pris.

Lorsque l'écume commence à monter, on écume avec la cuiller percée, on fait bouillir trois fois et l'on écume autant de fois; après cette opération, le bouillon doit être clair. C'est le moment d'y mettre les légumes

Comme on tient à donner au bouillon une teint. dorée, on y met, à cet effet, une demi-boule d'oignons colorants, que l'on achète chez l'épicier. Ces boules me paraissent préférables aux carottes, aux cosses de pois séchés, aux pelures d'oignons brûlées, et surtout à la chicorée qu'emploient par économie certaines ménagères : ces ingrédients donnent un goût âcre au bouillon.

Dégraisser le bouillon, c'est enlever, avec la cuiller à trous ou l'écumoire, toute la graisse qui est à la surface du bouillon. Avec cette graisse et celle provenant des sauces, on fait d'excellentes fritures. La cuisinière les clarifie, les fait cuire sur un feu très doux pendant près d'une heure, les passe, laisse refroidir, puis les range.

Potages.

Le bouillon donne des potages gras, qu'on fait soit au pain, soit au tapioca ou à d'autres pâtes ou fécules.

La recette des potages gras est la même pour le tapioca, le vermicelle, les pâtes d'Italie, la semoule et le riz. Voici comment on procède :

On verse lentement, dans le liquide bouillant, autant de cuillerées à bouche de tapioca qu'on a de convives, en proportionnant également le bouillon ; on tourne avec la cuiller de bois pour éviter les grumeaux, on laisse mijoter quinze minutes pour le tapioca et les pâtes d'Italie, de vingt-cinq à trente minutes pour la semoule et le riz. Ce dernier devra au préalable être crevé dans un peu d'eau et avoir cuit pendant vingt minutes.

Le vermicelle, la semoule et le riz servent aussi à faire des potages maigres et des purées.

Potages maigres.

Les potages maigres les plus usités sont :

La soupe aux choux, la soupe à l'oseille, la julienne, la soupe à l'oignon, la soupe aux pommes de terre, celle aux poireaux, la soupe au potiron, la panade et les purées, dont la confection est trop connue pour que nous nous attardions à la donner ici.

La julienne n'est autre chose qu'un mélange des légumes suivants, hachés en tranches longues et fines : carottes, navets, poireaux, oignons, chou frisé, oseille, laitue, céleri et cerfeuil.

On vend dans le commerce, sous le nom de julienne, des mélanges de légumes séchés à la vapeur. Ils ne valent pas les légumes frais. La julienne se fait indifféremment au maigre ou au gras; sa cuisson est de trois heures.

Garnitures. Légumes.

On appelle *garnitures*, en terme de cuisine, les légumes de fond qui servent à encadrer certaines viandes; de là vient qu'on dit : « bifteck aux pommes (de terre), poule au riz, canard aux navets, etc. » Plusieurs de ces légumes entrent également dans les sauces : tels sont les champignons.

Les pommes de terre jouent un grand rôle parmi les garnitures. On les emploie : 1° *sautées*, comme garniture du bœuf; 2° à *l'eau* ou en *robe de chambre*, pour le poisson; 3° en *purée*, avec les petites saucisses; 4° *frites*, avec le gigot, les biftecks, côtelettes, etc.

Les haricots blancs accompagnent avantageusement le gigot et les grillades; l'oseille, le veau et les œufs durs. Les champignons sautés, les carottes garnissent le bœuf à la mode, à moins qu'on ne préfère les pruneaux, à la manière allemande.

Les navets sont la garniture inséparable du canard et des ragoûts; la choucroute, du lard. Les choux accompagnent souvent le lard et les petites saucisses.

Les oignons s'emploient de deux manières : *blancs*, pour les fricassées de poulet et les blanquettes; *colorés*, pour les civets, ragoûts, gibelottes, etc.

Les légumes qui n'accompagnent pas un plat de viande plutôt qu'un autre sont surtout les suivants :

Les *asperges*, qu'on prépare à la sauce blanche ou à celle à l'huile et au vinaigre ;

Les *artichauts*, qui se mangent frits, farcis ou à la sauce à l'huile et au vinaigre ; les petits artichauts se servent crus, avec du sel et du poivre comme hors-d'œuvre ;

Les *choux-fleurs*, qu'on accommode à la sauce blanche, au gratin, au beurre noir ou à la sauce tomate. Il faut les choisir bien blancs, fermes, au grain très serré.

Les *choux de Bruxelles* se cuisent comme les choux ordinaires, sauf qu'on ne les hache pas. C'est un légume d'hiver ; il faut le prendre très ferme et bien vert.

Les *épinards* se mangent presque toute l'année, sauf pendant la canicule et la gelée. On les cuit comme l'oseille ; on peut les préparer au gras ou au maigre et les assaisonner avec du sel ou du sucre ; quelques ménagères emploient les deux à la fois.

Les salsifis se mangent à la sauce blanche ou frits. C'est également un légume d'hiver.

N'oublions pas de mentionner les haricots verts et les petits pois ; les haricots blancs, les lentilles et les pois cassés, qui sont des légumes secs. Tous ces légumes, excepté les petits pois, doivent être blanchis avant d'être assaisonnés.

Quant aux œufs, qui sont d'une si précieuse ressource pour la cuisine du ménage, on les prépare de mille manières : à la coque, durs, au plat, pochés, frits, au beurre noir, brouillés aux fines herbes ou à la sauce tomate, en omelette, et celle-ci se fait elle-même de plusieurs façons : au lard, au jambon, aux fines herbes, aux champignons, au fromage, aux pommes, etc.

Sauces.

Les sauces sont des assaisonnements liquides. La sauce blanche, la sauce piquante, dite vinaigrette, la sauce tomate, la mayonnaise, la sauce au beurre noir, la sauce à l'huile et au vinaigre, sont les plus usitées en cuisine.

Sans indiquer la manière de faire chaque sauce en particulier, ce qui nous mènerait trop loin, nous allons donner la recette de la sauce blanche, difficile à réussir. Les proportions suivantes sont calculées pour quatre personnes.

Prendre un bon morceau de beurre frais, environ 90 grammes ;

30 grammes de farine ;

3 décilitres d'eau chaude ;

Une pincée de sel ;

Une pincée de poivre.

Mettre dans la casserole le tiers du beurre, puis la farine ; les mêler pour en faire une sorte de pâte ; ajouter le sel et le poivre, 2 décilitres d'eau chaude, et tourner avec la cuiller de bois jusqu'au premier bouillon. Quand ce mélange est arrivé au degré voulu de consistance on ajoute les deux tiers du beurre, coupé en petits morceaux pour qu'il fonde plus vite, puis on retire la casserole du feu en continuant de tourner jusqu'à ce que le beurre soit entièrement fondu. La sauce est faite.

Il va sans dire que, si la sauce était trop épaisse, il suffirait de l'étendre d'un peu d'eau chaude. Si, au contraire, elle était trop liquide, on ajouterait du beurre, de la farine, dans la proportion de 10 grammes de beurre pour une cuillerée de farine, qu'on mêlerait et tournerait hors du feu. Lorsqu'ils auraient formé une pâte comme la première fois, on la remettrait sur le feu, et au premier bouillon on ajouterait cette seconde sauce à la première.

On manque souvent la sauce blanche lorsque le beurre n'est pas frais, que la farine n'est pas de première qualité, ou que la cuisinière emploie de l'eau froide pour de l'eau chaude, ou encore lorsqu'elle néglige de tourner jusqu'à cuisson complète.

Viande de boucherie.

Bœuf. — La chair du bœuf de bonne qualité est d'un rouge très vif, la graisse d'un jaune clair; une teinte brune ou livide est l'indice de viande de mauvaise qualité.

Pour acquérir l'habitude de distinguer la bonne viande de l'autre, et pour apprendre à connaître les différents *morceaux* entre eux, nos futures ménagères feront bien d'accompagner leur mère ou la cuisinière à la boucherie. Les indications suivantes leur seront également d'un grand secours.

Les parties du bœuf que l'on emploie dans la cuisine bourgeoise sont : la *langue*, que l'on mange en persillade, au gratin ou à la sauce piquante; la *cervelle*, que l'on prépare au beurre noir ou à la sauce blanche; les *rognons*, sautés; la *cuisse*, qui donne la culotte, le gîte à la noix et le jarret; *l'aloyau* et la côte d'aloyau, qui fournissent les biftecks de seconde qualité: le premier donne encore le *rosbif*; les *côtes*, que l'on sert braisées ou rôties; les *entrecôtes* ou *raccources*, que certaines ménagères aiment pour le pot-au-feu, parce qu'elles donnent un bouilli tendre, et enfin le *filet*, qui forme le morceau le plus délicat et que l'on sert rôti ou sauté aux olives ou aux champignons. Le filet donne surtout les *biftecks*. On sert ces derniers sur le plat, garni de pommes de terre frites ou de cresson de fontaine. Le bouilli se sert de différentes manières : en persillade, à la sauce piquante, en miroton, à la mode (chaud ou froid), à la sauce tomate, ou tout bourgeoisement à la moutarde.

Veau. — Le veau doit être bien blanc, bien gras, et la graisse avoir une teinte diaphane.

La tête et les pieds de veau se mangent au *naturel* avec une sauce à l'huile et au vinaigre ou encore à la sauce poulette. La cervelle et la langue se servent à part; on mange la première au naturel, soit encore au beurre noir, etc., comme la cervelle de bœuf et la langue de veau, au gratin ou à diverses sauces. On fait les rôtis de veau avec les morceaux suivants : la *longe*, le *carré* et le *quasi* ou rouelle; celui-ci donne aussi le fricandeau au jus. Les côtelettes se servent grillées et panées ou en papillotes. La poitrine donne les blanquettes de veau. Le ris de veau se mange au naturel pour les malades; il se fait encore à l'oseille, aux épinards, à la sauce tomate. La fraise de veau se mange ordinairement à la vinaigrette, et le foie de veau, coupé en morceaux, est rôti à la façon des biftecks, ou *sauté* à la *ménagère*, ce qui revient presque au même : on le met griller dans la poêle à sauter, en le sautant pendant six à huit minutes, puis on ajoute de l'échalotte et du persil hachés, un verre de bouillon et vin ; on laisse bouillir le tout jusqu'au premier bouillon.

Le jarret donne le bouillon de veau pour les malades.

Mouton. — La chair du mouton doit être d'un rouge foncé, la graisse blanche et diaphane. Les parties les plus estimées du mouton sont : les filets mignons, le gigot, la selle ou *bas de gigot* en terme de boucherie, les côtelettes couvertes et découvertes et la poitrine.

On rôtit le gigot au four ou à la broche; on sert habituellement avec lui des haricots, une purée de haricots, des pommes de terre frites, du macaroni, etc. Le filet de mouton se sert rôti, les côtelettes panées et grillées, l'épaule de mouton farcie. On fend les rognons de mouton, on les embroche, ou bien on les met sur le gril. Les pieds de mouton, que l'on achète blanchis chez le tripier, se font soit à la sauce poulette, soit à la sauce piquante. Le *haricot de mouton* se fait avec le morceau appelé *chapelet* ou bien avec l'épaule. Ce ragoût, dans lequel il n'entre pas de haricots, mais des navets, des oignons et des pommes de terre, demande une cuisson de deux heures et demie.

Viande de porc.

Le porc frais doit avoir la chair légèrement teintée de rouge, jamais marbrée.

Le quasi et le filet de porc frais se servent rôtis à la broche. On les fait mariner pendant deux heures auparavant. Leur cuisson demande cinq quarts d'heure. Les pieds de porc échaudés, séparés en deux et panés sont grillés ou sautés dans la poêle; dans le dernier cas, on les sert avec une sauce piquante et des cornichons.

On coupe les rognons par le travers et on les fait sauter comme les rognons de bœuf. Le mou se prépare en fricassée, comme la gibelotte de lapin. La cervelle se sert frite au beurre noire.

Les petites saucisses se font sur le gril et se servent avec les purées de pommes de terre ou de haricots. Le boudin et les andouillettes se font également sur le gril. On y fait des incisions pour les empêcher de crever en rôtissant. Dix minutes suffisent pour leur cuisson. La poitrine, le collet et la queue sont mis au sel pendant vingt-quatre heures ou plus, et donnent le petit salé, qu'on sert avec des choux ou de la choucroute.

Volailles et gibier.

Les volailles doivent être tendres. Il est bon de les examiner avant de les acheter. Un poulet jeune a les pattes et les genoux gros. Lorsque les pattes sont minces, le cou maigre, que la cuisse offre une teinte violacée, la volaille est dure et vieille. Pour l'oie, la graisse doit être pâle et transparente, de même que pour le canard. La bonne dinde se reconnaît à la blancheur de sa chair et de sa graisse. Un jeune pigeon a la chair des filets d'un rouge clair; il faut étouffer les pigeons et ne pas les saigner, de même que le canard, lorsqu'on le tue pour son usage particulier. Quand il s'agit de le vendre, il est préférable de saigner les canards, parce que la volaille étouffée a une chair rosée dont les acheteurs se méfient.

Le poulet se mange rôti ou au blanc; on en fait aussi du bouillon pour les malades. Quant aux vieilles poules que la fermière tue, parce qu'elles cessent de pondre, on les fait en fricassée ou bien au riz.

Le canard se fait aux navets, aux petits pois, rôti au jus, soit encore aux olives. Les pigeons se mangent aux petits pois ou farcis; l'oie, rôtie aux marrons, ou à la choucroute; la dinde, rôtie et farcie aux marrons. Les abatis de dinde se font aux navets.

On reconnaît qu'un lièvre est tendre lorsque la patte de devant se casse facilement, que les genoux sont gros, le cou court et ramassé. Même remarque pour le lapin de garenne; celui-ci se distingue du lapin domestique et du lièvre par une petite tumeur qu'il a aux pattes de devant, et encore parce que celles-ci sont plus courtes que celles du lièvre.

On reconnaît que le faisan est jeune lorsque l'ergot est encore peu prononcé. Le faisan n'est prisé des amateurs que lorsqu'il est *faisandé*, qu'il a été attendri pendant quelques jours.

On pince l'aileron du canard sauvage, de la bécasse et de la sarcelle, pour s'assurer que la bête est tendre. De même pour les perdreaux; on les reconnaît encore à ce qu'ils ont les grandes plumes de l'aile pointues: celles des vieilles perdrix sont rondes. On reconnaît encore les perdreaux à leur bec, qu'on pince en soulevant la bête: s'il ploie, elle est jeune.

Les vieilles perdrix ne peuvent guère être mangées qu'en ragoût; les perdreaux se mangent rôtis aux choux.

On sert le lièvre rôti ou en civet, de même que le lapin de garenne. Le lapin domestique se sert aussi en gibelotte.

Poisson.

Le poisson frais se reconnaît à la rougeur des ouïes et au brillant des yeux. Avant de faire griller un poisson, il faut d'abord chauffer le gril, sans quoi il s'y attacherait.

Les poissons de mer se préparent comme suit : la sole, frite, au gratin ou aux fines herbes. Même préparation pour la limande. La raie se fait au beurre noir et à la sauce blanche aux câpres; le maquereau, au court-bouillon et se sert avec une sauce piquante; la morue, au beurre noir, à la sauce blanche; le merlan, frit, au gratin ou à la sauce aux câpres; les harengs frais, à la sauce à la moutarde ou frits; les rougets, grillés ou à la sauce maître d'hôtel. L'anguille de mer se sert ordinairement à la sauce blanche.

Les poissons d'eau douce les plus estimés sont : le brochet, qu'on fait cuire au *bleu* ou court-bouillon; la carpe et l'anguille, qu'on fait frire, ou à la sauce blanche ou en matelote; la tanche se fait le plus souvent à la sauce poulette; les goujons, frits.

Les écrevisses se cuisent à l'eau; elles demandent beaucoup d'épices. On prend ordinairement un oignon coupé en tranches, un bouquet de persil, deux pincées de sel et de poivre, un verre de vin blanc; on met le tout dans une casserole, à grand feu. Les écrevisses sont cuites à point lorsqu'elles sont parfaitement rouges, ce qui arrive au bout d'une dizaine de minutes.

Pour les tuer, on les jette dans l'eau bouillante.

Quelques mots sur l'art d'accommoder les restes.

S'il est une chose qui réclame le savoir-faire de la ménagère, c'est sans contredit « l'art » d'utiliser les restes de la table. C'est là en effet une source d'économies ou de pertes pour la cuisine, selon la science de la cuisinière.

Nos futures ménagères ne négligeront pas ce genre de talent; elles apprendront à convertir, par exemple, les restes du bœuf et de toute autre viande en hachis, en appétissantes boulettes ou en ragoût; les restes de veau, en blanquette de veau; le bouillon réchauffé, en excellent potage au tapioca ou au vermicelle; à accommoder le poisson, le gigot et le veau froid à la sauce mayonnaise, qui en relèvera le goût. Les pommes de terre en robe de chambre se changeront entre leurs mains habiles en délicieuses pommes de terre sautées, qui défieront le palais du gourmet le plus difficile, etc., etc.

Et c'est ainsi qu'avec un peu d'habileté et d'expérience elles sauront résoudre un jour le problème difficile d'avoir une table appétissante, bien servie, avec le moins de dépenses possible.

Fabrication du pain.

Le pain se fait au fournil ou à la boulangerie, où se trouvent le four et les ustensiles suivants, nécessaires à la confection du pain :

Le *pétrin* ou *huche*. C'est un coffre en bois dur, dans lequel on pétrit la pâte. Il a ordinairement 2 mètres de long sur 0 m. 70 de large; il est un peu plus large du haut que du bas.

Une *chaudière* en fonte, dans laquelle on chauffe l'eau pour le pétrissage de la pâte.

Des *corbeilles*, rondes ou longues, qui recevront la pâte pour lui donner la forme voulue et dans lesquelles elle finira de fermenter.

Un *coupe-pâte* en fer étamé, qui sert à diviser la pâte et à gratter celle qui reste attachée aux parois du pétrin.

Une ou deux *pelles* en bois, rondes au bout, avec lesquelles on enfourne et l'on défourne le pain.

Un *fourgon*, longue perche au bout de laquelle est

fixé un morceau de fer recourbé, pour ramener la braise à la bouche du four.

Un *étouffoir*, ustensile en tôle, muni de deux anses. On y met la braise au sortir du four et on l'y étouffe en fermant hermétiquement le couvercle.

Beaucoup de fermières se servent encore d'un *écouvillon*, perche à laquelle elles adaptent des morceaux de toile qu'elles mouillent, et qui sert à nettoyer le four, après qu'il a été débarrassé de la cendre.

Le levain.

Si l'on se bornait à pétrir la farine avec de l'eau et à mettre au four la pâte ainsi obtenue, on n'aurait qu'une sorte de colle durcie que l'estomac refuserait de digérer. Pour que le pain devienne un aliment sain et digestible, il faut qu'il soit criblé d'yeux à la façon d'une éponge, que la pâte qui le compose soit *levée*, gonflée; autrement dit, il faut qu'elle ait *fermenté*.

A cet effet, on prend du *levain* ou *ferment*, qui n'est autre chose qu'un peu de vieille pâte mise en réserve lors du dernier pétrissage. Elle communiquera la fermentation à la nouvelle pâte. Pour donner de bon pain, il est essentiel que le levain soit de bonne qualité.

Le biscuit des soldats et des marins est fait avec peu d'eau, peu de levain et façonné en galettes minces et carrées, percées de trous. On le fabrique avec des machines.

Les azymes ne sont autre chose que des galettes minces sans levain. Les juifs s'en nourrissent en guise de pain pendant une de leurs fêtes, appelée fête des Azymes.

La fermière met une petite quantité de farine dans un coin du pétrin, y place son levain en ajoutant un peu d'eau tiède, puis pétrit avec le levain une partie de la farine qui l'entoure. Elle saupoudre ensuite cette pâte d'un peu de farine, et bientôt la fermentation commence.

Pour que ce travail s'accomplisse bien, une douce température est nécessaire. Aussi la ménagère couvre-t-elle la pâte, en hiver, avec une couverture de laine. Elle surveille la fermentation, car, si celle-ci était trop active ou trop prolongée, le levain serait flasque, sans consistance et donnerait de mauvais pain; il faudrait donc pétrir ce levain de nouveau et le faire fermenter une seconde fois, ce qui serait une grande perte de temps.

Quatre à cinq heures en été, huit à dix en hiver, sont nécessaires au levain pour parvenir au meilleur degré de fermentation désirable. Au bout de ce temps, on met dans le pétrin le reste de la farine à employer, on ajoute de 5 à 10 grammes de sel par kilogramme de pâte, pour relever le goût du pain, puis on délaye le levain jusqu'à ce qu'il forme une pâte bien molle, en y versant de l'eau tiède en même temps que la farine. C'est

Le pétrissage

qui commence, opération pénible, comme vous allez voir, et qui exige de bons bras. Mais notre fermière est robuste et active. Regardez-la devant son pétrin, les joues animées par l'ardeur du travail, les bras nus jusqu'aux coudes; elle enfonce les poings fermés dans la pâte, la soulève, puis la laisse retomber vivement, et toujours de même pendant une grande demi-heure. Ce travail fatigant doit être continu, régulier, ni trop brusque ni trop lent. Lorsque l'eau et la farine sont bien liées ensemble, lorsqu'elles forment une pâte ni trop molle ni trop dure, la ménagère repousse cette pâte dans un coin du pétrin; puis avec le coupe-pâte elle en enlève une portion, qu'elle arrondit en boule (d'où le nom de boulanger), la pèse et la met dans la corbeille saupoudrée de farine. Les corbeilles ne doivent être pleines qu'à moitié, car la pâte y fermente encore, se gonfle et finit par les remplir. Lorsque toutes les corbeilles sont garnies de pâte, elle les place en un lieu chaud, les recouvre d'une toile propre d'abord, puis d'une ou deux couvertures de laine si la saison l'exige. En été, la toile suffit.

Cuisson du pain.

Pendant que la pâte fermente dans les corbeilles, on chauffe le four. Pour cela, on y fait un feu de bois sec, de fagots ordinairement. Quand toutes les parties du carreau du four sont également chauffées, on prend le fourgon et l'on fait tomber la braise dans l'étouffoir, sauf une petite provision, que la ménagère prudente met en réserve près de la bouche du four. On balaye bien avec l'écouvillon la surface inférieure, la *sole*, puis on enfourne rapidement le pain au moyen de la pelle, saupoudrée de farine afin que la pâte n'y adhère pas.

Il existe aujourd'hui des fours perfectionnés dont la sole tourne à mesure qu'on enfourne ou défourne le pain. Lorsque toutes les miches sont enfournées, on ferme le four, et dix minutes après on l'ouvre, autant pour détacher les pains qui se toucheraient que pour s'assurer de la couleur de leur croûte. Si celle-ci est pâle, on augmente la chaleur du four avec les braises mises en réserve; la croûte noircit-elle au contraire? on laisse la porte ouverte; si elle est bien prise, on referme le four. Au bout d'une heure environ, le pain est cuit.

Après que le pain est refroidi, on le porte dans la chambre à pain, où il est placé sur une sorte d'échelle, fixée horizontalement au plafond. Ainsi exposé à l'air, il ne moisit pas comme lorsqu'on le renferme dans un endroit humide et non aéré.

Pâtisserie.

Chaque fois qu'elle cuit du pain, la ménagère agricole fait quelques gâteaux appétissants, qu'elle met au four avec le pain et dont elle régale sa famille. C'est une galette, un doré, de la *flammiche* ou des *chaussons*, suivant les contrées, dont chacune a pour ainsi dire sa pâtisserie particulière. La maîtresse de maison de la ville se sert, pour remplacer le four de campagne, de celui de la cuisinière.

La jeune fille qui seconde sa mère se fait une gloire d'être initiée de bonne heure aux secrets de la pâtisserie de ménage, et c'est avec un légitime orgueil qu'elle confectionne de ses propres mains la galette, la tarte destinées à surprendre agréablement les petits frères.

On divise ordinairement les pâtisseries en quatre parties. La première comprend les pâtes feuilletées, c'est-à-dire préparées de façon à se laisser tirer par *feuilles*. A cette catégorie appartiennent les tourtes, vol-au-vent, gâteaux, pâtés chauds, etc.

La seconde classe renferme la *pâte à dresser*, employée pour les pâtés froids, les tartes.

La troisième catégorie exige une pâte fermentée au moyen de levure et renferme les brioches et les babas.

La quatrième division comprend les biscuits, meringues, gâteaux de Savoie, madeleines, etc.

La pâte *brisée* n'est autre que de la pâte feuilletée qu'on pétrit pour lui faire perdre son feuilletage.

On fait aussi de la pâte à frire, que l'on emploie pour les viandes, le poisson et quelques entremets sucrés.

Elle se fait avec 125 grammes de farine, deux œufs et deux cuillerées à bouche de beurre ou d'huile. On met la farine dans une écuelle, on y fait un trou au milieu, et l'on verse dans ce trou un verre d'eau; on ajoute ensuite les deux jaunes d'œufs, le beurre et le sel. On mêle et l'on agite jusqu'à ce que la pâte soit bien lisse. Vingt minutes environ avant de s'en servir, les blancs d'œufs sont fouettés et mêlés à la pâte.

Pour faire de la pâtisserie, il faut de la farine, du beurre, des œufs et du sucre.

La farine doit être de première qualité, le beurre et les œufs être bien frais. On préfère généralement les œufs de poule à ceux de cane pour la pâtisserie.

Pâte feuilletée.

Prenez 500 grammes de farine, que vous disposez dans le pétrin ou sur la table. Faites un trou dans le milieu (les pâtissiers appellent ce trou une *fontaine*), mettez-y deux jaunes d'œufs, un morceau de beurre gros comme une noix, une pincée de sel, un verre d'eau, qui devra être tiède en hiver. Mêlez le tout en remuant avec une seule main, et peu à peu délayez toute la farine. Lorsque le tout sera bien mêlé, roulez la pâte en boule et laissez-la reposer un quart d'heure. Saupoudrez légèrement la table de farine, étendez-y la boule, que vous aplatissez avec le rouleau jusqu'à ce qu'elle ait acquis une étendue double de sa largeur. Coupez le beurre en petits morceaux et étendez-le sur cette surface, en appuyant dessus avec le pouce. Repliez ensuite la pâte sur elle-même en ramenant les bords extérieurs à l'intérieur, et allongez-la de nouveau sous le rouleau. C'est ce qu'on appelle faire un *tour*. On fait ainsi jusqu'à cinq ou six tours, moins en été qu'en hiver; on laisse un intervalle de dix minutes entre chaque tour. Au dernier, on laisse reposer la pâte cinq minutes, puis on l'emploie aussitôt, de peur qu'elle ne retombe.

Pâte à dresser.

Cette pâte diffère de la précédente en ce qu'on lui fait faire moins de tours, en ce qu'on la foule avec les mains, au lieu d'employer le rouleau, enfin en ce qu'il entre moitié moins de beurre dans sa confection.

Flan.

Le flan se fait avec de la pâte feuilletée, dont on garnit le moule en l'aplatissant afin qu'il en prenne bien le fond. On la garnit ensuite de marmelade, et l'on fait cuire pendant une demi-heure.

On fait aussi des flans aux fruits : aux cerises avec ou sans noyaux, aux pommes, aux poires, aux prunes, aux mirabelles, etc. On coupe les pommes en tranches minces, que l'on dispose en ronds. Pour les poires, elles restent entières; on les pèle soigneusement et on les place sur la pâte, la queue en l'air.

Tarte.

Pour faire une tarte, on confectionne de la pâte à dresser, que l'on écarte sous le rouleau pour en former une feuille mince. On pose cette feuille dans le moule, légèrement beurré, et l'on étend dessus des pommes, des poires, des cerises, des groseilles, des prunes, de la marmelade ou de la confiture, selon son goût. On relève ensuite les bords de la pâte en bourrelet tout autour et l'on enfourne.

Dans certaines localités, on remplace la marmelade soit par un mélange formé de fromage, d'œuf et de lait, soit par une purée d'oseille, de citrouille, des oignons, etc. Les Anglais sont friands de tarte à la confiture de rhubarbe, qui est également en usage dans le nord et le nord-ouest de la France.

Quelques ménagères coupent, au moyen du coupe-pâte denté, des bandelettes de pâte qu'elles placent en lignes verticales et horizontales sur la marmelade. Elles *dorent* ces bandes, en trempant un pinceau ou la barbe d'une plume d'oie dans un jaune d'œuf, délayé dans un peu d'eau.

Brioche.

Mettez dans une écuelle 125 grammes (un demi-litre) de farine pure, 12 grammes de levain ou, ce qui est préférable, de levure de bière et un peu d'eau tiède. Faites-en une pâte, et, lorsqu'elle sera devenue molle, enveloppez-la d'un linge ou d'une couverture et laissez-la revenir pendant vingt minutes en été, une demi-heure l'hiver, dans un endroit chaud. Lorsque le volume de la pâte sera doublé, ce qui indiquera qu'elle est levée, mettez 250 grammes de farine sur la table, faites-y un vide au milieu dans lequel vous placerez 250 grammes de beurre, cinq œufs, une bonne pincée de sel, un peu d'eau ou de lait. Pétrissez par trois fois cette pâte avec la première, placez-la sur un linge ou dans une corbeille, et laissez-la reposer une dizaine d'heures dans un endroit chaud. Après cet intervalle, donnez à la pâte la forme que vous voulez, celle d'une couronne, par exemple; dorez le dessus, et faites-la cuire au four, à feu modéré.

Si au lieu d'une couronne on voulait faire plusieurs petites brioches, semblables à celles que les pâtissiers vendent 15 centimes, il suffirait de couper la pâte en morceaux, auxquels on donnerait la forme et la grosseur voulues.

Les petites brioches sont cuites au bout d'une demi-heure.

Tôt-fait.

Prendre 250 grammes de farine, la même quantité de beurre, autant de sucre, une petite pincée de sel, la râpure d'un zeste de citron pour donner du goût, et quatre œufs. Mêler avec la cuiller de bois dans une terrine : œufs, farine, sucre et sel. Faire fondre le beurre dans une casserole et l'ajouter à la pâte. Mettez cette pâte dans un moule uni, préalablement beurré de l'épaisseur d'un demi-centimètre et faire cuire pendant trois quarts d'heure.

On s'assure de la cuisson en enfonçant au milieu du gâteau une grande aiguille ou la lame d'un petit couteau. Tant que celle-ci reste humide, la cuisson n'est pas encore faite.

Gâteau de Savoie.

Graissez le moule avec du beurre frais. Mettez dans une terrine six jaunes d'œufs, ajoutez-y 250 grammes de sucre en poudre, autant de fécule, 30 grammes de fine farine, et faites-en une belle pâte.

Prenez les blancs d'œufs, que vous aurez mis dans une autre écuelle, et fouettez-les pendant une demi-heure avec une fourchette. Lorsque la neige sera bien faite, versez-la dans la terrine et mélangez légèrement le tout avec la fourchette. Versez dans le moule, qui ne devra être rempli qu'à moitié, car la pâte se gonfle en cuisant, et placez tout de suite le moule au four, chauffé à petit feu. On retire le gâteau quand il a pris une couleur jaune foncé.

Si l'on veut glacer le gâteau, il suffit de faire une glace avec un blanc d'œuf battu avec 30 grammes de sucre en poudre. Puis, quand la pièce a été retirée du four, on la glace avec la barbe d'une plume, et on la laisse sécher à une chaleur modérée.

Pour faire des madeleines, on se sert de moules ayant la forme voulue; pour les biscuits, on peut les mettre sur du papier.

Entremets sucrés et desserts.
Crêpes.

Pour faire des crêpes, la pâtisserie obligée du Mardi gras, on prépare une pâte avec un litre de farine, six œufs, deux cuillerées d'eau-de-vie ou de rhum, une cuillerée d'eau de fleur d'oranger, une pincée de sel. On mêle le tout avec un peu de lait ou d'eau, et, quand la pâte est délayée à point, on la laisse reposer trois heures.

Puis on fait fondre dans la poêle à frire un morceau de beurre gros comme une noix, et l'on y répand une bonne cuillerée de pâte, en ayant soin de tourner la poêle dans tous les sens pour que le fond en soit entièrement rempli. Quand la crêpe est cuite d'un côté, on la retourne en la faisant sauter. Lorsqu'elle est retirée de la poêle, on saupoudre de sucre et on la sert chaud. Puis on recommence l'opération, et toujours ainsi jusqu'à complet épuisement de la pâte.

Gaufres.

Faites une pâte à dresser à laquelle vous ajoutez une cuillerée à bouche d'eau-de-vie ; quand la pâte est bien lisse, mettez-en une bonne cuillerée dans le gaufrier, qui aura été chauffé et beurré au préalable. Retournez-le dès que la gaufre a acquis une couleur jaune doré d'un côté, et retirez-la quand elle aura le même aspect de l'autre côté.

Ces gaufres se mangent froides. On peut ajouter du sucre à la pâte ou bien sucrer les gaufres après la cuisson.

Quelques ménagères font des gaufres avec de la pâte fermentée qu'elles laissent reposer huit ou dix heures. Pour celles-ci, on sucre la pâte.

Beignets de pommes.

Pelez les pommes et coupez-les en rondelles, en ayant soin d'en ôter le cœur et les pépins. Trempez-les une heure ou deux dans de l'eau-de-vie avec du sucre et un peu de fleur d'oranger. Puis faites une pâte à frire, trempez-y les rondelles, faites-leur prendre une belle couleur dans la poêle, saupoudrez-les de sucre et servez.

On fait aussi des beignets de fraises et de framboises; on doit choisir celles-ci grosses et fermes.

Pain perdu.

On bat cinq ou six œufs dans une terrine en y ajoutant un peu d'eau-de-vie et de fleur d'oranger. On coupe ensuite des tranches de pain de l'épaisseur d'un centimètre à peu près. On passe ces tranches dans les œufs, on les fait frire, puis on les sert après les avoir saupoudrées de sucre.

On peut remplacer l'eau-de-vie par du lait.

Œufs à la neige.

Prenez :
Six œufs,
Un litre de lait,
70 grammes de sucre en poudre,
Un peu de vanille ou de fleur d'oranger pour aromatiser.

Séparez les blancs d'œufs des jaunes et fouettez-les jusqu'à ce qu'ils soient fermes, et ajoutez-y 40 grammes de sucre en poudre avec la vanille. Faites bouillir le lait dans une casserole plate avec le reste de sucre et de vanille. Lorsque le lait bout, prenez avec une écumoire un peu d'œufs battus en neige que vous mettez sur le lait. Laissez-le pocher deux minutes, égouttez sur un tamis; faites de même pour tous les blancs, que vous dressez en rocher sur un plat. Laissez refroidir le lait et mêlez le aux jaunes d'œufs délayés; remettez sur le feu en tournant toujours. Quand la liaison a repris, versez-la sur les blancs. Ce plat se mange froid.

On fait aussi des œufs à la neige au chocolat ou au café. On supprime le lait qu'on remplace par

125 grammes de chocolat qu'on fait bouillir, ou un décilitre d'essence de café.

Crème.

Prendre un demi-litre de bon lait ou de crème, ajouter 30 grammes de sucre, six jaunes et trois blancs d'œufs, battus et délayés avec quelques cuillerées de crème.

Si l'on fait la crème au café ou au chocolat, on prend, par exemple, 60 grammes d'extrait de café ou 125 grammes de chocolat, qu'on aura fait fondre sur le feu et qu'on mêle au lait. On dresse ensuite la crème sur le plat dans lequel on la servira, on recouvre celui-ci hermétiquement en le plaçant sur une casserole d'eau bouillante jusqu'à ce que la crème soit bien prise.

On sert froid.

Salade d'oranges.

Coupez les oranges en rondelles, sans les peler, dans un plat creux ou un saladier. Saupoudrez de sucre et arrosez avec un verre de kirsch ou de rhum.

Pour les enfants, on peut adoucir la liqueur avec un peu d'eau.

LECTURE.

A la cuisine.

A Saint-Denis, comme elles l'étaient à Saint-Cyr, les jeunes filles sont employées à tour de rôle à la lingerie, à l'office, voire même à la cuisine.

Une de mes amies, fille d'un de nos généraux distingués, m'a souvent fait rire aux larmes en me racontant son effroi, la première fois que, de semaine à la cuisine, on lui donna un énorme poisson à mettre à la marmite.

C'était un saumon magnifique. Or elle avait vu souvent

des poissons vivants, mais de sa vie elle n'en avait touché. En sentant cette masse froide et inerte glisser entre ses doigts, elle fut prise d'une si grande terreur qu'elle lâcha tout et ne put retenir un cri d'épouvante. On s'amusa tant de sa frayeur puérile que, piquée au jeu, non seulement elle ramassa bravement le pauvre poisson, mais par la suite elle sut vaincre, sans la laisser paraître, toute impression de ce genre.

« Ce qui m'humiliait le plus, disait-elle, c'était de voir les bonnes rire de mes répugnances. Eh quoi! pensais-je, j'ai sur elles tous les avantages de l'éducation, et pour le simple détail du ménage je leur demeure cependant inférieure au point de les amuser à mes dépens. »

La leçon ne fut pas perdue. La jeune fille dont je parle est aujourd'hui une des femmes les plus accomplies et une des meilleures ménagères que je connaisse.

La comtesse de Drohojowska [1].

Exercice de style. — 124. Pendant la maladie de sa mère, une jeune fille s'est occupée de la cuisine; elle raconte dans une lettre à son amie ce qu'elle a fait et comment elle s'y prend pour préparer les divers aliments, principalement le potage.

1. *Le travail et l'ordre.* Paris, Victor Sarlit, éditeur.

CHAPITRE XVI

LA FERME ET LA FERMIÈRE

Des connaissances nécessaires à une fermière.

Vous voulez que le cultivateur sache distinguer ses terrains, raisonner ses labours, apprécier la valeur de ses engrais, le mérite de ses outils ; vous voulez qu'il se rende compte de la manière de vivre des végétaux : fort bien. A cet effet, vous lui faites enseigner toutes sortes de bonnes notions scientifiques; c'est toujours fort bien. Mais, pour Dieu, soyez donc conséquents, et faites pour les filles ce que vous faites pour les garçons.

Elles ont dans l'exploitation leur large part de besogne et de responsabilité.

La ménagère est chargée de l'entretien de la maison. Enseignez-lui les avantages de l'ordre et de la propreté; parlez-lui des intérieurs flamands et hollandais, des dalles ou des briques lavées chaque jour, de ces murs blanchis où jamais l'araignée ne fila sa toile, des meubles qui reluisent et de la vaisselle qui ne laissent rien à reprendre.

La ménagère est chargée de la cuisine. Apprenez-lui à tirer le meilleur parti possible des produits de la terre, à varier les mets, à faire mieux sans dépenser plus, à s'assujettir aux heures fixes.

La ménagère achète les étoffes et le linge. Apprenez-lui à distinguer le bon du mauvais; donnez-lui, en outre, quelques notions sur le dégraissage et le lavage.

La ménagère prend à sa charge, ou tout au moins surveille l'entretien des vaches, des veaux et des porcs. Apprenez-lui donc tout ce qui a rapport aux étables et aux soins à donner aux bêtes; elle doit savoir distinguer les races laitières de celles qui ne le sont pas, les races d'engraissement de celles qui ont de la peine à engraisser. Elle doit connaître la valeur nutritive des aliments et le poids des rations.

La ménagère s'occupe de la laiterie; mais elle ne connaît bien ni le lait, ni la crème, ni le beurre, et, faute de les bien connaître, elle gâte ou perd parfois une partie des produits. Enseignez-lui donc la manière de tenir une laiterie comme il faut, d'empêcher le lait de tourner, de le refroidir vite au besoin, d'obtenir une levée de crème complète, de prévenir la rancidité de cette crème, de fabriquer du beurre promptement et à coup sûr, hiver comme été, de conserver le beurre frais pendant les fortes chaleurs, de le saler et de le fondre convenablement. Enseignez-lui l'art de fabriquer d'excellents fromages; parlez-lui des fruitières de la Suisse, du Jura et des Vosges, des fromageries anglaises, de celles de l'arrondissement d'Avesne, de Roquefort, de la Normandie, du pays de Herve et de tant d'autres qui ne me reviennent pas à la mémoire. Indiquez-lui les procédés usités dans chaque pays.

La ménagère est chargée de soigner les volailles. Apprenez-lui à faire un choix parmi les meilleures races et à les élever convenablement. Il y a des moyens pour favoriser la ponte; il y a des moyens pour favoriser l'engraissement; elle doit les connaître et les appliquer.

La ménagère a, dans le ressort de ses attributions

le potager et le parterre : le potager pour les besoins de la cuisine, le parterre pour l'agrément de la ferme. Apprenez-lui à faire un choix parmi les légumes, à les cultiver avec goût, selon les règles de l'art, à tirer bon parti des uns et des autres. Apprenez-lui aussi à cultiver sous les fenêtres de l'habitation et sur les plates-bandes du potager ces fleurs robustes, faciles et charmantes, qui réjouissent l'œil et font du bien à l'âme. Le parterre est un objet de distraction ; l'amour des fleurs est une demi-vertu.

La ménagère est chargée de faire, en temps opportun, ces provisions de toutes sortes, ces conserves appétissantes que nous sommes si heureux de trouver en hiver. Enseignez-lui donc les procédés de conservation ; dites-lui que les légumes verts, par exemple, ne finissent pas avec leur saison.

Quand viennent les longues nuits d'hiver, la ménagère doit se créer des occupations pour la veillée. Entretenez-la de ces travaux d'hiver.

Aux jours de chômage, aux heures de loisir, la ménagère doit exercer son intelligence et acquérir des connaissances utiles. Faites pour elle de bons livres, de ces livres honnêtes, qui ornent l'esprit, meublent la tête et ne faussent point le jugement. Les sujets abondent. Voulez-vous de l'histoire? vous découvrirez de belles pages dans le passé des travailleurs, de belles figures, de beaux exemples à suivre. Voulez-vous de la poésie? regardez ces prairies, ces forêts, ces fleurs, ces ruisseaux, ces moissons, ces troupeaux; écoutez l'insecte dans l'herbe et l'oiseau dans la haie; vous avez là, au-dessus de vous et autour de vous, les magnificences de la création; inspirez-vous et chantez. Voulez-vous de la science? le champ des observations s'étend à perte de vue; tous les laboratoires sont ouverts, et Dieu fonctionne dans l'immensité; admirez-le dans son œuvre, cherchez le mot de ses énigmes, puis parlez à nos jeunes filles de l'atmosphère qui nous enveloppe, de l'air, de la terre, de l'eau, des phénomènes de la météorologie, des animaux et des plantes, de tout ce qui constitue notre monde. Sans sortir de la ferme, vous trouverez de quoi exercer le géologue, le physicien, le chimiste, le physiologiste, le botaniste, etc. Nous vivons dans le nid de la science et ne soupçonnons ni l'honneur ni le bonheur d'être en aussi bonne compagnie.

JOIGNEAUX.

Exercice de style. — 125. La ferme. Faites la description d'une ferme bien installée.

La laiterie.

La laiterie est l'endroit où l'on conserve le lait, où l'on fait le beurre et le fromage blanc. Une laiterie est indispensable dans une ferme, qui ne saurait prospérer sans elle.

La plus grande propreté doit régner dans ce local; cette propreté est de rigueur pour toutes les parties de la laiterie, pour les murs et le plancher aussi bien que pour les vases, les ustensiles et les personnes chargées du soin de leur entretien. Tous les jours, les vases ou les terrines à lait seront lavés à l'eau chaude d'abord, puis rincés à l'eau froide et séchés au soleil, et de même pour les barattes, les moules à fromage, les cuillers à lever la crème, etc. Ces précautions sont indispensables : un imperceptible grumeau de caillé ou de crème aigrie, oublié dans un coin ou une jointure, suffirait pour faire tourner le lait et rancir la crème.

La laiterie exige encore une température convenable : à 12 ou 15 degrés, la crème se fait et monte en vingt-quatre heures, le beurre prend une bonne consistance et le fromage se fait également bien. Cette température s'obtient facilement dans une bonne cave, pourvu qu'elle ne soit ni trop humide ni trop sombre.

Elle devra être située au nord, être éloignée du fruitier, du cellier et du fumier, ainsi que du bruit des voitures et des machines à battre.

Le lait, la crème, le beurre et le fromage.

Laissé immobile à l'air, le lait se décompose en trois éléments : la *crème*, dont on fait le beurre, le *caséum* ou *caillé*, qui donne le fromage, et le *sérum* ou petit-lait, dont on fait une boisson rafraîchissante, qu'on utilise dans les fermes pour l'alimentation des vaches et des porcs.

Plus le lait est gras, plus il contient de crème et plus il donne de beurre. Le lait maigre donne peu de crème et beaucoup de petit-lait.

Le genre de nourriture que prennent les vaches influe sur la quantité et sur la qualité du lait. C'est ainsi que l'herbe fraîche et verte produit un lait plus abondant et meilleur que le foin sec et les racines. Plus les vaches absorbent de liquides, plus aussi elles fournissent de lait. La fermière délayera donc leur nourriture dans une certaine mesure et surtout les fera boire à volonté.

Les vaches sont très friandes des fleurs aromatiques et des plantes médicinales; celles-ci communiquent au lait une saveur agréable.

La manière de traiter le lait, la crème et le beurre contribue beaucoup aussi à leur qualité et à leur conservation.

Pour traire les vaches, on doit avoir les mains propres, puis laver le pis avec de l'eau fraîche en été et de l'eau tiède en hiver. Il est convenable de prendre un vase à part pour cela et non le baquet à lait, comme c'est trop souvent l'usage. La personne chargée de traire les vaches ne saurait y mettre trop de douceur : c'est le meilleur moyen de leur faire donner tout le lait. On trait les vaches deux fois par jour, le matin et le soir, à des heures réglées.

Aussitôt qu'on a fini de traire, on transporte le lait à la laiterie, où il est filtré soigneusement pour qu'aucun corps étranger n'en altère la pureté, puis versé dans des terrines. La *passette* dont on se sert communément pour filtrer le lait est une écuelle de bois ou de fer-blanc, dont le fond est remplacé par un morceau de toile. Elle doit être lavée tous les jours.

On doit éviter de trop agiter le lait, de le transvaser plusieurs fois et surtout de le mêler avec du lait provenant de plusieurs traites, faites à des heures différentes; enfin il ne faut pas l'exposer à l'air, qui le dispose à tourner.

Lorsque la crème est montée, on la lève des terrines avec une écumoire et on la réunit dans un grand pot, appelé *crémière*. Les vases larges et peu élevés, comme les terrines, sont préférables aux pots étroits et profonds pour faire crémer le lait, parce que les parois des vases et le lait même sont des obstacles que la crème doit vaincre pour monter à la surface; moins les vases sont élevés, moins aussi les obstacles sont grands.

La forme opposée vaut mieux pour conserver la crème: plus les crémières sont élevées et étroites du haut, moins l'air arrive à la crème. Du reste on ne fera jamais séjourner longtemps la crème dans la crémière, parce que le beurre est d'autant plus fin et plus délicat que la crème est plus fraîche. On s'empressera donc de la verser dans la baratte et de faire le beurre.

Il y a des barattes de plusieurs formes. Les meilleures sont en général celles qui sont faciles à nettoyer. Les barattes Valcourt, formées d'un baril posé horizontalement sur un chevalet et qu'on fait tourner avec une manivelle, sont les plus usitées.

La baratte ne doit être pleine qu'aux deux tiers, et le mouvement du battage, modéré, régulier et continu. Dix degrés de chaleur sont la température la plus favorable pour la crème qui doit donner le beurre; elle augmente de quelques degrés pendant l'opération. Durant les grandes chaleurs, le beurre se fait difficilement, parce qu'il est trop mou et ne veut pas *prendre;* on rafraîchit alors la baratte en la lavant à l'eau fraîche, immédiatement avant d'y verser la crème. En hiver, on y fait, au contraire, passer de l'eau bouillante.

Le beurre étant fait, on le sort de la baratte, on le pétrit avec une spatule ou cuiller de bois dans de l'eau fraîche, puis on le bat sur une planche, pour le débarrasser du *lait de beurre.* Cette opération est importante, car mieux elle est faite, plus le beurre se conserve longtemps sans rancir. Dans les contrées renommées pour le beurre, les fermières sont d'une adresse particulière dans cette manipulation. Elles ne pressent pas le beurre entre leurs mains, car la chaleur des mains enlève au beurre sa couleur naturelle et son parfum.

Pour que le beurre se garde mieux, on le place dans l'endroit le plus frais de la laiterie, en attendant qu'il soit vendu.

Le *fromage* est un autre produit du lait. On distingue deux sortes de fromages : les fromages maigres et les fromages gras. Les premiers sont faits avec du caillé, dans lequel il n'est resté que peu ou pas de crème. On les mange tout frais, quand ils sont égouttés; on les appelle *fromages mous;* ils se conservent un certain temps lorsqu'ils sont salés.

Pour faire des fromages gras, on fait cailler le lait artificiellement, soit en le mettant sur le feu après y avoir versé quelques gouttes de vinaigre, soit en y délayant de la *présure.* La présure est une substance acide, que l'on retire de la caillette ou quatrième estomac des veaux non sevrés. On en prend un petit morceau, qu'on fait macérer pendant vingt-quatre heures dans du petit-lait aigri. C'est ce liquide ainsi obtenu qu'on emploie pour le fromage.

Lorsque le caillé est formé, on le dépose avec une

large écumoire dans des moules de terre cuite ou de fer-blanc, troués par le bas; on le laisse égoutter un jour entier, puis, quand il a acquis un peu de consistance, on le met dans un autre moule en le retournant. On l'y laisse un jour ou deux, et, quand il est bien raffermi, on le renverse sur des claies recouvertes de paille propre. Il faut le retourner souvent. On sale le fromage pour l'assaisonner et en modérer la fermentation ; mais le sel doit être mis dessus, et non dans la pâte, ce qui la dessécherait et la rendrait grumeuse.

Exercice de style. — 126. Vous avez vu faire du beurre à la ferme. Dans une lettre à une amie, vous raconterez en quoi consiste cette opération.

La basse-cour.

On désigne généralement sous ce nom une cour annexée à la ferme, sur laquelle s'ouvrent les écuries et les étables, et dans laquelle on élève les volailles. A proprement parler, la basse-cour comprend le poulailler et les étables. Le pigeonnier, le clapier et le rucher en sont des dépendances. Elle est ordinairement confiée aux soins de la *fille de basse-cour ;* quant aux écuries, elles sont du domaine du palefrenier ou du *garçon de ferme*. Une basse-cour bien garnie et bien dirigée est une source de profits considérables pour l'agriculture. La fermière doit donc veiller à ce que son entretien et son administration ne laissent rien à désirer.

Le poulailler et les oiseaux de basse-cour.

La basse-cour doit contenir : un poulailler, où les poules s'abritent la nuit ; un hangar, sous lequel elles s'abritent contre la pluie, et un abreuvoir ou petit bassin, où les volailles se désaltèrent.

Le poulailler ne doit pas être exposé au nord, qui est nuisible aux poules. Il est ordinairement adossé contre le mur et peut n'être couvert que de chaume ; l'essentiel est qu'il ne soit ni froid ni humide ; sa grandeur est proportionnée au nombre de poules qu'on y veut abriter. Souvent il est garni d'une petite fenêtre, qu'on ouvre le jour pour aérer le poulailler. Si cette fenêtre est garnie d'un grillage à l'extérieur, on peut la laisser ouverte même la nuit ; grâce au grillage, aucun ennemi des poules ne sera à redouter. En hiver, on l'entoure d'un paillasson, afin d'empêcher le froid de pénétrer à l'intérieur. Le sol du poulailler doit être sec et tenu proprement : condition essentielle pour la prospérité des volailles.

Le poulailler est garni d'un perchoir, dont les échelons doivent être assez espacés entre eux pour que les poules y soient à l'aise, et enfin de pondoirs, paniers ou nids, où elles vont déposer leurs œufs.

Il faut aérer le poulailler de temps en temps, afin de renouveler l'air, et le faire blanchir à la chaux au moins une fois par an, à cause de la vermine qui s'y ramasse.

Poules.

Lorsque les poules ont la liberté de courir dans les champs et les chemins, elles trouvent des vermisseaux, des grains ou des criblures en quantité assez suffisante pour qu'on puisse se contenter de ne leur distribuer leur nourriture qu'une fois le jour. Mais, si la basse-cour était entourée d'un enclos qui ne permette pas aux volailles de circuler au dehors, il faudrait les nourrir davantage. Les poules mangent des grains de toutes sortes : orge, froment, maïs, sarrasin, des pois, des lentilles, du marc de raisin, toutes les criblures ; les pommes de terre cuites, les topinambours, qu'on leur cuit également et qu'on écrase en les mélangeant parfois de son, constituent une excellente nourriture ; mais il ne faudrait pas trop la leur prodiguer, car d'abord elle est échauffante, puis l'abus des pommes de terre communique aux œufs un goût désagréable. Il faut parfois mélanger les pommes de terre ou les grains avec de la verdure, un peu d'oseille ou de salade hachée finement. Les poules sont aussi très friandes de vers, de hannetons, de larves, de petits escargots et d'une foule de petits insectes. Les hannetons leur sont nuisibles.

Les poussins éclosent au bout de vingt et un jours ; mais, comme l'éclosion se fait inégalement, on prend les premiers-nés les uns après les autres et on les met près du feu, dans une corbeille garnie d'étoupe. Toute la nichée une fois hors de la coquille, on rend les petits à la mère, qui les réchauffe sous ses ailes. Le premier jour, les poussins peuvent se passer de nourriture ; mais il n'en est pas ainsi de la mère, qui est épuisée et qui a, du reste, bien gagné une nourriture fortifiante.

Lorsqu'il fait beau, on peut laisser sortir les poussins dès le lendemain de leur naissance, en les mettant au soleil, dans une mue, où l'on place la nourriture et une augette pleine d'eau.

Les quinze premiers jours, cette nourriture se composera d'une pâtée d'œufs durs écrasés et de mie de pain trempé dans du lait. Peu à peu, on ajoute des grains de blé et l'on supprime graduellement les œufs durs.

Une bonne fermière se rendra un compte exact des dépenses qu'occasionnent les poules, et les volailles en général ; pour cela, elle devra constater le coût des aliments et les autres frais de la basse-cour, les comparer avec le produit de la vente des œufs et des volailles.

Une bonne pondeuse donne de cent cinquante à deux cents œufs par an.

Canards. — Les canards sont faciles à nourrir, poussent vite et se payent un bon prix lorsqu'ils sont engraissés. La fermière pourra donc en élever dans sa basse-cour. Les canards se nourrissent de toutes les graines qu'on donne aux poules; ils mangent en outre les navets et les betteraves, dont ils sont très friands et qu'on leur coupe en petits morceaux; la salade, les pommes de terre écrasées, etc. Ils sont avides d'escargots et de limaçons; comme ils ne grattent pas la terre, à l'instar des poules, on peut les laisser aller dans le jardin lorsqu'il n'y aura pas de salade. Les canetons sont voraces au sortir de l'œuf et réclament sept ou huit repas par jour. On leur donne une pâtée composée de son, de lait et d'orties hachées; il ne faut pas qu'ils manquent d'eau.

On les tient sous une mue, comme les poussins, pendant huit ou dix jours; au bout de ce temps, on peut leur donner la liberté, en profitant d'une belle journée de soleil.

La cane va immédiatement dans la mare voisine, et toute la couvée l'y suit sans hésiter.

Oies. — Les oies sont souvent logées dans de petites écuries noires, humides, et couchées sur un peu de fumier; mais ce n'est pas ainsi que fera une fermière qui connaît ses intérêts. Elle donnera à ses oies un petit toit particulier, un hangar, fût-il couvert de chaume, mais assez grand pour que les oies n'y soient pas entassées les unes sur les autres, et une litière fraîche fréquemment renouvelée.

Les oies mangent, comme les canards, des grains, des pommes de terre écrasées, des betteraves hachées et des fruits. Mais, comme elles sont très voraces, cette nourriture coûterait cher; au reste, elles ont besoin d'espace et de mouvement, on les laisse donc courir dans les chemins, où elles broutent l'herbe; quelquefois une *gardeuse d'oies* les conduit par bandes dans les champs, où leur fiente est estimée comme engrais. Aux petites oies, on donne du son mouillé, mélangé à de l'herbe hachée.

Les oies ne couvent qu'une fois par an ; elles pondent un jour sur deux. Une quinzaine d'œufs suffisent pour une ponte. Lorsque les oisons sortent de l'œuf, on les place dans un endroit chaud ou près du feu, car le froid les tuerait ; le lendemain de leur naissance, ils commencent déjà à manger, et, comme ils sont voraces, il faut leur distribuer de la nourriture cinq ou six fois par jour. On leur donne du son mouillé avec des pommes de terre écrasées. Au bout de quelques jours, on peut les sortir, à midi si le temps est doux ; on commence alors à leur donner de l'herbe coupée menue et surtout des orties, qu'ils aiment beaucoup, et qu'on mélange au son.

On plume les oies trois fois par an, à la fin de mai, en juillet et vers le milieu de septembre. Avant de les plumer, on lave les oies dans une eau claire, puis on les enferme dans un enclos pour que les plumes sèchent sans se resalir. Il ne faut pas arracher tout le duvet des oies, ni les plumes qui supportent les ailes, sans quoi celles-ci pendent.

On fait sécher les plumes dans une chambre aérée et où pénètre le soleil ; le duvet est mis et séché à part, car il se vend plus cher. Quoique ce duvet et les plumes soient d'un assez bon rapport, ce n'est pas le seul avantage que la fermière tire de l'oie. Tout dans cette excellente volaille est utile : de son duvet on fait des oreillers ; de ses plumes, des cure-dents ; sa chair donne un plat succulent ; sa graisse est très bonne pour la cuisine ; son foie enfin sert à faire les délicieux pâtés de foie gras de Strasbourg.

Voici comment on procède en Alsace pour engraisser les oies et développer leur foie, chose qu'on a surtout en vue, car il se vend deux ou trois fois le prix de l'oie entière :

On met l'oie qu'on veut engraisser, dans une caisse, haute et large assez pour que la pauvre bête puisse s'y tenir accroupie ; dans cette posture, elle ne peut faire aucun mouvement, et c'est cette immobilité, jointe à une forte nourriture, qui produit promptement une bonne graisse. Trois fois par jour on sort l'oie de son étroite prison ; la personne chargée de ce soin la prend sur ses genoux, lui ouvre le bec et lui fait avaler de gré ou de force plusieurs poignées de maïs, qu'elle humecte souvent d'huile, pour qu'il glisse plus facilement. On profite de ce moment pour changer la litière de la bête une fois par jour, afin que les plumes ne soient pas salies. Au bout de dix-huit à vingt jours, on peut tuer l'oie, et il est grand temps, car la pauvre bête est aux trois quarts asphyxiée. C'est un véritable martyre qu'on inflige aux oies, aussi me contenterai-je de le signaler à mes lectrices, sans les engager à imiter les fermières alsaciennes, quoique ce mode d'engraissage soit très profitable. Il développe surtout d'une façon extraordinaire le foie, qui se vend cher.

EXERCICE DE STYLE. — 127. Est-il vrai que l'oie est un des oiseaux de basse-cour qui donne le plus de profit ?

Dindons.

Le dindon serait de tous les oiseaux de basse-cour le plus productif, car il est très recherché dans le commerce et se vend un bon prix ; mais il demande beaucoup de soins pendant le jeune âge. Dans cette période, il craint également le froid et la grande chaleur ; la rosée, le vent, la pluie, le brouillard tuent les dindonneaux, et le soleil les étourdit jusqu'à ce qu'ils aient *pris le rouge*, c'est-à-dire jusqu'à deux mois. Cette crise passée, ils deviennent plus robustes. Il est plus avantageux d'élever un grand nombre de dindons à la fois : réunis en troupeau, ils vont chercher leur pâture aux champs et n'occasionnent pour ainsi dire d'autres frais que la dépense d'un petit gardien.

Les dindes sont bonnes couveuses du premier au

sixième jour, elles pondent un œuf tous les deux jours, puis tous les jours; mais, comme elles sont portées à cacher leurs œufs dans les haies ou dans les tas de paille, il est bon de les surveiller, pour qu'ils ne soient pas la proie des fouines ou des renards. A mesure qu'elles pondent, on enlève les œufs, qu'on met dans un panier garni de linge; on les suspend dans un endroit à température tiède toujours égale; ils restent là jusqu'au moment où les dindes couvent.

Le besoin de couver est si impérieux chez elles qu'elles périraient d'inanition plutôt que d'abandonner leur nid, même si l'on en avait ôté les œufs; il faut donc leur donner à manger tous les jours.

Les petits éclosent au bout de trente jours. Les fermières tiennent la dinde enfermée avec ses petits dans une pièce chaude. On ne les fait sortir que le sixième jour et seulement une heure ou deux vers le milieu de la journée. On les place sous une mue avec la mère.

On recommande de fortifier les dindonneaux avec du vin; la meilleure nourriture qui leur convienne est l'avoine, le sarrasin, ainsi que le pain trempé et les œufs durs écrasés, dont ils sont friands.

Clapier.

La condition du succès dans l'élevage des lapins est de leur procurer un logement sain, bien exposé, où l'air se renouvelle facilement et dont l'accès soit interdit aux rats, fouines et belettes, grands destructeurs de lapins. L'étable ou cabane devra être sèche et propre; l'humidité permanente est fatale aux lapins; aussi le fumier ne doit-il pas y séjourner longtemps. Pour que l'air y soit fréquemment renouvelé, il est bon de garnir la cabane d'un grillage en fil de fer; dans les temps froids, on bouche ces ouvertures, car le lapin est naturellement frileux.

Le clapier doit être divisé en plusieurs compartiments,

car il faut séparer les mères avec leur nichée, et les petits quand ils ont un mois. Le mobilier de ces loges est fort simple : il se compose d'un râtelier, où l'on dépose les fourrages verts ou secs, afin que les lapins ne les gaspillent pas, et d'une augette destinée à recevoir le son ou les menus grains donnés en complément de nourriture. Ces ustensiles sont également nécessaires dans la case des jeunes lapins ; ils s'habituent ainsi à prendre leurs repas tranquillement, sans disputes ni perte. Si la place le permettait, on pourrait, au moyen de trous pratiqués dans le mur du compartiment des lapereaux, permettre à ceux-ci de se rendre à volonté dans une petite cour voisine, s'y livrer à leurs gambades au soleil et rentrer ensuite au logis. Ces sorties, répétées pendant les plus belles heures de la journée, favorisent beaucoup leur croissance et les préservent des maladies qu'entraîne souvent après elle une claustration rigoureuse.

Tant qu'il ne s'agit que d'entretenir les lapins, de les développer et non de les engraisser, leur nourriture n'est pas coûteuse : du foin sec, des pommes de terre cuites avec du son, l'hiver ; de l'herbe, des carottes et des feuilles de chou, l'été ; voilà de quoi se compose leur ordinaire.

A six mois, les lapins commencent à être bons à manger ; à quatre ou cinq mois, la fermière songera donc à les engraisser, et pour cela renforcera leur nourriture.

Les fermières flamandes emploient, pour l'engraissement des lapins, à peu près le même procédé que nous pour les oies et les dindons. Elles prennent une planche tout juste assez longue et large pour que la bête puisse s'y tenir accroupie avec sa nourriture ; elles la fixent contre un mur, à un mètre environ du sol. Le lapin ne bouge pas, de peur de tomber, et c'est cette immobilité qui est la cause première de son engraissement. Trois fois par jour, on lui apporte sa pitance : du pain de seigle trempé dans du lait, au matin, une poignée ou deux d'avoine sèche et du trèfle sec, s'il est du goût du lapin, à midi et au soir. Au bout de trois semaines, un mois, d'un tel régime, le lapin est superbe et se vend un bon prix.

Exercice de style. — 128. Pourquoi élève-t-on les oiseaux de basse-cour ? — Quels soins la fermière doit-elle donner à ces oiseaux et quel profit en retire-t-elle ?

Des étables et des écuries.

De même que le poulailler et le clapier, les étables et les écuries doivent être sèches, propres, aérées et bien entretenues. Elles sont ordinairement en pente douce, pour la facilité de l'écoulement du purin ; au bas de la pente est une rigole qui le reçoit et d'où il coule dans la fosse à purin.

Les soins que la fermière devra donner à la basse-cour se résument à ceux-ci : Exiger que la fille de basse-cour et le valet de ferme tiennent les bêtes et les étables dans une grande propreté ; que les bestiaux aient à boire de l'eau toujours claire et que leurs repas soient servis à des heures réglées ; surveiller les rations pour empêcher le gaspillage, et enfin s'assurer que les animaux ne sont pas maltraités, ce qui n'arrive que trop souvent. Non seulement c'est cruel de malmener les bêtes, mais cela nuit à leur rendement. Il est reconnu, par exemple, que le lait d'une vache souvent rouée de coups est inférieur en qualité et en quantité à celui d'une vache bien traitée et parfaitement tenue.

La fermière doit encore se rendre compte si les poules pondent dans le poulailler ou si elles ont des cachettes ; dans ce dernier cas, il faudrait les découvrir, sans quoi on subirait de grandes pertes.

Le pigeonnier.

Pendant la fermeture de la chasse, les pigeons se vendent bien. La fermière en élèvera donc quelques couples, et aussi pour avoir un morceau friand à servir sur sa table les jours de fête.

Suivant les contrées, les colombiers sont ronds ou carrés. Quelle que soit la forme adoptée, le pigeonnier doit être carrelé par terre, pour empêcher les rongeurs, surtout les rats et les belettes, d'y venir jeter l'épouvante. La façade des murs sera crépie à la chaux et bien unie, pour la même raison. Il sera pourvu de perchoirs, et de nids pour la ponte.

Ce n'est que les jours pluvieux et pendant l'hiver qu'il est nécessaire de nourrir les pigeons au colombier. Le reste de l'année, ils prennent leur volée dans les champs, où ils trouvent amplement à glaner.

Le rucher.

Le rucher trouve sa place naturelle dans le voisinage du jardin et du verger, à proximité des fleurs. Un mur doit l'abriter contre le vent. Souvent on l'ombrage d'une haie d'aubépine, de noisetier ou de lilas, dont les fleurs printanières rendent service aux abeilles lors de leurs premières sorties. Les abeilles aiment le calme et la tranquillité ; le bruit les incommode autant que la fumée ou les mauvaises odeurs, dont il faut également les éloigner.

Vous savez toutes, mesdemoiselles, comment ces petits insectes font le miel délicieux que vous aimez tant. Après qu'elles ont travaillé tout l'été à amasser péniblement leurs provisions, l'homme vient en détourner une grande partie à son profit. Il retire les rayons pleins de la ruche, ne laissant aux abeilles que le strict nécessaire.

Le miel est contenu dans les cellules des rayons ou gâteaux, dont on ouvre le couvercle avec un couteau et qu'on renverse sur un tamis. Le miel qui s'écoule ainsi est celui de première qualité. Lorsque le meilleur est écoulé, on presse les gâteaux, et ce nouveau produit donne le miel de seconde qualité, qui se vend habituellement dans le commerce, après avoir été travaillé. On fait ensuite chauffer les cellules dans l'eau, pour faire fondre la cire, qui se fige et surnage au froid. On la recueille alors et on la vend.

C'est avec la cire qu'on fait des cierges.

Quand l'été a été pluvieux, le miel est de médiocre qualité et ne suffit pas à nourrir les abeilles durant l'hiver. On y supplée alors soit par du miel mis en réserve ou acheté, soit par de la mélasse.

Pendant la mauvaise saison, on préserve les abeilles de la gelée et d'une mort certaine, au moyen d'un paillis dont on recouvre les ruches ou mieux encore avec une couche de mousse sèche.

C'est ordinairement de mai en juin que les jeunes abeilles quittent la ruche pour s'établir ailleurs. On reconnaît, à l'agitation qui règne à l'intérieur, que le nouvel essaim va effectuer son départ. Pour le retenir, on fait du bruit autour de lui en frappant sur des instruments de cuivre, ou bien en lui jetant de l'eau; les abeilles finissent bientôt par se pendre en grappe à un arbre voisin. On choisit ce moment pour faire tomber l'essaim dans une ruche préparée d'avance. Aussitôt que la jeune colonie a pris connaissance de sa nouvelle demeure, elle se remet à l'ouvrage avec ardeur.

Porcs.

Le porc est glouton et peu difficile pour le choix de sa nourriture; il dévore les épluchures, fruits gâtés, les eaux grasses et autres débris avec la même promptitude et la même satisfaction que le son ou le fourrage le plus régalant. Il s'engraisse donc à peu de frais; aussi le plus humble ménage de la campagne, pour qui il est une ressource précieuse, peut-il élever au moins un porc chaque année.

On élève des porcs dans les fermes soit pour l'usage particulier du ménage, soit pour les vendre le plus avantageusement possible à deux mois, ou quand ils sont susceptibles d'être engraissés, c'est-à-dire vers l'âge de quatre mois, soit encore quand ils sont gras

Pour les engraisser d'une façon complète et surtout rapide, il faut choisir une bonne race. On reconnaît ces races à la largeur des reins, aux os menus, aux muscles gros, à leur taille basse, à leurs soies fines et rares. Les sujets qu'on veut engraisser devront être jeunes et bien portants; l'engraissement doit, en outre, se faire à l'époque voulue : du commencement de l'automne à la fin de l'hiver.

Le porc sera logé dans une étable plutôt chaude que froide, qui sera tenue dans un état constant de propreté; on la lavera à grande eau une ou plusieurs fois par semaine; on renouvellera la litière tous les jours; la nourriture sera distribuée quatre fois par jour et à des heures réglées.

Lorsque la fermière a la précaution de cuire les aliments destinés aux porcs et qu'elle les rend bien liquides au moyen de petit-lait, l'engraissage est d'autant plus prompt.

Le sel dont on assaisonne la nourriture des porcs contribue également à les engraisser.

Vaches.

Les vaches, comme du reste tous les animaux de la ferme, doivent être tenues fort proprement. On les étrillera et lavera donc tous les matins; leur litière sera renouvelée fréquemment et les rations distribuées à des heures régulières. L'eau dont on abreuve les vaches doit être claire et propre ; elle ne sera pas trop froide l'hiver.

Les vaches boivent quand on les conduit au pâturage, lorsqu'on les ramène et plus souvent quand elles le désirent ; celles qui sont nourries à l'étable boivent deux fois par jour en été, le matin et le soir ; une fois seulement en hiver, au milieu de la journée.

Pendant la mauvaise saison, on nourrit les vaches avec du foin, du son, des regains mêlés à de la paille de froment et d'avoine hachée, des tourteaux, des betteraves, des carottes, des topinambours, des pommes de terre coupées. Ces divers légumes, lorsqu'ils sont cuits ou ramollis dans l'eau et salés, sont plus nourrissants que s'ils étaient donnés crus. Dans le nord de la France, on donne aux vaches la pulpe de betteraves; cette nourriture paraît médiocre.

Il faut surveiller les vaches qui sont au pâturage pour qu'elles ne commettent pas de dégâts dans les champs voisins, empêcher qu'elles ne se battent entre elles et surtout qu'elles ne mangent pas de trèfle et de luzerne humides de rosée, ou en fermentation, ou couverts de gelée blanche, ce qui leur causerait des indigestions et les ferait enfler.

Si ce dernier accident arrivait à l'une de ses bêtes, la fermière délayerait une cuillerée de chaux éteinte dans un demi-litre d'eau et ferait avaler ce breuvage à la vache malade.

Pour les moutons, on emploie le même remède, mais en réduisant la dose de moitié.

La fermière surveille particulièrement aussi les vaches prêtes à mettre bas. Elle les empêche de boire de l'eau froide quand elles ont chaud, de se battre ou de sauter les fossés ; elle ne les expose pas aux fortes chaleurs du jour ; elle les nourrit mieux que les autres.

Lorsqu'elles ont donné leur veau, elle leur prodigue encore quelques soins. Elle leur donne de l'eau tiède blanchie avec du son ou de la farine d'orge, une nourriture légère en fourrage qu'elle distribue en petite quantité d'abord, en augmentant journellement un peu les rations pendant les dix premiers jours. Elle redoute surtout pour elles les refroidissements et les indigestions.

Les vaches laitières les plus renommées sont celles de la Hollande, de la Flandre et de la Normandie; mais il y a de bonnes vaches laitières dans tous les pays : des soins intelligents améliorent les races et augmentent leurs produits. On prétend que les vaches noires donnent plus de lait que les autres.

Pour les races de boucherie, c'est la race anglaise dite de Durham qui a la préférence.

On engraisse les vaches et les bœufs au pâturage ou à l'étable.

Pour arriver à un résultat plus prompt, on les engraisse à l'étable, qui sera tenue dans un état constant de propreté, chaudement et dans une demi-obscurité; la nourriture des bêtes sera abondante, variée et de bonne qualité; elle leur sera distribuée régulièrement. On commence ordinairement par des aliments rafraîchissants, tels que fourrages verts, herbages, choux, pommes de terre et betteraves crues, etc.; puis viennent les fourrages secs, du son mélangé à des pommes de terre cuites écrasées ou des carottes, les tourteaux, etc. On assaisonne les aliments avec du sel dans la proportion de 50 à 100 grammes par bête et par jour. Aussitôt que les rations ont été distribuées, on ferme portes et fenêtres pour que les bêtes ruminent et digèrent dans l'obscurité et le silence. L'engraissement y gagne.

Veaux.

En même temps que la fermière soigne la mère, elle ne néglige pas le petit veau. Elle ne le laisse pas courir de droite et de gauche dans l'étable, au milieu des autres vaches, qui pourraient le maltraiter; elle l'attache tout de suite près de la mère, si l'on a l'intention de l'élever, ou bien elle l'ôte de sa présence dès le premier jour, s'il est destiné à la boucherie. Dans le premier cas, elle le laisse téter à volonté; dans le second, elle lui fait boire du lait dans un baquet.

Pour habituer les veaux à boire seuls, on leur met deux doigts dans la bouche, tandis que de l'autre main on leur appuie la tête au-dessus du baquet, de manière que le mufle plonge dans le lait. Celui-ci ne doit pas leur être donné froid, mais tiède.

Au bout de douze à quinze jours, on peut déjà couper le lait avec une légère infusion de foin d'abord, puis de la farine d'orge ou d'avoine. On finit par y mêler des tourteaux pulvérisés, des carottes, des pommes de terre, des citrouilles cuites et écrasées. Quelques fermières leur font des bouillies et des soupes.

Les veaux sont sujets à la diarrhée. Il est d'usage de la combattre en coupant le lait avec de l'eau d'orge.

Dans certains pays, on livre les veaux à la boucherie dès le huitième ou le quinzième jour. C'est une mauvaise habitude. On ne devrait pas les vendre avant l'âge de six semaines. Jusque-là, on n'y perdrait pas, car le veau paye amplement le lait qu'il aura bu; la consommation y gagnerait de son côté, car la viande serait de meilleure qualité.

EXERCICE DE STYLE. — 129. Montrez que le bœuf est de tous les animaux domestiques celui qui rend le plus de services à l'homme.

Chèvre.

La chèvre, surnommée avec raison la vache du pauvre, rend d'immenses services aux petits ménages agricoles qui ne peuvent entretenir une vache. Elle donne en abondance du lait, des fromages et un très bon engrais.

En été, les chèvres broutent l'herbe, les feuilles de toutes sortes et auraient vite dévasté champs et vergers si on les laissait faire. Aussi, quand on les met en pâture, a-t-on soin de les attacher à une corde. Il vaut mieux les nourrir à l'étable.

En hiver, on donne aux chèvres du foin et d'autres fourrages, des racines, les feuilles de vigne, dont la fermière prévoyante aura fait provision après les vendanges.

C'est la chèvre du Thibet et celle de Cachemire, à longs poils fins et soyeux, qui donnent les tissus appelés cachemires.

Moutons.

On élève les moutons pour leur laine, leur chair et leur fumier. En été, c'est le berger qui conduit les moutons aux champs, où ils broutent l'herbe; mais, en hiver et les jours de pluie, ils sont nourris à l'étable. Quelle que soit la saison, il faut les garantir de l'humidité comme de la grande chaleur, qui leur sont également nuisibles. Si leur étable était exposée au nord ou insuffisamment garantie contre le vent, il faudrait bien en calfeutrer les ouvertures.

Les moutons sont difficiles pour l'eau et refusent de boire de l'eau sale; on leur donnera donc toujours de l'eau claire et propre.

Une nourriture exclusivement sèche est défavorable aux moutons; on alterne en leur donnant tantôt du sainfoin, des choux, du foin mêlé à de la paille hachée, tantôt des pommes de terre, des betteraves et des navets coupés menus.

Aux agneaux on donne du son, de l'orge, de l'avoine, des regains, des choux et des betteraves coupés en très petits morceaux. On met à leur disposition de l'eau propre dans un petit baquet placé à côté de leur augette. On sèvre les agneaux vers quatre mois. Jusque-là, on les sépare du troupeau, eux et leurs mères.

Pour engraisser les moutons, il suffit d'augmenter leurs rations quotidiennes, de saler leurs aliments et de ne pas trop leur donner à boire. On les engraisse vers l'âge de trois ou de quatre ans.

Occupations de la fermière.

J'ai habité la campagne pendant plusieurs années, et je me rappelle avec plaisir aujourd'hui même tous les soins économiques auxquels je consacrais une grande partie de chaque jour.

L'activité de la bonne ménagère est encore plus nécessaire à la campagne qu'à la ville. Sur ce théâtre, rien ne marche que par elle. Le mouvement général de la maison, qui comprend mille détails variés, semblables, opposés quelquefois, roule sur elle, toujours sur elle. Qu'elle se tienne à part, qu'elle soit négligente, paresseuse, le ménage de campagne ne sera plus qu'un triste chaos.

Lorsque je dirigeai ma ferme, j'étais levée tous les jours à six heures du matin pendant la saison favorable. Je commençais par une tournée générale, pour juger de l'exactitude apportée à chaque service. Avant mon apparition, il y avait déjà bien des travaux commencés; mais j'arrivais en temps utile pour vérifier ce qui était fait et pour apprécier ce qui restait à faire. Je voyais traire mes vaches, et je faisais mettre mon lait en sûreté. J'avais soin de passer la revue de ma basse-cour, afin de m'assurer si chaque bête, laissée libre pendant la journée de la veille, était rentrée fidèlement le soir. Ensuite je distribuais pour la journée, à chaque personne de service, les provisions nécessaires et j'atteignais ainsi l'heure du déjeuner.

Les tournées de surveillance sont le premier devoir d'une ménagère à la campagne, devoir plus impérieux encore qu'à la ville, parce que cette surveillance, éparpillée sur un plus vaste espace, sera trompée plus facilement.

Si elle ne rationne pas sévèrement les domestiques pour tout ce qui doit être employé dans l'intérêt de la maison, les provisions seront au pillage, et il ne sera pas aisé de reconnaître aussitôt la perte sur une quantité considérable.

Si elle ne va pas constater le nombre des œufs qui enrichissent sa basse-cour, une bonne part passera et glissera entre les mains de quelques servantes à la conscience légère.

Ma surveillance ne s'arrêtait pas aux domestiques; elle s'étendait sur les ouvriers.

Nous ne possédions pas alors ces ingénieuses machines qu'on a inventées pour battre le grain. Nos batteurs essayaient donc d'emporter le plus de grain possible, et, comme ils redoutaient ma rencontre et mon inspection, ils prenaient quelquefois des partis désespérés. J'en surpris qui avaient rempli de grain leurs souliers; je fis un exemple, et les autres s'en souvinrent; mais le moindre relâchement dans mon attention les eût rendus à leurs habitudes, et ils auraient succombé de nouveau à cette malheureuse tentation.

Je vendais une partie des œufs, du laitage, et je réservais le reste pour le service de la maison. J'établissais des provisions, soit de beurre, soit de fromage, et je voulais que tout travail un peu important ou de nature à rendre la fraude possible se fît fréquemment sous mes yeux.

Les acheteurs avaient besoin d'être surveillés comme les domestiques. Si je n'étais pas là, ils me comptaient, par exemple, un nombre de boisseaux de paille d'avoine moindre que celui qu'ils avaient pris, et j'étais dupe.

Les quantités étaient généralement réduites dans leur calcul, ce qui leur procurait un profit coupable à mes dépens. Mais, je puis le dire, ils n'avaient pas souvent ce frauduleux avantage, tant que j'étais convaincue qu'une défiance salutaire, non exagérée, pouvait maintenir l'ordre dans ma petite administration.

Ah! c'eût été une vie bien dure pour une femme accoutumée aux gâteries de la ville, pour une de ces petites maîtresses qui dépensent toute leur activité dans une longue soirée, et qui le lendemain matin n'ont plus que la force de demeurer et de déjeuner au lit. Heureusement, je n'avais ni l'habitude ni le goût des occupations frivoles, et je me sentais tout encouragée par cet air de vie et de fête qui régnait autour de moi.

Je ne dédaignais pas de présider à l'une des grandes opérations de ménage qui ne se font bien qu'à la campagne : je veux parler des lessives générales, où il faut employer tant de personnes à la fois et leur confier une si grande quantité de linge. Plus le nombre des agents du service augmente, plus il est nécessaire que la surveillance de la maison suive chacun dans l'exécution de sa tâche, parce qu'en se réunissant ils se donnent souvent de mauvais conseils et espèrent davantage l'impunité.

Mon délassement était de visiter un fort beau potager où je fournissais quelquefois à mon jardinier de bonnes inspirations. J'avais appris à tirer parti du terrain par des conversations avec mon père, qui entendait très bien le jardinage ; je savais assez pertinemment quelle exposition réclament tel fruit, tel légume, comment on peut distribuer utilement les engrais ; quand on doit tailler les arbres, cueillir les fruits ; je mettais de l'amour-propre à la bonne tenue de mon jardin, et la beauté de mes légumes leur eût valu l'honneur d'une mention, si je les eusse fait exposer devant une société d'horticulture. Je ne m'attribuais pas sur ce point un grand mérite ; mais encore fallait-il, pour goûter cette innocente jouissance, des notions qu'on néglige trop de comprendre dans l'éducation.

PANDOLFINI.

EXERCICE DE STYLE. — 130. Quelles sont les principales plantes *fourragères* qu'on cultive dans une ferme et quel usage en fait-on ?

LECTURE.

Le ménage de Charlemagne.

Le chroniqueur Eginhard, après avoir parlé de la simplicité des habits que portait Charlemagne, donne quelques détails sur la vie intérieure que suivait la famille impériale dans ses palais, qui ressemblaient plutôt à de grandes fermes.

L'impératrice et ses filles avaient soin des habits et des meubles avec autant de sollicitude et d'économie qu'une simple mère de famille. Elles payaient elles-mêmes les gages des officiers du palais, réglaient les dépenses de bouche, faisaient à temps les provisions nécessaires, et, sur l'ordre de l'empereur, envoyaient vendre au profit des pauvres les fruits et les légumes qui provenaient des jardins environnant le palais et qui ne pouvaient être consommés aux tables impériales.

Quelques proverbes et maximes.

1. — *L'œil du maître engraisse le cheval.*
Que faut-il pour qu'un cheval se porte bien et s'engraisse?
Il faut qu'il soit bien nourri, que son écurie soit tenue propre, qu'il ait une litière abondante, qu'on ne lui épargne ni l'étrille ni un exercice modéré.
Voilà bien des soins qui supposent une exacte vigilance. Est-il raisonnable de l'attendre de serviteurs souvent mal disposés? Évidemment, si quelqu'un doit veiller de près sur le cheval, c'est celui qui a tout intérêt à son bon entretien et à sa conservation, c'est-à-dire le maître.
En fait de sollicitude et de vigilance, rien ne vaut l'amour du propriétaire pour sa chose. La même observation peut s'appliquer à la maîtresse de maison.

2. — *Le chagrin ne paye pas de dettes.*
Le chagrin, cette peine d'esprit qui vient à la suite d'espérances trompées, d'événements malheureux, de revers de fortune, est un sentiment naturel, mais que toujours il importe de combattre. Si l'on ne lui résiste, il devient de l'abattement, et alors il énerve en nous toute force morale; il

nous enlève même les moyens de réparer ce qui cause notre affliction. N'oublions pas cette maxime : « Ce monde appartient à l'énergie. »

3. — *A grand bon marché, réfléchis avant d'acheter.*

Si l'on vous offre à bas prix un objet qui évidemment, par sa nature ou sa rareté, doit valoir davantage, il y a là un dessous de cartes qui demande que vous y regardiez à deux fois : ou bien, malgré les apparences, la marchandise n'est que de mauvaise qualité ; ou bien le vendeur espère vous tromper sur le poids ou la mesure ; ou bien encore l'origine de la marchandise est suspecte.

Réfléchissez donc avant d'acheter, c'est-à-dire défiez-vous.

4. — *Si tu ne veux pas écouter la raison, elle te donnera sur les doigts.* FRANKLIN.

La raison est pour nous une bonne institutrice. Elle est chargée de notre éducation : c'est d'elle que nous devons apprendre à nous conduire dans la vie. Chaque fois que nous n'obéissons pas à ses préceptes, nous ne manquerons pas d'être punis.

5. — *Les fautes d'un homme de sens tournent à son profit.*

Un homme de sens qui s'est attiré malheur ou chagrin par sa légèreté, son imprudence ou sa vivacité d'humeur, réfléchit, s'amende et ne retombe plus dans la même faute. C'est un signe d'une grande pauvreté d'esprit, pour les hommes comme pour les femmes, que de ne pas s'instruire à l'école de l'expérience.

6. — *Il en est du bonheur comme des montres : les moins compliquées sont celles qui se dérangent le moins.*
CHAMFORT.

Simplifier sa vie est assurément une des meilleures recettes pour le bonheur. Après les affections, ce qui aide le plus à nous rendre heureux, c'est le calme d'esprit. Une personne simple dans ses goûts et ses désirs ne donne guère prise aux tourments venus du dehors.

CHAPITRE XVII

LE JARDIN POTAGER

Semis. — Différents genres de culture.

I. Un savant agronome [1] disait : « Je ne connais qu'un moyen économique pour la culture d'un jardin dans une ferme, c'est que la fermière en prenne elle-même la direction. Personne ne connaît mieux qu'elle les besoins du ménage en légumes divers et pour chaque saison de l'année, en sorte que personne n'est plus à portée qu'elle de diriger la culture de manière à assurer un approvisionnement constant. Aussi, si l'on rencontre une ferme qui se fait distinguer par un jardin potager plus étendu et mieux soigné que les autres, que l'on prenne des informations, et l'on reconnaîtra toujours que c'est la ménagère qui en dirige la culture. A toutes celles qui voudront prendre ce soin, ajoutait-il, je promets la plus agréable distraction à leurs travaux intérieurs, une source de bien-être pour le ménage et de jouissances pour elles-mêmes, qui feront bientôt pour elles, de la culture du jardin, l'occupation la plus douce et la plus attrayante. »

Que non seulement la fermière, mais encore toute ménagère de la ville ou de la campagne qui a le bonheur d'avoir un jardin à sa disposition en fasse donc

1. Mathieu de Dombasle.

l'expérience. Nous ne doutons pas qu'elles ne se trouvent bien de ces conseils.

II. Le jardin prend le nom de *potager*, de *jardin fruitier* ou de *verger*, selon qu'on y cultive spécialement les légumes ou les arbres fruitiers. L'endroit du jardin réservé aux fleurs et aux plantes d'agrément se nomme *parterre*.

III. La disposition du jardin potager varie suivant le terrain et les légumes que l'on veut obtenir. Nous parlerons des pratiques générales.

Et d'abord les labours doivent être profonds et souvent répétés pour rendre la terre très meuble, car les racines des plantes potagères sont ordinairement faibles et ne pourraient entrer dans un sol dur et compact.

IV. A cause de leur petitesse, les graines doivent être semées avec précaution. En général aussi, plus elles sont fines, moins on les enterre. Les plus fines sont à peine couvertes d'un peu de terreau [1]. Pour conserver l'humidité et empêcher l'air d'agir trop vivement sur les graines, on passe un rouleau sur les semis, ou bien on les foule sous les pieds.

Des semis trop épais donnent des plantes chétives. La réussite des semis dépend encore de la qualité des graines; celles-ci doivent être récoltées en pleine maturité, conservées dans un lieu bien sec et privé d'air, et être semées avant qu'elles aient perdu la faculté de germer. Pour connaître d'avance si les graines sont bonnes, il suffit de les jeter dans un verre d'eau : les bonnes tombent au fond et les mauvaises surnagent.

V. Les binages et les sarclages ont pour but de détruire les mauvaises herbes et de faciliter l'accès de l'air jusqu'aux racines des plantes. A la campagne, on sème encore à la volée; mais cette manière est défectueuse,

---

[1]. On appelle *terreau* du fumier consommé, mélangé de débris végétaux et de terre.

car elle rend le sarclage long et coûteux; il vaut mieux planter et semer en lignes; de cette façon, on purge en peu de temps le sol des mauvaises herbes qui l'encombrent; au moyen de la ratissoire, cela se fait en quelques minutes et sans fatigue.

Enfin n'épargnez pour votre jardin ni fumures ni arrosages; plus vous apporterez de soin à sa culture, plus ses produits seront beaux et vous récompenseront largement de vos peines.

VI. Les plantes potagères se divisent en trois catégories : celles dont on mange les *feuilles* ou la *tige*, telles que les choux, la salade, les asperges, etc.; celles dont on mange les *racines*, comme la carotte, le panais; celles enfin dont la partie comestible consiste dans le *fruit* ou la *fleur*, ex. : la tomate, le chou-fleur, etc.

Toutes les plantes potagères peuvent être l'objet de trois genres de culture : de la culture naturelle, d'une culture hâtante et d'une culture forcée.

VII. La culture *forcée* consiste à produire des légumes à contre-saison. Cette culture ne peut être adoptée par tout le monde, car elle est très coûteuse, exige des serres chaudes et des soins minutieux.

La culture *hâtante* est celle qui tend seulement à activer la végétation par une chaleur plus forte. Elle produit les primeurs; cette culture peut convenir au jardin d'une ferme dans des limites restreintes.

La culture *naturelle* ne force rien et n'emploie aucun moyen artificiel dans la production des plantes : elle suit la nature et attend les époques. C'est la culture la plus convenable pour les plantes potagères.

VIII. Dans la culture hâtante, les moyens employés pour activer la végétation sont les couches, les cloches, les dos et les abris. Les couches sont très utiles pour les fleurs et les légumes destinés à être repiqués.

Une *couche* est un lit de fumier couvert d'une couche de terreau; elle est garnie de planches tout autour et fermée de châssis vitrés, qui conservent la chaleur.

Les *cloches* et les *verrines* servent également à concentrer la chaleur autour des plantes et à les préserver du refroidissement durant la nuit. Il arrive même quelquefois au print mps que le verre n'est pas un préservatif suffisant contre … lée; on recouvre alors les châssis vitrés, les clo… et les verrines de paillassons.

Les *ados* sont des plates-bandes exposées au midi et plus élevées du côté du nord ou appuyées contre un mur, de façon à recevoir en plein les rayons du soleil et à être abritées contre les vents froids.

Un *abri* est tout ce qui protège les plantes contre le froid, la chaleur ou le vent. Les clôtures des jardins sont les abris les plus ordinaires; une plantation d'arbres peut offrir un abri contre les vents régnants; les couvertures de paille, de mousse, de fumier ou de feuilles d'arbres sont des abris employés contre le froid ou contre les ardeurs du soleil. Les nuages et la neige sont des abris naturels; des plantes un peu élevées peuvent en protéger aussi de plus délicates et de moins élevées.

Exercice de style. — 131. Description d'un jardin. — Qu'est-ce qu'un jardin? — Où est-il placé? — Différentes sortes de jardins. — Conduite d'un enfant dans un jardin.

Légumes.

La première place appartient de droit à la *pomme de terre*, légume précieux, estimé du riche comme du pauvre. Nous ne parlerons pas de la manière de la planter, elle est connue de tout le monde. Nous dirons seulement qu'on ne cultive dans le potager que la pomme de terre hâtive, dite de Saint-Jean; les autres sont du domaine de la grande culture.

Pour obtenir des pommes de terre hâtives, on laisse germer les plants en cave, vers la fin de l'hiver, et aussitôt que le temps s'adoucit, on les plante. Il leur faut une terre riche et l'exposition du midi ; lorsque c'est possible, on les plante contre un mur qui leur serve d'abri. On les recouvre de deux doigts de terreau sec et menu, en ayant soin de ne pas rompre les germes. Lorsque les fanes de la pomme de terre ont à peu près un pied de haut, on remue la terre autour de chaque touffe, puis on butte les tiges d'un côté, de manière à les coucher à demi dans le sens opposé. De temps en temps, on remue la terre entre les touffes, afin que l'air et la chaleur agissent plus aisément sur les tubercules. Tant que les gelées sont à craindre, on les recouvre le soir de paille ou de fumier qu'on enlève le jour.

On obtient ainsi de belles pommes de terre à l'époque où elles sont rares et se vendent cher.

Il est évident que, si l'on ne veut pas de pommes de terre précoces, on ne laisse pas germer les plants en cave.

Lorsque c'est là qu'on conserve sa provision de pommes de terre pour l'année, il faut, pour les empêcher de germer, les déranger et les changer de place fréquemment, et cela à partir du mois de janvier. Si la cave était fort humide, il faudrait même les transporter dans une autre pièce froide, mais sèche. Les pommes de terre ordinaires se plantent en mars.

Choux. — Quand on le peut, il vaut mieux cultiver ce légume en plein champ : il y souffre moins des chenilles que dans le potager. Le chou vient à peu près dans tous les terrains ; cependant il préfère un sol riche et bien fumé. On le sème sur couche. Dès que les premières feuilles se montrent, il faut répandre de la cendre sur les jeunes plants, pour les préserver des chenilles et des pucerons, leurs ennemis acharnés ; on les éclaircit ensuite, afin d'obtenir des pieds robustes, et, quand ils ont atteint 15 ou 20 centimètres, on les repique, en laissant une certaine distance d'un pied à l'autre, selon les variétés et le degré de développement qu'ils atteignent. On arrose les choux aussitôt qu'ils sont plantés, et souvent dans la suite quand on le peut. Lorsqu'ils sont devenus forts, il est bon de les butter légèrement.

Il y a plusieurs espèces de choux; parmi les plus connus, on distingue : les choux cabus, qui comprennent notre chou blanc commun à grosse tête ronde, et le quintal d'Alsace, deux variétés recherchées pour la choucroute, à cause de leur volume; le chou trapu de Brunswick, et le chou de Milan.

Les choux cabus se sèment en diverses saisons, mais surtout en automne; ils ne réclament aucun soin l'hiver; cependant on les bine en mars si la terre est dure. Les choux de Milan se sèment en avril, ainsi que les choux de Bruxelles. On les mange l'hiver.

Choux-fleurs. — Les choux-fleurs se sèment en pleine terre au commencement de mai; quand ils ont deux feuilles, on les repique, en les enfonçant jusqu'aux feuilles, et en laissant une distance raisonnable entre chaque plant. Au reste, on les soigne comme les choux ordinaires.

Carottes. — La carotte exige un terrain profond, riche en vieux fumier, plutôt frais que sec, et débarrassé de pierrailles. On la sème en ligne après avoir durci la terre soit avec le pied, soit avec une roue de brouette. On mélange ordinairement des graines de laitue ou de choux avec celles de carottes, car, cette dernière étant très lente à lever, les autres, qui lèvent vite, servent à marquer la place et rendent ainsi le sarclage plus facile. On sème les carottes dès la fin de février ou en mars.

Les carottes potagères vraiment bonnes ne sont pas nombreuses. Les meilleures et les plus recherchées sont : la carotte courte ou toupie de Hollande : c'est celle qu'on mange en primeurs; la demi-courte, un peu plus longue que la précédente, mais aussi délicate;

enfin la carotte jaune d'Achicourt, longue, de bonne qualité et qui se conserve le plus longtemps.

Navets. — Les navets ne réussissent guère dans le jardin; on les cultive en plein champ; nous n'en parlerons donc pas ici.

Pois. — Ce légume agréable exige un sol maigre et un peu sec. On sème les pois en lignes, espacées de 25 à 30 centimètres. On jette deux ou trois grains dans la raie ou dans des trous, de façon à laisser un intervalle de 20 à 25 centimètres entre chaque touffe. Lorsqu'ils commencent à pousser des fils et après les avoir binés, on rame les pois de deux en deux ou de quatre en quatre. Les rames doivent être branchues et proportionnées à la hauteur de l'espèce.

La cueillette des pois exige un peu d'attention, car la plante se fane et se déracine facilement; il faut donc, tandis qu'on détache les cosses d'une main, protéger les tiges de l'autre, et, comme le pied se sèche d'abord par en bas, c'est par là qu'il faut commencer la récolte.

Quand celle-ci est terminée, la bonne ménagère enlève les fanes, et, au lieu de les jeter, elle les utilise en les donnant aux vaches, puis, sans perdre de temps, elle fait apporter une bonne fumure sur la planche vide et y sème un nouveau légume.

Lorsqu'on veut avoir des pois verts durant toute la belle saison, il suffit d'en semer tous les quinze jours jusqu'en juillet.

Il faut éviter de placer deux planches de pois côte à côte ou une planche de haricots grimpants à côté d'une planche de pois, afin de ne pas entraver l'action de l'air sur les racines et les plantes. On ne doit pas non plus cultiver des pois plusieurs années de suite à la même place : ce procédé les ferait dégénérer; on ne les y ramène que tous les six ou sept ans.

Haricots. — Cet excellent légume, qui nous vient à la même époque que les pois verts, est d'un grand rendement et une des meilleures ressources pour l'alimentation d'une famille. J'engage donc la mère de famille économe à en cultiver autant que possible dans son jardin.

On compte une grande variété de haricots, les uns nains, les autres à rames. Les premiers se plaisent dans un terrain sec, les autres dans un terrain plutôt frais. Les haricots nains pourrissent plus vite en temps de pluie, à cause de leur proximité du sol; à ce léger désavantage près, ils valent les haricots grimpants.

Parmi les nains, on remarque : le flageolet ou nain de Laon, à graines blanches, arrondies et étroites : il est excellent comme mange-tout; le soissons nain, appelé encore gros-pied, à cosses larges et plates, dont les grains sont un peu aplatis, et le rouge d'Orléans, à grains rouges, petits, également aplatis. Parmi les haricots à rames; il y a : le haricot d'Alger ou beurré, ainsi appelé parce qu'il ne doit être cueilli que lorsque la cosse est devenue couleur de beurre : c'est un haricot mange-tout; le haricot riz, à tout petits grains blancs oblongs, qui est bon en vert, en grains frais et excellent encore en sec; une variété de haricot de Prague, à grains ronds et noirs, et le haricot d'Espagne, à fleurs blanches et à gros grains très farineux, mais dont la peau est trop épaisse.

On choisit une belle journée pour récolter les haricots : on réunit en bottes ceux qu'on veut conserver et on les laisse sécher au soleil, puis on les rentre dans un lieu sec et bien aéré; de cette façon, les haricots se conservent fort bien en cosses. On les bat au fur et à mesure qu'on en a besoin et non tous d'un seul coup avant l'hiver, surtout s'il s'agit de les vendre, car les haricots, lorsqu'ils sont écossés, perdent vite leur lustre et se tachent facilement. Les haricots conservés comme semence ne s'écossent qu'au moment d'être mis en terre.

Contrairement aux pois, on peut ramener les haricots deux ou trois années de suite à la même place; les tiges atteignent moins de hauteur, mais le rendement est le même la seconde année que la première. On plante les haricots à la fin d'avril ou au commencement de mai, lorsque les gelées ne sont plus à redouter.

Fèves. — Les fèves, appelées fèves de marais ou haricots d'Inde, sont cultivées surtout dans le Nord et l'Est; elles constituent un excellent légume, mélangées aux pommes de terre ou utilisées dans les soupes maigres.

Les fèves viennent dans tous les terrains, mais elles préfèrent un sol argileux. On les sème soit en lignes, soit en bordures, en laissant un intervalle de quelques centimètres entre chaque pied ou chaque ligne, et en mettant deux grains au plus dans chaque trou. Les fèves ont pour ennemis acharnés les pucerons noirs, qui dévorent surtout les sommités de la plante, plus tendres que le reste; aussi est-il d'usage, dans bon nombre de localités, d'abattre, de *pincer* cette partie des fèves. En Belgique, on mange même en légume ces feuilles ainsi pincées. On sème les fèves en mars; avant de les enterrer, on peut les faire ramollir dans de l'eau tiède, afin d'activer la germination, qui est assez lente.

Épinards. — On sème les épinards en automne, du mois d'août au mois de septembre; ils se reproduisent par graines et se sèment en lignes. Les épinards d'automne donnent deux fortes récoltes et une moyenne. Si l'on veut avoir ce légume toute l'année, on le sème d'avril en août, en arrosant fréquemment. Ces semis du printemps donnent deux récoltes. Il faut souvent couper les épinards pour les empêcher de monter à graines.

Arroche belle-dame. — Voici un légume qui a beaucoup de ressemblance avec le précédent et qui se cultive surtout dans le nord de la France. On le mange mêlé à l'oseille, dont il tempère l'acidité, ou encore aux épinards; il entre également dans la préparation des soupes à légumes. La belle-dame, appelée aussi bonne-dame dans certaines localités, se sème en planches comme les épinards et à la même époque; dans les petits jardins, on se contente d'éparpiller quelques graines çà et là parmi les autres légumes.

Oseille. — L'oseille réussit partout et passe l'hiver dehors comme les épinards. On la sème d'avril en août; au fur et à mesure que les tiges se montrent, on la coupe en ménageant les petites feuilles du cœur. Une planche d'oseille peut durer trois ou quatre ans; au bout de ce temps, on peut la renouveler, c'est-à-dire recommencer un nouveau semis.

Salades. — Pour quiconque veut de la salade toute l'année, il suffit d'en avoir quelques variétés dans son jardin et de les semer en temps opportun. Nous avons d'abord la petite laitue, qui vient avec les premiers beaux jours, qui se sème en mars et qu'on peut manger trois semaines plus tard. Puis vient la *laitue pommée*, qui se sème en automne et qu'on repique au printemps, dans un sol riche. Si l'on veut de la pommée tout l'été, on en sème tous les quinze jours jusqu'en juillet. Nous avons ensuite la *romaine* ou *chicon*, à longues feuilles cassantes et juteuses, qu'on sème à la fin d'avril et qu'on repique en lignes, en observant une certaine distance d'un pied à l'autre. On choisit pour les lier un temps sec et beau. Puis c'est le tour de l'*endive*, à feuilles frisées, de la *scarole*, à feuilles larges et unies. On les sème en mai, en lignes, et on les repique lorsqu'elles ont atteint une certaine force, à une distance de 30 centimètres au moins, comme la *romaine*, afin d'obtenir de beaux pieds. Lorsque le cœur des plantes commence à se former, on les lie avec quelques brins de paille pour les faire blanchir. Si l'on veut hâter la récolte des endives, il faut les arroser avec du purin après qu'elles ont été liées. En hiver, nous avons la *chicorée* et la *barbe-de-capucin* ou *chicorée sauvage*, qu'on met en cave dans du terreau, pour la blanchir; ces deux salades se sèment en septembre. Et enfin, pour clore la série, la *raiponce*, vulgairement appelée *doucette* ou petite *salade des prés*, qu'on sème dans un coin du jardin, en automne, et qu'on commence à cueillir dès le mois de décembre.

Asperges. — Les asperges donnent quelque mal par le travail qu'occasionne leur plantation; mais on en est amplement récompensé dans la suite, car un plant d'asperges ne dure pas moins de douze ans.

On commence par tracer au cordeau des lignes de 90 centimètres de distance l'une de l'autre; puis sur ces lignes on ouvre des trous profonds d'environ un demi-mètre et distancés de 40 centimètres. Au fond de chaque trou on jette quelques poignées de fine pierraille ou de sable, puis un peu de bonne terre mélangée avec du vieux fumier; on forme une petite butte au centre de la fosse, et l'on y place la *greffe* ou le plant, qu'on recouvre encore de bonne terre avant de fermer le trou. Les plants doivent être achetés chez un bon jardinier et être de deux ans au moins. La première année, on ne touche pas aux asperges, sinon pour arracher les mauvaises herbes, et au commencement de l'hiver pour couper les tiges desséchées des plants. Ce n'est qu'à partir de la troisième année qu'on commence à cueillir les asperges; à la quatrième, elles ont atteint toute leur vigueur. On les récolte depuis le mois de mai jusque vers la fin de juin. Comme il a été dit plus haut, une planche d'asperges produit pendant douze ans, pendant lesquels il suffira de lui donner chaque année un peu de fumier.

Artichauts. — Il y a deux sortes d'artichauts : le *gros vert de Laon* et le *violet :* les deux espèces demandent une terre fraîche et fertile. Lorsqu'on veut faire une récolte dans l'année, il faut reproduire l'artichaut par *œilletons* ou *éclats*. Voici comment le *Bon jardinier* conseille de procéder : Lorsque les gelées ne sont plus à craindre, on achète les œilletons ou on les *éclate* soi-même quand on possède de vieux pieds d'artichauts, c'est-à-dire qu'on enlève avec la main des branches avec un filet de racine, puis on fait des trous distancés d'un mètre environ les uns des autres, on met un peu de fumier dans ces trous et l'on y repique les œilletons. On arrose tout de suite, puis tous les jours jusqu'à ce qu'ils soient bien repris. Les artichauts ainsi plantés donnent des têtes de grosseur passable en automne; lorsqu'on les sème, ils ne produisent que l'année suivante. On sème sur couche ou sur un bon terreau; quand les feuilles ont atteint une certaine hauteur, on les repique. Lorsqu'on veut obtenir des artichauts d'une grosseur plus qu'ordinaire, on fait, quand le fruit a atteint les proportions d'un œuf, une profonde incision à la tige. Mais il est essentiel de placer dans l'incision une petite fiche de bois qui maintienne l'ouverture. Dans ces conditions, l'artichaut arrive à mesurer jusqu'à 60 centimètres.

Si l'on veut que les feuilles extérieures de l'artichaut soient aussi tendres que celles de l'intérieur, il faut couvrir ce fruit naissant d'un petit bonnet d'étoffe noire. C'est en liant les salades, en les préservant du soleil, qu'on obtient des feuilles blanches et tendres; c'est par le même procédé, en mettant à l'ombre les têtes d'artichaut, qu'on aura un légume tendre et savoureux.

Tomates. — Les tomates se sèment sur couche fin avril; on choisit pour les repiquer un endroit bien exposé, un mur par exemple, et on les plante de 50 en 50 centimètres. Bien des jardiniers, au lieu de coucher leurs tomates par terre, les plantent en espalier, c'est-à-dire piquent de petits poteaux supportant des fils de fer, et y assujettissent les tomates, qui reçoivent ainsi plus directement les rayons soleil et pourrissent moins que celles qu'on laisse 'tendre par terre. On peut se contenter de lier les touffes et de les faire grimper contre le mur. Les tomates ne doivent être arrosées que lorsqu'elles sont près de donner du fruit.

Oignons. — Les oignons ne se repiquent pas; ils se sèment en planches en avril. Pour hâter leur maturité, on abat les fanes ou on les couche par terre, et, lorsque les oignons sont mûrs, on les arrache et on les laisse sécher sur place un jour ou deux, après quoi on les rentre en un lieu sec, soit à la cuisine, soit au grenier ou dans la chambre à provisions.

Ail et *échalotte.* — L'ail et l'échalotte se reproduisent par bulbes. Ils se cultivent également en planches ou en contre-bordures, et se plantent en avril ou mai. Lorsque les tiges de l'ail ont atteint une certaine hauteur, on les noue par le sommet. Quand les fanes de l'ail et de l'échalotte jaunissent, la récolte approche. On les fait sécher sur place comme les oignons.

Persil, cerfeuil, céleri, poireaux. — Un petit coin du jardin sera réservé aux plantes condimentaires par excellence : le persil, le céleri et le cerfeuil. Ils affectionnent un sol frais et ombragé. Pour éviter toute confusion fâcheuse avec la ciguë, on peut semer de préférence le persil et le cerfeuil frisés. Ils se ressèment d'eux-mêmes.

Le céleri se sème sur couche en mai. On le transplante quand il a pris un certain développement. Il passe l'hiver dehors; cependant on peut pour la provision le conserver en cave en l'y enterrant avec les racines.

On sème les poireaux en décembre; on les repique dans un terrain fertile et frais, au mois d'avril, après avoir coupé les racines de la plante et l'extrémité des feuilles; on peut les récolter en juin.

Concombres et cornichons. — On sème les concombres sur couche à la fin de mai; on les repique dans une terre bien fumée et à une distance de 50 à 60 centimètres d'un plant à l'autre. Au fur et à mesure qu'ils se développent, on cueille les *cornichons* ou petits concombres, pour les confire dans du vinaigre; on ne laisse pousser que les concombres destinés à être mangés en salade, et mûrir complètement que les porte-graines.

Courges ou *citrouilles*. — Les courges, appelées encore *potirons*, dont on fait de si excellente soupe, se sèment sur couche ou tout autre dépôt de fumier, au commencement de mai. Au bout d'une quinzaine de jours, on repique les plants dans une terre bien fumée. Les courges qui s'étendent se plantent à une grande distance l'une de l'autre, et celles qui ne courent pas, à 1 mètre à peu près. En temps de sécheresse, il faut les arroser tous les soirs et ne pas oublier de faire la guerre aux chenilles et aux limaces. On choisit un temps sec pour faire la récolte, qui a lieu au commencement d'octobre. On peut conserver les potirons jusqu'au printemps dans un endroit chaud et sec, à la cuisine, par exemple.

Quelques plantes a fruits.

Fraisiers. — Les fraisiers veulent un terrain léger et une bonne exposition, sinon peu ou point de fruits. On les plante généralement en planches, quelquefois en bordures; dans le premier cas, on les place à 25 ou 30 centimètres de distance; dans le second, de 30 à 40. Les fraisiers doivent être arrosés souvent, surtout quand ils sont en fleurs. Ils ont tous des filets ou *coulants* qui s'allongent sur la terre et qui, de distance en distance, sont garnis de nœuds; il faut les détruire, car ils affaiblissent les pieds et nuisent à la récolte. Mais, si l'on veut les cultiver, on les laisse croître et se développer en août et septembre, puis on enterre légèrement les nœuds. On peut aussi se procurer des plants enracinés, qu'on met en terre au printemps ou en automne. Au bout de 3 ou 4 ans, les fraises dégénèrent; il faut donc alors renouveler le plant, ou du moins changer le terrain épuisé en lui donnant une bonne couche de terreau. Les limaces, les petits vers blancs et les fourmis sont très friands de la fraise ; il faut leur faire une guerre acharnée.

Framboisiers et *groseilliers*. — Le framboisier demande une exposition ombragée : on lui réserve un coin convenable dans le potager ; les groseilliers, moins difficiles, se plantent soit dans les angles, soit en bordures. On achète des pieds de framboisier et de groseillier chez les pépiniéristes. Une *framboisière* en bon rapport dure de six à sept ans ; il faut alors en renouveler la terre comme pour les fraisiers.

Parmi les groseilliers, on en distingue trois espèces : 1° le groseillier à grappes rouges ou blanches qui, mélangées aux framboises, donnent le délicieux sirop de groseilles, si précieux pendant les chaleurs ou en cas de maladie ; 2° le groseillier à maquereau ou épineux ; 3° le groseillier noir ou *cassis*, avec lequel on fait le *ratafia*, excellente liqueur de famille.

Exercice de style. — 132. Pourquoi l'oignon est-il cultivé dans tous les jardins ? — 133. Quelles sont les principales herbes potagères qui méritent d'être cultivées dans un jardin ?

Le verger.

On sait que le verger n'est autre chose qu'une prairie entourée d'une haie et plantée d'arbres fruitiers.

Quoique la taille, la greffe et le soin des arbres regardent spécialement les hommes, c'est la fermière qui a la direction et la surveillance du verger, tant à cause des profits qu'on en tire pour le ménage que parce que le fermier, plus particulièrement occupé aux champs, néglige parfois cette partie de la ferme. Grâce à la fermière donc, les arbres sont convenablement espacés et bien soignés ; on n'y voit ni branches mortes ni chenilles, rien en un mot de ce qui peut leur nuire.

Il y a dans le verger des arbres de toutes les espèces et de toutes les saisons, principalement ceux dont les fruits se gardent le plus longtemps ou se vendent le mieux. On y voit des cerisiers, des pruniers, des abricotiers, des pêchers, des pommiers, des poiriers, des cognassiers, des néfliers, des noyers, etc.

La fermière surveille la cueillette des fruits, pour éviter le gaspillage; elle les apprête de diverses manières pour les besoins de la ferme et fait vendre le surplus à la ville. Ceux qui tombent ne sont pas perdus : on les ramasse tous les matins et on les met dans le déjeuner des porcs.

EXERCICE DE STYLE. — 134. Faites la description d'un verger. — 135. Les arbres fruitiers de France. Leur utilité. — Sous ce rapport, faites connaître les arbres dont les fruits sont utilisés pour l'alimentation ou l'industrie.

LECTURE.

Les primeurs.

Le désir de multiplier leurs jouissances peut engager tous les hommes à se procurer des primeurs; mais la vanité ou le plaisir de montrer sur sa table des objets rares et d'un grand prix détermine bien plus puissamment leur production que la gourmandise. Aussi n'est-ce que dans les pays très riches, autour des grandes villes, qu'on se livre généralement à l'art de les faire naître. Il se vend plus de primeurs dans les marchés d'Angleterre que dans ceux de France, plus dans ceux de Paris que dans ceux de la province.

Quelques personnes ont blâmé la culture des primeurs, sous prétexte que ses résultats n'étaient pas aussi savoureux que ceux produits naturellement; mais, parce qu'un raisin n'est pas aussi bon en mai qu'en octobre, s'ensuit-il qu'il ne soit pas agréable de le manger? D'ailleurs cette infériorité des fruits et des légumes crus artificiellement n'est pas aussi générale qu'on le dit. Les petits pois de primeur ne sont-ils pas meilleurs que les autres? De plus, c'est très souvent la faute du cultivateur si ses primeurs sont moins bonnes : par exemple, lorsqu'on ne leur donne pas assez d'air, assez de lumière, qu'on emploie des terreaux encore peu décomposés, qu'on leur prodigue trop l'eau, etc.

C'est véritablement dans la production des primeurs que l'art du jardinage se montre dans tout son éclat. C'est par leur moyen qu'on retire d'un terrain le plus grand produit possible. Elles donnent lieu à la formation d'un grand nombre d'excellents jardiniers et fournissent des moyens d'existence à beaucoup d'hommes dans les lieux où elles sont recherchées. Qui oserait dire jusqu'où cette branche d'industrie peut être portée ?

Le goût des primeurs, loin de diminuer, augmente tous les jours, et, quoique son excès puisse devenir un mal, je suis loin de croire qu'il faille le proscrire. Le bonheur général et les moyens d'existence de beaucoup de particuliers s'y rattachent.

La science agricole y gagne beaucoup; car toutes les opérations qui les ont pour objet sont de véritables expériences, et telle anomalie observée par un homme accoutumé à réfléchir a contribué à soulever un coin du voile que la nature a mis sur ses opérations.

Bosc d'Antic.

Les maraîchers de Paris.

A l'époque où toutes les professions étaient divisées en maîtrises, les jardiniers formaient une communauté : celle des jardiniers de Paris remonte à 1473, date de leurs statuts les plus anciens. On remarque qu'à diverses époques, et surtout à chaque nouvel avènement, il y eut une nouvelle confirmation de ces statuts. En 1545, ils furent confirmés à son de trompe.

En 1776, époque où cette communauté fut supprimée, il y avait à Paris douze cents maîtres. On les appelait maraîchers, maragers et préoliers; ce dernier nom appartenait seulement aux maîtres.

Alors les jardiniers étaient mal logés, mal vêtus; ils portaient à dos leurs légumes à la Halle et tiraient l'eau de leurs puits à la corde et à force de bras. Bien que les frais d'établissement fussent loin d'être aussi élevés qu'aujourd'hui, ils vivaient péniblement; c'est qu'alors, tout en travaillant beaucoup, ils étaient loin de tirer un aussi bon parti de leurs marais qu'on le fait à notre époque.

Aujourd'hui, ils sont assurés, avec de l'intelligence et de

l'assiduité, de vivre honorablement. Il est vrai de dire que, s'ils sont plus heureux qu'autrefois, c'est qu'ils travaillent avec plus d'intelligence.

Le premier soin du maraîcher qui songe à s'établir est de se marier ; car, plus que tout autre établissement, celui du maraîcher a besoin d'une femme pour prospérer : si l'homme cultive le marais et le fait produire, la femme seule sait tirer parti des récoltes. Mais les maraîchers ne vont guère chercher une femme en dehors de leur profession ; ils choisissent toujours la fille d'un de leurs confrères ; il y a peu d'exemples qu'un mariage se soit fait autrement. En cela ils ont raison, car il faut être né dans cette profession pour en supporter les fatigues. On pourrait dire que les maraîchers ne forment qu'une seule et même famille ; aussi voit-on jusqu'à quatre cents convives réunis pour fêter une solennité nuptiale. Après leur mariage, livrés tout entiers à leurs travaux, pour eux l'horizon ne s'étend pas au delà de leurs jardins.

Le maître et la maîtresse, les enfants, les filles et les garçons à gages mangent ensemble à la même table, ce qui rappelle les mœurs patriarcales ; aussi trouve-t-on plus de moralité parmi les maraîchers que dans les autres classes laborieuses. Le maître ne traite jamais ses ouvriers avec hauteur ou dureté ; sa conduite envers eux est généralement pleine de bienveillance.

Courtois Guérard.

Le parterre.

Notions générales.

Les fleurs sont le plus bel ornement des jardins. Elles font la joie de tout le monde, aussi bien des grandes personnes que des enfants. Ayez donc des fleurs dans votre jardin ou sur vos fenêtres.

Les fleurs se reproduisent par boutures, par marcotte ou par semis.

La bouture est une branche détachée qu'on met en terre : les fuchsias, les géraniums et beaucoup d'autres se reproduisent par bouture.

Reproduire une fleur ou une plante par marcotte,

c'est coucher les branches en terre sans les couper, jusqu'à ce qu'elles aient pris racine. Les œillets et les fraises se perpétuent par marcotte.

Il y a aussi des plantes de parterre que l'on propage au moyen de la greffe : exemple les rosiers. Les semis sont surtout usités pour les fleurs délicates : on les sème sur couche ou dans de la terre bien fumée, puis, quand elles ont atteint une certaine force, on les repique dans les plates-bandes.

Il y a des fleurs qui meurent chaque année; on les appelle pour cette raison fleurs *annuelles*; telles sont les capucines, le réséda, les pétunias et une foule d'autres. Les fleurs qui durent plusieurs années sont appelées fleurs *vivaces*; de ce nombre sont les dahlias, les pivoines, les roses, le lychnis croix de Jérusalem, etc.

La disposition du parterre ne peut être soumise à des règles invariables; on est souvent obligé d'adopter l'arrangement auquel le terrain se prête le mieux. Lorsque le parterre est confondu avec le potager, les plates-bandes sont généralement consacrées aux fleurs; les bordures sont quelquefois disposées ainsi, lorsque le besoin ou le goût de la ménagère n'y substitue pas le thym ou le buis.

Quand l'espace ne fait pas défaut et que le parterre est spécialement affecté aux fleurs, il offre l'aspect le plus agréable. Celles-ci y sont disposées en corbeilles rondes ou ovales au milieu d'un tapis de verdure, ou en massifs aux angles; les allées du parterre, au lieu de suivre la ligne droite comme celles du potager, se déroulent en spirales capricieuses; les coins sont ornés de touffes d'arbustes ou dissimulés par des plantes grimpantes.

Le premier rang ou bordure de la corbeille est souvent formé de plantes naines, telles que le gazon d'Espagne, la pâquerette, le muguet, la violette, la capucine naine, les primevères, l'œillet mignardise, etc.

Le second rang se compose de fleurs s'élevant un peu au-dessus des premières : l'œillet du poète, la balsamine, la reine-marguerite, les zinnias, etc. Le milieu de la corbeille est occupé par des fleurs qui atteignent encore plus de hauteur : les asters, les dahlias, les pivoines, les glaïeuls, les damas, etc. Cette disposition permet de jouir à la fois de toutes les fleurs de la corbeille ou de la plate-bande, et donne à celle-ci un aspect charmant si l'on a soin d'éviter les rapprochements de couleurs disparates. On peut former aussi des corbeilles d'une seule espèce de fleurs : une corbeille de rosiers du Bengale ou de myosotis est du plus bel effet.

Afin de faciliter à la maîtresse de maison le choix des fleurs de son parterre, nous allons donner, en les classant, le nom des principales fleurs et la manière de les cultiver.

Fleurs de bordure ou contre-bordure.

Primevère. — La primevère des jardins, simple ou double et de différentes couleurs, est une de nos plus belles fleurs de bordure; elle est d'autant plus appréciée qu'elle apparaît dès les premiers beaux jours, comme l'indique son nom : *primus*, premier; *ver*, du printemps. La primevère de Chine, belle fleur d'appartement à feuilles frangées, en est une variété. On multiplie la primevère en divisant les touffes.

Violette. — Simple ou double, elle fleurit de mars en mai ou de septembre en février, selon la variété et l'exposition. La violette double est plus jolie que la simple, mais elle est sans odeur et ne sert pas en médecine comme celle-ci. On reproduit la violette par la graine ou par la séparation des touffes.

Œillets. — Il existe une nombreuse variété d'œillets, dont les principales sont : l'œillet mignardise blanc ou rose, charmant en bordure; l'œillet du poète, vulgairement appelé *bouquet tout fait*, employé en contre-bordure ou dans les plates-bandes ; enfin les *œillets de fantaisie*, doubles et de toutes couleurs, communément cultivés en pots comme fleurs d'appartement, mais qui réussissent également en pleine terre. Ceux-ci fleurissent parfois l'hiver à une chaleur tempérée. Les œillets n'aiment pas l'humidité, et supportent le froid dehors moyennant une légère couche de paille ou de fumier. Ils se multiplient par marcottes.

Capucine naine. — Il en existe une grande variété, jaunes ou panachées. La capucine se sème au printemps, lorsque les gelées ne sont plus à craindre, et fleurit tout l'été. La fleur, mélangée avec des feuilles de salade, de romaine par exemple, leur communique une saveur agréable.

Pâquerette des jardins. — Blanche ou rose, simple ou double, cette fleur est d'une culture facile, car elle n'exige pas de soins et réussit dans tous les terrains ; on la multiplie en séparant les touffes.

Balsamine. — Belle fleur de contre-bordure, simple ou double et de différentes couleurs. Les balsamines bien doubles ressemblent à de petits camélias et sont charmantes. Pour les obtenir bien doubles, ainsi que toutes les fleurs en général, il faut les cueillir en pleine maturité et sur des pieds robustes. Les jardiniers croient que les graines de balsamine petites et rondes sont celles qui donnent les fleurs les plus doubles ; les graines allongées, selon eux, ne donnent que des balsamines simples. Les balsamines très doubles ne produisent que peu de semence ; il ne faut donc pas la laisser perdre. On sème la balsamine sur couche au printemps ; elle fleurit à partir du mois de juillet jusqu'aux premières gelées.

Buis. — Le buis est la bordure la plus durable. Cette plante n'est pas difficile sous le rapport du terrain, car elle réussit partout. On la propage par semis ou par marcottes. Le buis employé pour bordures est le buis nain ou *d'Artois;* on le trouve à l'état sauvage en Franche-Comté et en Suisse. Le buis ordinaire est un arbrisseau dont nous avons deux forêts en France : l'une au mont Jura, l'autre dans le Mâconnais.

Thym. — Nous classerons le thym parmi les fleurs de bordure, et avec raison, car il est non seulement un condiment et une plante médicinale, mais, lorsqu'il est fleuri, il est encore d'un très bel effet et embaume tout le jardin. Le thym n'attire pas les chenilles comme le buis, mais il ne dure pas aussi longtemps. Une bordure de thym doit être remplacée en partie dès la seconde année, et totalement la troisième.

Fleurs pour massifs ou corbeilles.

Belle-de-jour. — Jolie fleur en forme de clochette, d'un bleu clair, un peu blanche ou jaune vers le milieu. Son nom indique qu'elle fleurit le jour; mais elle est très éphémère et se ferme le soir du jour qui l'a vue naître. On la perpétue par semence, elle ne réussit pas en pot.

Belle-de-nuit. — Contrairement à la précédente, celle-ci s'ouvre le soir et dure jusqu'au lendemain vers midi. C'est une jolie fleur d'automne d'un beau rose, blanc, jaune ou panaché. Elle fleurit du mois d'août jusqu'aux premières gelées. Elle atteint parfois un mètre de haut, tandis que la belle-de-jour est une plante naine. On recueille la semence à mesure qu'elle est mûre et on la met en terre fin avril.

Chrysanthèmes. — Belle plante d'automne, dont une espèce est vivace et l'autre annuelle. Parmi la première, nous signalerons le chrysanthème hybride, le pompon, le chrysanthème de l'Inde à grande et à petite fleur variée; parmi les chrysanthèmes annuels, le double des jardins, blanc et jaune, qui ressemble beaucoup à la reine-marguerite, et le chrysanthème tricolore. Les chrysanthèmes vivaces peuvent passer l'hiver dehors; les tiges et les feuilles gèlent, mais les racines ne craignent rien dans la terre.

Dahlias nains, qui fleurissent en juillet, et grands dahlias à grande fleur de diverses couleurs, qui ne fleurissent qu'en automne. Les deux espèces forment de belles corbeilles lorsqu'on en marie bien les couleurs. Fin mai, on met les tubercules dans une terre bien fumée ou une couche de terreau; un mois après, on les repique à leur place voulue. Il faut donner aux dahlias des tuteurs en les repiquant; plus tard, on risque de déranger les racines.

Fuchsias. — Fleurs en forme de clochette, simples ou doubles et de toutes les couleurs. Cultivés en pleine terre, les fuchsias forment de jolies corbeilles, mais demandent de l'ombre et beaucoup d'arrosements. A l'approche de l'hiver, on les déterre pour les repoter et les rentrer dans les appartements, où ils continuent souvent à fleurir. On les reproduit par bouture, en tenant la petite branche sous cloche ou sous verre jusqu'à ce qu'elle ait pris racine.

Géranium. — Plusieurs variétés à fleurs simples ou doubles, blanches, roses, pourpres ou bigarrées. Cette belle fleur est d'une culture très facile et réussit aussi bien en pot qu'en pleine terre. On en forme de jolies corbeilles, mais en ne prenant qu'une seule couleur; on rentre les géraniums fin octobre en les entourant des mêmes soins que les fuchsias, et toutes les fleurs qu'on repote l'hiver. Leur multiplication est des plus simples : elle se fait par boutures, qu'on place dans un pot en les arrosant et en les tenant à l'ombre quelques jours.

Glaïeul. — On plante les bulbes des glaïeuls en mars et avril; on peut aussi les mettre en terre pendant le mois de mai si l'on veut obtenir une floraison successive de juillet en octobre. On les plante à 6 ou 8 centimètres de profondeur et en laissant un espace raisonnable d'un oignon à l'autre. Les glaïeuls craignent les gelées, il faut donc leur donner un bon *paillis* en avril et mai. Lorsque les feuilles commencent à jaunir fin octobre, on arrache les bulbes, on les laisse sécher à l'air et on les conserve dans un endroit sec et chaud jusqu'à l'année suivante.

Héliotrope. — Fleur mauve ou lilas d'une odeur très suave. Elle fleurit tout l'été et préfère un peu d'ombre au grand soleil, vers lequel elle aime à se tourner cependant, comme l'indique son nom : *hêlios*, soleil; *trepô*, tourner. Elle se reproduit par boutures. On conserve l'hiver l'héliotrope dans un appartement, et il continue à fleurir, mais se fatigue; on le fortifie au printemps en raccourcissant les branches.

Immortelles. — Fleurs annuelles, mais qui peuvent se conserver longtemps après qu'elles ont été cueillies, de là leur nom. Il en existe deux principales variétés : les immortelles naines et les grandes, de couleur jaune, rose ou brune. Nous pourrions ajouter une autre division : les immortelles à bractées, c'est-à-dire qui ont des feuilles à l'aisselle des fleurs, et les immortelles ordinaires. En montant les immortelles à bractées sur fil de fer, on peut en façonner de jolis bouquets pour garnir la cheminée l'hiver. Les immortelles fleurissent vers la fin de l'été jusqu'aux premières gelées.

Lis. — Il en existe plusieurs espèces, dont le lis blanc ou commun est le type, et dont les principales sont : le lis jaune et le lis doré (*Lilium auratum*) à raies rouges et à mouchetures, qui nous vient du Japon. On peut mettre les oignons des lis en terre en octobre et novembre, de même que d'autres fleurs à oignons : jacinthe, tulipe, couronne impériale, narcisse, iris, etc.

Myosotis. — Cette charmante petite fleur blanche, rose ou couleur bleu de ciel donne de fort jolies corbeilles; mais elle exige de l'ombre et une terre humide, car de sa nature elle croît au bord de l'eau. Elle fleurit au printemps et une grande partie de l'été. On la sème après les dernières gelées.

Pensées. — Cette belle fleur, dont il existe aujourd'hui plusieurs centaines de variétés, exige peu de soins. Elle ne demande pas beaucoup d'arrosements, même aux plus fortes chaleurs, et supporte fort bien l'hiver moyennant un léger abri de paille. Elle fleurit deux fois la même saison; mais la première floraison est beaucoup plus belle et plus abondante que la seconde. Les pensées se perpétuent par la graine et se ressèment souvent d'elles-mêmes.

Pivoines. — Cette grosse fleur rouge, blanche ou rose, en forme de boule, se plante en février ou mars et fleurit de mai à juillet. Elle est d'un bel effet en corbeille ou dans les coins et angles des plates-bandes. Elle exige un terrain substantiel et veut être bien exposée.

Pétunias. — Fleur simple ou double en forme de grande clochette violette, lilas, rouge, panachée. On les sème sur couche au printemps.

Pourpier. — Belle petite plante pour corbeilles ou contre-bordures à fleur jaune, rouge, rose, blanche ou orange, simple ou double. Se sème sur place ou sur couche et réussit également en pot.

Réséda. — Cette modeste fleur, que chacun recherche pour sa bonne odeur, est une de celles qui demandent le moins de soins. Elle se sème sur place, mais peut se repiquer, pourvu qu'on l'enlève avec une petite motte de terre. Le réséda réussit également en pot.

Reines-marguerites. — Il en existe une cinquantaine de variétés naines ou grandes, dont les principales sont: la reine-marguerite pivoine, la pompon, la reine-marguerite à fleur de chrysanthème grande et naine et la reine-marguerite imbriquée, c'est-à-dire dont les feuilles se recouvrent en se recourbant légèrement à la façon des tuiles d'un toit. La reine-marguerite est une fleur d'automne qui dure jusqu'aux gelées. En harmonisant les couleurs, on en fait de jolies corbeilles.

Roses. — Il en existe une telle quantité d'espèces

différentes, qu'il nous est impossible de les énumérer toutes. Les roses les plus connues sont : la rose du peintre, la rose mousseuse, la rose à cent feuilles, la petite rose de mai, la rose d'Inde double, citron grande ou naine, la rose de Provins et la rose du Bengale. Ces deux dernières, naines et demi-naines, sont surtout recherchées pour massifs. Les rosiers passent l'hiver dehors ; mais ils veulent un bon paillis. Au printemps, on les taille. Ils se reproduisent au moyen de la greffe.

Zinnias. — Belle plante pour corbeilles ou plates-bandes, dont la fleur, lorsqu'elle est bien double, rappelle de dahlia et la reine-marguerite. Il y a des zinnias nains et des grands ; les plus recherchés pour la couleur sont le blanc, le pourpre, l'orange et le rose saumoné.

EXERCICE DE STYLE. — 136. Lettre d'une jeune personne à une amie en lui envoyant un pot de fleurs.

FLEURS POUR PLATES-BANDES.

Amarante. — Belle plante annuelle qu'on cultive pour le feuillage, d'un beau rouge. Il en existe plusieurs variétés : l'amarante *ruber,* d'un rouge sang ; l'amarante *tricolore* à feuillage rouge, jaune et vert, et l'amarante *crête-de-coq,* dont le sommet forme une magnifique fleur et dont le feuillage est de diverses couleurs, suivant l'espèce : il y en a couleur de feu, rose, pourpre, violet argenté, etc.

Aconit de Naples. — Belle fleur d'été vivace, aimant un terrain sec, mais vénéneuse ; il faut la supprimer s'il y a des enfants, de peur d'accident. Il y en a de blancs et de violets, qui fleurissent l'été et une variété d'automne.

Ancolie. — Charmante fleur qui commence à se vulgariser et à se perfectionner. Elle est printanière, vivace et aime un terrain légèrement rocailleux et une exposition ombragée. Il y a des ancolies blanches, roses, bleu foncé, et, parmi les perfectionnées, les jaunes, les brunes et les panachées. On les multiplie par éclats de pieds en automne.

Digitale. — Plante vénéneuse et médicinale, mais jolie fleur d'été en forme de doigt de gant, d'où son nom. Il y a des digitales blanches, roses, pourpres et jaunes; ces dernières sont rares. La digitale est bisannuelle, mais meurt souvent l'hiver; on peut donc la considérer comme annuelle.

Hortensia. — Les fleurs de l'hortensia sont grandes, en forme de boule, d'un beau rose qui devient violet, puis d'un blanc sale, à mesure qu'elles vieillissent. On peut le cultiver en pot, en caisse ou en pleine terre. Dans les premiers cas, il faut renouveler la terre chaque année et rentrer la caisse à l'approche de l'hiver, car l'hortensia ne supporte pas le froid. Cultivé en pleine terre, il veut être arrosé souvent.

Julienne. — Belle fleur double, blanche et d'une odeur suave, qui fait partie de la famille des damas. On la reproduit par boutures; en ayant soin de supprimer la partie fleurie de la branche, celle-ci s'enracine facilement. La julienne n'est pas difficile sous le rapport du terrain, mais a beaucoup à souffrir des pucerons; il faut leur faire une guerre acharnée, sinon pas de fleurs.

Lychnis croix de Jérusalem. — Plante vivace à petites fleurs rouges ou blanches. Se plaît dans un terrain un peu rocailleux.

Mauve d'Alger. — Belle plante annuelle à fleurs blanches, mauves ou écarlates, quelquefois frisées. Réussit dans tous les terrains.

Muflier, gueule-de-loup. — Plante vivace et rustique dont il existe une foule de variétés. Les plus beaux mufliers et les moins connus sont : le panaché rouge et blanc, le rouge violacé à lèvre jaune, le muflier nain Tom-Pouce lilas et blanc, pourpre et violet et pourpre.

Pied-d'alouette des blés ou *dauphinelle.* — Est une plante annuelle, qui croît à l'état sauvage dans les champs. On l'a cultivée et perfectionnée ; il en existe maintenant plusieurs espèces, toutes doubles et de toutes les couleurs. N'exige pas de terrain spécial.

Phlox de Drummond. — Belle fleur annuelle, de couleur vive, qu'on peut également employer en contre-bordures. Il y a aussi le phlox vivace, blanc ou lilas, moins joli, mais plus durable que le phlox de Drummond. Ils se sèment au printemps.

Rose trémière. — Cette plante vivace atteint parfois deux mètres de hauteur ; elle est d'un bel effet dans une plate-bande et peut servir à masquer les lattes ou le mur. Les fleurs, qui poussent le long de la tige, sont doubles et de différentes couleurs. On sème la rose trémière au printemps ; elle fleurit de juillet à septembre. Après la floraison, on coupe les tiges à fleur de terre et on donne aux racines un bon paillis pour l'hiver.

Soleil. — Belle grosse fleur, simple ou double, qui demande une bonne exposition et un terrain fertile. Dans ces conditions, le soleil atteint la même hauteur que la rose trémière ; l'espèce appelée *soleil géant* la dépasse même. Il y a aussi le soleil nain. Cette plante passe pour être un désinfectant.

Tulipes. — Qui ne connaît cette fleur dont la vogue a ruiné tant de gens les premières années de son apparition au XVIe siècle ? Quoique moins rare aujourd'hui, la tulipe a encore beaucoup d'admirateurs. Elle exige une bonne terre, du terreau plutôt, car le fumier d'écurie est trop fort pour elle. Elle se multiplie par les oignons, qu'on déterre lorsque la plante est desséchée, et qu'on replante en novembre, après les avoir conservés dans un endroit sec (cette manière d'opérer est commune à plusieurs fleurs à bulbes, telles que les jacinthes et les glaïeuls).

EXERCICE DE STYLE. — 137. Quelle est la fleur que vous préférez ? Faites connaître les motifs de votre préférence.

Plantes grimpantes.

Capucine. — Dont il a déjà été question. On sème la capucine grimpante au pied d'un mur ou d'un treillage qu'elle devra masquer, ou on lui donne tout autre support. Se sème en même temps que la capucine naine

Clématite. — Est une plante qui grimpe le long du support qu'on lui a donné, ou s'enroule autour du tronc d'un arbre. Il y a la clématite à petites fleurs blanches très odorantes et la clématite bleue à grandes clochettes inodores. Les deux se reproduisent par la semence. Elles sont vivaces.

Chèvrefeuille. — Cet arbrisseau grimpant atteint de deux à trois mètres. Il fleurit au printemps et donne de belles fleurs d'un blanc tirant sur le rose. Il prospère dans n'importe quel terrain et se reproduit par graines.

Lierre. — Le lierre est une précieuse ressource dans bien des circonstances : s'agit-il de masquer un vieux pan de mur ou de cacher le tronc d'un vieil arbre, on y fait grimper le lierre, qui cache tout et embellit tout et qui en outre réussit dans tous les terrains. On s'en sert quelquefois, de même que la pervenche, dont nous allons parler, dans les parcs pour tapisser le sol d'un massif d'arbres. On l'emploie encore soit pour former une bordure ou pour orner une grotte, etc. On distingue deux sortes de lierre : le lierre commun et le lierre d'Irlande, dont les feuilles sont plus grandes et d'un vert plus clair que le précédent ; on plante le lierre au printemps ou en automne.

Pois de senteur. — A de belles fleurs papillonacées, des couleurs les plus vives. Mariées à la capucine, au haricot d'Espagne ou aux volubilis tricolores, ses guirlandes forment aux croisées ou à la tonnelle du jardin le plus bel encadrement. Les volubilis sont très éphémères et se flétrissent aux premiers rayons du soleil.

Pervenche. — La « bonne petite pervenche » que Mme de Sévigné recommandait à sa fille, à feuillage toujours vert et à fleur d'un bleu violacé, sert avec le lierre à tapisser les places ombragées, où d'autres fleurs auraient peine à pousser. Elle est une des fleurs printanières les plus précoces, comme l'indique cette vieille chanson :

> Quand avec la pervenche
> Pâques refleurira.....

La pervenche de Madagascar, plus grande que la pervenche commune, est une variété de celle-ci. On la sème sur couche en mars ou avril et on la repique en pots. La pervenche commune peut se semer en pleine terre.

Vigne vierge. — Plante sarmenteuse à beau feuillage vert, qui devient rouge avant de jaunir et de tomber en automne. Elle sert à ombrager les petits berceaux des jardins ou à tapisser un vieux mur. Se plaît dans un terrain sec.

Arbustes et arbrisseaux.

Parmi les arbustes et les arbrisseaux qui pourront orner les angles de votre jardin, nous citerons surtout : l'aubépine blanche, simple et odorante ou rouge, double et inodore; les lilas; le groseillier à fleurs rouges et le groseillier doré; le sureau, qui est en même temps une plante médicinale; la douce amère, dont on peut garnir les tonnelles; le buisson ardent; le rhododendron, qui donne de jolis massifs; le sorbier des oiseaux, le cytise faux-ébénier, les pins et les sapins, etc.

Et parmi les arbustes en caisse : le laurier-rose; le laurier-sauce, très répandu dans le nord de la France et dont les feuilles font partie du *bouquet* de la cuisinière; le grenadier, et le datura, qui donne de belles grandes fleurs blanches en forme de cornet, mais qui est vénéneux.

Exercice de style. — 138. Votre père a acheté un jardin, et vous êtes chargée du soin de distribuer et de planter les parterres. Racontez à une amie comment vous vous êtes acquittée de ce travail. — 139. Quelles sont les graines qu'une ménagère doit ramasser en automne pour s'en servir l'année suivante dans son jardin ? — Quelques conseils à ce sujet.

Quelques fleurs médicinales.

Consacrez un petit coin du jardin ou du potager aux simples les plus connus, ou faites-les cueillir dans les champs; elles sont une précieuse ressource dans une famille.

Émollients. — La bourrache, la mauve, le coquelicot, la violette odorante, le bouillon-blanc, que l'on prend en infusion contre la toux et qui sont des émollients, c'est-à-dire qui calment l'irritation et diminuent la douleur. Citons encore un émollient dédaigné, parce qu'il n'est pas connu : le chiendent. Ce n'est autre chose que l'herbe qui pousse à nos pieds, et qui est appelée *mauvaise herbe*, parce qu'elle est un fléau pour les champs et les jardins, à cause de la rapidité avec laquelle elle se multiplie. « Mauvaise herbe croît toujours », dit un proverbe qui n'est pas nouveau. Les racines blanches et noueuses du chiendent contiennent du sucre et de l'amidon : de là leurs propriétés émollientes. On les fait bouillir dans de l'eau après les avoir un peu écrasées; on obtient ainsi une tisane adoucissante et rafraîchissante, qui est la tisane commune des hôpitaux. Le chiendent est ainsi nommé parce que les chiens et les chats le mangent pour se purger et se faire vomir.

Émétiques. — La racine de la petite pensée sauvage est émétique, ainsi que celle de la violette, qui remplace souvent l'ipécacuana comme vomitif dans la coqueluche des enfants.

Sudorifiques. — Les fleurs sèches du sureau, prises en infusion, sont un excellent sudorifique, de même que les fleurs et les feuilles fraîches du souci. Une décoction de fleurs fraîches de tilleul agit comme purgatif.

Antispasmodiques. — Les fleurs du tilleul et la fleur de la primevère sauvage sont des calmants. On prend une infusion de fleurs de tilleul contre la migraine et les indigestions. Les feuilles de tilleul peuvent aussi remplacer la mauve comme émollient. On fait infuser les fleurs de primevère en vase clos contre les spasmes et les névralgies.

La petite ortie blanche passe pour arrêter les hémorrhagies. En exprimant le suc des tiges et des feuilles sur du coton, qu'on introduit dans les narines, on arrête les saignements de nez.

Les feuilles écrasées de la verveine sauvage, cuites dans du vinaigre et appliquées en cataplasmes, calment la migraine ou le point de côté des pleurésies.

Dépuratifs et antiscorbutiques. — La chicorée sauvage, le fumeterre, le pissenlit, le cresson d'eau, sont des dépuratifs, c'est-à-dire qui purifient et fortifient le sang.

Amers. — Le houblon, plante grimpante dont on garnit souvent les tonnelles, et la gentiane sont des toniques amers; pris en infusion, les cônes du houblon sont, de plus, vermifuges.

Fleurs cultivées. — La capucine : toutes les parties de cette plante sont stimulantes et rendent service dans les cas de scrofules et de scorbut.

Le *souci* est sudorifique, comme nous l'avons vu; mais ce n'est pas le seul titre de cette modeste fleur, souvent dédaignée. Ses fleurs, ses boutons et les sommités des tiges pris en infusion modifient les tumeurs scrofuleuses, surtout si l'on emploie en même temps les feuilles écrasées sur les ulcérations. Il faut employer les fleurs et les feuilles fraîches; séchées, elles perdent de leur force. Enfin ces mêmes feuilles, appliquées avec persévérance et souvent renouvelées, passent pour faire tomber les verrues et les cors.

Le *thym* passe pour guérir la gale. On en fait une infusion concentrée, puis avec une brosse un peu rude, que l'on trempe dans l'infusion, on lave les parties infectées. Ces lotions doivent être fréquentes. Les bains chauds, aromatisés avec du thym, conviennent aux enfants débiles.

La *camomille romaine*, à fleurs doubles lorsqu'elle est cultivée, est employée comme tonique, fébrifuge et antispasmodique. Sa vertu change selon qu'elle est prise en infusion ou en décoction. Dans le premier cas, elle calme les accidents nerveux, les coliques venteuses et favorise l'action des vomitifs. La décoction de camomille est plus particulièrement tonique. Les bains de camomille rendent de grands services aux enfants débiles.

Lis. — On emploie le bulbe du lis comme émollient et hâtant la maturité des furoncles, engelures, panaris, etc. On le fait bouillir dans du lait, ou bien on le cuit sous la cendre et on le mélange à du saindoux, puis on l'applique sur la plaie.

Chèvrefeuille. — Ses feuilles prises en infusion sont toniques dans les catarrhes; on les emploie à défaut de remède plus énergique.

Belle-de-nuit. — La racine de la belle-de-nuit, réduite en poudre et administrée à la dose de 2 à 4 grammes, dans un verre d'eau miellée, tue les vers intestinaux chez les enfants. La décoction de 4 à 8 grammes des mêmes racines concassées dans une tasse de bouillon de veau produit le même effet chez les personnes délicates. On l'emploie encore contre l'hydropisie simple et les rhumatismes chroniques; mais il faut un peu de persévérance, car ses effets sont lents.

Pêcher. — Les fleurs du pêcher sont légèrement purgatives et vermifuges. On les prend en infusion dans du bouillon de veau ou du lait, à la dose d'une petite poignée de fleurs dans 500 grammes de bouillon pour les enfants. On l'administre par portions, de demi-heure en demi-heure, jusqu'à ce que le remède commence à agir. Un cataplasme de feuilles de pêcher calme la douleur des dartres enflammées, des contusions et des ulcères.

Toutes les parties du pêcher contiennent en petite quantité de l'*acide prussique*, poison très violent. A cause de ce poison, il faut défendre aux enfants de manger les amandes des noyaux de pêches. Même observation pour les noyaux d'abricots.

Pommier. — Les pommes ne servent pas seulement à fabriquer du cidre et du sucre de pommes; elles ont encore des propriétés médicales. La pomme de reinette et les espèces se rapprochant de celle-ci sont rafraîchissantes dans les maladies inflammatoires. On en fait des infusions par décoction.

Vigne. — Les feuilles de vigne sont astringentes et utiles dans les dysenteries et la diarrhée chronique. Les raisins mûrs sont nourrissants, un peu laxatifs et rafraîchissants; on les recommande aux personnes d'un tempérament bilieux, sanguin, et dans les maladies chroniques. Le suc du raisin vert ou *verjus* est excellent dans les maladies inflammatoires, les irritations de l'estomac et des intestins. On l'emploie encore comme gargarisme dans les angines et le ramollissement des gencives. On en prend 100 à 150 grammes par litre d'eau.

Exercice de style. — 140. Qu'appelle-t-on infusion, décoction, émollient, émétique, remède sudorifique, antispasmodique, dépuratif, antiscorbutique, vermifuge, remède tonique ? — 141. Vous avez établi deux planches de fraisiers dans votre jardin. Quels sont les travaux que vous avez exécutés ?

Plantes vénéneuses.

Les fleurs vénéneuses, qu'il faudrait bannir du jardin ou du moins surveiller si l'on avait des enfants, seraient surtout les suivantes :

L'*aconit de Naples*, à belles fleurs bleues en capuchon. Il arrive souvent que les plates-bandes sont bordées d'oseille et garnies de diverses fleurs parmi lesquelles figure l'aconit. Les feuilles de cette dernière peuvent facilement se trouver mêlées à l'oseille destinée à la cuisine et causer des accidents graves. Il vaut donc mieux, malgré sa beauté, proscrire l'aconit du jardin.

L'*anémone*, qui se trouve aujourd'hui dans presque tous les parterres, demande également à être surveillée; elle est âcre et vénéneuse, mais sans odeur; c'est pour cela qu'on ne se méfie pas toujours de cette plante.

L'*arum* blanc, vulgairement appelé *pied-de-veau*, est cultivé soit en pot, soit en pleine terre. Il a une belle fleur en cornet, mais qui est un poison violent. On prétend qu'il suffit de mâcher de l'oseille pour faire disparaître l'inflammation de la bouche produite par le contact de cette plante.

La *belladone*, qui se trouve le long des haies, produit des fruits, sous forme de petites baies, qui, après avoir été vertes d'abord, puis rougeâtres, deviennent à l'état de maturité d'un beau noir lustré qui les fait ressembler à des petites cerises. Les enfants se laissent d'autant plus volontiers séduire par leur forme appétissante que la saveur de ce fruit n'a rien de repoussant. C'est un poison excessivement violent.

La *ciguë* ressemble au persil et pourrait facilement être confondue avec lui : elle se reconnaît heureusement à son odeur fétide. Les ménagères prudentes n'emploient que le persil double, pour ne pas commettre d'erreur.

La *digitale*, connue dans les campagnes sous le nom de *gant de Notre-Dame*, est une fleur d'ornement vénéneuse, de même que l'*ellébore* noir ou blanc et le *datura stramoine*, cultivé en caisse ou en pleine terre; elle a de grandes fleurs blanches en cornet.

Exercice de style. — 142. Quelles sont les plantes vénéneuses qui croissent dans notre pays, et à quel signe reconnaît-on chacune? — 143. Comment peut-on distinguer la ciguë du persil?

LECTURE.

Aimez les fleurs.

Jeunes enfants, aimez les fleurs;
Les fleurs sont votre heureuse image :
La terre s'embellit de leurs fraîches couleurs,
Comme des grâces de votre âge.

« Je me méfierai toujours de celui qui n'aime ni les fleurs ni les enfants, disait un philosophe, et lorsque, sur la petite fenêtre d'une ouvrière, je vois onduler au vent quelques fleurs bien fraîches, je dis : Le travail et la bonté habitent là-haut, et je suis tenté de m'arrêter pour écouter si un ange ne répond pas à la voix de la jeune fille entonnant un chant. »

Qui n'aime pas les fleurs? Le petit enfant les effeuille sous ses petits doigts; la jeune fille s'en fait un ornement; la femme en décore son habitation; le vieillard en recherche la vue. De tous les temps et dans tous les climats, les hommes ont chéri les fleurs. Elles brillent tout à la fois et sur la fenêtre de l'artisan, dans le palais du riche et sur le seuil de la chaumière.

Quels doux souvenirs les fleurs ne nous rappellent-elles pas? Dans notre enfance, nous les avons aimées, et elles ont été pour nous les objets des plus agréables récréations. Souvent nous les avons cueillies pour tresser des guirlandes ou faire des bouquets à une mère chérie.

De plus, qui de nous n'a pas une fleur de prédilection? C'est une rose, une marguerite, ou bien encore une pervenche. La fleur favorite de l'illustre Cuvier était la giroflée rouge; celle de Rousseau, la pervenche, et le lis blanc calmait les ennuis de l'infortuné Roucher [1] dans sa prison. Ce n'est donc pas sans raison qu'on a appelé l'amour des fleurs une demi-vertu.

Aimez donc les fleurs, heureuses jeunes filles à qui, de bonne heure, on a inspiré ce goût, qui l'ont conservé et l'ont senti grandir !

Celles d'entre vous qui peuvent disposer d'un jardin ne manqueront pas d'y former des parterres pour les fleurs, qui réjouissent l'œil et font du bien à l'âme. Ayez toujours quelques fleurs à cultiver dans votre salon ou votre chambre. Il n'est pas de délassement plus honnête, et je dirai de plus sain.

Un célèbre médecin a soutenu, non sans raison, que la plus saine des professions était celle d'un jardinier *sobre*, et tout démontre cette vérité. Il n'y a rien de tel pour entretenir et rétablir les forces que l'exercice modéré et pourtant continuel du jardinage.

EXERCICE DE STYLE. — 144. Faites la description d'un jardin de fleurs au printemps.

Le jardin chez soi.

Cultivées auprès de nos demeures, les fleurs procurent d'aimables passe-temps; elles payent les soins qu'on leur donne par les variations de formes et de coloris qu'elles produisent, par les douces odeurs dont elles chargent les ailes du vent. Introduites dans nos habitations ou tenues sur les croisées du citadin, elles décorent le modeste asile comme le salon aux lambris entrecoupés de miroirs réfléchissants; elles vengent le pauvre des exigences sociales, des humiliations dont l'accablent le sot orgueil, les distinctions outrageantes, l'avidité des hommes à argent; elles impriment un nouveau charme à la paix du cabinet, aux jouissances si douces des familles étroitement unies; mais il faut y prendre garde : dans les champs, dans le petit jardin, elles portent aux sens un bien-être tout particulier, des impressions suaves, parce qu'elles s'harmonisent avec le mouvement d'une nature

---

1. Poète français, auteur des *Mois*. Mort sur l'échafaud en 1794.

toujours active; mais enfermées, surtout la nuit, où tout est clos dans nos chambres, elles nuisent à la santé, portent le trouble dans le système nerveux, enveloppent les corps vivants d'un gaz délétère, et déterminent souvent des affections éminemment dangereuses.

A. Thiébaut de Berneaud.

Récapitulation : Exercice de style. — 145. Des épinards. Comment les sème-t-on, et comment les récolte-t-on? Leur utilité. — 146. De l'utilité de la vache. Des services qu'elle nous rend. — 147. De la culture de la pomme de terre. Racontez l'histoire de son introduction en France. — 148. Le lis. Quelles leçons nous donne cette fleur? — 149. Quelles leçons nous donnent les abeilles? — 150. Comparaison entre le jardinier et l'institutrice. Comparez leurs travaux.

CHAPITRE XVIII

CHAUFFAGE ET ÉCLAIRAGE

Chauffage.

La manière de se chauffer varie suivant les localités. Dans les pays boisés, le bois est le combustible le plus usité; dans d'autres, c'est la houille ou charbon de terre qui a la préférence; dans d'autres enfin, voisines surtout des usines à gaz, c'est le coke qui est le plus en vogue. Tous ces combustibles ont leur bon et leur mauvais côté, leurs qualités et leurs inconvénients. La houille, par exemple, donne une chaleur plus forte e coûte moins cher que le bois, mais elle répand une odeur désagréable, donne une fumée noire qui salit les appartements; de plus, si elle n'est pas surveillée, elle s'éteint vite et ne se rallume ensuite que difficilement.

Si le bois donne une chaleur moins forte que la houille, il a sur le charbon de terre l'avantage de se modérer à volonté et de s'allumer plus facilement; il ne demande pas non plus la même surveillance : deux tisons rapprochés l'un de l'autre entretiennent une petite chaleur pendant une demi-journée.

On sait que le coke n'est autre chose que de la houille dépouillée de son gaz. Ce combustible est aussi économique : il donne une bonne chaleur, ne coûte pas cher et ne répand pas d'odeur; mais, si le feu s'éteint faute de surveillance, il est difficile à rallumer.

Dans quelques petits ménages, composés d'une ou de deux personnes seulement, notamment à Paris et dans les grandes villes, on se chauffe et l'on fait la cuisine à la braise au moyen de poêles mobiles; ce mode de chauffage est économique, commode, mais dangereux.

Appareils de chauffage.

Les appareils de chauffage, de même que le combustible à employer, changent suivant les contrées : dans les pays boisés, on se sert de poêles ou de cheminées à bois; dans les endroits où l'on brûle du charbon de terre ou du coke, on se sert d'appareils à houille ou à coke. Dans l'est de la France, en Alsace et en Lorraine, les appareils les plus usités pour chauffer les appartements sont des poêles en faïence dont on se trouve fort bien, quoi qu'en dise Victor Hugo. Le poète, qui les a vus fonctionner en Allemagne, les traite « d'affreux poêles dont les tuyaux se tordent dans les chambres comme des serpents. Il sort de là, dit-il, une vilaine chaleur traître qui vous fait bouillir la tête et vous glace les pieds. Ici, on ne se chauffe pas, on s'asphyxie. » Cette boutade, faite sans doute dans un moment de mauvaise humeur, est exagérée, sinon fausse. Les poêles de faïence répandent une bonne chaleur douce et ne se refroidissent que fort lentement.

Dans les autres contrées où le bois n'est pas rare, on se sert communément de cheminées, dont l'intérieur est garni soit de tôle, soit de faïence. Cette dernière est préférable à la tôle, d'abord parce que c'est plus propre, ensuite parce que la faïence reflète mieux la chaleur. Pour disposer le feu dans une cheminée, on met une grosse bûche de bois dans le fond, enterrée dans la cendre; on place devant elle une autre bûche plus longue et moins grosse pour supporter les tisons; une barre de fer, placée transversalement, maintient le tout et soutient les tisons. Le feu se place toujours par-dessus. On entretient le feu en entretenant la bûche et les tisons du devant, la bûche du fond ne doit pas se déranger. Il faut avoir beaucoup de cendres, car elles conservent le feu et augmentent la chaleur, on les contient au moyen du garde-cendre.

Pour la houille, les meilleurs appareils sont les poêles ou cheminées à la prussienne, qui réunissent les avantages des cheminées ordinaires et des poêles : en les ouvrant, on voit le feu, et l'on a le chauffage des cheminées; en les fermant, on a le chauffage des poêles.

Quant au coke, il faut des appareils spéciaux, des poêles ou des prussiennes à coke, que l'on trouve chez les principaux quincailliers; leur grandeur varie suivant celle de l'appartement qu'ils doivent chauffer.

Dans les grandes maisons et les monuments publics, au lieu de poêles et de cheminées, on emploie des appareils nommés *calorifères*. Ce sont d'immenses fourneaux d'une construction particulière, qui, placés dans la cave, chauffent toute la maison au moyen de tuyaux. Les tuyaux se remplissent d'air chaud, qu'ils apportent dans les appartements par des bouches de chaleur. On fait aussi des calorifères dont les conduits sont remplis d'eau chaude, et d'autres qui chauffent au moyen de la vapeur.

Dans les villes, on se chauffe aussi au moyen de la flamme du gaz que l'on dispose dans des sortes de poêles en métal. On fait également la cuisine au gaz, dans des fourneaux spéciaux.

Pour allumer le feu, en général, on met dans le poêle ou la cheminée une poignée de copeaux avec un peu de menu bois, ou encore du papier et quelques braises, que l'on recouvre d'une légère couche de coke ou de houille, et l'on allume le tout. A défaut de copeaux et de braises, on peut se servir de sarments, de cônes de pin et de sapin; ces derniers brûlent aisément, car ils sont très résineux.

Les combustibles destinés au chauffage et à la cuisson des aliments ne doivent être brûlés que dans des cheminées, poêles et fourneaux qui ont une communication directe avec l'air extérieur, même lorsque le combustible ne donne pas de fumée. Le coke et la braise sont considérés à tort, par beaucoup de personnes, comme pouvant être brûlés impunément à découvert dans une chambre abritée, et ce préjugé donne lieu aux accidents les plus graves. Les gaz produits par ces combustibles et qui se répandent dans l'appartement sont nuisibles à la santé et causent l'asphyxie. Il faut proscrire les poêles mobiles et les calorifères portatifs qui n'ont pas de tuyaux d'échappement au dehors. Il ne suffit pas que ces appareils soient munis d'un bout de tuyau destiné à être seulement engagé dans la cheminée de la chambre à chauffer, il faut encore que cette cheminée ait un tirage convenable; dans tous les cas, une surveillance constante et de grandes précautions sont nécessaires. On doit s'abstenir de laisser séjourner un poêle mobile allumé dans une chambre à coucher, surtout un poêle en *petite marche*, c'est-à-dire quand le régulateur placé sur le tuyau est en partie fermé; l'expérience n'apprend que trop souvent qu'il faut se méfier du régulateur. Fermer complètement la clef d'un poêle qui contient encore de la braise allumée est encore plus dangereux: c'est une des causes d'asphyxie les plus communes. On conserve, il est vrai, par ce moyen la chaleur dans la chambre, mais c'est aux dépens de la santé, souvent même aux dépens de la vie.

Précautions. Assurances.

Les dangers du feu sont grands; il est du devoir de la maîtresse de maison de ne négliger aucune précaution contre le feu, contre l'incendie et les mille accidents qui peuvent en résulter. Elle recommandera aux domestiques d'être prudents à cet égard et veillera à ce que les enfants ne s'approchent pas, ne jouent pas avec le feu. Ce n'est pas tout : le soir, quand tout le monde est couché, elle fera le tour de la maison pour s'assurer par elle-même que tout est tranquille, que rien n'annonce un commencement d'incendie. Une lueur insolite, un pétillement, une odeur inaccoutumée sont des signes de mauvais augure qu'il ne faut pas négliger. Souvent le feu prend dans le plancher, à une poutre proche de la cheminée, et brûle peu à peu sans en rien laisser voir au dehors.

Elle fera enfin assurer sa maison et son mobilier. Un petit conseil à ce sujet : Dans l'évaluation à faire pour établir la prime à payer, n'exagérez jamais la valeur; lorsqu'il survient un incendie, les compagnies d'assurance sont habiles à découvrir la valeur réelle et exacte des objets brûlés et ne remboursent que cette valeur. De même, n'évaluez pas les choses au-dessous de leur état véritable, c'est un mauvais calcul; par exemple, si vous avez assuré un mobilier pour 5000 francs et qu'il est prouvé qu'il en valait 6000, la compagnie d'assurance ne vous remboursera que les 5000 francs déclarés.

EXERCICE DE STYLE. — 151. Quelles sont les conditions que doit remplir un poêle pour être conforme aux préceptes de l'hygiène?

Appareils d'éclairage.

Les chandelles sont généralement abandonnées pour les bougies. Elles offraient l'inconvénient de couler et devaient être mouchées souvent. Les bougies de bonne qualité ne coulent pas, ne répandent pas d'odeur et éclairent mieux que les chandelles. Les bougies à la stéarine sont les meilleures; leur prix n'est pas fort élevé.

Le gaz donne une lumière plus brillante, mais il n'est pas sans danger. Il faut avoir soin de bien fermer les robinets, lorsqu'on veut éteindre le gaz : un robinet resté ouvert en entier ou en partie dans une chambre peut asphyxier, faire explosion lorsqu'on en approche une lumière et produire ainsi les accidents les plus funestes. Il faut donc de la vigilance, et, à la moindre odeur de gaz, voir s'il n'y a pas de fuites et si toutes les conduites sont fermées.

Il est plus prudent de faire cela soi-même que d'en confier le soin aux domestiques.

Le pétrole, dont l'usage tend à se généraliser de plus en plus, est sans contredit l'éclairage le plus économique, mais il est aussi le plus dangereux, car il est très inflammable et demande à cause de cela beaucoup de précautions. On doit donc préparer et remplir les lampes à pétrole le jour, et avoir soin de ne pas les approcher du feu, de la lumière, ni de les laisser à la portée des enfants. Tous les jours, les colonnes des journaux sont remplies d'accidents causés par le pétrole et dus à l'imprudence.

L'essence de pétrole est la meilleure, et cependant elle répand encore une odeur que bien des personnes ne peuvent supporter. La lumière du pétrole étant vive, fatigue la vue ; aussi faut-il recouvrir les lampes d'un abat-jour, lorsqu'on veut travailler à la lumière. Les lampes à l'huile de pétrole sont à mèches plates ou à mèches cylindriques ; ces dernières sont préférables, car il s'établit au milieu d'elles, dans la lampe, un courant d'air qui les empêche de fumer, avantage qui manque aux autres.

Veut-on veiller ou travailler à la lumière, il vaut mieux se servir de lampes à huile ordinaire, qui n'offrent aucun danger, ne donnent pas une lumière éclatante et ne coûtent pas fort cher. Il y a deux sortes de lampes en usage maintenant : les lampes Carcel et les lampes à modérateur. Les premières consomment beaucoup d'huile ; on leur préfère généralement les secondes. Celles-ci, comme leur nom l'indique, se modèrent à volonté ; elles donnent une belle lumière et se nettoient facilement. Il y a des lampes à modérateur de toutes les dimensions ; on les trouve chez les quincailliers et les lampistes.

Lorsqu'on a des malades ou des enfants à soigner, il est bon d'avoir la nuit une veilleuse allumée. On vend des veilleuses fort commodes, en porcelaine ou en faïence et surmontées d'un petit vase où l'on peut faire chauffer de la tisane. Si l'on ne veut pas faire la dépense d'une veilleuse, il suffit de prendre un verre, de le remplir aux trois quarts d'eau et d'y ajouter un quart d'huile, qui surnage. On place la petite veilleuse au milieu, et elle brûle ainsi pendant douze heures.

Tout ménage bien monté doit être pourvu de lanternes et d'un bougeoir-lanterne ; lorsqu'on circule le soir dans la maison, il est imprudent de se servir d'une lumière non abritée. La lanterne est un meuble indispensable dans une ferme. La maîtresse de maison devra veiller à ce que les domestiques ne circulent pas la nuit sans lanterne dans les greniers et autres lieux où se trouvent des matières inflammables.

Terminons le chapitre de l'éclairage par quelques mots au sujet du nettoyage des lampes.

Pour empêcher les lampes de se déranger promptement, il faut avoir soin de les nettoyer tous les jours, et de les nettoyer proprement, de façon à ne pas laisser tomber de mouchures dans l'intérieur. Cette opération se fera de préférence le matin, parce qu'il est impossible à la lumière de couper la mèche également, et très difficile de ne pas excéder la dose d'huile. La mèche doit être coupée bien horizontalement pour ne pas filer.

Ayez une petite burette à huile, une boîte avec des ciseaux *ad hoc*, un vieux torchon pour essuyer la lampe, un chiffon de laine pour donner le dernier coup et un paquet de mèches; vous aurez ainsi tous vos outils sous la main, pour le petit nettoyage quotidien.

On nettoie le cuivre des lampes avec du *tripoli*, en frottant avec un morceau de drap ou de vieille flanelle; on en sépare les différentes parties et on les frotte une à une. Quant au verre, il suffira, pour l'essuyer, d'y faire pénétrer à l'intérieur un bâton recouvert d'un linge; le frottement enlève facilement la poussière. Mais si le verre était taché d'huile, qui s'y serait pour ainsi dire incrustée par la chaleur, il faudrait le tremper dans de l'eau chaude contenant des cristaux de soude. Rappelons ici que le verre se brise quand on le change trop brusquement de température. Avant donc de le retirer de l'eau bouillante, trempez-le au préalable dans de l'eau tiède. De même, lorsque vous allumez la lampe au commencement de la soirée, baissez un peu la mèche jusqu'à ce que le verre soit bien habitué à la chaleur.

Le haut du verre devra être couvert d'un petit chapeau en carton ou en laine, pour empêcher la poussière de pénétrer à l'intérieur.

A l'approche de l'été ou d'une absence prolongée, lorsque vous ne devez plus vous servir de la lampe, ayez la précaution de la vider, afin que l'huile ne s'épaississe pas, puis procédez au nettoyage suivant : faites bouillir de l'eau avec un peu de potasse, versez de cette eau bouillante dans la lampe et rincez-la jusqu'à ce que vous ayez employé toute l'eau. D'autres personnes préfèrent au contraire remplir la lampe d'huile; mais il faut, dans ce cas, la monter de temps en temps.

EXERCICE DE STYLE. — 152. Que faut-il faire pour bien entretenir une lampe? — 153. Du charbon de bois. Son usage. Des précautions à prendre.

LECTURE.

Surveillez les allumettes.

Un grand malheur vient de frapper dans leurs plus chères affections un instituteur de Maine-et-Loire et sa femme. Ceux-ci, obéissant à une sorte d'habitude, avaient pris, le matin dans leur lit, leur enfant, âgé de quatre ans. Les parents se levèrent l'autre jour, laissant l'enfant non endormi et descendirent pour vaquer à leurs occupations.

Au bout d'une demi-heure, la mère remonta ; mais, en ouvrant la porte de la chambre, elle fut repoussée par une épaisse fumée. Elle se précipite vers le lit, qui était en feu, arracha l'enfant du brasier et le déposa sur le carreau en dehors de l'appartement. Il était trop tard : ce n'était déjà plus qu'un cadavre en partie carbonisé.

L'enfant s'était emparé d'une boîte d'allumettes chimiques qu'on avait eu l'imprudence de laisser sur la table de nuit, et en les enflammant il avait mis le feu au lit.

Que de malheurs sont déjà arrivés par les allumettes chimiques et l'imprudence des parents! Une ménagère prudente conservera toujours les allumettes dans une boîte en fer-blanc et les placera à un endroit où les petits enfants ne puissent pas les atteindre.

Gare à la bougie!

Une charmante demoiselle de dix-huit ans, fille unique de rentiers à Paris, se préparait à passer l'examen pour le brevet de capacité ; afin d'être moins distraite, elle avait contracté l'habitude de travailler dans son lit, le soir, à l'insu de ses parents, qui ne le lui auraient pas permis.

Une nuit qu'elle étudiait ainsi bien tard, le sommeil la gagna sans qu'elle s'en aperçût, et elle s'endormit sur son livre sans avoir éteint la bougie.

Il y avait à peine vingt minutes qu'elle avait les yeux fermés, lorsqu'elle fut réveillée en sursaut par une douleur aiguë au visage et par le bruit des flammes. A ses cris, les parents accoururent ; l'incendie fut bientôt éteint ; mais, malgré la promptitude des secours, la pauvre enfant avait la tête dans un état affreux et une grave brûlure au visage. Elle fut plusieurs semaines entre la vie et la mort, tant les douleurs étaient atroces, et elle resta défigurée pour toute la vie.

Défiez-vous du pétrole.

Une pauvre femme veillait son enfant, âgé de quinze mois, qui était malade. Une lampe à pétrole brûlait sur une table à côté du berceau.

Pensant l'enfant endormi, la mère sortit pour chercher du lait chez une voisine. Que se passa-t-il pendant les dix minutes qu'elle resta absente? L'enfant avait sans doute touché à la lampe laissée à sa portée, car, lorsque la malheureuse mère rentra, le berceau était en feu et l'enfant expirait dans d'horribles souffrances.

Accident dû au gaz.

Une forte odeur de gaz révélant une fuite au salon, Mme D... appela un domestique pour en rechercher la cause. Celui-ci alluma un des becs du lustre ; une formidable explosion se produisit aussitôt, et Mme D... ainsi que le valet furent violemment renversés au milieu des débris de meubles et de glaces. On les releva gravement blessés par les éclats de verre. Mme D... avait perdu connaissance. Elle mourut quelques jours après des suites de ses blessures.

Lorsqu'il se produit une fuite de gaz, il est imprudent d'approcher avec une lumière et d'allumer un bec de gaz; il faut au contraire fermer les conduits et se munir d'une lanterne pour chercher la fuite.

EXERCICE DE STYLE. — 154. *Du gaz d'éclairage.* — Quelles précautions faut-il prendre dans son emploi?

LECTURE.

Danger des boissons froides.

Les boissons froides prises quand on a chaud peuvent occasionner la mort ou engendrer des maladies graves, telles que le choléra, la péritonite, la phtisie pulmonaire. Le lait caillé, qu'on a la mauvaise habitude à la campagne de boire en été pour se rafraîchir, est dans le même cas, comme le prouve le trait suivant, arrivé l'année dernière.

Une jeune paysanne, forte et vigoureuse, ayant le corps échauffé par le travail de la fenaison, but en rentrant chez elle, coup sur coup, deux tasses de lait caillé, afin de se rafraîchir. Elle fut prise aussitôt de coliques épouvantables et en proie à une prostration physique et morale des plus intenses. Onze heures après, elle rendait le dernier soupir.

Le médecin qui fit l'autopsie de son corps vit que la partie où se trouvait le lait était déjà gangrenée. Ceci est facile à comprendre : le froid glacial du lait ayant paralysé la circulation du sang, la gangrène s'était déclarée aussitôt.

Ce que nous disons des boissons froides et du lait caillé se rapporte également au fromage blanc, appelé fromage à la pie.

Exercice de style. — 155. De la nécessité d'avoir un garde-feu dans les pièces où sont les petits enfants.

Mort de Mme de Lamartine

Le 27 novembre 1829, après avoir entendu, selon son habitude quotidienne, la messe qui précède le lever du jour, ma mère se rendit directement de l'église à des bains publics, servis par les sœurs de Charité de la ville, dans l'hospice qui porte leur nom. La sœur supérieure, qui la reçut et s'entretint un moment avec elle de choses pieuses pendant qu'on préparait son bain, raconte qu'elle causa avec la grâce de cœur et avec l'enjouement d'esprit qui caractérisaient sa douce humeur dans ses meilleurs jours. Le bain versé, elle y entra sans baigneuse, par suite de l'habitude qu'elle avait prise depuis son enfance et qu'elle avait conservée de ne jamais employer personne à son service personnel, de se déshabiller et de s'habiller elle-même, d'allumer son feu, par réminiscence de l'humilité et de la pauvreté chrétiennes.

Elle était depuis quelques minutes dans le bain, quand la supérieure, en passant dans le corridor sur lequel ouvraient les portes des cellules, entendit un cri, puis un gémissement étouffé sortir de la cellule. Elle s'y précipita; la baignoire débordait d'une eau fumante sur le plancher, le cou de cygne par où coule l'eau chaude était ouvert et versait à grands flots l'eau bouillante sur la poitrine et sur les épaules nues de notre mère. Le saisissement lui avait enlevé déjà le sentiment. Les bras de la supérieure et de la baigneuse l'enlevèrent demi-morte de cette cascade de feu.

Il était évident qu'en voulant réchauffer son bain elle avait ouvert le conduit d'eau chaude, et que, le rejaillissement brûlant du liquide ayant frappé sa poitrine, sa main n'avait eu ni la force ni le temps de refermer le cou de cygne. La fraîcheur lui rendit la respiration et la connaissance. Elle embrassa la supérieure, qui s'était brûlée elle-même les mains et les bras en la retirant de la baignoire. On la coucha sur un matelas de l'hospice, et quatre pauvres filles de ces incurables, auxquelles depuis vingt ans elle avait si souvent porté le linge, les médicaments, la nourriture, la rapportèrent de l'hospice dans sa maison.

Le bruit de cet événement s'était déjà répandu dans la ville. La foule matinale des servantes et des femmes pieuses sortant des églises la suivait en pleurant ou en adressant des vœux au ciel jusqu'à sa porte. Un gémissement public sortait des rues où passait le brancard. On eût dit que la ville entière perdait sa mère comme nous la nôtre. Les médecins accoururent. L'accident ne parut pas mortel. La levée du premier appareil de ses blessures en révéla le soir toute la gravité. La fièvre la saisit avec le délire. Ce délire ou plutôt ce rêve fut doux et souriant comme son caractère. Elle en sortit de temps en temps pour rendre grâces aux femmes qui la servaient, et pour consoler, par des espérances prolongées, notre pauvre père, atterré près de son lit d'un coup plus fort que sa résignation. Elle expira avec toute la lucidité de son cœur et de sa raison.

LAMARTINE.

CHAPITRE XIX

RECETTES ET CONNAISSANCES UTILES

Procédé pour éteindre les feux de cheminée.

Quand un feu de cheminée se déclare, il n'y a pas un moment à perdre ; mais, pour l'éteindre, il ne faut pas jeter dans le foyer de l'eau, de la fleur de soufre ou de la poudre de chasse, comme beaucoup de personnes le font encore ; il suffit, pour étouffer immédiatement le feu, de prendre soit un drap de lit, soit une couverture et de le plonger tout entier dans l'eau, puis, après l'avoir plié en double, d'en boucher tout de suite l'ouverture inférieure de la cheminée, de manière à intercepter toute communication avec l'air de l'appartement. Si l'opération est bien faite, s'il n'existe plus aucune issue, le feu de cheminée s'éteindra de lui-même, l'air qui alimentait la combustion lui faisant défaut.

EXERCICE DE STYLE. — 156. Un feu de cheminée s'est déclaré dans votre maison. Qu'a-t-on fait pour l'éteindre ?

Pour nettoyer les toiles cirées.

Ce n'est pas bien difficile. Il suffit d'éponger la toile avec du lait ; cela lui donnera du brillant sans en altérer la couleur.

On peut aussi, lorsque la toile a été tachée, y verser quelques gouttes de vinaigre, puis frotter vivement avec un linge sec.

Pour nettoyer les couvertures de laine blanches.

Faites-les tremper dans un bain de savon auquel on aura ajouté une faible quantité de potasse; frottez-les bien avec une brosse un peu dure, battez-les avec un battoir; enfin rincez-les à l'eau claire et tordez-les bien pour en extraire l'eau. Pour éviter les déchirures, mettez-les dans une toile; puis passez-les au soufre. Au sortir de cette dernière opération, peignez-les avec un chardon pour relever et coucher les poils.

Pour nettoyer les gants de peau.

On les tend autant que possible, on les pose ainsi tendus sur du papier blanc, et l'on passe dessus un linge fin imbibé de benzine.

A défaut de benzine, on peut se servir d'éther, d'alcali, d'essence de pétrole, etc. On fait ensuite sécher les gants à l'air pour faire disparaître l'odeur, mais en évitant de les laisser mouiller : l'eau les tacherait.

Pour laver et nettoyer le cachemire et le mérinos.

On prend l'eau dans laquelle on a fait cuire des épinards, et, après l'avoir décantée, on y lave le cachemire. Ce moyen est plus économique que le bois de Panama, dont beaucoup de ménagères se servent, quoique avec succès.

Voici comment elles procèdent :
Elles brisent le bois en petits morceaux et le laissent tremper pendant environ vingt-quatre heures dans de l'eau froide. Au moment de s'en servir, elles décantent cette eau et y ajoutent de l'eau chaude. Puis elles y

plongent le cachemire, l'étendent ensuite sur une planche et le frottent avec une brosse de crin, qu'elles trempent de temps en temps dans l'eau de panama. Il faut 250 grammes de bois de Panama pour une robe.

On ne tord pas le cachemire ni le mérinos ; après les avoir rincés, on les étend sur une corde et on les laisse sécher ainsi.

On peut les repasser, mais à la condition de se servir d'un fer bien chaud, de placer un linge humide sur le cachemire et de repasser celui-ci à l'envers.

Pour laver les étoffes coton et laine.

Faites bouillir de l'eau de son ; passez le son quand l'eau a bien bouilli, mettez un bon morceau de savon dans votre eau et lavez-y l'étoffe. Rincez-la ensuite dans de l'eau coupée d'un peu de vinaigre et mettez-la au bleu. Laissez-la égoutter sans la tordre et repassez-la avec des fers bien chauds.

On lave également à l'eau de son les foulards et les mouchoirs de batiste à vignette de couleur.

Pour enlever les taches.

Taches de graisse.

Les taches de graisse sur les étoffes de soie ou de laine de couleur foncée et sur les étoffes de coton dont on veut ménager l'apprêt s'enlèvent au moyen de plâtre neuf ou de craie de Briançon. Voici comment on procède :

On en couvre la tache à l'endroit et à l'envers de l'étoffe, qu'on place ensuite entre plusieurs feuilles de papier buvard, puis on passe dessus à plusieurs reprises un fer chaud.

Sur le satin blanc ou de nuance claire, on enlève les taches de graisse avec du talc de Venise, qu'on frotte dessus avec le doigt. Si quelque acide mêlé à la graisse avait altéré la couleur du tissu, on la ferait revenir en mettant sur la tache un peu d'alcali volatil pur.

Taches d'encre.

On peut enlever les taches d'encre sur les mousselines et les percales imprimées sans en altérer les couleurs. Il suffit pour cela de presser le jus d'un citron dans une cuiller d'argent et de le chauffer en tenant la cuiller au-dessus de la flamme d'une bougie. Quand le jus est bien chaud, on y trempe pendant quelques minutes l'étoffe à l'endroit taché, puis en la retirant on la plonge tout de suite dans de l'eau froide. On repasse l'étoffe après l'avoir laissé sécher.

Taches de fruits.

Il faut allumer du soufre et placer un entonnoir par-dessus. Pendant que le soufre brûle, tenez l'étoffe tachée au-dessus de l'orifice du petit bout de l'entonnoir; la vapeur, en traversant l'étoffe, fera disparaître la tache.

L'eau de Javelle ôte aussi les taches de fruits; mais comme cette eau, qui est, comme on sait, une combinaison de chlore et de potasse, brûle et corrode le linge, il faut avoir soin de ne pas la laisser agir directement sur la tache; on la verse en très petite quantité sur le linge déjà mouillé.

Taches de vin rouge.

Pour enlever les taches de vin rouge du linge de table ou autre, il suffit, au moment de la laver, de frotter la partie tachée avec une chandelle de suif. Les taches disparaissent alors complètement au lavage. Pour les tissus qui doivent passer à la lessive, l'opération doit se faire avant le coulage.

Autre procédé.

On peut aussi plonger la partie tachée dans du lait bouillant, mais il ne faut pas perdre de temps et éviter de mouiller les taches avec de l'eau.

Taches de rouille.

Ces taches s'enlèvent avec du sel d'oseille. On commence par mouiller la tache avec de l'eau froide, puis on la couvre de sel d'oseille en poudre et on la tient étendue au-dessus d'un vase rempli d'eau bouillante. La tache s'en va plus ou moins vite ; lorsqu'elle a disparu, on lave la partie détachée à grande eau.

Dans ces temps, où la fraude joue un si grand rôle dans le commerce, il est bon de connaître quelques petits *moyens* de s'y soustraire. En voici quelques-uns, bien simples, comme on va voir :

Moyen de constater si le café moulu contient ou non de la chicorée.

On prend un petit tube de verre, fermé par un bout et ouvert par l'autre ; on l'emplit d'eau à moitié, et on laisse tomber dans cette eau une pincée de café suspect. Si, au bout de quelques instants, l'eau reste claire, et si la poudre ne descend pas, c'est que le café est pur. L'eau, au contraire, devient-elle jaunâtre ou brune, et des petits grains tombent-ils au fond du tube, le café est mélangé.

Pour s'assurer si le vin est falsifié.

Pour reconnaître si le vin est coloré artificiellement, on imbibe une petite éponge ou un morceau de mie de pain du vin à éprouver, puis on le pose sur une assiette couverte de quelques millimètres d'eau. Si le vin est naturel, l'eau de l'assiette mettra plus d'un quart d'heure à se colorer. Si, au contraire, il est falsifié, l'eau rougit immédiatement.

Moyen de reconnaître le lait falsifié.

Faites bouillir une petite quantité du lait que vous soupçonnez ne pas être pur, et versez-y quelques gouttes de teinture d'iode. Si le lait est naturel, sa couleur ne sera nullement modifiée. Elle se trouvera, au contraire, plus ou moins variée de bleu, si le lait est falsifié.

Le meilleur lait.

Un cultivateur a fait l'autre jour une expérience qui intéressera plus d'une fermière. Il a prouvé que le lait tiré en dernier lieu est dix fois plus crémeux et plus riche en beurre que celui du commencement. Il s'ensuit que si, après avoir tiré 8 ou 10 litres de lait d'une vache, on arrête la traite en lui laissant un onzième litre, on perdra presque la moitié de la crème qu'on aurait pu recueillir. Il est facile de s'assurer de la vérité des résultats obtenus par ce cultivateur.

Il suffit de distribuer le lait à mesure qu'on le tire, dans sept ou huit tasses d'égale grandeur, de traire jusqu'à la dernière goutte, et l'on pourra constater si la quantité de crème que contiendra chaque tasse augmente en allant de la première à la dernière. Le lait de la première tasse est d'un blanc bleuâtre, comme s'il était mêlé d'eau, tandis que le lait de la fin est onctueux, épais et d'une coloration jaunâtre. Il suit de là que les filles de ferme qui n'ont pas soin de traire les vaches jusqu'à la dernière goutte diminuent assez notablement la qualité et la quantité de la crème et du beurre.

CHAPITRE XX

DE LA COMPTABILITÉ DU MÉNAGE

Dans un ménage, il n'y a pas d'économie possible si la maîtresse de maison ne sait pas calculer, si elle n'a pas constamment sous les yeux l'état des recettes et des dépenses. Elle a donc besoin de connaître la science qui apprend à se rendre compte de toutes les recettes, de toutes les dépenses d'un ménage, à les balancer, afin de savoir sur quels points la dépense peut être réduite ou réglée. Cette science, qui s'appelle la *tenue des livres* et qui peut être simplifiée pour un ménage ordinaire, est de la plus haute nécessité dans la famille. Toutes les jeunes filles devraient donc se familiariser avec cette comptabilité et s'exercer de bonne heure à la tenir.

C'est une erreur assez commune que de se croire fort économe, parce qu'on se prive avec constance d'une partie du superflu et souvent même du nécessaire; on se persuade qu'on ne saurait aller plus loin sans s'imposer des privations cruelles; on ne voit pas que l'économie véritable consiste moins à restreindre outre mesure quelques-unes de ses dépenses qu'à les régler et les modérer toutes. Telle personne, par exemple, est parcimonieuse dans sa vie intérieure, mais elle s'est fait une nécessité des plaisirs coûteux du grand monde; telle autre y paraît rarement, sa mise est presque négligée, mais il faut que chez elle l'abondance et le luxe compensent les sacrifices extérieurs qu'elle s'impose. Presque toujours, le fruit des économies faites sur le nécessaire se trouve ainsi absorbé par un goût irrésistible pour une partie du superflu.

Or il ne suffit pas que nous comprenions cette vérité, il faut qu'elle nous soit répétée chaque jour; il faut que nous puissions la lire à tout instant dans nos dépenses mêmes, et c'est en cela que la tenue des livres peut exercer sur l'économie une influence salutaire.

Il n'est pas rare qu'une jeune femme, sans expérience du ménage, mais dont les goûts sont simples et à qui l'on ne peut reprocher aucune dépense folle, éprouve une gêne continuelle dans une position où toute autre trouverait l'aisance. Et, si l'on remonte à la cause d'une différence si grande, on est surpris de la trouver tout entière dans l'insuffisance de son livre de ménage. Chaque jour, il est vrai, elle inscrit minutieusement tout ce qu'elle a dépensé; chaque mois, elle en fait le total et s'assure que rien n'a été omis; parcourant ensuite le détail de ses dépenses, elle n'en trouve aucune qui puisse être en particulier l'origine du malaise qu'elle éprouve; convaincue alors de l'ordre qu'elle apporte dans son ménage et désespérant d'améliorer sa position, elle prend tristement le parti de s'y résigner.

Mais au lieu de s'abandonner à une résignation stérile, qu'elle appelle à son secours l'expérience d'une mère ou d'une amie; elle reconnaîtra sans peine que tout le mal vient de son livre. Que peut, en effet, lui apprendre cet amas confus de détails hétérogènes ? Comment y discerner l'influence particulière à chacun d'eux ? Mieux inspirée alors, elle en extraira séparément ce qui concerne chaque espèce de dépense, le logement, la toilette, la nourriture, etc., distinguant pour chacune ce qui est de première nécessité et ce qui peut être réduit ou supprimé sans privation réelle. Elle verra qu'une multitude de petites dépenses qu'elle aurait pu éviter et qui restaient inaperçues au milieu de son livre de ménage, à cause de leur peu d'importance, réunies ainsi tout à coup, forment presque partout le superflu figuré pour des sommes très comparables aux prix du nécessaire. Là, ce seront des objets d'ameublement dont la nécessité peut être contestée; ici, des détails de toilette qui, bien que modestes et simples, ont été renouvelés trop souvent; là, quelques mets de primeur, quelques friandes bagatelles, qui, sous un air exceptionnel, ont reparu souvent sur la table; ailleurs, les frais occasionnés par des invitations ou des parties de plaisir trop fréquentes; partout de petites emplettes faites sans prétexte bien raisonnable. Le mal une fois signalé, il sera facile d'y porter remède, et notre jeune ménagère s'empressera de commencer une utile et durable réforme.

Tenue des comptes.

Les livres qu'emploie ordinairement la maîtresse de maison pour sa comptabilité sont au nombre de quatre, savoir : le calepin, le livre de caisse ou de dépenses et recettes générales, le livre de cuisine et le livre des ouvriers [1].

1° Ayez toujours sur vous un petit *calepin* sur lequel vous inscrivez *sur-le-champ* toutes vos dépenses, en les détaillant. Je dis sur-le-champ, au moment même de l'achat si vous le pouvez; ce sera le moyen le plus sûr de ne rien oublier et d'éviter des erreurs par conséquent. Les articles portés sur ce carnet doivent être datés et détaillés avec soin; on les barre lorsqu'ils ont

---

[1]. Quelques dames ont la bonne habitude d'ajouter à ces quatre livres un cinquième ou petit carnet de *Notes*, sur lequel elles inscrivent les noms de personnes, adresses, dates ou achats qu'elles veulent se rappeler en temps opportun. J'engage beaucoup mes lectrices à suivre cet exemple.

été transposés sur les différents livres auxquels ils appartiennent. (Voir modèle n° 1.)

2° On achète chez les libraires le *livre de ménage* ou *main courante*. C'est le *livre de recettes et dépenses générales*, avec divisions imprimées ; il est facile de les approprier à chaque ménage, ainsi que celles qui sont données comme modèles ci-après. Ce livre doit être tenu avec clarté et, autant que possible, exempt d'erreurs et d'omissions. Quant à la disposition qu'il convient de lui donner, la meilleure est celle dont le tableau n° 2 ci-joint présente le modèle.

Le côté gauche de chaque feuillet est consacré à la recette ; celui de droite, à la dépense. Sous le titre *recettes*, on inscrit toutes les rentrées, telles que rentes, appointements, produits de vente, etc. ; sous le titre *dépenses*, l'argent qui sort pour un motif quelconque, achat, prêt, perte, etc.

Au bas de chaque page, on fait le total de la recette et celui de la dépense. On transporte ensuite ces deux totaux en tête de la page suivante. On commence chaque mois au haut d'une page.

Pour s'assurer qu'on n'a pas commis d'erreur, il faut, à la fin de chaque mois, comparer le total de la recette avec celui de la dépense.

Au bout de l'année, on extraira de la main courante et sur une feuille à part le total de la recette des douze mois. On en fera la somme et l'on aura ainsi la recette totale de l'année. On retranchera alors la dépense de la recette, et le reste exprimera l'économie qu'on a faite.

3° Le *livre de cuisine* contient les dépenses relatives à la nourriture. Il est divisé en trois colonnes : la première, pour les provisions qui ont été achetées ; la seconde, pour les provisions qui ont été prises sur la propriété, lorsqu'il y a lieu, et auxquelles on donne la même valeur qu'à celles qu'on vend au marché. La troisième colonne enfin contiendra les totaux. (Modèle n° 3.)

4° *Le livre du compte des ouvriers.* — C'est sur ce livre qu'on inscrit les journées des ouvriers que l'on emploie. Il est ordinairement divisé en neuf colonnes : une pour le nom de l'ouvrier ou de l'ouvrière; une portant le prix de la journée; six pour chacun des jours de la semaine qu'ils ont travaillé; la neuvième enfin portant le total des journées de travail de la semaine, si la maîtresse de maison a la bonne habitude de payer ses ouvriers chaque semaine, ou le total du mois, si elle ne les paye qu'à la fin du mois. Un modèle d'inscription de ce livre se trouve également ci-joint. (N° 4.)

EXERCICE DE STYLE. — 157. De la comptabilité agricole. — De sa nécessité. — En quoi consiste-t-elle ?

MODÈLE DE COMPTABILITÉ DU MÉNAGE. N° 1.

Dépenses journalières inscrites au carnet.

	F.	C.
Du 9 décembre 1881............................		
Un kilo bœuf...................................	2	20
Deux côtelettes de veau.......................	1	50
Un poisson....................................	1	00
Un kilo pain blanc............................	»	40
Un fromage....................................	»	50
Une boîte allumettes..........................	»	10
Un kilo figues sèches.........................	»	90
Aumône..	»	10
Un cent de pommes.............................	1	50
Une paire de chaussons à Jules................	2	20
TOTAL........	10	40

RECETTES ET DÉPENSES GÉNÉRALES. N° 2.

Recettes.

DATES.		EN ESPÈCES.		EN NATURE.		PRODUIT DES VENTES.		TOTAL DES RECETTES.	
		F.	C.	F.	C.	F.	C.	F.	C.
1881									
Déc. 1er	Reçu pour le ménage.....	300	»	»	»	»	»	300	»
— 8	Vente de fruits.	»	»	»	»	10	»	10	»
— 12	Vente de volailles.......	»	»	»	»	9	»	9	»
— 25	Vente d'œufs et beurre....	»	»	»	»	6	75	6	75
	Total...							325	75

Dépenses.

DATES.		DÉPENSES DIVERSES.		Nourriture en ESPÈCES.		Nourriture en NATURE.		CHAUFFAGE, ÉCLAIRAGE.		LINGE et blanchissage.		DOMESTIQUES.		MONSIEUR.		MADAME.		ENFANTS.		TOTAL DES DÉPENSES.	
		F.	C.	F.	C.	F.	C.	F.	C.	F.	C.	F.	C.	F.	C.	F.	C.	F.	C.	F.	C.
1881																						
Déc. 5	6 paires draps.	»	»	»	»	»	»	»	»	160	»	»	»	»	»	»	»	»	»	160	»
— 8	10 hectolitres houille......:	»	»	»	»	»	»	30	50	»	»	»	»	»	»	»	»	»	»	30	50
— 11	12 mouchoirs toile.......	»	»	»	»	»	»	»	»	»	»	»	»	14	»	»	»	»	»	14	»
— 15	1 pièce vin Bordeaux......	»	»	300	»	»	»	»	»	»	»	»	»	»	»	»	»	»	»	300	»
— 17	15 mèt. cretonne.......	»	»	»	»	»	»	»	»	»	»	»	»	»	»	14	»	»	»	14	»
— 20	Mercerie......	4	50	»	»	»	»	»	»	»	»	»	»	»	»	»	»	»	»	4	50
— 25	1 robe à Angèle.........	»	»	»	»	»	»	»	»	»	»	»	»	»	»	»	»	52	»	52	»
— 30	Port de lettres.	2	50	»	»	»	»	»	»	»	»	»	»	»	»	»	»	»	»	2	50
— 31	Boucherie.....	»	»	»	»	40	»	»	»	»	»	»	»	»	»	»	»	»	»	40	»
— 31	Légumes du jardin......	»	»	»	»	5	»	»	»	»	»	»	»	»	»	»	»	»	»	5	»
— 31	Mois de la cuisinière......	»	»	»	»	»	»	»	»	»	»	30	»	»	»	»	»	»	»	30	»
	Total.......																			652	50

DE LA COMPTABILITÉ DU MÉNAGE

LIVRE DE CUISINE. N° 3.

DATES.	INDICATIONS.	EN ESPÈCES.		EN NATURE.		TOTAUX.	
		F.	C.	F.	C.	F.	C.
1881							
Nov. 1er	Pain............	1	25	»		1	25
— 1er	Poulets.........	»		3	»	3	»
— 6	Œufs...........	»		2	»	2	»
— 6	Viande.........	3	75	»		3	75
— 7	Beurre..........	»		1	80	1	80
— »	Légumes........	»		»	95	»	95
	Totaux...	5	»	7	75	12	75

COMPTE DES OUVRIERS. N° 4.

DATES.	NOMS des OUVRIERS.	PRIX de la JOURNÉE.	LUNDI.	MARDI.	MERCREDI.	JEUDI.	VENDREDI.	SAMEDI.	SALAIRE de la SEMAINE.	
		F. C.	F.	F.	F.	F.	F.	F.	F.	C.
1881										
Nov. »	Louis......	2 50	1	»	1	»	1	1	7	50
— »	Jean.......	2 00	»	1	»	1	1	1	6	»
— »	Marianne...	1 50	1	1	»	»	1	1	6	»
— »	Joséphine...	1 25	1	1	»	»	1	1	5	»

LECTURE.

La véritable parure d'une maîtresse de maison.

Mme la marquise de Villette [1], dotée et mariée, comme on sait, par Voltaire, a raconté qu'un moment avant d'aller à l'église, ce grand homme lui fit apporter une magnifique parure de diamants dont il voulut lui-même orner sa tête,

---

1. Cette dame était d'une famille noble et sans fortune. Belle et d'un aimable caractère, elle plut à Mme Denis, nièce de Voltaire, qui l'adopta. Elle se concilia également l'affection du poète, qui ne l'appelait que *belle et bonne*. Elle vécut jusqu'en 1822 et se signala par sa bienfaisance.

ses oreilles, son cou et ses bras. Quand la toilette fut achevée, l'admiration des assistants fut générale : la mariée elle-même était enchantée.

« Ma chère enfant, lui dit Voltaire, je viens de vous donner les bagatelles, des puérilités ; le vrai trésor, la vraie richesse, la voilà. »

C'était un grand livre en maroquin rouge doré sur tranche. Sur l'un des côtés était écrit : *Recette des revenus de M. le marquis de Villette*; sur l'autre : *Dépense de la maison de M. de Villette*.

« Voilà, reprit le célèbre écrivain, la véritable parure d'une épouse et d'une mère, l'une des causes actives de la prospérité d'une maison.

« Ne la dédaignez jamais. »

CHAPITRE XXI

CONSEILS D'HYGIÈNE

Des soins à donner aux petits enfants.

Si le caractère dépend souvent de l'éducation première, on peut dire que la bonne ou la mauvaise santé d'un enfant sont souvent les conséquences des soins plus ou moins intelligents qu'on lui a donnés au berceau.

Voici, à ce sujet, quelques conseils généraux qui pourront être utiles :

L'usage des maillots pour les tout jeunes bébés est complètement délaissé aujourd'hui. Les mères ont enfin compris les graves inconvénients qu'offraient ces étroites prisons, dans lesquelles l'enfant était condamné à l'immobilité la plus complète, et dont la faiblesse, le rachitisme étaient les suites les plus ordinaires. Tout en étant chaudement enveloppés, les enfants doivent avoir les bras entièrement libres, et, puisque la propreté veut qu'on leur maintienne les jambes, que ce soit du moins sans comprimer les mouvements de celles-ci.

Les vêtements des enfants doivent en général être amples, commodes, chauds dans une certaine mesure, car il faut éviter de rendre les enfants frileux en les couvrant trop et les exposer ainsi aux rhumes. La tête doit être peu couverte; il est bon même de les habituer à aller tête nue. Vers l'âge de six mois, on peut chausser leurs petites jambes de bas et de chaussons, et, lorsqu'ils commencent à marcher, de petits souliers à cordons, mais sans talons.

Il est dangereux de se servir d'épingles pour maintenir les langes des petits enfants. Les épingles anglaises exposent moins à piquer le bébé, mais il vaut encore mieux les remplacer par des cordons ou des boutons.

La propreté exige que la mère change les différentes parties de l'habillement de l'enfant toutes les fois qu'elles se trouvent humides et mouillées. A tout âge, la propreté est une des conditions nécessaires à la santé, mais elle est surtout indispensable chez un nourrisson. Les langes et autres vêtements devront être parfaitement lavés avant de servir de nouveau.

Il est presque inutile d'ajouter que l'enfant doit être lavé chaque fois qu'il est sale; cela va de soi. Mais il faut en outre lui faire prendre un bain au moins une fois par jour. Ce lavage se fera devant le feu, à l'aide d'une éponge et avec de l'eau tiède d'abord, puis peu à peu avec de l'eau froide. Les bains assouplissent les membres de l'enfant, calment l'excitation nerveuse et lui procurent le repos et le sommeil. Ils peuvent être pris à toute heure du jour; mais il est préférable de les donner le matin.

Le sommeil est le compagnon inséparable du premier âge. Le nouveau-né dort presque sans cesse; un peu plus tard et jusqu'à l'âge de trois ans, les enfants font une *méridienne*. Ce sommeil réitéré est favorable à leur développement et aux fonctions de la nutrition. A partir de l'âge de trois ans, on supprime le sommeil du jour; mais il est bon d'habituer les enfants à se coucher de bonne heure et à se lever de même. Neuf ou dix heures de sommeil suffisent à l'enfance.

Quant à la nourriture, elle varie suivant l'âge de

l'enfant. Pendant les quatre ou cinq premiers mois, il ne prend que du lait; son estomac encore débile ne peut digérer beaucoup, et c'est une erreur de croire que l'enfant a faim chaque fois qu'il pleure. Bien des mères provoquent des indigestions en lui donnant à boire trop souvent. Il est d'une importance capitale de ménager les forces digestives de l'enfant, soit par une sage distribution du lait maternel, soit par la nature ou par l'introduction du liquide qui le remplace. Ces précautions sont surtout de rigueur aux époques difficiles du sevrage et de la dentition. A partir du sixième mois, on peut remplacer le lait de la mère par du lait de vache et, lorsque la dentition est en grande partie faite, celui-ci, par des panades bien cuites, des fécules, etc.

Lorsque l'enfant est sorti de la première époque du jeune âge, lorsqu'il commence à parler, à agir, il faut régler le moment de ses repas et varier ses aliments. Une nourriture douce, simple, est la seule qui lui convienne : mettons-nous en garde contre ce préjugé qui croit qu'il est bon d'habituer l'enfant à manger de tout. Les aliments âcres, indigestes, stimulants lui sont nuisibles, de même que les boissons spiritueuses. Nous dirons la même chose des friandises. C'est une très mauvaise méthode de bourrer les enfants de gâteaux, de leur donner en récompense des bonbons, des pâtisseries. Cette coutume leur gâte l'estomac et les rend gourmands : un baiser de sa mère devrait être pour l'enfant la plus douce des récompenses.

Peu après la dentition, on s'occupe à le faire marcher. Craignez de faire tenir debout ou de faire marcher trop tôt un enfant. Ce n'est guère qu'à onze mois qu'il n'y a plus de danger à lui faire essayer ses premiers pas; encore faut-il avoir grand soin de le soutenir pour soulager ses petites jambes d'une partie du poids qu'elles soutiendraient sans cela et qui, trop lourd pour elles, courberait leurs os flexibles ou, les faisant dévier de leur direction, rendrait les jambes torses. Les lisières, dont on se sert ordinairement pour soutenir un enfant dans cette occasion, n'offrent pas d'inconvénients si l'on prend soin de leur faire embrasser toute la poitrine, afin qu'elles ne portent pas plutôt sur un côté que sur un autre. Il serait préférable de laisser l'enfant s'ébattre à terre sur quelque vieux tapis, tomber, se relever de lui-même; de l'exciter à venir à soi en lui ouvrant des bras caressants, en lui présentant quelque riante image, etc.

L'enfant a besoin d'air et de mouvement. Quand ces deux choses lui font défaut, il s'étiole, il meurt. Il est donc indispensable que son berceau soit placé dans une chambre saine, bien aérée, et qu'on donne de l'exercice au petit enfant en le promenant journellement dehors, puis, quand il peut marcher, en le laissant jouer et courir au grand air.

Il est essentiel, lorsqu'on porte un enfant sur les bras, de le changer de côté, de le mettre tantôt sur le bras droit, tantôt sur le bras gauche. L'oubli de cette précaution est cause qu'un grand nombre d'enfants ont une jambe, quelquefois même la colonne vertébrale de travers.

Les voitures d'enfants rendent service, à condition qu'on n'y laisse pas trop longtemps l'enfant, ni qu'on l'y promène par un temps froid, humide ou pluvieux.

Il est fort dangereux de faire peur aux enfants ou d'effrayer leur imagination par des récits terrifiants. Défendez sévèrement aux domestiques, aux bonnes d'enfants ou aux commères de les menacer du *Croquemitaine* ou de leur raconter des histoires de revenants, des contes de fée ou autres récits du même genre; beaucoup de cas d'épilepsie n'ont pas d'autre origine.

Certaines mères aiment à médicamenter leurs enfants, à leur prodiguer les sirops, les onguents, voire même les narcotiques. Cette habitude peut avoir les conséquences les plus funestes : ou l'enfant n'est pas malade, et alors les drogues lui feront beaucoup de mal; ou il est réellement souffrant, et dans ce cas le médecin seul est compétent pour savoir quelles sont celles qui lui conviennent. Voici comment s'exprime à ce sujet le président de la société anglaise d'éducation des *babys*, dans un rapport remarquable :

« Quand la montre d'une dame a besoin d'être nettoyée, elle la porte chez l'horloger; elle n'essayera pas de la raccommoder elle-même, et elle agira sagement, car elle ne connaît pas la manière de nettoyer une montre. Mais, si son enfant est malade, elle n'ira chez le médecin qu'après l'avoir soigné elle-même; ceci est cependant plus grave que de nettoyer une montre. Les médecins les plus célèbres, qui ont étudié toute leur vie, avouent humblement qu'il y a en médecine des cas qu'ils ne comprennent pas; comment donc certaines personnes qui en savent bien moins qu'eux peuvent-elles être assez vaniteuses pour vouloir guérir des enfants malades? »

Et il conclut en ces termes : « Si les enfants tombent malades ou s'ils meurent, c'est souvent par défaut de soins intelligents, et sur des milliers de petites tombes on pourrait écrire : *Tués par l'ignorance.* »

A partir du moment où l'enfant marche seul, il faut mettre aux poêles, aux cheminées, aux fenêtres et aux escaliers, des garde-feu et des barrières, pour le préserver de son inexpérience. On le coiffera également d'un bourrelet pour protéger sa tête contre les chutes.

Est-il nécessaire de recommander aux mères de surveiller constamment les petits enfants, de ne jamais les perdre de vue et de ne les confier qu'à des gardes sûres, lorsqu'elles ne peuvent les emmener avec elles? Cela ne paraît pas inutile, vu le grand nombre d'accidents de tous genres qui surviennent journellement aux enfants et qui sont dus à la négligence ou à l'imprudence des parents.

En effet, beaucoup de femmes d'ouvriers, de fermières, ayant besoin de gagner leur vie au dehors, laissent leurs tout jeunes enfants sous la garde d'un aîné ou d'une aïeule, qui n'ont pas la précaution ou qui n'ont plus la force de suivre l'enfant pas à pas, et il n'est pas rare qu'elles aient à déplorer un malheur en rentrant au logis.

Dans le seul département du Pas-de-Calais on a compté en une année quarante enfants morts par imprudence; les uns avaient été brûlés, étaient tombés dans des chaudrons d'eau bouillante, s'étaient noyés dans des mares ou des fossés; d'autres s'étaient brisé les membres en tombant par la fenêtre, avaient été écrasés par des voitures, ou bien, chose plus horrible encore, avaient été dévorés par des chats, par des porcs... Cela fait frémir.

Qu'ils doivent être cuisants les remords d'une mère qui a à se reprocher la mort de son enfant!

Il nous reste à détruire deux préjugés encore assez communs dans les familles :

Le premier a rapport aux *gourmes* des petits enfants. On s'imagine généralement que ces croûtes sont la santé des enfants et qu'il est dangereux de les faire passer. C'est une erreur. On peut fort bien laver et savonner la tête des enfants à l'eau tiède ou même froide sans que leur santé en souffre. Les cheveux n'en poussent que mieux.

Si les gourmes avaient commencé à se montrer, on les enlèverait en frictionnant, le soir, la tête de l'enfant avec de l'huile d'amandes douces, puis en les frottant doucement, le lendemain matin, avec une petite brosse.

Le second a trait à la vaccination. Ce ne sera bientôt plus un préjugé, espérons-le, puisque la vaccination va être rendue obligatoire pour tous.

L'époque la plus favorable pour vacciner un enfant est le troisième ou le quatrième mois, c'est-à-dire quand il est déjà un peu fort et qu'il n'a pas encore ressenti les troubles de la dentition. Cependant on peut avancer ou retarder cette époque pour éviter les températures extrêmes de l'hiver et de l'été, quoique la vaccination puisse se pratiquer en toute saison.

Exercice de style. — 158. De l'air. Montrez que l'air est l'élément de la vie. Conseils à ce sujet. — 159. Avis relatifs aux maladies des enfants.

LECTURE.

De la nécessité de connaître la médecine domestique.

« Il entrera un jour dans les vues d'une bonne éducation, dit Raspail, que les jeunes personnes, à quelque classe qu'elles appartiennent, soient bien au courant de l'art, double aujourd'hui, et qui, tôt ou tard, n'en formera qu'un seul, de préparer les aliments et les médicaments, et connaissnt les principes qui maintiennent ou ramenent la santé. Car la médecine se simplifiant et se mettant de plus en plus à la portée de tout le monde, les médicaments cesseront d'être nombreux et complexes; et, d'un autre côté, la théorie de leur emploi ne sera plus un arcane. »

Voici sur le même sujet l'opinion d'une dame qui a beaucoup écrit sur l'éducation :

« On devrait apprendre aux jeunes filles, dit Mme de Genlis, non les principes de la médecine, non l'application des drogues, mais à les connaître et à les préparer, ainsi qu'à savoir employer et choisir les différents contrepoisons et les remèdes qui peuvent prévenir les suites funestes des accidents causés par l'arsenic, le vert-de-gris, le plomb, etc. ; et les médicaments pris à trop forte dose. Il ne serait pas moins important de leur apprendre aussi à mettre le premier appareil sur une plaie et sur une contusion, deux pansements différents, faciles à faire, mais qui demandent cependant de l'adresse et de l'habitude. Que d'avantages inestimables résulteraient de ces études bienfaisantes ! On accoutumerait ainsi les jeunes personnes à vaincre tous les dégoûts et toutes les délicatesses que l'humanité réprouve : en exerçant leurs mains innocentes et pures à s'acquitter de ces saintes fonctions, on leur ferait connaître toute l'importance d'un devoir aussi doux que sacré, celui de chercher et de saisir tous les moyens de se rendre utile aux autres, et on les mettrait en état de pouvoir un jour offrir les secours les plus efficaces et les plus nécessaires dans tous ces accidents imprévus, qui sont malheureusement si communs. Que de personnes, que d'enfants surtout, ont péri, soit en voyage, soit à la campagne, faute de ces premiers secours. La femme capable de les donner, peut-être un jour sauvera la vie de son enfant! »

D'après le docteur Saffray, l'éducation des femmes devrait comprendre les soins à donner aux malades, les secours urgents en cas d'accidents, et quelques saines notions de médecine domestique.

L'hygiène.

L'hygiène est l'art de conserver la santé et de prolonger la vie. Elle peut aussi servir à améliorer les constitutions débiles et concourir à la guérison des maladies, surtout des maladies chroniques, à leur début.

Conserver la santé, le plus grand de tous les biens, doit être le souci, le devoir de chacun. On y réussit en observant la sobriété, la tempérance, en exerçant également et dans de justes mesures le corps et l'esprit, en faisant tous ses efforts pour conserver la sérénité et le calme de l'âme, en menant une vie régulière.

La salubrité du climat, de l'air, des eaux, des habitations; les soins de la propreté sur soi et autour de soi; la modération et la régularité dans l'accomplissement des divers actes de la vie, sont les règles, les bases d'une bonne hygiène.

Nous allons traiter cet important sujet dans ses principaux détails, et leur donner l'étendue qu'ils comportent.

De la propreté.

La propreté autour de soi ne suffit pas; il faut y ajouter la propreté sur soi. La propreté du corps est de la dernière importance : un grand nombre d'infirmités et de maladies de la peau doivent leur origine à la malpropreté.

Les *ablutions* et les *bains* sont les deux moyens qui maintiennent la peau dans un état convenable de netteté; aussi les personnes qui ont souci de leur santé et qui ne veulent pas être un objet de dégoût pour les autres doivent-elles se laver tous les jours le visage et les mains, faire fréquemment usage de bains et changer souvent de linge. On ne saurait faire prendre trop tôt les mêmes habitudes aux enfants.

Tête. — Il est avantageux de s'accoutumer de bonne heure à se laver la tête, pour en ouvrir les pores, et de la laisser ensuite exposée à l'air libre.

Le peigne et la brosse sont les seuls instruments dont une jeune chevelure réclame l'usage ; encore leur emploi ne doit-il pas être trop fréquent, pour ne pas excorier et enflammer le cuir chevelu.

On peut nettoyer les cheveux avec de l'eau pure, les oindre avec quelque huile douce, pourvu qu'il ne s'y mêle pas trop d'aromates. Il vaut encore mieux les laver avec un jaune d'œuf mélangé à de l'eau tiède, ce qui donne une émulsion douce qui n'irrite pas la peau comme le savon et nettoie parfaitement la chevelure.

Quelle que soit la nuance des cheveux, il est bon de n'y rien changer par artifice. Les topiques qui dénaturent la teinte des cheveux renferment presque toujours des corps métalliques, des oxydes de plomb, etc., qui occasionnent des maux de tête, des fluxions, des tremblements ou des accidents plus graves encore.

Les composés de plomb ou d'argent qui servent à teindre les sourcils offrent aussi de grands inconvénients : ils déteignent sur la peau, pour laquelle l'absorption prolongée de ces substances est dangereuse.

D'ailleurs, si l'on songe que la nature assortit tous ses ouvrages de telle sorte qu'il n'est pas un des traits de la figure humaine qui ne s'harmonise avec le reste du visage, on en conclura qu'aucun d'eux ne saurait être arbitrairement changé sans nuire à l'aspect total de la physionomie. Des cheveux de telle nuance se trouvent naturellement associés à une certaine coloration des yeux ou plutôt de l'iris, à un certain ton mat ou brillant de la peau, etc., diverses parties d'un ensemble dont aucun trait ne peut être modifié sans produire un disgracieux contraste. De plus, les cheveux teints repoussent vers la racine avec leur couleur naturelle, ce qui exige des soins journaliers et extrêmes.

Les cheveux postiches ont de même des inconvénients : ils étiolent les cheveux naturels qu'ils recouvrent et finissent par les faire mourir et tomber.

Bouche. — La propreté exige qu'elle soit rincée tous les matins, ainsi qu'après les repas. Les dents, de leur côté, réclament beaucoup de soins. Il faut les dépouiller du tartre qui en recouvre parfois la base; pour cela, on les frotte doucement avec une petite brosse peu résistante. Une brosse dure déchausserait les dents, qui se gâteraient bientôt. L'eau simple, la poudre de quinquina et celle de charbon nettoient bien les dents, et sont les dentifrices qu'il faut préférer à tous les opiats à la mode.

Le brusque passage du chaud et du froid est fort nuisible à la conservation des dents.

Quand les dents sont agacées par de l'oseille, par divers acides, par des fruits verts, on peut remédier à cet agacement par l'eau de Seltz ou tout autre liquide chargé d'acide carbonique.

Le mal de dents provient presque toujours ou de la carie ou de névralgie. Dans le premier cas, on fait plomber ou aurifier la dent atteinte, afin d'empêcher l'air et les aliments de pénétrer dans la cavité qui s'y forme. Lorsque la carie a fait trop de progrès, l'extraction de la dent devient indispensable.

Les névralgies, les rhumatismes attaquent également les dents saines et les dents cariées, surtout dans les temps humides. Lorsque le mal prend un caractère périodique, on emploie des lotions émollientes, des bains tièdes et des purgatifs.

Yeux. — En s'éveillant, il ne faut pas exposer les yeux à un grand jour ni à une grande lumière, mais les y accoutumer peu à peu.

Les yeux ne supportent que le contact des liquides froids. Le bain d'eau froide pure fortifie les yeux, mais il ne faut pas l'employer au delà de trois fois par jour.

Lorsqu'on lit ou qu'on écrit, on doit se placer de façon à recevoir la lumière non de face, mais plutôt de côté. Si l'on travaille le soir à l'aide d'une lumière artificielle intense, il est bon d'en amortir les rayons au moyen d'un abat-jour ou d'une visière. La lumière du gaz fatigue particulièrement la vue. Le sens de la vue peut encore être altéré par un exercice trop assidu, ce qui arrive lorsque les yeux fixent continuellement ou longtemps des objets petits ou trop éclairés. Dans ce cas, on prévient la fatigue des yeux en les reposant par intervalles et en les lavant avec de l'eau fraîche.

Les exhalaisons des écuries, des lieux d'aisances, la fumée sont également préjudiciables à la vue.

La couleur des objets qui nous environnent exerce encore une grande influence sur l'organe de la vision. Le bleu et surtout le vert reposent la vue, et ce sont les couleurs dont on entoure de préférence les personnes dont les yeux sont très sensibles à la lumière.

La conservation de la vue exige un air pur, ni trop humide ni trop sec, ni trop chaud ni trop froid ; sous l'influence de ces extrêmes naissent des irritations de diverses natures. Les yeux ont besoin d'être garantis de l'action des vents, autant à cause du dessèchenent des larmes, qui en est la conséquence, que de la poussière et des corps étrangers qu'ils entraînent avec eux. Lorsque les yeux ont été soumis à l'action d'un grand vent, il faut les laver avec soin à l'eau fraîche.

Les personnes myopes, qui distinguent mal les objets éloignés, remédient à cet inconvénient en portant des lunettes à verres concaves. Les presbytes, eux, voient bien les objets éloignés, mais distinguent mal les objets proches ; ils se servent de verres convexes.

Lorsque l'usage des verres est devenu nécessaire, il faut les approprier au genre d'affection dont la vue est atteinte, et se garder de choisir un numéro trop fort ou trop faible pour les yeux. On ne doit point contracter l'habitude de porter les lunettes ou le lorgnon constamment, mais les réserver pour les circonstances où il est nécessaire d'appliquer sa vue.

Le *strabisme* (action de loucher) résulte souvent, chez les enfants, de la mauvaise exposition de leurs berceaux, qui reçoivent la lumière de côté et forcent ainsi le petit être à tourner les yeux pour chercher l'impression lumineuse. Il est donc de la dernière importance de tourner le lit ou le berceau des petits enfants soit vers la lumière si celle-ci est faible, soit contre elle, ce qui est préférable.

Oreilles. — Il faut tenir les oreilles dans un état constant de propreté, et les nettoyer tous les jours avec un cure-oreille, afin que l'accumulation du *cérumen*, qui est sujet à s'épaissir, n'altère pas le sens de l'ouïe. Mais en les nettoyant il faut se garder d'enfoncer le cure-oreille jusqu'au tympan : de pareilles imprudences ont plus d'une fois rompu cette membrane et causé la surdité. Il suffit même d'irriter le conduit auditif pour occasionner des bruissements d'oreilles, qui par leur continuité peuvent amener la même infirmité.

Les violentes détonations et les grands bruits sont nuisibles au sens de l'ouïe, en ce qu'ils peuvent déranger les différentes parties qui composent cet organe.

L'audition habituelle de sons trop violents diminue la sensibilité de l'oreille et peut déterminer la paralysie du nerf acoustique, par conséquent la surdité. Cependant on contracte aisément l'habitude de vivre au milieu d'un bruit continu, mais peu intense, tel que le bruit d'un moulin, d'une machine, etc., sans en éprouver la moindre incommodité.

Les brusques variations de température et les courants d'air sont dangereux pour l'oreille. Si l'on ne peut les éviter, il faut en atténuer ou en prévenir les effets en mettant du coton dans les oreilles.

Mains et pieds. — On doit fréquemment se laver les mains et les tenir constamment propres. Il est bon de prendre un bain de pieds tous les huit ou quinze jours. Les ongles des pieds doivent être régulièrement coupés; mais il ne faut pas les couper trop courts, ce qui pourrait causer des blessures et avoir des conséquences fâcheuses.

Il faut éviter d'avoir les pieds froids. Une marque de santé est une chaleur douce et une légère transpiration aux pieds.

Il y a des personnes qui ont toujours les pieds froids et qui pour cette raison ne peuvent s'endormir le soir. On peut les réchauffer en remplissant d'eau bouillante un cruchon que l'on ferme hermétiquement et qu'on enveloppe dans un torchon. On en bassine le lit au moment de s'y coucher, ou bien on place le cruchon à la place des pieds, entre les draps. Il communique ainsi une douce chaleur au lit, et partant aux pieds. Cependant, au dire de certains médecins, cette dernière méthode prédispose aux engelures. Il vaudrait peut-être mieux bassiner le lit et retirer ensuite le cruchon.

On peut aussi mettre aux pieds des chaussons de laine tricotée ou en molleton. Ce dernier mode est surtout recommandé pour les enfants.

Le moyen le plus sûr pour conserver les pieds chauds, c'est de prendre souvent des bains de pieds.

Bains.

On divise les bains, selon la température de l'eau, en bains tièdes, bains chauds, bains frais et bains froids.

Le bain *tiède*, de 25 à 30° centigrades, est un bain de propreté. Tout le monde devrait en prendre un au moins tous les mois. En général, un bain tiède ne doit durer qu'un quart d'heure. En sortant de là, il faut s'essuyer le corps avec des linges bien secs et éviter avec soin les courants d'air.

C'est aux convalescents qu'on recommande encore les bains tièdes et peu prolongés ; ils sont nécessaires pour enlever au corps les produits de la transpiration qui se sont accumulés pendant la maladie.

On emploie les bains *chauds* de 35 à 40° comme remèdes contre les rhumatismes et certaines maladies chroniques; ils ne conviennent guère qu'aux vieillards.

Les bains *frais* ont une température de 15 à 20°; ils sont un excellent moyen pour fortifier les constitutions débiles. Les bains dans l'eau courante sont des bains frais en été ; ces sortes de bains ne produisent de bons résultats que si les membres agissent dans l'eau. La natation et les mouvements violents augmentent les bienfaits du bain frais et permettent de le prolonger.

Quand on ne peut prendre ces sortes de bains, on les remplace avantageusement par des *frictions* ou des *douches*.

Comme tout le monde n'a pas à sa portée un appareil à douche, on emploie plus fréquemment les premières.

Les *ablutions froides* ou *frictions* sont excellentes quand elles sont pratiquées largement et sur toute la surface du corps. L'éponge est l'instrument admirablement simple de cet office salutaire : promenée rapidement sur le corps, elle le fortifie et habitue la peau à l'impression du froid.

Les *bains de mer* de 16 à 20° tonifient le corps, rougissent momentanément la peau et procurent aux nerfs de la tranquillité ; mais il serait imprudent de les prendre indifféremment sur toutes les plages et sans égard pour la saison, même d'en user sans motif et sans conseil. Les bains de mer doivent être courts, comme en général tous les bains froids.

Règle générale.

1° Il ne faut jamais entrer dans le bain quand le corps est en transpiration.

2° Il vaut mieux se baigner après le sommeil et le repos, à l'heure où le corps est calme, fort, agile et quand la digestion est accomplie.

3° En entrant dans le bain on doit immerger le corps tout entier et plonger jusqu'au cou ; il est dangereux de ne mouiller d'abord que la partie inférieure.

4° Si l'on se baigne en pleine rivière, il faut éviter les rayons d'un soleil ardent ; il est également malsain de plonger dans une eau courante pendant un orage.

5° Après la douche ou les ablutions froides, on doit se coucher et se frictionner le corps avec une couverture de laine ou bien faire une promenade, pour rétablir la chaleur normale du corps. Il faut surtout éviter tout refroidissement.

L'exercice.

Le mouvement, c'est la santé, c'est la vie ; il est aussi nécessaire que les aliments ; mais dans aucun âge il ne l'est autant que dans l'enfance et la jeunesse.

L'exercice fortifie le corps, les muscles et produit un sentiment général de bien-être ; il est d'ailleurs nécessaire au développement de l'intelligence.

Que se passe-t-il en effet, mesdemoiselles, lorsqu'au milieu de vos joyeux ébats vous arpentez en tous sens la cour de récréation ; que vous lancez un volant à la raquette, que vous sautez à la corde ou jouez à cache-

cache? Eh bien, vos muscles agissent, ils se nourrissent mieux, ils gagnent en force, le sang circule plus facilement et plus vite, la respiration est plus active, l'appétit devient meilleur, la digestion plus facile. La distraction et le plaisir qui accompagnent vos jeux répandent sur tout le corps et sur votre esprit je ne sais quelle influence secrète qui, comme un baume salutaire, ramène partout la vie et les forces ; après avoir bien joué, vous avez plus de goût à l'étude et vous retenez mieux vos leçons.

Voilà le résultat de l'exercice en général, et des jeux en particulier.

Outre les jeux de demoiselles dont nous venons de parler, on peut citer encore les jeux appropriés au développement des muscles, qui sont surtout du domaine des jeunes gens : les jeux de billard, de quilles, de paume, de billon, de balles, d'escarpolette, auxquels on peut ajouter la gymnastique.

Aujourd'hui plus que jamais, on apprécie les bienfaits de cette dernière; la *gymnastique* bien entendue peut, en effet, déterminer à elle seule la plupart des heureux effets de tous les autres exercices réunis. Faite en plein air, la gymnastique est encore plus favorable à la santé, car on obtient par surcroît les bons effets de ce que les médecins appellent avec raison un *bain d'air*.

Appliquée à l'éducation des jeunes personnes, la gymnastique ne doit être qu'un moyen exceptionnel, exigé par des circonstances particulières de santé. Le médecin d'un grand pensionnat de jeunes filles nous a dit avoir eu souvent l'occasion de constater de nombreux accidents survenus à la suite d'une fausse application de gymnastique.

Les personnes qui, pour une raison ou pour une autre, ne peuvent se livrer à la gymnastique proprement dite, devraient y suppléer par la gymnastique de mouvements, la gymnastique de *chambre*. Ceci s'adresse particulièrement aux personnes sédentaires, à qui l'on recommande encore et surtout la *promenade à pied*.

La *course* est un exercice salutaire aux enfants et aux adultes, mais elle ne convient ni aux vieillards ni aux personnes à poitrine irritable.

Les jeunes gens lymphatiques, lourds, devront particulièrement s'exercer au *saut*, exercice propre à donner de la souplesse au corps et surtout aux membres inférieurs.

Cependant de graves accidents peuvent survenir à la suite d'un saut trop élevé ou mal fait sur un plan résistant; on n'oubliera pas ce précepte important de gymnastique : « qu'il faut amortir la chute en la décomposant par la flexion successive des pieds, des jambes et des genoux. »

Indépendamment de la double influence de la distraction et d'un air sans cesse renouvelé, la *promenade en voiture* est, par elle-même, favorable aux convalescents, aux personnes d'une constitution nerveuse, aux vieillards débiles. Cet exercice passif a l'avantage d'augmenter le mouvement de nutrition sans occasionner aucune déperdition de forces.

Peu nécessaire aux hommes, qui ont bien d'autres moyens d'exercer leurs membres, la *danse* en elle-même est utile à la santé des jeunes filles. Malheureusement l'excitation nerveuse qu'elle produit dans les bals vient trop souvent détruire les bons effets musculaires qu'on lui doit.

L'*équitation* est un exercice fort utile, en ceci qu'elle exerce à l'air libre un grand nombre de muscles, et que, par les secousses qu'elle imprime aux viscères de l'abdomen, elle facilite singulièrement le cours du sang.

Le célèbre Sydenham recommandait l'exercice du cheval dans beaucoup de maladies chroniques, entre autres dans la goutte et la consomption pulmonaire; mais, pour que cet exercice soit salutaire, il faut qu'il soit longtemps continué.

Les petites filles, qui ne peuvent se livrer à ce plaisir, s'en dédommagent en faisant la chasse aux jolis papillons des prairies, dont elles ornent leurs collections ou celles de leurs frères.

Mais l'exercice le plus nécessaire, celui auquel tout le monde peut se livrer sans inconvénient, c'est le *travail*, qui est aussi bien une des lois de l'hygiène qu'une loi de la nature. Contenu dans de justes limites, le travail exerce les organes, occupe l'activité, maintient l'appétit et préserve de l'ennui :

> Le travail et la sobriété
> Sont les deux colonnes de la santé.

EXERCICE DE STYLE. — 160. La propreté, la sobriété et l'exercice sont les trois conditions essentielles pour conserver la santé.

Sommeil.

Le sommeil est un besoin impérieux de la nature, auquel on ne saurait se soustraire sans danger. Les veilles longtemps et habituellement prolongées, qu'elles aient pour cause les plaisirs ou les travaux corporels, affaiblissent le corps et produisent une vieillesse anticipée.

Les effets de la veille se compliquent en outre d'influences étrangères, dues aux circonstances du milieu où elle se fait. Est-ce dans les fêtes du monde, les bals, les soirées? La lumière factice, l'encombrement, la respiration d'un air vicié, les boissons spiritueuses et la profusion d'aliments de haut goût viennent apporter leur part d'influence fâcheuse. Est-ce au milieu de l'exaltation des travaux de l'esprit? c'est sur le cerveau que retombe alors en partie le coup de ces excès, dont le résultat est souvent l'aliénation mentale.

Le jour est destiné au mouvement, à l'exercice de la vie extérieure; la nuit, au repos. On ne saurait impunément renverser l'ordre établi.

Le sommeil exerce une influence douce et salutaire sur l'économie corporelle; il répare les pertes éprouvées pendant la veille, repose l'intelligence et rend à l'esprit sa souplesse et son activité. Mais, pour être bienfaisant, le sommeil ne doit être ni trop long ni trop court. D'après les médecins, il faut dix à douze heures aux enfants, neuf aux adolescents ainsi qu'aux femmes et aux personnes faibles ou lymphatiques; huit heures suffisent aux hommes faits.

Il est mauvais de se coucher immédiatement après avoir mangé; la digestion, étant alors précipitée, ne se fait qu'imparfaitement. On exige au moins deux heures d'intervalle entre le repas et le coucher.

Il est nuisible de dormir assis : cette position entrave la circulation du sang. Il est bon de se coucher de préférence du côté droit quand on a eu lieu de croire que la digestion n'est pas terminée, et de se tourner ensuite du côté gauche. Lorsqu'on se couche sur le dos, on s'expose à avoir des cauchemars.

Il est malsain de coucher dans une chambre qu'on a habitée et dans laquelle on a fait du feu le jour; autant que possible, il faut avoir une chambre à coucher spécialement affectée à cet usage.

Les rideaux du lit doivent rester ouverts la nuit, afin de mieux laisser circuler l'air; il vaudrait même mieux ne pas garnir le lit de rideaux.

Gardez-vous de laisser les fenêtres ouvertes pendant votre sommeil : une journée de forte chaleur est souvent suivie d'une nuit fraîche, ou bien un orage rafraîchit l'air tout d'un coup, et, si l'on a eu l'imprudence de laisser les fenêtres ouvertes, ce refroidissement surprend le corps en moiteur et peut devenir la cause de maladies graves.

Les provocations au sommeil sont toujours dangereuses. Les narcotiques ne doivent être employés que sur l'ordre des médecins; quant à l'habitude de bercer les enfants pour les endormir, elle est également pernicieuse. Le sommeil vient chez eux avec une grande facilité; s'ils pleurent, c'est le résultat de quelque souffrance qu'il faut s'attacher à reconnaître plutôt que de chercher à les endormir.

Ajoutons qu'il est imprudent de réveiller les enfants en sursaut ; il peut en résulter des accidents nerveux extrêmement fâcheux.

Quelques personnes consacrent au sommeil une heure ou deux par jour pendant les grandes chaleurs ; cette coutume, bonne dans les pays chauds, n'est pas nécessaire dans nos contrées, et le mieux est de ne pas la contracter. L'habitude de faire la méridienne doit cependant être respectée chez les personnes à nerfs délicats et chez les enfants. On prétend qu'elle est nuisible aux personnes corpulentes et les prédispose à l'apoplexie.

Hygiène de la nourriture.

Nous différons tous par l'estomac autant que par les traits du visage ; il est donc impossible de préciser le genre d'aliments dont chacun doit faire usage. Disons seulement que l'homme des champs et l'ouvrier doivent manger plus que le citadin oisif ou l'homme sédentaire, d'abord parce qu'ils se fatiguent davantage, ensuite parce que leur nourriture est plus grossière et moins nutritive. L'ouvrier a l'appétit ouvert de grand matin, l'estomac robuste, la digestion facile et prompte et le palais peu délicat : il ne doit pas travailler à jeun. Il faut qu'il s'alimente non seulement pour le moment présent, mais encore par provision, pour la fatigue à venir. Les plus grosses viandes, celle de bœuf et de porc, le pain le plus grossier, les pommes de terre et les légumes farineux : tels sont les mets que l'ouvrier préfère. Ce qui ruine ses forces et sa santé, c'est que souvent son premier repas se compose de mauvaises boissons, qui l'énervent après l'avoir excité.

Le rentier et l'homme du monde doivent plutôt rester en deçà de leur appétit : la sobriété doit être leur règle invariable. L'homme de lettres et l'homme de bureau ont besoin d'un régime fortifiant, de même que les convalescents.

Le régime alimentaire doit varier suivant les saisons; pendant les chaleurs, l'appétit est mou, le besoin de réparation moins pressant; il faut donc user d'aliments légers et faire surtout appel aux végétaux. En hiver, l'activité digestive se développe, et c'est surtout alors qu'il faut user d'une alimentation animale.

Dans les pays de montagnes, où l'on respire un air vif, l'appétit est remarquable et demande à être satisfait plus fréquemment que dans les contrées basses et humides, où cette sensation est toujours languissante.

Mais comment allier une nourriture forte et abondante avec les ressources souvent modiques d'un ménage bourgeois? C'est là le secret de la femme économe et pleine de savoir-faire.

A la campagne, il est plus facile de se nourrir bien et à meilleur compte qu'à la ville, où il faut tout acheter. Dans une ferme, on a le pain, les légumes, le lait, le lard et la basse-cour à portée; mais encore faut-il savoir faire ses provisions et les employer à temps, préparer les mets, et surtout les varier.

Beaucoup de fermières, sous prétexte qu'elles sont pressées par l'ouvrage, font ce qu'on appelle communément la cuisine *à la va vite*. C'est là un système pernicieux sous beaucoup de rapports : les mets mal cuits digèrent mal et causent des indispositions, pendant lesquelles l'ouvrage languit ou ne se fait pas. Il y aurait donc pour la ferme plus de profit si la fermière mettait plus de soin à la préparation de la nourriture de ses gens.

Il faut de la variété dans les aliments; est-ce à dire que, pour suivre les préceptes de l'hygiène, cinq ou six plats soient de rigueur à chaque repas? Au contraire : un ou deux plats de viande et un plat de légumes, voilà le menu que conseillent les médecins.

Par la variété dans les mets, on entend ne pas manger du même plat à chaque repas et durant plusieurs jours de suite. Il y a des ménagères qui ne se lassent pas d'apporter sur la table la même soupe, le même plat, parce que, disent-elles, *l'appétit est le meilleur assaisonnement.* Certainement on vivrait, à la rigueur, d'un régime uniforme, monotone, bien qu'il dût nuire à l'économie du corps et blaser l'estomac ; mais on vit mieux et à aussi peu de frais d'un régime plus varié.

Ajoutons que le grand talent d'une femme est de savoir varier la cuisine du ménage, car il faut éviter que les hommes cherchent, hors de chez eux, l'occasion de faire un copieux repas, que suivrait souvent l'abus des liqueurs fortes. Une des conditions essentielles à la santé et à l'économie domestique consiste dans une nourriture frugale, mais saine, variée avec intelligence et selon les saisons, soignée dans sa préparation, et servie d'une manière appétissante. C'est au savoir-faire de la ménagère à réunir ces diverses qualités, à allier la simplicité à la variété, l'abondance à l'économie, à conformer le tout aux règles de l'hygiène.

Hygiène de la table et des repas.

Il est d'usage, dans nos contrées, de faire trois repas par jour : le *déjeuner* à huit ou neuf heures du matin, le *diner* à midi et le *souper* à sept heures. Les enfants ajoutent un quatrième repas, le *goûter,* car les repas doivent être plus rapprochés dans l'enfance.

Il faut mettre entre les repas un intervalle raisonnable. Manger trop souvent est gourmandise, surcharge l'estomac et peut causer des indigestions ; attendre que l'aiguillon de la faim se fasse vivement sentir est également mauvais. L'estomac, dans ce cas, éprouve des tiraillements auxquels succède une sorte de torpeur, et, lorsqu'on se met alors à table, on éprouve de la répugnance à manger. Règle générale, on peut prendre de la nourriture toutes les quatre heures; il est bien rare qu'au bout de ce temps la digestion du repas précédent ne soit pas faite.

Les repas peuvent être plus nombreux et plus rapprochés quand on se nourrit d'aliments végétaux. Le régime maigre donne lieu à des digestions plus promptes; voilà pourquoi la faim poursuit le campagnard, qui se nourrit de légumes et de fruits, plus souvent que le citadin, dont la nourriture est principalement animale.

Dans la classe des fonctionnaires et dans celle des oisifs, les deux principaux repas ont lieu vers onze heures du matin et entre cinq et six heures du soir. Le dîner est plus important que le déjeuner, et il s'écoule toujours un temps assez long entre ce repas et le coucher, pour que la digestion soit complète. On recommande aux gens adonnés aux travaux de l'esprit de ne faire qu'un déjeuner léger, qui n'exige point un travail digestif trop énergique, lequel détournerait à son profit une grande partie de l'activité intellectuelle.

La régularité dans les heures des repas importe à la digestion, comme la digestion elle-même importe à la santé.

« Voulez-vous que la nourriture vous profite ? dit un vieux médecin; dînez toujours avec des gens réjouis. Entretenez autant que possible la bonne humeur à votre table; n'y tolérez aucune discussion irritante, ni querelle ni controverse. Une querelle en mangeant est tout aussi bonne pour l'estomac que si l'on avalait une pelote d'épingles. »

Avant de manger, il est bon de prendre de l'exercice pour stimuler l'appétit; un exercice modéré convient également après le repas. Nous disons modéré, car on trouble la digestion par les exercices violents, la fatigue, et l'on s'expose à des indigestions toujours pénibles, quelquefois graves. C'est pour la même raison qu'il faut éviter la contention d'esprit après les repas, surtout après le dîner, ne pas lire ni s'occuper de tout autre travail d'esprit. On ne reprend ses occupations ordinaires que lorsque la digestion est entièrement faite.

Hygiène des aliments.

L'homme se nourrit principalement de la chair et de certains produits des animaux, de légumes et de fruits. La viande forme l'alimentation la plus nourrissante.

On distingue trois sortes de viandes : la viande *rouge*, comme celle du bœuf et du mouton; la chair *blanche*, qui nous est fournie par le veau, le lapin privé, le poulet; la viande *noire* du lièvre, du lapin de garenne, du canard sauvage et du gibier en général. La viande rouge passe pour être la plus nourrissante; la chair blanche est plus rafraîchissante que nourrissante; la chair noire est échauffante.

La chair du bœuf est plus succulente et plus nutritive que celle de la vache; cette dernière est moins échauffante et d'une digestion plus facile. La viande du mouton est plus savoureuse que celle de la brebis, etc. L'âge de l'animal influe également sur la qualité de la viande : ainsi la chair du mouton et de la brebis est plus nourrissante que celle de l'agneau, celle du porc plus que celle du cochon de lait, etc.

La chair d'un même animal n'est pas la même dans les différentes parties de son corps; les chairs intérieures sont plus délicates que celles du dehors; la viande courte est plus tendre et plus digestive que la viande à fibres longues. C'est le filet, base de tout *bifteck*, qui est le meilleur morceau; puis vient l'aloyau.

La façon dont les aliments sont cuits influe également sur leur saveur et sur leur digestibilité. Il n'y a que quatre manières différentes de soumettre la viande à la cuisson : on la fait *bouillir* à l'eau, cuire dans son jus (*étuvée*), *rôtir* ou *frire*.

Les viandes *bouillies* possèdent moins de principes

nutritifs et sont les moins savoureuses. L'eau dans laquelle elles ont bouilli en a extrait les principes essentiels. Le *bouillon* est le résultat de ce mode de cuisson; il est nourrissant, mais d'une digestion difficile, comme tous les liquides en général. On y remédie en le rendant *solide* au moyen de pain, de tapioca, de vermicelle, etc. Le bouillon participe des qualités de la viande qui sert à le composer : le bouillon de poulet n'est qu'une espèce de tisane douce et fade; le bouillon de veau est laxatif et fort peu nourrissant; le bouillon de bœuf est le seul qui soit vraiment nutritif. La chair de porc, qu'y ajoutent souvent les campagnards, rend le bouillon âpre, lourd et indigeste, que des estomacs robustes peuvent seuls digérer. Plus le bouillon est gras, plus il se digère difficilement.

Dans l'*étuvée*, la chair se pénètre fortement de vapeurs chaudes; elle s'attendrit, se cuit parfaitement sans s'épuiser, sans se dessécher et conserve ainsi tout son suc. La viande cuite de cette sorte est nourrissante et facile à digérer.

Rôtie ou *grillée*, la viande retient à elle tout ce qu'elle a de nourrissant : son suc et son arome. Les grillades de bœuf, les biftecks, le rosbif, le filet et l'aloyau rôtis, le gigot de mouton à la broche et les côtelettes cuites sur le gril sont de toutes les viandes les plus nourrissantes et celles qui conviennent le mieux aux personnes qui fatiguent beaucoup, ainsi qu'aux gens nerveux et aux convalescents.

La *friture* attendrit également les viandes, mais elle est nuisible aux estomacs délicats.

Les hachis, les pâtés et les viandes accommodées à des sauces diverses sont moins digestibles que les viandes rôties, à cause des principes étrangers, notamment de la graisse, auxquels on les associe. Les viandes unies à certains légumes forment de bonnes préparations alimentaires et sont avec raison les plus usitées dans l'économie domestique.

Le lard est un aliment sain et nourrissant, mais qui ne saurait convenir aux vieillards ni aux convalescents. Le jambon, à cause de son mode de préparation, ne mérite pas le même reproche ; il se digère bien.

Le boudin se compose de sang de porc auquel on mélange des oignons et des raisins ; c'est un mets lourd et peu délicat, quoi qu'en disent les gourmets. Il exige une cuisson suffisante sans être excessive, comme, du reste, tout ce qui provient du porc ou du sanglier.

Les viandes provenant d'animaux malades doivent être sévèrement rejetées, car plusieurs maladies sont ainsi transmissibles des animaux à l'homme. Telle est la *trichinose*, qui nous est communiquée par la chair de porc, terrible maladie contre laquelle la science est impuissante. Elle vient d'Amérique et sévit depuis quelque temps déjà en Allemagne, où l'on consomme une grande quantité de lard cru ou cuit. Il est donc prudent de ne jamais manger de viande qui n'ait été suffisamment cuite.

Immédiatement après la viande, les œufs et le lait méritent la première place comme aliments nourrissants.

Les œufs se composent de deux substances distinctes, de deux *principes*, pour nous servir du terme employé par les naturalistes : le blanc de l'œuf, qui est de l'albumine presque pure, et le jaune, qui est huileux. La cuisson condense et durcit ces deux substances, qui perdent de leurs qualités digestibles avec la cuisson plus ou moins prolongée ou par les ingrédients qu'on leur mélange. Il s'ensuit que les œufs à la coque sont les plus faciles à digérer ; puis viennent les œufs pochés, les œufs sur le plat, l'omelette simple et tendre, sans lard ni jambon, sans rognons ni fromage ; viennent ensuite les œufs brouillés, mais sans artichauts ni pointes d'asperges, les œufs à la neige, etc. Au contraire, les œufs frits, les œufs à l'oseille, au gratin, les œufs farcis et les œufs durs sont indigestes.

Le lait se compose de trois parties : la *crème*, d'où provient le beurre, le *caséum* ou caillé, avec lequel on fait le fromage, et le *sérum* ou petit-lait, qui est une boisson rafraîchissante. La crème est la partie la plus nourrissante du lait; c'est pour cela que le lait écrémé, dans lequel il ne reste plus de crème, est beaucoup moins bienfaisant que le lait qui vient d'être trait.

Le lait diffère selon l'animal qui le produit. Le plus léger, le plus aqueux de tous est le lait d'ânesse, un des plus sucrés, mais qui contient le moins de crème. Le lait de vache est plus crémeux, mais moins sucré. Le lait de brebis et de chèvre est plus caséeux, mais aussi moins digestible que le lait de vache. Dans certaines contrées, on fait usage de lait de jument, qui a quelque analogie avec le lait d'ânesse, et du lait de chamelle, qui se rapproche un peu du lait de chèvre.

Les qualités du lait varient suivant une foule de conditions : l'âge et l'état de santé de la vache, la saison, la qualité des fourrages, etc. Les herbes fraîches sont celles qui donnent le meilleur lait.

Le lait forme à lui seul une nourriture suffisante pour les enfants encore dépourvus des organes de la mastication. C'est un aliment doux, calmant, nourrissant et d'une digestion facile. Le lait remédie aux excès des toniques et des excitants; il est de plus, dans certaines circonstances, un contrepoison.

Parmi les végétaux, ce sont ceux à fécule, surtout le blé et le seigle, dont nous faisons le pain, qui doivent tenir le premier rang. Le pain est un aliment complet et la base de notre nourriture. Pour être bon, il doit être bien levé, bien cuit et la mie avoir des yeux. Le pain chaud est indigeste; il doit être mangé le lendemain de sa cuisson ou du moins plusieurs heures après sa sortie du four. Le pain blanc, en France, est fait d'un mélange de farine de froment et d'une plus petite quantité de seigle. Pour la confection du pain bis, les cultivateurs ajoutent un tiers de farine d'orge, d'avoine ou de sarrasin. Le pain noir des Allemands est fait d'orge non mondée et d'avoine.

La farine de froment est l'élément principal de l'alimentation des enfants ; mélangée au lait, elle forme la bouillie, nourriture digeste, mais qui, donnée en trop grande quantité, fatigue les organes digestifs et est rejetée par les enfants. La farine de blé dur sert à confectionner les *pâtes*, telles que le macaroni, les pâtes d'Italie. Avec le gruau ou avoine mondée, on fait le vermicelle. Ces pâtes forment un aliment digestif et nourrissant; cependant elles perdent de leurs qualités lorsqu'on les unit au fromage, comme il arrive au macaroni.

La farine sert encore à de nombreuses préparations culinaires, telles que sauces blanches, les *roux*, etc., préparations d'une digestion laborieuse, que les estomacs languissants ne supportent pas, et les pâtisseries, dont, pour la même raison, il faut user sobrement.

La farine de châtaignes, base de l'alimentation des habitants d'une grande partie de la France, est saine et très nourrissante; on fait avec les châtaignes des crèmes agréables au goût et de facile digestion.

Le maïs et le riz tiennent lieu de froment dans certaines contrées. Le riz se mange chez nous en grains dans le bouillon ou au lait, en gâteaux, en breuvage comme tisane. Le maïs est employé en bouillie connue sous le nom de gaude, miliasse ou polenta.

Le sagou et le tapioca, fécules extraites de plantes exotiques, sont aussi doux à la poitrine qu'au palais, et s'emploient en outre contre les irritations d'estomac et les insomnies.

La pomme de terre est sous toutes ses formes, et elles sont nombreuses, un aliment sain, agréable, nourrissant et le plus usuel de nos villes et de nos campagnes. La fécule de pomme de terre est également un aliment très digestif, qui convient aux enfants, aux personnes affaiblies et aux convalescents. Elle entre dans la préparation du biscuit, de quelques autres pâtisseries et dans la confection de la sauce aux tomates.

Les légumes.

Les végétaux, sauf les féculents, sont en général peu nourrissants ; mais ils sont très digestibles et s'assimilent sans fatiguer l'estomac ; c'est pourquoi il faut les joindre à l'alimentation animale.

Les fèves, les haricots, les pois et les lentilles sont des farineux nourrissants, mais d'une digestion laborieuse, sauf les pois. Les lentilles sont plus nourrissantes que les premiers.

Les diverses espèces de *choux* sont excitantes ; ils se digèrent assez bien.

Le *navet* est un légume aqueux et aromatique qui se rapproche du chou par ses qualités.

La *carotte* a cela de particulier que, de quelque manière qu'on la prépare, elle rassasie passagèrement sans nourrir et pour ainsi dire sans être digérée.

L'*asperge* est légère à l'estomac ; elle est diurétique, et sa racine est employée en médecine. Elle calme les battements du cœur et remédie aux palpitations nerveuses.

L'*artichaut* est indigeste ; la cuisson corrige cet inconvénient. L'artichaut agite quelquefois à la manière du café, jusqu'à nuire au sommeil ; il est bon de ne pas en manger au souper.

L'*oseille* est adoucissante, mais acide ; elle ne convient pas à tous les estomacs.

Les *épinards* sont aussi peu digestibles que les carottes ; ils servent à débarrasser l'estomac, à peu près comme le thé.

Les *salsifis* sont un légume léger, qu'on joint à différentes viandes, principalement au lapin. Ils sont nourrissants et ne causent aucune excitation.

Les légumes connus sous le nom de *salades* ont des propriétés diverses : la chicorée cuite ou crue est laxative, surtout la variété inculte; la laitue, tendre et aqueuse, favorise le sommeil; la romaine, qui est une variété de la précédente, possède les mêmes qualités; la scarole et l'endive sont moins digestes; le céleri est excitant; la raiponce est nourrissante, ainsi que le pissenlit, qui de plus est amer et un peu tonique.

Le *concombre* est un fruit froid et adoucissant, mais d'une digestion difficile, de même que la courge. La *citrouille* ou *potiron* est moins indigeste, parce qu'on l'emploie en potages, dont le lait forme la base.

Le *melon* est également difficile à digérer; c'est pour cela qu'on le sert au commencement du repas, comme hors-d'œuvre, au moment où l'appétit est plus vivace et l'estomac plus énergique. Il est bon de saler le melon et de l'arroser d'un vin généreux. Lorsqu'il est servi au dessert, il occasionne souvent des indigestions.

Les végétaux sont susceptibles de divers modes de préparation, qu'on leur fait subir pour les conserver, et qui sont connues sous le nom de *conserves*, *gelées* et *confitures*. Les conserves ne valent jamais les légumes frais; mais les gelées et les confitures, dans lesquelles le sucre entre pour moitié, forment un aliment sain, agréable et digeste, qui convient bien aux enfants, aux malades et aux convalescents.

Les poissons.

Les poissons forment une source féconde d'alimentation, intermédiaire, pour les propriétés nutritives, entre les végétaux et les mammifères.

Le degré de digestibilité des poissons s'établit d'après les caractères apparents de leur chair. Les plus digestibles sont ceux dont la chair est blanche, assez consistante, friable, peu fournie de graisse; tels sont parmi les poissons d'eau douce : la perche, la carpe et la truite, surtout la truite saumonée ; parmi les poissons de mer : l'éperlan, la limande, la sole, la barbue, le jeune saumon et le jeune turbot. Les poissons qui ont la chair ferme, colorée et grasse sont moins digestibles que les précédents ; mais ils ont une puissance nutritive supérieure et conviennent mieux aux personnes dont l'estomac ne réclame pas de minutieuses précautions. Citons dans cette classe : l'alose, le brochet, le barbeau, la tanche, l'anguille, et, parmi les poissons de mer : la sardine, le saumon, le maquereau, le thon, le hareng frais, la morue fraîche, l'esturgeon et la raie.

Le grillage est la préparation la plus digestible qu'on puisse faire subir au poisson ; plus habituellement, on le fait *au bleu*, c'est-à-dire cuit à l'eau avec différents assaisonnements ; le procédé le moins avantageux est la friture, à cause de la graisse, huile ou beurre, qui imbibe les fibres du poisson ; cependant c'est la cuisson qui convient aux poissons naturellement gras.

Les poissons salés ou fumés, tels que le hareng et la morue, en usage surtout parmi la classe ouvrière, sont irritants, et leur digestion exige l'action d'estomacs robustes.

On peut rapprocher des poissons certains *crustacés*, tels que les langoustes, homards, crabes, crevettes et les écrevisses. Les premiers sont éminemment indigestes ; les crabes, les crevettes et les écrevisses le sont moins ; cependant ils ne sauraient convenir aux estomacs faibles et aux convalescents. Ces animaux deviennent insalubres lorsqu'ils ne sont plus frais.

Enfin les *mollusques* comestibles : l'huître, la moule et l'escargot, prennent également place ici.

Les huîtres forment un aliment peu nourrissant, mais très digestible, propriété qu'elles doivent à l'eau de mer qu'elles contiennent. Elles veulent être mangées fraîches.

Les moules se mangent habituellement cuites ; elles sont indigestes et déterminent quelquefois les symptômes de l'empoisonnement, ainsi que des éruptions à la peau d'une nature particulière. Il est prudent de tremper une cuiller d'argent ou de mettre un oignon dans l'eau dans laquelle elles cuisent, pour s'assurer qu'elles ne sont pas malfaisantes. La cuiller ou l'oignon deviennent-ils noirs? les moules sont empoisonnées.

L'escargot est un mets recherché des gourmets; il est nourrissant, mais d'une digestion laborieuse. Les escargots les plus estimés sont ceux appelés *huîtres* de Bourgogne.

Dans les campagnes, on mange aussi les grenouilles. La chair de ces *batraciens* est gélatineuse, blanche et délicate; c'est un aliment sain, léger, qui convient aux personnes faibles.

Les fruits.

Les fruits forment un aliment sain lorsqu'ils sont mûrs et de bonne qualité.

On peut les classer en trois catégories : les fruits *sucrés*, les fruits *acides* et les fruits *huileux*.

1° Le *raisin* fait partie de la première division; c'est un fruit sain et rafraîchissant lorsqu'il est mûr, surtout le blanc; mais il peut occasionner la dysenterie lorsqu'on le mange vert. Il convient de rejeter la pellicule du raisin comme indigeste.

Les *figues* et les *dattes* sont des fruits succulents, sucrés et nourrissants, qui entrent pour beaucoup dans l'alimentation des peuples du Midi. Sèches, elles sont encore délicates et adoucissantes.

La *pêche* est sucrée et rafraîchissante; elle se digère d'autant plus aisément qu'on y ajoute souvent du vin et du sucre en poudre.

L'*abricot* est plus aromatique, mais plus lourd que la pêche. On recommande aux personnes délicates de le manger de préférence cuit, sous forme de marmelade ou de compote. L'amande du noyau de l'abricot contient de l'acide prussique en quantité assez notable pour causer des accidents graves.

Les enfants doivent s'abstenir de la manger.

Les *prunes*, dont la reine-claude et la mirabelle sont des variétés, contiennent beaucoup de sucre et peu d'acide ; mais, comme elles sont aqueuses, il faut se montrer sobre à leur égard et les manger plutôt en marmelade ou à l'eau-de-vie. L'espèce conservée sous le nom de *pruneaux* forme un aliment sain et légèrement laxatif.

Les *cerises* sont rafraîchissantes et se digèrent aisément. Les cerises aigres gagnent en digestibilité lorsqu'elles sont cuites ou assaisonnées de sucre.

Les *fraises*, les *framboises* et les *mûres* contiennent beaucoup de sucre, un peu d'acide et une huile essentielle qui leur donne un arome particulier. Elles conviennent presque à tous les estomacs, sans doute parce qu'on les mange avec plaisir, avec modération et comme dessert. On exprime quelquefois sur les fraises et sur le sucre, qu'on y joint, un peu de jus d'orange ou quelques gouttes de vinaigre ; ce qui augmente leur arome. Ainsi préparées, on les appelle fraises *à la créole*. Lorsqu'on mange les fraises soit à la crème, soit au lait caillé, elles sont plus indigestes et peuvent occasionner des vomissements.

L'*orange* est un fruit délicieux, rafraîchissant, qui convient également aux malades, aux enfants et aux personnes bien portantes.

2° Parmi les fruits acides, les *groseilles* sont également rafraîchissantes, mais il ne faut pas en abuser. Les groseilles à maquereau sont moins acides, quoique plus indigestes que les autres.

Les *pommes* et les *poires*, dont les espèces varient à l'infini, sont d'autant plus digestibles qu'elles contiennent moins d'acide. Cuites, elles conviennent aux estomacs délicats et aux convalescents.

Les baies de myrtile, que l'on trouve dans nos forêts de l'Est, ne sont qu'aigrelettes; elles noircissent les lèvres.

La *nèfle*, qui a quelque ressemblance avec certaines pommes, est plutôt pâteuse qu'acide; elle renferme de petits noyaux pierreux en si grand nombre, qu'il est dangereux d'en permettre l'usage aux petits enfants.

3° Les fruits huileux comprennent les *noix*, les *noisettes*, les *amandes* et les *olives*; ils sont lourds à l'estomac et d'une digestion difficile. De plus, ils provoquent la toux. Les noix fraîches ou *cerneaux* deviennent plus digestibles lorsqu'on les immerge d'eau salée et vinaigrée. Les amandes amères doivent leur goût pénétrant à l'acide prussique qu'elles renferment; il faut en user sobrement. On les joint en petite quantité aux amandes douces pour faire le lait d'amandes et le sirop d'orgeat.

Assaisonnements ou condiments.

Les condiments sont des substances qu'on mêle aux aliments pour modifier ou stimuler leur goût, leurs facultés digestives ou nutritives. Les assaisonnements sont des auxiliaires puissants pour nos ménagères; ils leur servent à varier les mets, variété sans laquelle l'estomac se fatiguerait aisément de la meilleure nourriture. Ce dégoût, qui influe tant sur la digestion, est donc combattu, vaincu par les assaisonnements.

Un usage modéré des condiments les plus simples est favorable à l'entretien de l'estomac; mais, en ce point plus qu'en tout autre, il est important de se garder de l'abus. Un mets bien assaisonné excite souvent l'appétit de manière à l'exagérer; quelquefois l'estomac est déjà surchargé d'aliments quand le plaisir de manger, entretenu par les artifices d'un savant cuisinier, est encore flagrant.

Parmi les condiments, il y en a qui sont sucrés,

d'autres acides, quelques-uns stimulants, d'autres stimulants et aromatiques.

Le sucre est un condiment fréquemment employé. Il dessèche la bouche et tarit la salive et même les sucs gastriques, ce qui rend les digestions pénibles et dispose à la constipation. Le sucre n'est salutaire que dissous ou combiné, principalement quand on le joint au lait, à l'eau, aux fécules, aux fruits acides. Le sucre convient aux enfants, aux personnes affaiblies et aux convalescents.

Le miel peut être substitué au sucre. Il diffère de celui-ci en ce qu'il est laxatif et plus adoucissant. Mme de Sévigné prétendait que le miel, mélangé au café ou à d'autres breuvages, *console la poitrine*.

Les condiments *acides* conviennent surtout dans les saisons chaudes; ils calment la soif et rafraîchissent le sang. Le vinaigre, le jus de citron, le verjus, l'oseille, les cornichons et les câpres font partie de cette division. Employés en petite quantité, ils stimulent l'appétit et déterminent une sécrétion abondante de salive et de suc gastrique. L'abus du vinaigre entraîne des irritations de la gorge et de l'estomac et provoque la toux. Lorsqu'on en fait longtemps un usage immodéré, le vinaigre cause l'amaigrissement, et en même temps des troubles, souvent incurables, des organes digestifs. On ne saurait condamner assez l'impardonnable habitude de quelques jeunes personnes, qui boivent du vinaigre pour s'opposer à un embonpoint gênant leur coquetterie. Elles réussissent parfois, mais aux dépens de ce qui est mille fois préférable à la finesse de la taille : aux dépens de leur santé.

Les *stimulants* purs comprennent : le sel, la moutarde, le raifort, l'ail, l'échalotte, l'oignon, la ciboule et le poireau.

Le sel est le plus nécessaire des condiments; sa saveur rend les aliments agréables au goût et stimule notre appétit. Il produit du suc digestif et augmente l'activité de l'estomac. Les naturalistes ont expérimenté que la chair des animaux est beaucoup plus lentement digérée quand elle est privée de sel que lorsqu'elle est salée. Les pastilles de bicarbonate de soude, à cause du sel qu'elles contiennent, sont un puissant moyen de hâter la digestion et de la rendre parfaite. Il en est de même des eaux alcalines et gazeuses.

La moutarde est après le sel le plus employé des stimulants. Elle provient, comme on sait, de la graine de moutarde ou sénevé, à laquelle les moutardiers ajoutent bon nombre d'ingrédients aromatiques. Il est avantageux de faire usage de la moutarde pure en poudre, que l'on prépare, au fur et à mesure de la consommation, en y ajoutant un peu de vinaigre à l'estragon. Les personnes qui la trouveraient trop excitante pourraient au besoin substituer l'eau pure ou un peu de bouillon au vinaigre.

Les *stimulants aromatiques* sont : le poivre, le girofle, la muscade, la cannelle, le piment, le thym, le romarin, le persil, le cerfeuil, le fenouil, l'hysope, l'estragon, le laurier, la vanille et l'eau de fleurs d'oranger.

L'action de cette classe d'assaisonnements se fait moins sentir à la bouche; mais ils ont une qualité aromatique qui donne du ton à l'estomac. La plupart d'entre eux s'associent fort bien avec les chairs blanches et fades du poulet, du veau ou du poisson, avec quelques légumes aqueux et les ragoûts, ou entrent dans le *bouquet* du pot-au-feu. Le fenouil n'est guère employé que pour former une litière aux maquereaux à griller. La vanille sert à aromatiser les crèmes et quelques pâtisseries, et la cannelle, certains gâteaux ou des breuvages spiritueux.

On range quelquefois, parmi les condiments, certaines substances qui sont plutôt alimentaires, telles que les truffes, les champignons, les olives, les anchois, les sardines saumurées, quelques viandes très faisandées ou fumées, la choucroute, etc.

Les truffes se mangent soit seules, soit sautées au vin, soit unies à diverses viandes, à la volaille, au gibier, à la charcuterie, au poisson et aux œufs. C'est un mets fort excitant, qui produit parfois l'insomnie, et à l'égard duquel on ne saurait montrer trop de sobriété.

Les corps gras, tels que le beurre, l'huile, la graisse et la crème, journellement usités dans la cuisine, rendent les aliments plus tendres, plus faciles à digérer, à condition d'être employés sans excès. La trop grande quantité de ces substances détruit ces bons effets et rend, au contraire, la digestion lente et laborieuse.

Hygiène des boissons.

Les boissons nous sont presque aussi indispensables que les aliments solides ; ce sont des dissolvants nécessaires à la digestion. Le manque de breuvages cause la soif, sensation plus pénible encore que la faim. La privation d'eau produit la rage chez certains animaux.

Les boissons se divisent en boissons *aqueuses*, *alcooliques* ou *fermentées*, *aromatiques* et *acides*.

1° Les *boissons aqueuses* se réduisent à l'eau, dont l'eau de source et l'eau de rivière sont les seules potables dans nos pays. L'eau de puits peut être considérée comme une eau de source, mais stagnante et mal aérée.

Pour servir de boisson, l'eau, quelle que soit d'ailleurs son origine, doit offrir les conditions suivantes : être limpide, fraîche, sans odeur, dissoudre le savon, bien cuire les légumes et ne pas troubler la digestion.

L'eau de rivière est celle à laquelle on attribue le plus de qualités ; elle a pu déposer, dans son cours, les sels qu'elle avait apportés de sa source et est bien aérée. Il importe toutefois de ne la puiser que dans les lieux où elle est courante et éloignée de toute espèce d'immondices. Lorsqu'elle traverse une grande ville, elle est trouble et renferme des impuretés : telle est la **Seine à Paris.**

L'eau de pluie est également limpide et aérée et pourrait à la rigueur servir d'eau potable ; mais il ne faut la recueillir que lorsque la pluie est tombée assez longtemps pour déposer les substances étrangères qu'elle contient. L'eau de pluie peut occasionner des accidents lorsqu'elle a coulé sur une toiture ou passé à travers des conduits de zinc ou de plomb.

L'eau de citerne ne doit être usitée que pour les besoins du jardinage.

L'eau provenant de la fonte de la neige et de la glace est impropre à la consommation ; elle cause des indigestions.

Les eaux de source passent pour être les plus pures. Leurs qualités sont toutefois variables, car, comme ces eaux proviennent des eaux de pluie qui se sont infiltrées dans la terre et qui se réunissent en certains points pour sourdre à la surface du sol, elles sont donc chargées de matériaux solubles, que renferment les terrains qu'elles traversent. Il est dangereux de boire à la première source venue, comme le font les travailleurs des champs : les sources renferment souvent des infusoires, des insectes en formation ou d'autres substances nuisibles.

Les eaux des lacs, des marais, des étangs et toutes les eaux stagnantes sont insalubres, à cause des substances animales ou végétales en décomposition qu'elles contiennent. Les meilleures eaux peuvent également se trouver dans le même cas lorsqu'elles passent près des fosses d'aisances, des étables ou des dépôts d'immondices.

Dans nos contrées, les eaux potables sont en général assez bonnes pour qu'on ne soit pas forcé de les soumettre à quelque procédé d'épuration ; cependant il arrive parfois qu'après les orages ou les grandes pluies les eaux se troublent et deviennent bourbeuses. On rend à l'eau sa limpidité en l'abandonnant quelque temps à elle-même ou mieux encore en la *filtrant*, c'est-à-dire en la faisant passer au travers de corps dont les pores sont assez petits pour arrêter au passage les matières étrangères. Un filtre est composé de deux, trois ou quatre lits de gravier, sable, étoupe ou fragments de charbon que l'eau est obligée de traverser et dans lesquels elle dépose toutes ses impuretés. Cet instrument si simple devrait se trouver dans tous les ménages où l'on est exposé à user d'eau trouble.

L'eau se conserve le mieux dans les cruches de grès, de terre vernissée ou de fer-blanc; elle s'altère dans les seaux ou les baquets de bois, dont elle détache les particules ligneuses. Il y a du danger à conserver l'eau dans des vases de zinc, de plomb ou de cuivre.

De toutes les boissons, l'eau prise en quantité modérée est la plus salutaire à l'homme. Le corps fait des pertes continuelles en liquides, il faut que ces pertes soient incessamment réparées : l'eau s'acquitte de ce soin. Prise pendant le repas, elle divise les aliments, facilite leur dissolution et sert d'auxiliaire à la digestion, qui ne pourrait se compléter sans elle. L'eau prise avec excès peut devenir nuisible : elle fatigue l'estomac, le distend, cause un affaiblissement général et souvent la diarrhée.

L'eau à la température ordinaire ne produit que de bons effets. Quand elle est froide et glacée, elle n'est saine qu'autant que le corps lui-même est très froid. Mais, si le corps est en sueur, elle peut causer les accidents les plus graves et même une mort instantanée. Lorsqu'on transpire et qu'on veut boire, on prévient les accidents en ajoutant à l'eau du sucre, du vin ou de l'eau-de-vie, en ne buvant qu'à petites gorgées et en conservant le liquide un certain temps dans la bouche pour l'attiédir.

L'eau tiède est désagréable au goût et n'est guère employée que pour faciliter les vomissements. Un usage habituel d'eau tiède débiliterait l'estomac, causerait des diarrhées, des dysenteries et la jaunisse.

Les boissons aqueuses chaudes ou tisanes stimulent l'estomac, activent la circulation et provoquent la sueur; elles sont bonnes lorsque le corps est en transpiration; mais leur abus peut déterminer les accidents qui résultent d'un état permanent de stimulation.

Les eaux calcaires sont indigestes et purgatives; les eaux ferrugineuses sont favorables à la santé et conviennent aux personnes faibles et anémiques; celles qui contiennent de l'acide carbonique sont stimulantes et facilitent la digestion; on en fait un grand usage sous le nom d'eau de Seltz naturelle ou artificielle. Quant aux autres eaux minérales, c'est généralement au médecin à en ordonner et à en régler l'emploi.

2° Les *boissons alcooliques ou fermentées* comprennent : le *vin*, le *cidre*, la *bière* et l'*eau-de-vie*.

Le vin en général contient les principes suivants : de l'eau, de l'alcool dans une proportion variable, du sucre, de la gomme, des sels. Les qualités du vin dépendent des proportions de ces divers éléments, puis du climat, des procédés de fabrication, etc. Pour être bon, le vin doit être clair et limpide; les vins altérés perdent cette qualité et se digèrent difficilement. Une saveur appelée *bouquet* indique un vin d'une qualité supérieure.

Les vins *spiritueux* sont ainsi nommés à cause de la grande quantité d'alcool qu'ils renferment : tels sont les vins de Xérès et de Madère; dans les vins *sucrés*, c'est le sucre qui domine, joint à une grande proportion d'alcool; de ce nombre sont les vins de Lunel et de Frontignan. Les vins de *paille* de l'Alsace et du Dauphiné en sont une variété.

Certains vins sucrés perdent peu à peu une partie de leur sucre et, par suite d'une opération qu'on leur fait subir, contractent une légère amertume. On les appelle *vins secs* : tels sont ceux de Malaga et d'Alicante.

Les vins spiritueux ont une action irritante sur les nerfs, plus prononcée que les vins sucrés; mais ils sont plus digestibles qu'eux.

Les vins *mousseux* de Champagne sont stimulants; leur action se porte facilement au cerveau; mais elle est peu durable.

On appelle vins *mixtes* ceux dans la composition desquels aucun principe particulier ne domine : tels sont les vins de Bordeaux et ceux de Bourgogne.

Les vins les plus riches en alcool ne sont pas d'une qualité supérieure; les vins fins en contiennent peu relativement; ces derniers sont bienfaisants, ils favorisent la digestion sans congestionner le cerveau. Les vins chargés d'alcool, au contraire, sont excitants, fatiguent l'estomac et déterminent facilement l'ivresse. La couleur des vins influe également sur leurs propriétés; les vins blancs, par exemple, irritent les nerfs et occasionnent des maux de tête; de ce nombre sont en particulier les vins d'Alsace, de la Moselle et du Rhin.

Les vins rouges sont généralement plus toniques.

Le vin joue un grand rôle dans l'alimentation. Pris à dose modérée et égale, un vin léger et moelleux convient aux femmes, aux vieillards, aux convalescents ainsi qu'aux personnes à constitution faible. Il doit être exclu du régime de la première enfance. Les gens qui se livrent à de rudes travaux peuvent seuls supporter les vins spiritueux dans des bornes raisonnables; encore convient-il de l'étendre d'une légère quantité d'eau.

Dans les pays humides et marécageux, l'usage du vin, combiné avec une nourriture fortifiante, préserve des maladies qui déciment particulièrement les populations de ces contrées. A bord des navires enfin, le vin exerce sur la santé des équipages une influence salutaire, qui les préserve du scorbut.

En résumé, le vin est la plus salubre des boissons, surtout quand il est d'une heureuse année, qu'il est d'un bon cru, qu'il a vieilli et qu'il n'a été ni mélangé ni altéré.

La *piquette* est une sorte de vin fort en usage dans

les campagnes; on la prépare en versant de l'eau sur le marc des raisins qui ont déjà servi à faire du vin et en laissant fermenter de nouveau ce mélange. Cette boisson rafraîchissante est appréciée des travailleurs des champs; mais elle ne saurait convenir qu'aux estomacs robustes.

Le *cidre* est une boisson alcoolique agréable et rafraîchissante, mais fort peu nutritive. Le cidre doux, c'est-à-dire qui est encore trouble, est indigeste; aussi ne doit-on le boire qu'un certain temps après sa fabrication, lorsqu'il a fermenté et est devenu transparent.

On fabrique du petit cidre avec le marc de pommes ayant déjà servi. Les citadins ne connaissent guère que ce cidre de seconde qualité, que les aubergistes se chargent en outre de baptiser.

Dans les pays où abondent les poires, on prépare avec ces fruits une boisson appelée *poiré*. Ce cidre de poires est plus alcoolique et par conséquent plus capiteux que le cidre de pommes; aussi le mêle-t-on par fraude au vin blanc, pour rendre celui-ci plus pétillant. Le poiré est apéritif et excitant, mais moins tonique que le cidre. Pris en petite quantité, il se digère bien; dépasse-t-on la dose? il enivre et peut rendre malade. Il est bon de le couper avec un peu d'eau en le buvant.

La *bière*, en usage dans le Nord et généralement dans les pays qui ne peuvent cultiver la vigne, est une boisson légèrement stimulante et nutritive; cependant les estomacs faibles la supportent mal. On lui attribue la propriété d'engraisser : les habitants des pays à bière sont en effet remarquables par leur embonpoint. De même que le vin, la bière ne produit de bons effets que lorsqu'on en use sobrement. Prise avec excès, elle débilite l'estomac et rend la digestion difficile; comme elle est riche en alcool, elle cause facilement l'ivresse.

3° Les *boissons distillées* ou *spiritueuses*, communément appelées *eaux-de-vie,* s'obtiennent en distillant divers liquides fermentés. Elles se composent toutes d'alcool et d'eau, mais en proportions variées à l'infini. L'eau-de-vie de vin est la meilleure, c'est-à-dire la moins insalubre, surtout quand elle date de plusieurs années et qu'elle a perdu son acidité originaire : telles sont les eaux-de-vie de Cognac et d'Armagnac. Celles de l'Hérault, appelées *trois-six* dans le commerce, sont les plus malsaines.

L'eau-de-vie de grains est si peu agréable que les Anglais en masquent l'arome avec des baies de genièvre. C'est leur *gin*, liqueur abrutissante s'il en fut, qui cause des tremblements et la folie.

Le *kirsch* est l'eau-de-vie de cerises noires ou merises ; il a une odeur d'acide prussique assez agréable, reste toujours limpide, mais est plus fort que l'eau-de-vie. L'estomac le supporte bien ; il passe pour amaigrir lorsqu'on en abuse et pour troubler le sommeil.

Le *rhum* ou eau-de-vie de sucre est une liqueur tonique.

Les liqueurs sucrées ressemblent autant à des sirops qu'à de l'alcool et réussissent mieux à flatter le palais qu'à stimuler l'estomac. Les plus salubres de ces liqueurs de table sont : celle de coings, la plus stomachique ; celles de noyaux, d'écorces d'oranges amères ou sucrées, le curaçao de Hollande et le ratafia de cassis ou autres fruits. L'anisette de Bordeaux et le vespétro sont bons pour calmer les coliques. L'absinthe est nuisible par elle-même et à cause de la couleur verte qu'on lui communique artificiellement. Les buveurs d'absinthe pure s'exposent aux gastrites, à la paralysie et à d'autres maux. L'eau-de-vie de Dantzick peut causer des accidents, parce que les paillettes d'or qui y sont plongées renferment quelquefois des parcelles de cuivre. Le vermout de Hongrie, qui dans les festins escorte ordinairement le vin de Tokai, son compatriote, est une liqueur d'absinthe moins forte et moins nuisible que l'absinthe pure.

Les alcooliques ne conviennent pas à notre sexe; les seules liqueurs dont on permette l'usage aux femmes sont : la chartreuse, l'eau de mélisse, l'anisette et le punch. Ce dernier est une liqueur alcoolique aromatisée de citron et dont le thé fait la base. Le punch qu'on sert dans les soirées dansantes est en général assez faible pour que les dames puissent en goûter, alors du moins que l'exercice prolongé de la danse a déjà déterminé de la fatigue et de la transpiration; mais ce punch ne doit être pris ni trop chaud ni trop froid.

Les spiritueux ne produisent de bons résultats qu'autant qu'ils sont pris en petite quantité, et dans certaines conditions de tempérament, de climat, etc.

Les alcooliques conviennent aux personnes qui éprouvent de très grandes fatigues, à la condition qu'une abondante nourriture en précède ou en suive l'usage. Ce genre de stimulant est donc favorable aux manouvriers, aux soldats en campagne et aux voyageurs. Mais l'action des spiritueux est nuisible quand l'estomac est vide : aussi l'habitude du *petit verre* à jeun, si chère aux ouvriers, doit-elle être énergiquement condamnée.

Les alcooliques réussissent encore aux personnes qui vivent dans un air malsain ou qui doivent séjourner dans des endroits humides et froids : dans ce cas, un petit verre de cognac ou de kirsch termine bien les repas; mais il faut en user et ne pas en abuser. Pendant les grandes chaleurs de l'été, aucune boisson ne rafraîchit mieux la peau que de l'eau aiguisée de cognac ou de rhum.

En général, l'usage des boissons distillées est dangereux et produit, lorsqu'il est habituel, les conséquences les plus funestes, dont les principales sont : l'ivresse, l'hypocondrie, l'épilepsie, l'idiotisme et parfois la folie.

4° Les *boissons acidules* comprennent : la limonade, l'orangeade, les différents sirops de fruits acides et les eaux gazeuses ou eaux de Seltz, dont il a déjà été parlé.

On fait usage de ces boissons pendant l'été; prises avec modération, elles sont très rafraîchissantes; mais leur abus, vers lequel la soif entraîne facilement, peut occasionner des irritations d'estomac, la diarrhée et même la dysenterie. Sous ce rapport, l'eau sucrée, avec quelques gouttes de rhum ou de vinaigre, leur est préférable.

5° *Boissons aromatiques.* — Cette classe comprend le *café*, le *chocolat* et le *thé*. Le café est essentiellement stimulant; il porte son action jusque sur le cerveau, ravive l'imagination, la mémoire et favorise l'intelligence; aussi les hommes de lettres ont-ils souvent recours à lui. Pris à jeun, le café cause des tiraillements d'estomac, une fausse sensation de faim. Après le repas, il facilite la digestion et la rend plus complète. Lorsqu'on prend le café comme premier déjeuner, on a coutume de l'adoucir en y mêlant du lait ou de la crème. Quelques personnes affaiblissent l'effet stimulant du café noir en le prenant froid ou tiède.

C'est aux vieillards, chez qui les organes affaiblis ont besoin d'être réveillés, que convient surtout le café. Pendant les chaleurs, il est encore salutaire, parce qu'il permet au corps de réagir contre la température accablante; de même, en hiver, il stimule la chaleur corporelle en accélérant la circulation.

L'usage abusif du café entretient le corps dans un état de surexcitation nerveuse qui peut être le point de départ de plusieurs maladies ou aggraver celles qui existent.

Les ménagères ajoutent souvent au café de la poudre de chicorée, d'un prix plus modique. Cette falsification ne saurait nuire qu'à la qualité du mélange.

Le *chocolat* est une boisson alimentaire usitée surtout au déjeuner. Il est nourrissant, mais moins digestible que le café; aussi ne peut-il être supporté par tous les estomacs.

Un verre d'eau, que l'on boit après avoir pris le chocolat, aide à la digestion de ce dernier. On recommande le chocolat aux personnes faibles ou épuisées par la maladie; les médecins le défendent à celles qui sont atteintes de maladies de poitrine.

Le *thé* contient plus d'azote qu'aucun aliment végétal. C'est donc une boisson essentiellement alimentaire, qui justifie l'usage qu'en font certaines personnes à leur premier déjeuner du matin, en l'associant au lait. Pris quelque temps après le repas, le thé stimule doucement et favorise la digestion. Cependant il ne convient pas aux personnes nerveuses, chez lesquelles il détermine des mouvements spasmodiques et de l'insomnie.

Le thé noir est le moins excitant; le thé vert l'est davantage. Un mélange des deux tiers du premier avec un tiers du second constitue une excellente préparation. Le thé est également employé en médecine à titre de sudorifique.

Hygiène des vêtements.

On peut considérer les vêtements sous le rapport de la couleur et sous celui du tissu dont ils sont formés. Disons toutefois que la couleur des vêtements n'a une influence bien marquée sur la chaleur du corps qu'autant que les habits sont très minces. Le blanc est la couleur qui retient le mieux la chaleur corporelle; on devrait donc préférer cette couleur à toute autre en hiver. Malheureusement, la mode capricieuse ne l'admet que pour les enfants et les jeunes personnes. Il reste la couleur noire aux infirmes, aux convalescents, aux vieillards et aux êtres délicats qui ont besoin du secours de la chaleur artificielle. On reproche au noir de perdre promptement la chaleur; il est vrai aussi qu'il l'absorbe davantage et avec plus de rapidité que le blanc.

Quant au tissu dont les vêtements sont faits, la laine

est plus chaude que la soie et le coton ; ce dernier l'est plus que la toile. L'épaisseur des habits et leur forme ont beaucoup d'effet sous le même rapport.

Les vêtements tels que les prescrit l'hygiène doivent être amples, laisser les mouvements libres, couvrir les membres sans les comprimer et protéger suffisamment contre l'effet des variations atmosphériques.

Il ne faut pas se surcharger d'habits en été, ni se vêtir trop légèrement en hiver, c'est-à-dire qu'on doit se couvrir assez pour n'avoir pas froid, et ne pas se charger le corps de manière à se mettre en sueur dès qu'on se livre au mouvement. L'expérience a prouvé que les personnes qui s'habillent trop chaudement sont plus sujettes aux rhumes que les autres, et cela s'explique : au moindre mouvement qu'elles font, leur corps se couvre de sueur, qui se refroidit à la surface de la peau dès que le mouvement cesse, et ce passage subit du chaud au froid est des plus dangereux. C'est pour la même raison qu'il faut redoubler de précautions au printemps et en automne, alors que les matinées et les soirées sont fraîches, tandis que les journées sont déjà chaudes.

Les vêtements doivent être amples, disions-nous, mais ils ne doivent jamais pécher par la modestie. Que penser des robes décolletées, laissant à nu le haut de la poitrine, le dos, les bras, et que la morale et l'hygiène réprouvent également? On aurait peine à compter les phtisies qui résultent de cette triste mode et qui moissonne dans leur printemps tant de jeunes filles et de jeunes femmes, esclaves de la coquetterie!

L'usage du corset est nuisible à la santé. Les médecins se sont toujours élevés contre son emploi. C'est qu'en effet le corset entrave la respiration, car il comprime les poumons; il gêne la circulation et resserre le ventre. Faut-il s'étonner s'il engendre des maladies? Si vous ne voulez pas supprimer le corset, desserrez-le du moins, et ne compromettez pas ce bien précieux qu'on appelle la santé, pour le plaisir d'avoir une fine taille. Une mère prudente n'autorisera également le corset chez sa fille qu'autant que la croissance de celle-ci sera complète ; elle sait bien qu'avant cette époque l'usage du corset est pernicieux et peut entraîner des conséquences fâcheuses.

Les jarretières gênent aussi la circulation du sang, et, lorsqu'elles sont trop serrées, elles peuvent occasionner des varices. On ferait bien d'adopter la mode anglaise (celle-ci, par hasard, s'accorde avec l'hygiène) qui consiste à coudre des cordons au haut des bas et à attacher ceux-ci à la ceinture.

On met des chaussures pour garantir les pieds et non pour les martyriser : c'est pourtant ce qui arrive la plupart du temps. On veut faire *petit pied*, on met des bottines trop courtes et trop étroites, et l'on y gagne des cors, quand on ne s'estropie pas davantage.

Portez des chaussures longues et larges assez pour que le pied y soit à l'aise, et n'élevez pas trop les talons des bottines, car ils font pencher le corps en avant et fatiguent l'estomac. Le même reproche s'adresse aux sabots à *patins*, que l'on porte l'hiver dans certains villages.

Linge de corps.

Le linge de corps comprend pour notre sexe : la chemise, le gilet de flanelle, le gilet ou *tricot* de laine ou de coton, les pantalons, les jupons et les bas.

La chemise de toile est plus solide, plus durable que la chemise de coton ; mais elle se refroidit vite quand elle est mouillée par la transpiration. Il vaut mieux porter, l'été, des chemises de coton (shirting, cretonne ou madapolam) et, l'hiver, des chemises de toile.

Il est bon de ne pas conserver, la nuit, la chemise

qu'on a portée toute la journée, surtout pendant la saison chaude.

La flanelle est plus chaude que le coton ou la toile, à cause de sa conductibilité moins grande que celle des tissus faits de matière végétale; elle absorbe immédiatement les liquides de la transpiration et maintient à la surface du corps une température toujours égale. Le gilet de flanelle, appliqué directement sur la peau, est utile aux personnes dont la poitrine est délicate, à celles qui ont déjà été atteintes de bronchite ou de pneumonie; il est indispensable aux phtisiques, aux malades et aux convalescents, pour lesquels il importe de ne rien négliger de ce qui peut empêcher les refroidissements; mais il est inutile à quiconque jouit d'une bonne santé.

Une fois qu'on a pris l'habitude de porter de la flanelle, il ne faut pas s'en défaire; il serait dangereux de la déposer.

L'usage des pantalons tend à se généraliser de plus en plus; il est très bon d'avoir les jambes couvertes, quelle que soit la saison. Les pantalons de flanelle sont indispensables, l'hiver, aux personnes délicates ou nerveuses.

Lorsqu'on porte un gilet ou *tricot* de laine en hiver, on le remplace au printemps par un gilet de coton, pour ne pas brusquer la transition.

Les bas de coton ou de laine sont préférables aux bas de soie. Les bas de coton écru sont plus solides que les bas de coton blanc; ils perdent, du reste, leur couleur écrue à la lessive. Les bas de laine sont très hygiéniques pendant les temps froids et humides; mais certaines personnes ne peuvent supporter la légère démangeaison qu'ils causent.

La laine tricotée à mailles larges est plus chaude que celle dont le tricot est à mailles serrées.

EXERCICE DE STYLE. — 161. Quelles sont les principales règles de l'hygiène qui se rapportent aux vêtements?

Hygiène des ouvriers agricoles.

Les cultivateurs se soucient généralement peu des soins à prendre pour conserver leur santé. De là des rhumatismes, des phtisies, des pleurésies, des maladies ou incommodités que la connaissance et l'observation des préceptes hygiéniques les plus usuels leur auraient fait éviter. Il appartient à la ménagère agricole, sinon de veiller à la santé de ses gens, du moins de leur rappeler de temps en temps les précautions à prendre, les prescriptions de l'hygiène à observer pendant les saisons qu'elle les emploie.

Les travailleurs des champs doivent se défier beaucoup des brusques variations de la température; le passage subit du chaud au froid, et réciproquement, est fort nuisible à la santé. Au printemps et en automne, où ont lieu ces variations, elle leur recommandera donc de se couvrir en conséquence; de porter, par exemple, une chemise de laine préférablement à une chemise de toile, qui se refroidit facilement et se glace sur le corps par la transpiration.

Elle leur conseillera également de chausser de bons souliers pour préserver les pieds du froid et de l'humidité, et pendant les fortes chaleurs elle veillera à leur procurer de grands chapeaux de paille, précaution qui évitera bien des coups de soleil aux faneurs et aux moissonneurs.

En commençant à travailler, le laboureur ôte quelques-uns de ses vêtements. C'est agir sagement, car mieux vaut avoir un peu froid au début, que d'attendre, pour ôter sa blouse ou sa cravate, que le corps soit échauffé par le travail. Mais lorsqu'il interrompt son travail, soit pour prendre ses repas, soit pour retourner à la ferme, il doit remettre sans retard ces mêmes vêtements pour ne pas se refroidir.

Pendant la moisson, il est souvent dévoré par une soif ardente. L'hygiène recommande de ne pas satisfaire entièrement ce besoin, de s'abstenir de l'eau froide ou pure, qui augmente la transpiration sans désaltérer, et de ne pas boire de liqueurs fortes lorsqu'on doit s'exposer au grand soleil : les liqueurs peuvent déterminer des apoplexies foudroyantes ou des congestions cérébrales. La meilleure boisson pour les moissonneurs est de l'eau mélangée de café noir ou coupée d'eau-de-vie.

Il est fort mauvais de s'asseoir dans un endroit humide ou de se coucher sur la terre nue lorsqu'on a chaud; la fraîcheur du sol donne des gouttes sciatiques et des rhumatismes. Le mieux serait de dresser une tente, d'élever une petite cabane recouverte de paille, où les moissonneurs prendraient leur repas à l'ombre, et de leur faire une litière de paille ou d'herbes sèches, sur laquelle ils pourraient se reposer sans danger.

La fermière leur conseillera également de ne pas se réfugier sous les arbres ou près des meules en temps d'orage; le voisinage des arbres est d'autant plus dangereux qu'ils sont plus élevés et plus isolés au milieu de la plaine. Mieux vaut se mettre à l'abri sous une haie ou se résigner à être trempé que de s'exposer à être frappé par la foudre.

Les personnes qui travaillent dans les champs ne doivent pas se mettre en route, en portant sur leurs épaules des faux, des fourches ou des bêches, quand un orage s'annonce ou que les nuages électriques se rapprochent. Tourné vers le ciel, le fer de ces instruments agit comme la pointe d'un paratonnerre, avec cette différence qu'il n'y a pas de conducteur; de sorte que, si une charge électrique a lieu, la personne qui porte la faux ou la fourche peut être foudroyée du coup.

EXERCICE DE STYLE. — 162. Quelles précautions doivent prendre les ouvriers des champs pour éviter les maladies ?

Soins aux malades. — Les devoirs de la garde-malade.

Si la femme doit mériter le beau titre qu'on aime à lui donner, être vraiment l'ange du foyer, la consolatrice de la famille, c'est surtout quand la maladie vient s'asseoir à ce foyer, que le malheur éprouve cette famille. Sa mission est bien vraiment alors celle d'un ange gardien et consolateur.

La jeune fille ne saurait trop tôt s'exercer à ce beau rôle : donner son attention et surtout son cœur à ces connaissances qui doivent la rendre capable de remplir un jour la tâche que la Providence lui a confiée, et devenir au besoin une bonne garde-malade pour les siens.

Ces devoirs de la garde-malade peuvent se résumer ainsi : affection, patience, douceur, expérience ou savoir-faire. Nous n'insisterons pas sur les trois premiers; notre jeune garde les possède sans doute à un haut point, comme fille, sœur, femme ou mère; mais le dévouement ne suffit pas toujours. Pour soigner un malade avec intelligence, il faut une certaine pratique, et c'est en cela que nous allons l'aider de quelques conseils.

Si les circonstances le permettent, il faut choisir, pour le malade, une chambre vaste, exposée au midi, facile à chauffer et à ventiler. La chambre est-elle petite, assombrie? on tâche d'en tirer le meilleur parti possible en la débarrassant des meubles inutiles, et le lit des rideaux, qui prennent la place de l'air, si nécessaire au malade. On place le lit de façon qu'on puisse l'approcher facilement et que le malade voie la fenêtre, mais de manière aussi qu'il n'y vienne pas de courant d'air; on a vu des malades gagner des fluxions de poitrine ou des pleurésies dans leur lit, qui se trouvait placé entre la fenêtre et la porte, dans un courant d'air par conséquent.

Près du lit, placez une petite table, pour y déposer la boisson ordinaire du malade, les remèdes à prendre.

La grande question que les conditions hygiéniques du local, de sa ventilation ! Établir autour du malade et entretenir l'air qu'il respire aussi pur que l'air extérieur : voilà pour lui la chose essentielle et la chose à laquelle la garde-malade doit donner tous ses soins. Mais entendons-nous sur le mot *air extérieur* : ce n'est pas l'air qui vient d'un corridor, d'une chambre voisine, d'une cour fermée, qu'il faut; cet air est tout aussi renfermé, tout aussi vicié que celui de la chambre même du malade. C'est de l'air pur, exempt de toute odeur, de toute émanation, que nous voulons parler. Pour l'obtenir, mettez des bourrelets à la porte, si elle ne ferme pas hermétiquement, et par contre enlevez ceux des fenêtres; bien plus, il faudra deux ou trois fois par jour, après avoir bien recouvert le malade, ouvrir portes et fenêtres, afin que l'air vicié soit bien balayé, bien renouvelé. Cette aération répétée, recommandée d'ailleurs par tous les médecins, offre encore un avantage : elle évite la peine de brûler du vinaigre ou de l'encens, qui, sous le prétexte de détruire les mauvaises odeurs, les masquent seulement par une autre plus forte.

Pendant l'aération de la chambre, enveloppez bien le malade et recouvrez sa figure d'un voile ou linge fin; avec ces précautions, il est impossible qu'il prenne froid. Quant à la température moyenne de la chambre, c'est au médecin à la déterminer. Ne vous en écartez jamais sans sa permission. L'air pur et la chaleur agissent souvent mieux sur le malade que certains médicaments.

L'aménagement de la lumière exige de même quelques soins.

Dans certaines maladies, le malade recherche et dort du côté du jour; dans les fièvres ou les maladies nerveuses, la lumière devient souvent pénible. Il faut donc pour cela suivre la volonté du malade. Quant à la lampe ou à la veilleuse, on la place de façon que les rayons n'arrivent pas directenent sur le lit.

Occupons-nous un peu de ce dernier. Les lits de fer avec sommier à ressort sont préférables pour les malades, parce qu'ils laissent pénétrer l'air jusqu'au matelas, et que les sommiers ne conservent pas les miasmes comme les paillasses. Ce que nous disons des paillasses se rapporte également aux épaisses couvertures ouatées, qu'il faut proscrire pour cela. Une couverture de laine, épaisse, mais légère, convient mieux. Il est convenu aussi que nous ne laissons pas de rideaux à draperie au lit, afin de donner le plus d'air possible au malade.

Si celui-ci était entièrement retenu au lit, il faudrait avoir deux lits semblables, placés côte à côte, et dans lesquels le malade passerait alternativement douze heures; on pourrait ainsi aérer entièrement le lit que le malade vient de quitter.

Il ne faut pas que le malade conserve longtemps la même position : le changement fréquent de position, ajouté à la propreté, aux soins, évite les écorchures.

Il faut une grande propreté autour du malade et sur sa personne; le laver tous les jours et le changer de linge fréquemment, mais avec précaution, de peur de le refroidir. Pour la toilette quotidienne, par exemple, il est bon de tremper l'éponge dans l'eau chaude ou tiède, puis de la passer sur le malade, en ne lavant qu'une partie à la fois et en l'essuyant aussitôt avec un linge doux et sec. On le peigne ensuite doucement pour ne pas le fatiguer, et un côté seulement à la fois. Avant de le changer de linge, il faut sécher et chauffer celui-ci.

La garde-malade donnera exactement, dans la dose et le temps prescrits, les potions et les autres remèdes. Si le malade témoigne de la répugnance à les prendre, elle cherchera les moyens de la surmonter, en administrant les remèdes avec intelligence et en usant des précautions permises pour en diminuer les désagréments.

Elle surveillera de même les aliments du malade et ne se permettra pas de lui en donner qui ne soient pas approuvés. Que de fois, dans une maladie, qui exigeait de grands ménagements, n'a-t-on pas vu le malade retomber plus bas que jamais par des erreurs de régime, et payer quelquefois de sa vie le triste plaisir d'avoir satisfait sa gourmandise par des aliments devenus du poison pour lui! Dans nos campagnes, on est généralement fort imprudent à cet égard; on choisit souvent le moment de la diète prescrite par le médecin pour donner au malade une nourriture lourde et malsaine.

La garde-malade surveillera également les boissons de son malade. Elles doivent être conformes aux ordonnances du médecin, administrées à l'heure prescrite et au degré de chaleur voulue. La garde ne préparera pas une trop grande quantité de tisane à la fois, pour empêcher qu'elle ne tourne à l'aigre.

Quelquefois il s'agit, au contraire, de réveiller l'appétit engourdi du malade, qui a la permission de manger; c'est encore à la garde-malade à prendre l'initiative.

Elle emploiera tout le tact qu'elle possède, toute l'adresse dont elle est capable pour y parvenir : elle éveillera ses désirs en lui parlant des mets qu'il aimait; elle ne lui présentera que de petites portions à la fois; elle triomphera de sa répugnance à manger en évitant de lui montrer un plat qui ne lui est pas destiné, et surtout en ne laissant pas sous ses yeux les restes de son repas, etc.

Deux choses sont encore nécessaires au malade, et c'est également à la garde-malade à les lui procurer : le calme et la distraction, choses nullement incompatibles, comme on pourrait le croire. Évitez au malade toute préoccupation, toute fatigue intellectuelle, et pour cela faites votre service si régulièrement que le malade n'ait à s'occuper ni des médecines à prendre, ni des heures des repas. Faites en sorte aussi qu'il n'apprenne pas de nouvelle fâcheuse ou désagréable. Montrez-lui constamment un visage serein; qu'il lise l'espérance dans vos yeux : l'eussiez-vous perdue vous-même, il ne faudrait rien laisser paraître, car personne n'est perspicace comme un malade, et, lorsqu'il surprend un signe ou des larmes furtives, cela suffit souvent pour le désespérer ou faire changer l'issue de la maladie.

A moins que le malade ne dorme, évitez de marcher sur la pointe des pieds ou de parler à voix basse; je sais par expérience que cet excès de précaution est pénible pour celui qui en est l'objet. L'activité tempérée qui règne autour de lui est pour le malade une utile distraction. Joignez-y des livres d'images, des fleurs, le chant d'un oiseau; faites-lui une lecture à haute voix, s'il le désire; laissez pénétrer auprès de lui quelques visiteurs de ses amis, dont il aime la conversation.

Voilà quelques moyens infaillibles pour distraire le malade, l'égayer et lui remonter le moral.

La convalescence.

Pendant cette période de la maladie, qui n'est pas encore la guérison, mais qui doit y conduire, il faut bien des précautions pour éviter des rechutes fâcheuses.

La plus grande consiste à soustraire le malade aux variations de la température, au froid, aux courants d'air surtout, à le couvrir de vêtements chauds.

Le convalescent doit manger peu et souvent et des mets seulement que l'estomac digère bien. Les premières promenades doivent être faites en voiture, autant que possible; elles seront courtes et se feront au moment le plus chaud de la journée.

Le convalescent enfin doit éviter la fatigue, se lever tard, se coucher tôt, et ne reprendre ses occupations habituelles que lorsque les traces de la maladie auront complètement disparu et que les forces seront revenues.

Exercice de style. — 163. Résumer les devoirs de la garde-malade.

Quelques conseils en cas d'épidémie ou de contagion.

Pendant le règne de maladies contagieuses, il est bon de se dépouiller des vêtements qui auraient pu s'imprégner de l'air respiré par les malades ou des émanations qui proviennent d'eux. Il est prudent ensuite de ne reprendre ces vêtements qu'après les avoir bien nettoyés ou du moins aérés.

Les médecins recommandent de mettre un peu de chlorure de chaux humide dans une assiette et de la maintenir dans la chambre des malades. Cette précaution est surtout bonne en temps de maladie contagieuse.

Les personnes qui soignent un malade atteint d'une maladie contagieuse ne doivent jamais entrer à jeun dans sa chambre. En général, il est bon aussi de ne jamais sortir de la maison l'estomac vide.

La peur suffit quelquefois pour donner la maladie que l'on craint : les personnes peureuses feront donc bien de se remonter le moral et de se distraire pendant l'épidémie; ajoutons que l'hygiène, la propreté sur soi et dans les habitations, un bon régime, des distractions constituent le meilleur préservatif contre l'épidémie.

Certaines maladies contagieuses, comme la scarlatine, la petite vérole, etc., se communiquent surtout à la dernière période de la maladie, lorsque les pustules se dessèchent. C'est précisément la poussière des pustules desséchées qui transmet la maladie. A ce moment, il est urgent de redoubler de précautions, tant pour le malade lui-même que pour ceux qui l'approchent.

Comme préservatif contre la petite vérole, on recommande de se graisser la peau avec de la glycérine ou de se frictionner journellement avec du bon cognac.

La terrible maladie des enfants connue sous le nom de *croup* est contagieuse et épidémique ; les personnes qui touchent et qui soignent le malade ne sauraient prendre trop de précautions. Elles doivent surtout éviter de s'approcher de la bouche de l'enfant, car la maladie se transmet par l'haleine.

Dans toute maladie contagieuse, mais principalement dans la *coqueluche*, il faut éloigner les enfants du lieu de la contagion et du voisinage du malade ; le changement d'air hâte, du reste, la guérison de la coqueluche.

Voici les conseils que donne le docteur Saffray pour éviter la contagion en temps de *choléra*.

« Tenir son habitation propre ; avoir un feu continuel dans la cheminée ; être sobre ; s'abstenir de manger des choses crues ; éviter les fatigues ; ne pas sortir quand le soleil est au-dessus de l'horizon ; dormir à un étage élevé ; suivre toutes les règles de l'hygiène. »

Secours en cas d'accidents.

DE L'ASPHYXIE.

On appelle *asphyxie* l'état de mort apparente produit par la cessation de la respiration d'oxygène nécessaire à l'entretien de la vie. L'asphyxie peut provenir de diverses causes : de la corruption de l'air (par l'odeur du charbon ou autres gaz irrespirables), de la suffocation dans un milieu sans air (submersion), ou d'un obstacle qui empêche l'air de pénétrer dans les poumons (strangulation).

On sait que l'air que nous respirons est composé

d'oxygène, d'acide carbonique et d'azote. Pour que l'air soit respirable, ou du moins inoffensif pour notre organisation, il faut qu'il soit *pur*, c'est-à-dire que les principes qui le constituent ne subissent aucun changement dans leurs proportions. Or l'homme en respirant enlève l'oxygène de l'air et lui envoie de l'acide carbonique; si l'air ainsi vicié n'est immédiatement remplacé par de l'air pur, il devient préjudiciable à la santé. C'est pour cette raison que, lorsqu'un grand nombre de personnes sont réunies dans un même lieu, on éprouve un violent mal de tête, une certaine gêne dans la respiration, qui peut aller jusqu'à l'étourdissement. Lorsque l'air est entièrement corrompu, il occasionne l'asphyxie proprement dite. On éprouve d'abord des vertiges, des défaillances, puis des sueurs abondantes, des suffocations, de fortes douleurs d'estomac suivies bientôt par une stupeur léthargique, précurseur de la mort.

La combustion du feu, du charbon, d'une lampe, du gaz, etc., contribue également à vicier l'air, parce qu'ils dégagent deux gaz irrespirables et fort dangereux: l'*hydrogène carboné* et l'*oxyde de carbone*.

Les repasseuses et les personnes qui se servent de fourneaux portatifs et de réchauds devront toujours ouvrir une fenêtre ou établir un courant d'air dans le lieu où elles travaillent, afin de renouveler l'air, précaution sans laquelle elles s'exposent à de graves accidents.

Il est très imprudent aussi de coucher dans une chambre où il se trouve une lampe qui fume ou un bec de gaz mal éteint. Ce dernier cas surtout amène promptement l'asphyxie complète.

Les fleurs et les plantes exhalent de l'acide carbonique la nuit; aussi est-il fort dangereux de dormir dans une chambre où il y a des fleurs; si elles répandent une forte odeur, elles sont doublement à craindre. Nous dirons la même chose des fruits, surtout quand ils ne sont pas encore mûrs.

Soins à donner en cas d'asphyxie. — Si l'asphyxie n'est que partielle, c'est-à-dire si l'on n'éprouve qu'un étourdissement ou même une syncope, il faut porter le malade au grand air, lui tenir la tête haute, faciliter la respiration en délaçant les vêtements, puis projeter un peu d'eau fraîche sur la figure.

Si l'asphyxie est plus complète et que le malade tarde à revenir à lui, il faut non seulement asperger sa figure d'eau, mais encore frotter tout le corps avec des linges trempés dans l'eau froide, et continuer longtemps cette opération. On provoque aussi la respiration de la manière suivante : une personne comprime la poitrine par les côtés, une autre par le ventre pour imiter les mouvements de la respiration, puis tout à coup elles laissent se distendre les parois par leur élasticité. On ne réussit parfois à rappeler à la vie qu'après plusieurs heures d'efforts persévérants.

Aussitôt que la respiration est revenue et que le malade a repris connaissance, on le place dans un lit, que l'on a chauffé ou bassiné, on l'enveloppe le plus chaudement possible et on lui fait boire quelques cuillerées de vin chaud sucré.

Asphyxie par des gaz méphitiques (gaz des égouts, fosses d'aisances, cuves à vin, etc.) — Ces gaz agissent avec une rapidité effrayante. Il faut se hâter de retirer l'asphyxié du lieu infecté et suivre le traitement ci-dessus. On fera bien de dégager, dans la chambre où l'on dépose le malade, du chlore qu'on arrose légèrement de vinaigre, et de faire respirer à l'asphyxié les vapeurs qui s'échappent de cette substance. Fait-il de lui-même des efforts pour vomir, on l'y aide en chatouillant l'arrière-bouche avec les barbes d'une plume. Si le malade avait mangé précédemment, il faudrait lui donner un émétique pour débarrasser l'estomac.

Asphyxie par strangulation (pendus). — Quand ce genre d'asphyxie se présente, le premier soin est de couper la corde et de dégager le cou, sans perdre une minute. Puis on déshabille l'asphyxié, on le place sur un lit ou à défaut sur un matelas, sur une chaise ou de la paille, de façon que la tête et la poitrine soient plus élevées que le reste du corps. En attendant l'arrivée du médecin, on jette de l'eau froide sur le visage, on frictionne les extrémités et l'on cherche à faire revenir la respiration de la manière indiquée plus haut. Si les veines du cou sont gonflées et la face congestionnée, on peut mettre quelques sangsues derrière l'oreille. Lorsque l'asphyxie remonte à peu de minutes, ces soins sont ordinairement couronnés de succès. Quand le malade peut avaler, on lui fait prendre par petites gorgées un demi-verre d'eau tiède additionnée d'un peu d'eau-de-vie ou d'eau de Cologne.

Asphyxie par submersion (noyés). — Lorsqu'une syncope s'est produite au moment de la submersion, on peut espérer de rappeler à la vie un noyé qui a séjourné sous l'eau pendant une heure ou plus, parce que ce liquide n'a guère pénétré dans les poumons.

Voici comment on procède aussitôt que le noyé a été retiré de l'eau :

Après l'avoir couché, soit à terre, soit sur un lit, on lui ouvre la bouche avec le manche d'une cuiller, on la débarrasse des mucosités qui peuvent l'obstruer, puis on incline un peu la tête pendant quelques secondes. On déshabille ensuite le noyé, on l'enveloppe d'une couverture, on le couche sur le dos, et l'on cherche à rétablir la respiration comme il a été dit précédemment, et la circulation en frottant les membres et la paume des mains avec de la flanelle ou mieux encore avec une brosse. On lui fait aussi respirer de l'ammoniaque.

Quand le noyé a repris connaissance, on lui fait avaler une cuillerée d'eau de mélisse ou de cognac. On le couche ensuite dans un lit bien chaud et on le laisse reposer.

Asphyxie par le froid. — Le froid intense et prolongé amène l'engourdissement avec tendance au sommeil; si l'on y cède, la circulation et la respiration s'arrêtent, et l'on est perdu. Malheur à l'imprudent voyageur, surpris par le froid, qui se laisse aller au sommeil! S'il se couche, il s'endort, et c'est pour ne plus se relever.

Pour rappeler à la vie une personne asphyxiée par le froid, il faut procéder très graduellement au réchauffement, et c'est là le point essentiel, qu'il ne faut pas perdre de vue. L'approcher immédiatement d'un grand feu ou lui faire prendre une boisson chaude aussitôt qu'elle se ranime, ce serait la tuer.

On transporte l'asphyxié dans une chambre froide, et, après l'avoir déshabillé, on frictionne les membres et tout le corps avec des linges trempés dans l'eau froide ou mieux encore avec de la neige. On peut aussi le placer dans un bain de 8 à 10 degrés, tout en continuant les frictions. Au bout de dix minutes, on élève la température de l'eau à 12 degrés, et ainsi de suite jusqu'à ce qu'on arrive à 15 ou 16 degrés.

Aussitôt qu'on reconnaît quelques signes de vie, on place le malade dans un lit froid, et, lorsqu'il peut avaler, on lui fait prendre un peu d'eau froide contenant une cuillerée à café d'eau de mélisse ou d'eau-de-vie.

On ne chauffe la chambre que lorsque le corps a repris sa chaleur naturelle.

EXERCICE DE STYLE. — 164. Quels soins faut-il donner aux noyés? — 165. Aux asphyxiés par strangulation?

ACCIDENTS.

Evanouissement. — La syncope ou évanouissement est la suspension momentanée des mouvements du cœur. Elle est causée le plus souvent par une émotion subite, une impression vive. Elle peut provenir aussi d'une hémorragie.

On étend la personne évanouie horizontalement, la tête un peu plus basse que le reste du corps; on desserre ses vêtements, on lui jette de l'eau froide sur la figure, qu'on essuie chaque fois. On peut aussi lui faire respirer du vinaigre, de l'éther ou de l'eau de Cologne. La syncope peut se prolonger plus ou moins.

La *défaillance* ne dure ordinairement que quelques minutes. Une personne qui se *trouve mal*, comme on dit vulgairement, éprouve un malaise général, des bourdonnements d'oreilles, des sueurs froides, etc. On la porte au grand air, et, après les aspersions d'usage, on lui fait boire un verre d'eau sucrée additionnée d'un peu de cognac.

La défaillance provient d'une peur, d'un manque d'air ou de la grande chaleur.

Coups de soleil. — On emploie généralement les compresses d'eau froide ou d'eau sédative, à moins que le coup de soleil ne produise un grand mal de tête. Dans ce cas, on s'abstient des compresses, on observe la diète et l'on cherche à dégager la tête en tenant les pieds bien chauds. Pour enlever la rougeur de la peau, on opère comme pour une brûlure du premier degré.

Brûlures. — A proprement parler, il n'existe pas de remèdes contre les brûlures; l'essentiel est de soustraire la partie atteinte au contact de l'air et de calmer l'inflammation par des corps frais. Voici, pour plus de détails, ce que les médecins recommandent. Ils classent les brûlures en trois catégories, suivant leur gravité.

1er *degré.* — Lorsque la brûlure est peu forte, c'est-à-dire lorsque la peau est seulement rouge, on se contente de rafraîchir la partie endommagée avec des compresses d'eau vinaigrée ou même d'eau pure.

2e *degré.* — Lorsque la peau rougie se gonfle et forme des ampoules, le cas est plus grave. Il faut piquer les ampoules pour les vider, mais sans arracher la peau, et calmer l'inflammation soit avec des compresses d'eau froide ou d'autres corps frais, tels que gelée de groseilles, pommes de terre râpées, etc.; puis on applique sur la partie malade une couche de ouate, que l'on recouvre d'une nouvelle couche si la suppuration de la brûlure suinte au travers. On n'enlève la ouate qu'au bout de dix ou quinze jours; le plus souvent, elle tombe d'elle-même.

3e *degré.* — La peau est enlevée. Il se déclare une fièvre plus ou moins forte selon la gravité de la brûlure. On combat l'inflammation par des compresses d'eau froide, et la fièvre par la diète. Lorsque celle-ci est apaisée et que l'inflammation diminue, on applique des cataplasmes émollients sur la partie la plus maltraitée, et l'on recouvre les autres d'une couche de ouate. La plaie suppure quelque temps encore, puis se cicatrise.

Fractures. Luxations. Entorses. — Lorsque par suite d'une chute ou d'un violent effort, dit le docteur Saffray, les os d'une articulation sont déplacés, il y a *luxation*. Sont-ils brisés? il y a *fracture*. Dans les deux cas, les soins *immédiats* de l'homme de l'art sont nécessaires. En attendant son arrivée, il faut placer le blessé dans la position la moins pénible et lui faire boire une infusion chaude ou, s'il a la fièvre, de l'eau acidulée avec du citron ou du vinaigre.

Lorsqu'il faut transporter le blessé et qu'il y a fracture, maintenir les os autant que possible dans leur position normale au moyen de lattes ou de bâtonnets, qu'on attache autour du membre pour l'immobiliser.

L'entorse est le premier degré d'une luxation; l'effort n'a pas été assez grand pour faire dévier entièrement l'os; mais les ligaments sont tiraillés, déchirés. On *masse* la partie malade, c'est-à-dire on se graisse les mains, puis on presse le membre malade comme pour faire remonter le liquide. Cette opération est fort douloureuse de prime abord; cependant le malade peut supporter bientôt sans trop souffrir une pression plus forte et plus rapide. Le massage dure de vingt à trente minutes. Lorsqu'il est terminé, on enveloppe le pied de ouate, et l'on pose depuis les orteils jusqu'au mollet une bande roulée peu serrée. On renouvelle l'opération du massage pendant deux ou trois jours, sauf avis du médecin.

Il arrive souvent que, par suite de retard dans le traitement, l'inflammation se déclare; il faut dans ce cas recourir aux compresses d'eau froide.

Ce n'est qu'au bout d'un mois, six semaines, que le blessé peut marcher; encore ne doit-il le faire qu'avec un bandage convenablement posé, puis une bottine qui serre bien la cheville.

Convulsions des enfants. — C'est une affection nerveuse qui atteint surtout les enfants à l'époque de la dentition; elle peut cependant avoir d'autres causes, même les plus futiles en apparence. On a vu une épingle mal appliquée, un cordon trop serré amener des convulsions.

Pendant la crise, l'enfant est agité, se raidit, serre les mâchoires et grince des dents; sa face est rouge, ses yeux fixes, sa bouche écumeuse. En attendant l'arrivée du docteur, on débarrasse l'enfant de ses vêtements, puis on lui fait prendre un bain de pieds chaud, on lui applique des sinapismes aux jambes; on tâche d'introduire un bouchon entre les dents, pour l'empêcher de se mordre la langue.

Coqueluche. — Cette maladie nerveuse et épidémique atteint surtout les enfants de un à sept ou huit ans. Elle est toujours dangereuse et dure cinq ou six semaines. Pendant les quintes de toux, il est bon d'asseoir l'enfant et de lui faire respirer un peu d'éther. On recommande aussi le changement d'air, mais il n'appartient qu'au médecin de prescrire d'autres remèdes.

Morsures d'animaux enragés. — La terrible maladie qu'on a faussement appelée *hydrophobie* (peur de l'eau), car les animaux enragés n'ont pas toujours horreur de ce liquide, est transmise à l'homme par le chien, le chat, le loup, le renard, etc. Le venin ou *virus* qui la produit réside dans la bave ou écume de l'animal, et celui-ci le communique par la morsure ou par le simple contact de la salive empoisonnée sur un point du corps dépouillé d'épiderme.

Voici à quels signes on reconnaît un chien enragé :

L'animal est abattu, inquiet; il mordille tout ce qui est à sa portée, il refuse de manger et de boire, ou il essaye de boire sans pouvoir y arriver, mais il devient parfois plus affectueux. Plus tard, il ne reconnaît plus la voix de son maître, son poil se hérisse, il traîne la queue, sa bouche se remplit d'écume, sa voix s'enroue, il fait entendre des hurlements qui ressemblent au cri du coq. Dans sa course rapide ou incertaine, il fuit les ruisseaux, se jette sur les hommes ou les animaux qu'il rencontre et les mord avec fureur.

Bientôt ses forces s'épuisent, ses membres se paralysent, et le chien meurt au milieu de convulsions.

Les autres animaux semblent pressentir le danger qui les menace : à l'approche d'un chien enragé, les autres chiens s'enfuient et les bestiaux poussent des cris plaintifs.

La rage ne se déclare chez l'homme qu'au bout de vingt à soixante jours, quelquefois plus tard. Les symptômes sont à peu près les mêmes que chez le chien; quant à la terminaison, elle est malheureusement la même.

Lorsqu'on a été mordu par un chien enragé, il faut cautériser *promptement* et *complètement* la blessure avec un fer chauffé à blanc qu'on y laisse refroidir. On y met ensuite des compresses d'eau vinaigrée, et l'on fait boire au blessé toutes les heures quatre à six gouttes d'ammoniaque dans de l'eau sucrée.

Remarquons en passant qu'un fer chauffé à blanc cause moins de douleur que celui qui est seulement porté au rouge.

Pour le chauffer à blanc, il faut un feu ardent : un feu de braise ou de fagots serait insuffisant.

Morsure de la vipère. — La vipère est le seul reptile dangereux de nos contrées. Elle habite principalement les lieux bas et humides. On la confond souvent avec la couleuvre, qui lui ressemble, mais qui est inoffensive. Voici les caractères qui distinguent la vipère de la précédente :

Sa tête est plus large en arrière, sans être triangulaire comme celle de la couleuvre; elle porte de grandes plaques sur la partie antérieure de la tête; sa queue est plus longue; enfin elle a de chaque côté de la mâchoire supérieure une dent aiguë et recourbée appelée *crochet*, par lequel le reptile mord et verse le venin dans la plaie. La couleuvre est dépourvue de ce crochet.

La morsure de la vipère cause une douleur vive qui s'étend rapidement de la blessure dans tout le corps. La petite plaie ne tarde pas à devenir rouge; la peau se couvre d'ampoules tout autour. A la douleur aiguë succède bientôt l'engourdissement; puis viennent les nausées, la fièvre avec une soif ardente, des sueurs froides, etc. Ces accidents entraînent souvent et rapidement la mort. Cependant le blessé ne succombe pas toujours.

Pour prévenir les suites de la morsure de la vipère, il faut empêcher le venin de pénétrer dans le sang; pour cela, on pratique une ligature entre le point blessé et le cœur. Sans tarder, on élargit la plaie, on la fait saigner; puis, après l'avoir lavée, on la cautérise avec un fer chauffé à blanc ou à défaut avec de l'alcali. On peut encore sucer la plaie; mais il importe dans ce cas de n'avoir à la bouche aucune écorchure.

On soutient les forces du blessé au moyen de tisanes aromatiques.

Piqûres de scorpion. — Cet insecte venimeux n'habite que le Midi et les contrées chaudes. Sa piqûre produit les mêmes accidents que la morsure de la vipère et nécessite le même traitement.

Piqûres d'insectes venimeux. — De ce nombre sont encore les abeilles et certaines mouches. Les piqûres d'abeilles sont douloureuses, parce que l'aiguillon reste ordinairement dans la plaie, mais ne peuvent devenir dangereuses qu'en raison de leur nombre.

On calme la douleur par des compresses d'eau salée ou vinaigrée, ou encore d'ammoniaque. Lorsqu'on est loin de tout secours, on peut frotter la piqûre avec de la terre fraîche. On retire le dard avec une épingle fine. Si les piqûres sont nombreuses, il faut continuer le traitement pendant plusieurs heures.

Les piqûres faites par les guêpes, les bourdons, etc., sont plus faciles à guérir, parce qu'elles ne contiennent pas l'aiguillon.

Les piqûres des mouches rentreraient dans la catégorie des *petites misères*, si elles étaient toujours faites par des insectes sains. Mais il arrive souvent que les mouches se sont nourries de viandes en putréfaction ou provenant d'animaux morts d'une maladie contagieuse; leur piqûre, dans ce cas, peut devenir extrêmement grave. Il faut donc agir immédiatement lorsqu'on a été piqué par une mouche. Si celle-ci est saine, la douleur disparaît après qu'on a appliqué quelques gouttes d'ammoniaque sur la piqûre. Si au contraire la douleur augmente, si la piqûre, de rose qu'elle était, devient ardoisée, et si le blessé éprouve un malaise qui devient bientôt général, c'est le mal terrible appelé *charbon*. Sans perdre une seconde, il faut appeler le médecin et, en attendant son arrivée, fendre avec un canif ou un rasoir la plaie en croix, à une profondeur de 4 à 5 millimètres, puis presser fortement les entailles pour en exprimer le sang et enfoncer dans chacune d'elles une lame de couteau chauffée à blanc. De la charpie imbibée d'acide sulfurique (vitriol) cautérise également la plaie, mais moins parfaitement. La cautérisation doit être faite *entièrement*, c'est-à-dire que le fer devra être bien chauffé à blanc et enfoncé jusqu'aux parties saines.

Les animaux morts du charbon ou d'autres maladies suspectes et contagieuses devraient être sur-le-champ enfouis *très profondément* et recouverts de chaux vive. On préviendrait ainsi beaucoup d'accidents.

Exercice de style. — 166. Vous avez été piqué par une abeille ; quels moyens avez-vous employés ?

Empoisonnements

L'intervention immédiate du médecin est indispensable en cas d'empoisonnement ; mais, en attendant son arrivée, il faut provoquer ou favoriser les vomissements afin d'expulser au plus vite le poison. On conseille aussi les lavements. Pour vomir, on boit de l'eau tiède ou de l'eau mélangée d'un peu d'huile ; on peut aussi, après avoir bu, enfoncer le doigt dans la gorge.

Lorsque le poison est rejeté, on administre des contre-poisons, dont les principaux sont : du lait coupé, des blancs d'œufs battus dans de l'eau, de l'huile d'olive ou les boissons acidulées avec du jus de citron ou du vinaigre. Ces antidotes ne doivent pas s'employer indifféremment.

Dans l'empoisonnement par la *potasse* et l'*ammoniaque*, on emploie les boissons acidulées ; pour l'*eau de Javelle*, elles seraient nuisibles : on emploie de préférence le lait ou l'huile.

Pour le *phosphore* (allumettes chimiques), le véritable antidote est l'essence de térébenthine ; si l'on est assez heureux pour en avoir, on l'administrera à la dose d'une cuillerée à café dans un demi-litre d'eau sucrée ; on fera boire ce mélange par demi-verres à dix minutes d'intervalle.

Pour le *vert-de-gris*, le *sublimé corrosif*, également des blancs d'œufs, comme précédemment.

Pour l'*arsenic*, un des poisons les plus violents, il faut provoquer des vomissements immédiats et abondants, puis donner une solution de 3 à 4 grammes de sel de nitre dans un litre d'eau. On frictionne le malade avec de la flanelle et l'on soutient ses forces par un peu de vin chaud.

Plantes vénéneuses. De ce nombre sont : — l'aconit de Naples, l'anémone, la clématite, l'ellébore, la renoncule ou bouton d'or, etc. On combat leur effet par les vomitifs et du lait coupé avec de l'eau sucrée.

Narcotiques (belladone, jusquiame, l'opium, la tête de pavot), etc. — On fait vomir avec de l'émétique, dont on double la dose (1 décigramme au lieu de 5 centigrammes) pour vaincre l'engourdissement de l'estomac provoqué par le narcotique ; on donne ensuite un lavement purgatif, et l'on fait boire une petite tasse de café noir tous les quarts d'heure. Dans le cas d'empoisonnement par la tête de pavot, il faut souvent porter la dose d'émétique jusqu'à 2 décigrammes.

Champignons. — Même vomitif que précédemment. Pour boisson, l'on donne de l'eau sucrée avec quelques gouttes d'éther.

Ciguë, tabac, digitale, colchique, etc. — Même traitement que pour les narcotiques simples, sauf que l'on fait prendre des boissons acidulées. La chaleur et les toniques sont nécessaires au malade.

EXERCICE DE STYLE. — 167. Vous avez eu un panaris. Vous racontez à votre sœur ce que vous avez souffert et les remèdes que vous avez employés pour adoucir vos souffrances.

Les petites misères et leurs remèdes.

Piqûres d'insectes. — Il est difficile, en été, de se préserver des piqûres des cousins, guêpes, abeilles, frelons, etc. Il est encore plus difficile de se défaire de ces insectes incommodes, car tous les moyens de destruction inventés jusqu'à ce jour sont restés impuissants. Mais nous pouvons du moins annuler ou atténuer l'acuité de leurs piqûres.

Voici un moyen aussi simple qu'efficace, et qui est peu connu :

Il suffit de frotter la partie blessée avec le poireau (légume précieux, comme on voit); l'enflure est conjurée, et le mal disparaît aussitôt.

Ce remède a, paraît-il, été découvert par un chien. Cet animal, piqué au nez par une guêpe, s'en alla droit au potager de son maître, y déracina un poireau, le lacéra avec ses griffes, puis s'en frotta le nez, dont l'enflure disparut rapidement.

Le maître du chien était un médecin de campagne. Après avoir répété maintes fois l'expérience sur lui-même; s'être fait piquer exprès par tous les insectes de sa contrée, et chaque fois s'être guéri par la méthode du poireau découverte par son chien, il a informé l'Académie des sciences des heureux résultats obtenus.

Contusions. — Lorsque, après une chute qu'on a faite ou un coup qu'on a reçu, la peau est légèrement meurtrie, on se contente de plonger la partie blessée dans de l'eau fraîche. Quand la plaie présente une plaque bleuâtre, laquelle est produite par du sang extravasé, il y a ce qu'on appelle *ecchymose*. Il faut dans ce cas y appliquer des compresses d'eau salée ou d'eau-de-vie. S'il se produit une tumeur ou bosse molle, on tâche de faire circuler le sang qui y est amassé par une pression graduée, ce que beaucoup de personnes cherchent à faire en pressant une pièce de monnaie sur la bosse sanguine.

Coupures. — On lave la blessure à l'eau froide, puis, après s'être assuré qu'aucun corps étranger n'y est demeuré, on l'essuie, et l'on rapproche les bords de la plaie en les maintenant avec du taffetas d'Angleterre ou du diachylum. Lorsque le rapprochement des bords est impossible, on laisse la plaie suppurer; après quoi la guérison vient d'elle-même.

Engelures et crevasses. — Il est imprudent de s'approcher du feu lorsqu'on a bien froid ou lorsqu'on vient de se laver les mains, car c'est la brusque alternative du chaud et du froid qui précisément cause les engelures et les crevasses.

Éviter le contact de l'eau chaude et se frictionner journellement les mains avec de la glycérine, voilà les remèdes les plus sûrs contre les engelures.

Lorsque celles-ci sont ulcérées, on peut les toucher avec la pierre infernale et les bander ensuite.

On traite les crevasses de la même manière.

Verrues. — On guérit ces petites excroissances de la peau en les touchant deux fois par jour avec le crayon de nitrate d'argent, après les avoir légèrement mouillées d'abord.

On peut aussi lier les verrues avec un fil de soie : elles cèdent à la longue.

On recommande encore de les frotter avec le suc de la *chélidoine.* Cette plante commune, qui croît le long des haies, laisse échapper un suc blanchâtre lorsqu'on brise sa tige. Les verrues tombent après quelques frictions.

Cors aux pieds. — Il est dangereux de les couper, parce qu'une hémorragie peut se produire, ou de les cautériser avec les ingrédients que recommandent les charlatans et les commères. Le moyen le plus simple et le plus efficace de se débarrasser des cors est de prendre un bain de pieds prolongé, pour laisser amollir la peau, puis de gratter doucement le cor.

Rhumes. — « Les rhumes ne sont pas dangereux, » dit-on généralement, et l'on n'y prend pas garde. Les médecins, eux, prétendent qu'un rhume négligé peut dégénérer en fluxion de poitrine ou être le point de départ d'une phtisie. Il faut donc soigner cette indisposition.

Boire matin et soir des tisanes pectorales chaudes ou un lait de poule, éviter le froid et les courants d'air, s'abstenir d'acides, de vinaigre, etc., voilà ce qu'on emploie ordinairement contre le rhume. On donne les tisanes au malade lorsqu'il est couché et bien couvert. Presque toujours, une transpiration abondante s'établit, et le rhume cède.

Si la toux fatigue la poitrine, il est bon de frictionner celle-ci ainsi que le dos, deux fois par jour, avec de la pommade camphrée.

Les personnes sujettes au rhume doivent porter un gilet de flanelle sur la peau, si elles veulent éviter des refroidissements subits, qui amènent presque toujours à leur suite des affections de poitrine plus ou moins graves.

Rhume de cerveau ou *coryza*. — On peut en arrêter les symptômes en faisant fréquemment avec le petit doigt des onctions d'huile d'olive dans les fosses nasales.

Migraine. — Cette affection, aussi douloureuse qu'incommode, provient d'une névralgie, suivant l'opinion la plus répandue. Elle n'occupe qu'un côté de la tête, au-dessus du front et de l'orbite de l'œil.

La migraine est souvent accompagnée de nausées, quelquefois de vomissements. Le sommeil, le repos dans un lieu sombre et tranquille, le café noir sont recommandés. Des compresses d'eau sédative, appliquées sur la partie souffrante, sont également utiles.

Mal de dents. — On peut attribuer le mal de dents à plusieurs causes : le contact d'un liquide trop chaud ou trop froid, un courant d'air, la carie d'une dent, une douleur rhumatismale, etc.

Lorsqu'une dent est en partie détruite par la carie, il faut ou l'arracher ou la *plomber*, après avoir détruit les fibrilles nerveuses de la dent. Le dentiste est seul capable de ces deux opérations.

Voici un procédé peu connu, dont l'emploi est très efficace pour les dents creuses :

Demander chez le pharmacien :

2 grammes de potasse à la chaux,

6 grammes d'essence de girofle,

1 centilitre d'alcool à 38 degrés.

Faire une petite boulette de ouate, qu'on imbibe du mélange ci-dessus, et l'introduire dans le creux de la dent.

Hoquet. — On peut arrêter le hoquet par une surprise ou une émotion vive, ou encore par quelques gorgées d'eau froide, bue lentement. Il est rare que le hoquet résiste à l'un de ces moyens; cependant on en a vu qui se prolongeait des jours et des mois entiers. Dans ces cas, il faut recourir à l'éther, à la glace, aux sinapismes appliqués sur le creux de l'estomac, ou mieux encore appeler le médecin.

Crampes. — C'est la contraction spasmodique d'un muscle; elle est fort douloureuse. Pour la faire cesser, on peut frictionner l'endroit affecté avec un morceau de flanelle trempée dans de l'eau-de-vie camphrée. Une compresse d'eau froide réussit également; on peut enfin poser le pied nu sur le marbre ou le carreau froid de la chambre. Généralement, du reste, les crampes durent peu et disparaissent d'elles-mêmes.

Saignement de nez. — Faire boire de l'eau fraîche et appliquer des compresses d'eau froide sur le nez et le front. Si ces moyens étaient inefficaces, on pourrait tamponner le nez avec du coton et appliquer des sinapismes aux jambes.

Corps étrangers dans le gosier, les yeux, les oreilles. — Il arrive quelquefois aux enfants qui ont la mauvaise habitude de boire ou de rire la bouche pleine, aux vieillards qui n'ont plus de dents, qu'une bouchée de pain ou autre aliment reste arrêtée dans le gosier. Il faut, dans ce cas, provoquer le vomissement, soit en introduisant dans la gorge le doigt ou la barbe d'une plume, soit encore en buvant un peu d'eau tiède. Si l'accident se prolongeait, il faudrait appeler le médecin, qui aurait recours à la sonde.

Si un insecte s'est introduit dans l'oreille, on y fait pénétrer de l'huile pour l'asphyxier, puis on penche un peu la tête. Le liquide en tombant entraîne l'insecte avec lui.

Lorsqu'un grain de poussière ou un moucheron a pénétré dans l'œil, sous la paupière supérieure, on tire cette paupière en l'abaissant autant que possible sur la paupière inférieure. Cette petite opération provoque des larmes qui entraînent le corps étranger avec elles.

Si le grain de poussière s'est arrêté sous la paupière inférieure, il est plus facile encore de l'extraire. On prend un coin de son mouchoir, qu'on fait passer doucement dans l'œil ouvert; la poussière s'y attache et est expulsée.

Indigestion. — C'est un trouble passager de la digestion, causé par un excès de nourriture, par des aliments de mauvaise qualité, par l'impression du froid, une émotion vive, la colère, etc. Lorsqu'on éprouve seulement de la gêne, une pesanteur, des aigreurs d'estomac, une cuillerée d'eau de mélisse ou de menthe sur un morceau de sucre, une infusion de thé ou de camomille suffit pour rétablir l'ordre; mais, s'il y avait des coliques et de la diarrhée, des vomissements accompagnés d'un violent mal de tête, le cas serait plus sérieux. Il faudrait alors, après les vomissements, prendre des infusions stimulantes et quelques gouttes de laudanum pour calmer les coliques. Si les vomissements tardaient à se produire, on les stimulerait en chatouillant la luette avec une barbe de plume. Enfin si rien ne réussit à débarrasser l'estomac, on administre au malade 5 à 10 centigrammes d'émétique dans un demi-verre d'eau.

Après une indigestion, il est bon d'observer la diète un jour ou deux.

EXERCICE DE STYLE. — 168. Votre petite sœur en jouant s'est mis une écharde dans le doigt. Comment avez-vous fait pour la secourir?

Petite pharmacie de ménage.

On n'a pas toujours un médecin à proximité, à la campagne surtout, et, comme la vie du malade dépend souvent d'un secours immédiat, la mère de famille devra se pourvoir d'une petite pharmacie contenant les remèdes les plus utiles, les plus indispensables pour les cas de maladie subite ou d'accidents.

Rien de plus simple que notre pharmacie du ménage : une petite armoire ou un tiroir à compartiments et fermant à clef feront l'affaire. Un côté de l'armoire est destiné aux objets de pansements, l'autre est réservé aux médicaments.

Le côté des pansements contiendra :

Une petite éponge,
Un paquet de charpie,
Une feuille de ouate non glacée,
Quelques vieilles serviettes ou mouchoirs de toile usés pouvant servir de compresses,
Un morceau de toile cirée,
Un petit flacon d'huile d'amande douce,
Un petit flacon d'huile d'olive,
Un petit pot de cérat,
De la mousseline claire pour les cataplasmes
Du taffetas d'Angleterre,
Un crayon de nitrate d'argent ou *pierre infernale,*
Et, ce que je voudrais voir dans chaque chambre, une paire de ciseaux et une pelote garnie d'épingles.

Autant que possible divisez en plusieurs compartiments la boîte ou le côté réservé aux médicaments. Voici la liste des principaux médicaments que la mère de famille devra toujours avoir à sa disposition ou à celle du médecin.

Alcool camphré,
Alun en morceaux et en poudre,
Ammoniaque ou alcali volatil,
Baume tranquille,
Camphre en poudre,
Cognac vieux véritable,
Eau de fleurs d'oranger,
Eau de mélisse des Carmes,

Eau de Cologne,
Eau sédative,
Un flacon d'éther,
Graine et farine de lin,
Farine de moutarde,
Sinapismes Rigollot,
Un pot de miel,
Rhubarbe en poudre,
Quelques pains d'autel,
Huile de ricin,
Thé,
Un paquet de fleurs de tilleul,
Un paquet de camomille romaine,
Un paquet de fleurs pectorales (bouillon blanc, coquelicot, mauve et violette),
Petit flacon d'écorces d'oranges amères,
Sangsues.

Les ustensiles suivants rendront également grand service : une veilleuse, une baignoire, une bouillotte, une lampe à esprit-de-vin.

Petit vocabulaire de médecine.

Termes de médecine qu'il est utile de connaître.

Antiparasitaire, remède employé contre les parasites, tel que le *semen contra*, qui est un vermifuge; le borax; le soufre, employé contre la gale; la suie.

Un remède *antispasmodique* a pour but de calmer la surexcitation nerveuse : l'eau de fleur d'oranger, le tilleul, le camphre, l'éther, etc., sont antispasmodiques.

Astringent, qui resserre. Tels sont l'écorce du chêne, l'alun, le tanin, etc.

Émollient, qui amollit, qui relâche, comme la mauve, la farine de lin.

Les *évacuants* comprennent les *vomitifs* et les *purgatifs*. Parmi les premiers, on range : l'émétique, la racine de violette, l'ipécacuana, etc. Parmi les seconds, le séné, la rhubarbe, l'aloès, l'huile de ricin, etc.

Excitants, remèdes qui excitent principalement les organes de la digestion. La camomille, l'eau de mélisse, etc., sont des excitants.

On appelle *laxatifs* des purgatifs dont l'action est fort douce. Tels sont le miel, certains fruits, la manne.

Narcotique, remède stupéfiant, qui fait dormir. Le pavot, la jusquiame, le tabac, le datura stramoine, etc., sont des narcotiques.

Rubéfiant, qui amène une inflammation à l'extérieur. Le sinapisme, le vésicatoire sont des rubéfiants.

Sédatif, qui diminue la circulation : le froid, l'antimoine, la digitale. L'eau sédative, employée en lotions ou en compresses, est un composé de camphre, d'ammoniaque, de sel de cuisine et d'eau.

Spécifique, en terme de médecine, signifie qui agit sûrement et spécialement sur certains organes ou qui combat certaines maladies. La quinine, employée dans les fièvres intermittentes, est un spécifique, de même que le mercure, qui combat quelques maladies de la peau.

Stupéfiant, qui agit sur le système nerveux d'une certaine manière. Ces remèdes exigent de grandes précautions et ne doivent être employés que sur l'avis du médecin. Tels sont : la belladone, le laudanum, la morphine, le pavot, etc.

Sudorifique, qui provoque la transpiration. De ce nombre sont le tilleul et le sureau.

On appelle *tonique* tout ce qui donne du *ton*, qui stimule les organes et accroît les forces. Les aliments, l'air pur, l'exercice sont des toniques naturels. Le fer, le quinquina, la gentiane, le quassia et les *amers* sont également des toniques. Pour donner du *ton* aux muscles on a recours à la gymnastique, au massage, à l'électricité, etc.

Quelques explications pour faire connaissance avec les remèdes contenus dans la petite pharmacie de ménage.

Le *camphre* est un antispasmodique. On l'emploie en frictions dans les douleurs rhumatismales, mélangé soit à l'alcool, soit à l'huile.

La *pommade camphrée*, également employée en frictions pour les rhumes et les grippes, est faite de camphre et de saindoux.

L'*alun* ou sulfate d'alumine est un astringent. Il arrête les hémorragies.

L'*ammoniaque* ou alcali volatil s'emploie en lotions contre les piqûres d'insectes, la morsure de la vipère et, à défaut d'autre caustique, contre celle du chien enragé. On en fait respirer en cas d'asphyxie; mais il faut éviter d'en mouiller le nez et les lèvres.

Une dizaine de gouttes d'ammoniaque dans un verre d'eau sucrée administrées après un vomitif dissipent l'ivresse.

Le *cérat* est bon pour panser les brûlures ulcérées ou pour adoucir les démangeaisons causées par les sinapismes ou les vésicatoires.

L'*eau de fleurs d'oranger* est employée dans les névralgies, crises nerveuses, insomnies. On en verse une petite cuillerée à café sur un morceau de sucre ou dans un demi-verre d'eau sucrée. Quelques personnes préfèrent l'infusion des *feuilles* d'oranger. Le sirop d'écorces d'oranges amères est souverain contre les crampes d'estomac.

L'*éther* est un antispasmodique plus énergique que le précédent. On en fait respirer dans les syncopes ou crises nerveuses. Pour l'usage interne, on en verse cinq ou six gouttes dans un verre d'eau sucrée additionnée d'une cuillerée à café de cognac. Boire en deux ou trois fois.

Le *tilleul* est également un antispasmodique.

Quelques gouttes d'*extrait de menthe* sur un morceau de sucre ou mieux encore dans un verre d'eau chaude et sucrée produisent le meilleur effet dans les digestions pénibles. Il en est de même de l'*eau de mélisse* des Carmes.

Le *quinquina* est un tonique astringent. On peut faire du vin de quinquina instantanément avec la *teinture* de quinquina achetée chez le droguiste. Il suffit de la verser dans le vin et de secouer. La dose, qui se vend 1 franc en province suffit pour un litre de vin.

L'*eau sédative* est excellente pour dissiper la migraine. On l'applique aussi en compresses pour les contusions.

La *farine de graine de lin* est un émollient qui ne sert qu'en cataplasmes.

Avec la *farine de moutarde*, on fait des sinapismes contre les irritations de la poitrine et de la gorge. Le papier sinapisé, dit de Rigollot, est un sinapisme tout préparé; il suffit d'y passer un peu d'eau tiède avant de l'appliquer. Lorsque les sinapismes sont insuffisants, on a recours aux vésicatoires.

La *camomille romaine* se classe parmi les *excitants;* elle se prend en infusion dans les coliques ou digestions pénibles. Cette fleur doit être cueillie avant son entier épanouissement.

Le *laudanum* est un narcotique stupéfiant, qui doit être administré avec circonspection. Pour l'usage interne, on en met, dans de l'eau sucrée, 8, 10 ou 12 gouttes (jamais davantage, sauf avis du médecin), suivant l'âge ou le tempérament du malade. Il ne faut pas renouveler la dose avant une heure ou deux. Le laudanum s'emploie également pour l'usage externe, sur les cataplasmes. Dans ce cas, il faut avoir la précaution de compter les gouttes, car le laudanum s'absorbe très rapidement.

Purgatifs. — Le sulfate de magnésie ou sel d'Epsom, l'huile de ricin, l'eau de Sedlitz, sont les principaux purgatifs, et pour les enfants la rhubarbe et les feuilles de séné.

La rhubarbe et l'eau de Pulna sont des purgatifs doux. La première a deux propriétés : on l'emploie comme *tonique*, en paquet de 50 centig., et comme *purgatif*, de 1 gramme pour les enfants et de 2 grammes pour les adultes.

Sangsues. — Si l'on habite la campagne, les sangsues sont les hôtes obligés de la petite pharmacie de famille. Pour les conserver, on les met dans un bocal rempli d'eau fraîche, que l'on renouvelle deux ou trois fois par semaine. En mettant un petit morceau de charbon de bois dans l'eau, elles se conservent plus longtemps. Les mêmes sangsues peuvent servir deux ou plusieurs fois. Pour les faire dégorger, on leur jette un peu de sel sur le dos; lorsqu'elles sont vidées, on les replonge dans le bocal. Afin que les sangsues tirent bien, il faut qu'elles soient à jeun. Un intervalle d'au moins quinze jours est nécessaire pour les rendre propres à une nouvelle opération.

Si les petites plaies saignaient trop longtemps, on arrêterait l'hémorragie au moyen d'un tampon de charpie râpée, appliqué après avoir séché la piqûre; si le moyen était insuffisant, on toucherait la plaie avec la *pierre infernale*.

Un *cataplasme* doit être souple et assez épais pour conserver longtemps la chaleur et l'humidité. La base du cataplasme est ordinairement la farine de graine de lin, dont on fait, par décoction, une pâte bien liée, consistante comme une bouillie épaisse. On verse cette bouillie très chaude sur un linge, on la recouvre de gaze ou de mousseline, et, après en avoir éprouvé la température avec le dessus de la main, on l'applique en relevant les bords du linge de manière qu'il conserve sa forme. Une toile cirée placée dessus préserve de l'humidité les habits ou les draps. Un bon cataplasme doit avoir près de 3 centimètres d'épaisseur.

Comme il n'agit que par la chaleur humide, il faut le renouveler fréquemment.

Sinapisme. — On prend de la farine de moutarde, qu'on délaye avec de l'eau tiède ou froide; on place cette pâte ainsi obtenue entre deux morceaux de grosse mousseline et on l'applique sur la peau. Pour maintenir le sinapisme, on l'attache au moyen d'une serviette. Au bout de vingt à vingt-cinq minutes, s'il a rougi la peau, on peut le retirer. Quelques personnes ajoutent à tort du vinaigre à la moutarde pour en doubler l'effet : le vinaigre l'annule au contraire. Si l'on veut modérer les démangeaisons produites par le sinapisme, on enduit d'huile un morceau de papier buvard qu'on applique sur la peau.

Tisanes. — L'*infusion* consiste à verser de l'eau bouillante sur une substance végétale pour en extraire les principes actifs. On fait des infusions de thé, de camomille, de sureau, des quatre-fleurs pectorales, etc.

La *décoction* diffère de la précédente en ce qu'on laisse bouillir les feuilles ou les racines dans l'eau.

La *macération* est une infusion à froid. Elle demande ordinairement vingt-quatre heures.

Les *frictions* se font avec la main ou avec de la flanelle. Elles sont bonnes pour activer les fonctions de la peau.

Le *massage* consiste à presser, à pétrir pour ainsi dire les muscles, pour activer la circulation du sang, exercer les articulations et donner de l'énergie aux fonctions vitales.

EXERCICE DE STYLE. — 169. Comment prévient-on l'infection dans une maison et par quels moyens peut-on la combattre ?

Récapitulation générale.

EXERCICE DE STYLE. — 170. Portrait de la jeune fille soigneuse : 1° à l'école, 2° à la maison, 3° conclusion. — 171. On doit honorer l'agriculture. — Pourquoi ? — D'où vient le mépris que l'on rencontre parfois pour les travaux des champs? — 172. Expliquez cette locution proverbiale : « Brûler la chandelle par les deux bouts. » — 173. Que signifie ce proverbe : « Une femme bavarde est le tambour du village. » — 174. Expliquez cette maxime : « Défiez-vous de deux traîtres : l'ennui et l'impatience. » — 175. Description du lapin domestique, — ses mœurs, — son utilité, — soins et nourriture. — 176. Description d'une balance. — De son utilité dans un ménage. — 177. Pourquoi faut-il préférer le séjour de la campagne à celui des villes ? — 178. Quelles sont les meilleures boissons? — 179. Des inconvénients de l'étourderie. — 180. Lettre à une amie qui vous a demandé quelques recettes pour enlever les taches sur les vêtements.

181. Quelles sont les précautions à prendre avant, pendant et après le bain. — 182. Le prodigue dit : « L'argent est rond, c'est pour rouler; » l'avare dit : « L'argent est plat, c'est pour entasser. » Montrez que ces deux maximes sont également fausses. — 183. Quelle leçon peut-on tirer de la fable *La cigale et la fourmi*? — 184. Quelles sont les erreurs contenues dans cette dernière fable, ou les assertions contraires : 1° à la saine morale, 2° aux données de l'histoire naturelle ? — 185. « Qui trop embrasse mal étreint. » Appliquez ce proverbe aux travaux de la ménagère, et racontez une histoire à l'appui. — 186. L'homme humble et modeste ressemble à la violette. — 187. Les vêtements. 1° De leur utilité. 2° Confection des habits. 3° Quelles conditions doivent-ils remplir? — 188. « L'avare est sot et misérable. » — Développez la vérité de cette maxime, en montrant ce qui se passe dans la vie ordinaire. — 189. De l'économie et de ses avantages. — 190. « C'est quand ils sont jeunes qu'il faut imprimer aux arbres une bonne direction. » Appliquez ce proverbe aux enfants. — 191. Expliquez ce proverbe : « Il faut battre le fer pendant qu'il est chaud, et ne rien faire ni trop tard ni trop tôt. » — 192. Montrez par cette maxime : « Aide-toi, le ciel t'aidera! » qu'avec de la persévérance on vient à bout de tout. — 193. La vertu qui convient à la mère de famille, c'est d'être la première à manier l'aiguille. — 194. Que faut-il faire pour être heureux? Montrez que la richesse et les honneurs ne font pas toujours le bonheur. Racontez à l'appui la fable *Le grillon et le papillon*. — 195. Vous avez remarqué chez une de vos sœurs des dispositions à l'*esprit de contradiction*. Vous lui écrivez pour lui montrer combien ce défaut est désagréable. — 196. Que nous disent les fleurs? 1° N'ayez pas de soucis; 2° soyez fidèles; 3° soyez contents ; 4° soyez patients et résignés; 5° pensez à la fin. — 197. Racontez la charmante fable *L'alouette et ses petits*. Quels enseignements d'économie domestique peut-on en tirer? — 198. Quels sont les devoirs d'une bonne cuisinière? — 199. Expli

quez le proverbe : « L'union fait la force. » Envisagez-le : 1° au point de vue de la prospérité et de la défense de la patrie; 2° au point de vue des familles. 3° Racontez à l'appui la fable *Le vieillard et ses enfants.* — 200. De la santé. 1° Définition ; 2° pourquoi la santé est-elle le plus grand bien ? 3° quelles sont les obligations de l'homme qui jouit d'une bonne santé ?

FIN.

TABLE DES MATIÈRES

Préface v

PREMIÈRE PARTIE
Notions préliminaires.

CHAPITRE Ier. — La famille et le foyer domestique 1
Image de l'association humaine 3
CHAPITRE II. — La femme de ménage 5
Mission de la femme 7
La femme de ménage, trésor de la famille 10
CHAPITRE III. — De l'esprit de famille 13
Bonheur domestique (Brizeux) 15
Vocation de la jeune fille 16
CHAPITRE IV. — De l'économie domestique 19
De l'enseignement de l'économie domestique 23
Antiope, ou modèle d'une jeune maîtresse de maison ... 27

DEUXIÈME PARTIE
Organisation morale de la maison et qualités d'une bonne ménagère.

CHAPITRE Ier. — La prévenance 29
Égalité d'humeur 30
Avantages de l'égalité d'humeur 33
La douceur et la modestie 34
Sentences (Panard) 36
La présence d'esprit 37
Conseils d'un père à sa fille (Loubens) 39

CHAPITRE II. — Les fêtes et les réunions de famille..... 42
   Corneille et Racine dans leur famille................... 45
CHAPITRE III. — Devoirs du voisinage. — Visites et soirées d'amis.. 47
   La maîtresse de maison chez elle et en société.......... 49
   Les pauvres et les malades............................. 56
   Apprentissage de la charité (Lamartine)................ 57
CHAPITRE IV. — La lecture et la bibliothèque de la maîtresse de maison................................... 59
   Du choix des livres................................... 60
   Conseils pour bien profiter de la lecture.............. 64
CHAPITRE V. — Du rôle de la femme dans l'éducation des enfants.. 66
   De l'éducation des enfants............................ 68
   La culture de l'esprit et du jugement................. 70
   De la culture du cœur................................. 72
   Importance de la première éducation des enfants (N. Landais).. 73
   Proverbes, maximes et pensées......................... 74

TROISIÈME PARTIE

Organisation matérielle et administration économique de la maison.

CHAPITRE Ier. — Apprentissage de l'économie domestique... 77
   Une jeune ménagère (Lamartine)........................ 79
   Portrait d'un ménage du temps de Socrate (Xénophon).. 82
CHAPITRE II. — Des qualités de la bonne ménagère..... 85
   Amour de l'ordre...................................... 85
   La richesse et l'économie (Mollevaut)................. 88
   Ordre et désordre..................................... 88
   De la propreté.. 89
   Deux ménages... 91
   Amour du travail..................................... 93
   Vive labeur !... 94
   Proverbes du ménage................................... 95
CHAPITRE III. — De l'économie......................... 97
   Comment on fait des économies......................... 99
   L'économie n'est point avarice (Mme Manceau).......... 102
   Le secret de Catherine II (François de Neufchâteau).... 103
   Proverbes du ménage................................... 104
   De la mémoire.. 106
   Comment on embrouille et comment on aide sa mémoire. 108
   De la nécessité du calcul de tête..................... 111

TABLE DES MATIÈRES 463

Les talents ne sont pas incompatibles avec l'économie domestique 113
Du jugement... 115
Rien de trop (Panard)....................................... 116

CHAPITRE IV. — Emploi de la journée d'une maîtresse de maison.. 117
   Conseils de ma grand'mère (Mme Carrère)............... 120
   Proverbes expliqués... 121

CHAPITRE V. — Installation d'un ménage.................... 123
   Choix d'une habitation..................................... 123
   Choix de l'emplacement................................... 124
   Exposition d'une habitation............................... 126
   Choix des appartements................................... 126
   Entre le propriétaire et le locataire...................... 128

CHAPITRE VI. — Distribution intérieure de la maison...... 131
   Ameublement... 131
   Le salon... 132
   La salle à manger.. 136
   Cabinet de travail de monsieur.......................... 137
   Chambre à coucher.. 138
   Les lits.. 139
   Chambre d'amis... 140
   Lingerie... 141
   Chambre des domestiques................................ 142
   Entretien du mobilier....................................... 143
   Une maîtresse de maison à Rome (Ponsard).......... 149

CHAPITRE VII. — Cuisine. — Office. — Boulangerie. — Ustensiles et accessoires de cuisine...................... 152
   Tenue de la cuisine (Gouffé).............................. 155
   La cave... 157
   Les tonneaux et le vin..................................... 158
   Soufrage du vin... 159
   Du soin que réclame le vin en bouteilles.............. 160
   Le grenier.. 162
   Le fruitier.. 163
   Le légumier.. 165

CHAPITRE VIII. — Des domestiques........................... 167
   Du choix d'une domestique............................... 167
   Devoirs envers les domestiques.......................... 169
   Qualités que doit avoir un bon domestique........... 172
   Gouvernement des domestiques (P. Janet)............ 174
   Dévouement d'une servante (Lamartine)............... 176
   Quelques anecdotes.. 177
   Proverbes et maximes..................................... 179

TABLE DES MATIÈRES

CHAPITRE IX. — Blanchissage et entretien du linge.......	180
Des matières employées dans la lessive.................	180
L'eau...	180
Les cendres...	181
Le savon..	182
La lessive...	183
Savonnage..	185
L'empesage...	187
Mise au bleu..	188
Repassage..	188
Procédés divers.....................................	190
Provision et entretien du linge.......................	191
Une princesse au lavoir (Homère)....................	195
CHAPITRE X. — Entretien et conservation des vêtements..	198
La toilette et la coquetterie..........................	200
Réflexions et conseils sur la toilette..................	201
Anecdote (Jean Macé)...............................	204
Proverbes du ménage	204
CHAPITRE XI. — Des travaux a l'aiguille................	206
Les travaux à l'aiguille d'après l'histoire..............	207
Les conseils d'une aiguille...........................	212
Chanson de la ravaudeuse...........................	213
Anecdotes diverses..................................	214
CHAPITRE XII. — Des provisions......................	215
La chambre à provisions.............................	216
Provisons de sucre, de savon, de bougies et d'huile.....	217
Provisions d'œufs, de beurre, de bois et de charbon.....	220
Des salaisons.......................................	224
Des conserves......................................	225
Confection des confitures............................	229
Les confitures (André Theuriet)......................	230
Défiez-vous des falsifications.........................	232
Faire danser l'anse du panier........................	236
CHAPITRE XIII. — Manière d'ordonner un dîner...........	239
Le service de table..................................	239
Distribution des vins pendant les repas................	243
Conduite des domestiques pendant un dîner d'étiquette..	247
Devoirs de la maîtresse de maison pendant un dîner de cérémonie......................................	248
Déjeûner...	248
Ambigu...	249
Vocabulaire des principaux termes de cuisine..........	250
CHAPITRE XIV. — De l'apprentissage de la cuisine........	254
Une école de cuisine.................................	257
Mme Desbordes-Valmore	258

Mme Roland.. 259
CHAPITRE XV. — NOTIONS ÉLÉMENTAIRES DE CUISINE......... 261
  Préparation des principaux mets........................... 261
  Fabrication du pain... 272
  Préparation des pâtisseries................................... 276
  A la cuisine (Ctesse Drohojowska)....................... 283
CHAPITRE XVI. — LA FERME ET LA FERMIÈRE................. 285
  Des connaissances nécessaires à une fermière (Joigneaux). 285
  La laiterie... 288
  Le lait, la crème, le beurre et le fromage................. 289
  La basse-cour... 292
  Le poulailler et les oiseaux de basse-cour................. 292
  Le clapier... 298
  Étables et écuries.. 300
  Le pigeonnier... 301
  Occupations de la fermière (Pandolfini).................. 308
  Le ménage de Charlemagne.................................. 311
  Quelques proverbes et maximes............................. 311
CHAPITRE XVII. — LE JARDIN POTAGER....................... 313
  Semis. — Différents genres de culture..................... 313
  Culture des légumes.. 316
  Quelques plantes à fruits...................................... 326
  Les primeurs (Bosc d'Antic).................................. 328
  Les maraîchers de Paris (Courtois Guérard)............. 329
  Le parterre... 330
  Culture des fleurs.. 330
  Fleurs de bordure ou contre-bordure...................... 332
  Fleurs pour grands massifs ou corbeilles................. 334
  Fleurs pour plates-bandes.................................... 338
  Plantes grimpantes.. 341
  Arbustes et arbrisseaux.. 342
  Quelques fleurs médicinales................................. 343
  Plantes vénéneuses.. 347
  Aimez les fleurs.. 348
  Le jardin chez soi (Thiébaut de Berneaud)............. 349
CHAPITRE XVIII. — CHAUFFAGE ET ÉCLAIRAGE............. 351
  Chauffage.. 351
  Appareils de chauffage.. 352
  Précautions.. 354
  Assurances... 355
  Appareils d'éclairage... 355
  Surveillez les allumettes....................................... 359
  Gare à la bougie... 359
  Défiez-vous du pétrole... 360
  Accident dû au gaz... 360

TABLE DES MATIÈRES

Danger des boissons froides	360
Mort de Mme de Lamartine	361
CHAPITRE XIX. — Recettes et connaissances utiles	363
Procédé pour éteindre les feux de cheminée	363
Recettes pour enlever les taches et nettoyer les étoffes	363
Quelques connaissances utiles	367
CHAPITRE XX. — De la comptabilité	369
De la comptabilité du ménage	369
Tenue des comptes	371
Modèle des livres à tenir	373
La véritable parure d'une maîtresse de maison	375
CHAPITRE XXI. — Conseils d'hygiène	377
Des soins à donner aux petits enfants	377
De la nécessité de connaître la médecine domestique	383
Hygiène du corps	384
De la propreté	385
Des bains	390
De l'exercice	391
Du sommeil	394
Hygiène de la nourriture	396
Hygiène de la table	398
Hygiène des aliments	400
Les légumes	405
Les poissons	406
Les fruits	408
Assaisonnements ou condiments	410
Hygiène des boissons	413
Hygiène des vêtements	422
Hygiène des ouvriers agricoles	426
Soins aux malades. — Devoirs de la garde-malade. — La convalescence	428
Quelques conseils en cas d'épidémie	433
Secours en cas d'accidents	434
Les petites misères et leurs remèdes	446
Petite pharmacie de ménage	451
Petit vocabulaire de médecine usuelle	453
Quelques explications pour faire connaître les remèdes contenus dans la pharmacie de ménage	455

Coulommiers. — Typ. Paul Brodard.

LIBRAIRIE HACHETTE ET Cie

ENSEIGNEMENT SECONDAIRE DES JEUNES FILLES
COURS D'ÉTUDES
RÉDIGÉ CONFORMÉMENT AUX PROGRAMMES DU 28 JUILLET 1882
FORMAT IN-16 CARTONNAGE TOILE

PARTIE LITTÉRAIRE
LANGUE ET LITTÉRATURE FRANÇAISES

Cahen (A.), professeur de rhétorique au collège Rollin : *Morceaux choisis des auteurs français des XVIe, XVIIe, XVIIIe et XIXe siècles* (prose et vers), à l'usage des jeunes filles (1re et 2e années). 1 vol.   3 fr. 50
— *Morceaux choisis des auteurs français des XVIe, XVIIe, XVIIIe, et XIXe siècles* (prose et vers) à l'usage des jeunes filles (3e, 4e et 5e années). 2 vol.   7 fr. 50
     Prose, 1 vol.   4 fr.
     Poésie, 1 vol.   3 fr. 50

Lanson, professeur au lycée Charlemagne : *Principes de composition et de style.* Conseils aux jeunes filles sur l'art d'écrire. 1 vol.   2 fr. 50
— *Études pratiques de composition française*, sujets préparés et commentés pour servir de complément aux *Principes de composition et de style*. 1 vol. in-16.   2 fr.

Vapereau, inspecteur général de l'instruction publique : *Esquisse d'histoire de la littérature française.* 1 vol. in-16, cartonné.   1 fr. 50
— *Éléments d'histoire de la littérature française*, contenant : 1° une esquisse générale ; 2° une suite de notices sur les époques, les genres et les principaux écrivains avec un choix d'extraits de leurs ouvrages. 3 vol. in-16, cartonnés :
     I. *Des origines au règne de Louis XIII.*   3 fr. 50
     II. *Règnes de Louis XIII et de Louis XIV.*   3 fr. 50
     III. (En préparation).

LITTÉRATURES ANCIENNES

Pelisson, inspecteur d'Académie : *Histoire sommaire de la littérature latine* (3e, 4e et 5e années), 1 vol. in-16, cartonné.   3 fr.

Edet, professeur au lycée Lakanal : *Histoire sommaire de la littérature grecque* (3e, 4e et 5e années). 1 vol. in-16, cartonné.   3 fr.

Merlet, ancien professeur de rhétorique au lycée Louis-le-Grand, membre du Conseil supérieur de l'instruction publique : *Études littéraires sur les grands classiques latins*, suivies d'extraits de leurs ouvrages empruntés aux meilleures traductions (3e, 4e et 5e années). 1 vol. in-16, broché.   4 fr.
— *Études littéraires sur les grands classiques grecs*, suivies d'extraits de leurs ouvrages, empruntés aux meilleures traductions (3e, 4e et 5e années). 1 vol. in-16, broché.   4 fr.

HISTOIRE

Ducoudray, agrégé d'histoire : *Histoire nationale et notions sommaires d'histoire générale*, depuis les origines jusqu'au milieu du XVe siècle (1re année). 1 vol. in-16, cartonné.   3 fr. 50
— *Histoire nationale et notions sommaires d'histoire générale*, depuis le milieu du XVe siècle jusqu'à la mort de Louis XIV (2e année). 1 vol. in-16. cart.   3 fr. 50
— *Histoire nationale et notions sommaires d'histoire générale*, depuis la mort de Louis XVI jusqu'en 1875 (3e année). 1 vol.   4 fr.
— *Histoire sommaire de la civilisation depuis les origines jusqu'à nos jours* (4e et 5e années). 2 vol. in-16, cartonnés.   8 fr.

GÉOGRAPHIE

Cortambert : *Notions élémentaires de géographie générale* (1re année). 1 vol. in-16, avec 20 gravures, cartonné.   1 fr. 50
— *Géographie de l'Europe* (2e année). 1 vol. in-16, avec 31 gravures ou cartes, cartonné.   2 fr.
— *Géographie de la France et de ses possessions coloniales* (3e année). 1 vol. in-16, avec 189 gravures, cartonné.   3 fr.
— *Atlas de géographie moderne*, composé de 66 cartes nouvelle édition complètement refondue (à l'usage des 3 années). 1 vol. in-4, cartonné.   12 fr.

Coul

www.ingramcontent.com/pod-product-compliance
Lightning Source LLC
Chambersburg PA
CBHW051618230426
43669CB00013B/2095